我有嘉宾

复旦大学中国近现代史
青年学者读书班纪要

复旦大学历史学系　编　　戴海斌　执行主编

上海人民出版社

"覆水不收：科举停废百年再思"学术工作坊议程
复旦大学中国近现代史青年学者读书班2017年第五回

第一场 科名与科考

时间：2017年7月9日 9：00—11：30
地点：光华楼4楼第一会议室
主持人：孙青（复旦大学历史学系）

1. 清代举人的家庭背景与会试、殿试——以硃卷史料为中心（9：10—9：40）
   蒋勤（上海交通大学历史学系）
2. 科名到此天亦贱：最后两科会试借闱河南的缘由和影响（9：40—10：10）
   韩策（中国社会科学院近代史研究所）
3. "二十世纪中国之怪现状"——上海媒体眼中的浙江"考优"记（10：10—10：40）
   张仲民（复旦大学历史学系）
4. "再生产"的难局：清末科举改制后的考试内容、出版市场与读书人群体
   （10：40—11：10）
   曹南屏（复旦大学历史学系）

第二场 士变与世变

时间：2017年7月9日 14：00—17：00
地点：光华楼4楼第一会议室
主持人：戴海斌（复旦大学历史学系）

1. 废科举时潮中的顾炎武：出版、援引及历史语境（14：00—14：30）
   沈洁（上海社会科学院历史研究所）
2. 张之洞与近代国族"时空共同体"——从《劝学篇》到癸卯学制（14：30—15：00）
   陆胤（北京大学高等人文研究院）
3. 后科举时代基层社会文教之显与隐，1905-1927年（15：00—15：30）
   左松涛（武汉大学历史学院）
4. "五四"何关"新文化"？一以民初温州地方知识人为中心（15：30—16：00）
   徐佳贵（上海社会科学院历史研究所）
5. 晚清科举改制相关问题的若干思考（16：00—16：30）
   瞿骏（华东师范大学历史学系）

综合讨论（16：30—17：00）

"为政如之何：多维视角下的近现代中国政治史研究"学术工作坊议程
复旦大学中国近现代史青年学者读书班2017年第十回

时间：2017年11月18日
地点：复旦大学光华楼西主楼2001

第一场（9：00—10：15）
主持人：金光耀（复旦大学）
1. 刘增合（暨南大学）：《"发覆见宝蹙"：晚清战时财政协济研究散论》
   评论人：李细珠、戴海斌
2. 付海晏（华中师范大学）：《晚清赔谷案研究》
   评论人：刘增合、戴海斌

第二场（10：30—12：10）
主持人：齐慕实（Timothy Cheek）（加拿大英属哥伦比亚大学）
1. 黄道炫（中国社科院近代史所）：《革命与情爱："二八五团"下的心灵史》
   评论人：金光耀、徐进
2. 徐进（华东师范大学）：《政治运动与"革命法律"的基层实践：
   以山东省L县为例的考察（1951—1956）》
   评论人：金光耀、黄道炫
3. 金光耀（复旦大学）：《"文革爆发之初的基层党委"》
   评论人：黄道炫、齐慕实

第三场（14：00—15：50）
主持人：王立谦（复旦大学）
1. 马建标（复旦大学）：《革命的剪刀：袁世凯的辫子及其文化认同》
   评论人：付海晏、张仲民
2. 张仲民（复旦大学）：《"故人高谊邈难攀"？南桂馨与<刘申叔先生遗书>之编纂》
   评论人：马建标、杨雄威
3. 杨雄威（上海大学）：《一盘散沙病相与现代中国的政治逻辑》
   评论人：付海晏、马建标

第四场（16：00—17：10）
主持人：高晞（复旦大学）
1. 戴海斌（复旦大学）：《〈辛丑条约〉谈判前后的中方"全权"问题
   （1900—1901）——一个政治史角度的考察》
   评论人：李细珠、杨雄威
2. 李细珠（中国社科院近代史所）：《晚清政治史研究深化的可能——从韩策新著
   〈科举改制与最后的进士〉谈起》
   评论人：刘增合、张仲民

综合讨论（17：20—18：00）

史学论坛

张之洞与近代思想的顿挫

复旦大学中国近现代史青年学者读书班系列活动2016年第一回

研讨书目：陆胤著《政教存续与文教转型——近代学术史上的张之洞学人圈》
（北京大学出版社2015年1月）

主讲人：陆 胤 助理研究员
北京大学高等人文研究院

评论人：戴海斌 副教授
复旦大学历史系

时间： 2016年5月30日15：30–18：00
地点： 光华楼西主楼 2001

复旦大学历史学系

史学论坛

史料的远近与解读的虚实：
荣禄与庚子前后朝局变迁的关系

复旦大学中国近现代史青年学者读书班系列活动2017年第二回

报告人：马忠文
中国社科院近代史所研究员
中国近代史档案馆馆长

评论人：王 刚
西南大学历史文化学院讲师

主持人：曹南屏
复旦大学历史系讲师

时间： 2017年4月14日15:30–17:30
地点： 光华楼西主楼 2001会议室

复旦大学历史学系

史學論壇

陆征祥与中国外交

复旦大学中国近现代史青年学者读书班2018年第1期

报告人：唐启华
台湾东海大学历史学系教授

主持人：金光耀
复旦大学历史学系教授

时　间： 2018年4月6日上午9：00–10：30
地　点： 光华楼西主楼2001会议室
合办方： 社会科学文献出版社

復旦大學歷史學系

史学论坛

"时空光影"：
20世纪上半叶中国电影的历史学考察

复旦大学中国近现代史青年学者读书班2018年第9期

报告人：汪朝光 研究员
中国社会科学院世界历史研究所所长

主持人：章 清 教授
复旦大学历史学系

时间： 2018年5月17日 下午3：30
地点： 光华楼西主楼2001会议室

复旦大学历史学系

史学论坛

港口·城市·腹地：
长江经济带和长三角一体化历史追溯

中国近现代史青年学者读书班2019年第10期

主讲人：**戴鞍钢** 教授
复旦大学历史学系

主持人：**朱荫贵** 教授
复旦大学历史学系

时间：2019年10月11日（周五）16：00-17：30
地点：光华楼西主楼1801会议室

复旦大学历史学系

史学论坛

商业权势、通商制度与意识形态：
鸦片战争前中英关系演变的再认识

中国近现代史青年学者读书班2018年第14期

主讲人：**吴义雄** 教授
中山大学历史学系

主持人：**王立诚** 教授
复旦大学历史学系

时间：2018年12月6日（周四）15：30
地点：光华楼西主楼2001会议室

复旦大学历史学系

史学论坛

翻译与近代中国：
以鸦片战争有关割让香港谈判的翻译问题为个案

中国近现代史青年学者读书班2019年第11期

主讲人：**王宏志** 教授
香港中文大学翻译系 翻译研究中心

研究范围主要包括20世纪中国文学及政治、晚清以来中国翻译史、香港文化研究，出版专书有《翻译与近代中国》(2014)、《翻译与文学之间》(2011)、《重释"信达雅"：二十世纪中国翻译研究》(1999 & 2007)等十余种，另发表学术论文约130篇。

主持人：**高晞** 教授
复旦大学历史学系

点评人：**邹振环** 教授
复旦大学历史学系

时间：2019年10月17日（周四）15：00-17：00
地点：光华楼西主楼1901会议室

复旦大学历史学系

史學論壇

中国19世纪贸易与对外关系研究的新视野
New Perspectives on China's Nineteenth-Century
Trade and Foreign Relations

复旦大学中国近现代史青年学者读书班2018年第4期

报告人：

王国斌 美国洛杉矶加州大学历史系教授
滨下武志 中山大学亚太研究院教授
倪玉平 清华大学历史系教授

主持人：

皇甫秋实 复旦大学历史学系副教授

时间：2018年4月13日（周五）9：30-11：30
地点：光华楼西主楼1801

復旦大學歷史學系

史学论坛

思想史与史学史：马克思主义史家范文澜前传

主讲人：叶毅均

台湾清华大学博士，曾任中山大学历史系（珠海）特聘研究员，现供职于台北汉学研究中心，研究马克思主义史学史，著有《走向马克思主义史学之路——范文澜前传》（台北三民书局2020）。

评论人：赵庆云 教授
中国社科院历史理论研究所

李孝迁 教授
华东师大历史学系

主持人：张仲民 教授
复旦大学历史学系

时间：2020年10月10日（周六）19:00–21:00
腾讯会议 会议ID：620 982 112
会议密码：201010

复旦大学历史学系

史学论坛

清韩关系与近世东亚

复旦大学中国近代史青年学者读书班2020年第3期

研讨书目：Yuanchong Wang（王元崇），Remaking the Chinese Empire: Manchu-Korean Relations, 1616-1911. Cornell University Press, 2018.

本次汇报通过观察清代中国与朝鲜王国之间的自17世纪初至20世纪初的三百年之久的关系，来剖析其对中国和东亚世界的变迁所产生的重要影响，涉及满韩关系、华夷之辨与天下观念。清代中国的宗藩体系的建构和运转及其多重表现，中朝两国向西方国际体系界定的主权国家的演变和蜕化的过程，以及以国际法为中心的新式外交体系在东亚世界的逐步建立。本汇报将涉及与清史研究相关的若干话题与研究范式，着力于推动通过对中外关系史的长时段的和内部的视角来探讨中国变迁的研究路数。

主讲人：王元崇 副教授
美国特拉华大学历史系

评议人：王元周 教授
北京大学历史学系

宋念申 副教授
美国马里兰大学巴尔的摩郡分校历史系

主持人：戴海斌 教授
复旦大学历史学系

时间：2020年7月22日（周三）下午7:00
腾讯会议ID：866 285 415

复旦大学历史学系

史学论坛

史学史（学术史）研究中的"学"与"行"
——从《创榛辟莽：近代史研究所与史学发展》一书读起

复旦大学中国近代史青年学者读书班2019年第15期

研讨书目：赵庆云著《创榛辟莽：近代史研究所与史学发展》（社科文献出版社2019年）

中国科学院近代史研究所与延安史学机构一脉相承，也是新中国成立后第一个国家级史学机构。本书着力挖掘机关档案，超越单纯的史学文本研究，重返当时的历史语境，梳理近代史所潮源脉络，呈现学人在政治与学术之间的实际作为，对"十七年"（1949—1966）史学如何以省思，察其得失之所由。

报告人：赵庆云 研究员
中国社会科学院历史理论研究所

与谈人：李孝迁 教授
华东师范大学历史学系

叶毅均 特聘研究员
中山大学历史学系（珠海）

主持人：戴海斌 副教授
复旦大学历史学系

时间：2019年11月21日（周四）15:00–17:30
地点：光华楼西主楼2001会议室

复旦大学历史学系

史学论坛

一本书与一个时代：李大钊遗著出版背后的故事

复旦大学中国近代史青年学者读书班2021年第3期

研讨书目：杨琥著《李大钊年谱》，云南教育出版社2021年。

《李大钊年谱》分上下两卷，共135万字，历时20年完成。该年谱以李大钊生平事迹为核心，主体为"读人生路"、"诗文革命"、"时事纪略"三部分，又增"存稿"等"思想和行"等四部分，体例新颖，资料翔实，多方考证。考辨精当，搜集新见30余万字史料。补充大量清末事迹与思想言论，有很高的学术价值。

主讲人：杨琥
北京大学校史馆副研究员
主要研究李大钊生平与思想、五四新文化运动史。编有《历史记忆与历史解释：创研究者人建立四国中国现代史思想史论文集·李大钊卷》3等。在《历史研究》《近代研究》《党的文献》等国内刊物发表论文多篇

评议人：侯且岸
北京师范大学历史学院特聘教授，中国李大钊研究会副会长

王宪明
清华大学马克思主义学院教授

尚小明
北京大学历史学系教授

主持人：戴海斌
复旦大学历史学系教授

时间：2021年10月20日 19:00
腾讯会议ID：377 241 776

复旦大学历史学系

史学论坛

外交谈判中的"翻译"：1858年中英《天津条约》交涉

复旦大学中国近现代史青年学者读书班2020年第6期

主讲人：屈文生
华东政法大学教授,科研处处长

与谈人：王立诚 复旦大学历史系教授
侯中军 中国历史研究院近代史研究所研究员
张志云 上海交通大学历史系教授
郑彬彬 上海大学文学院博士后

主持人：马建标 复旦大学历史学系教授

时间：2020年9月26日（周六）上午9：30
腾讯会议号：298 794 901

复旦大学历史学系

史学论坛

今天为什么读《仁学》？——谭嗣同其人其学新研

复旦大学中国近代史青年学者读书班2021年第2期

研讨书目：蔡尚思导读，张玉亮校《仁学》（正校本），浙江古籍出版社2021年

如何破解思想经典"杂糅"故事下的真义，如何通过谭嗣同了解其所在的"变局"时代，如何理解"仁"的反映的立意（思想史），立场（政治史）与立言（文献学）之间互参中难？重新整理《仁学》，构建其思想坐标、版本流变、文本史辨及出版过程背后的隐藏史实，为前瞻晚清史研究提供一块小面积的拼图。

主讲人：张玉亮
中华书局副编审，《中国出版史研究》编辑部副主任
参与整理"新编戊戌六君子集"之《谭嗣同集》(戊戌四子集)等

张维欣
机械工业出版社编辑，著有《谭嗣同年谱长编》，《谭嗣同集》整理者之一，纪录片《我们的谭嗣同》总撰稿，学术统筹，微信公众号"推新论谭"创办人

评议人：吴仰湘
湖南师范大学历史文化学院特聘教授

王夏刚
大连大学历史学院教授

主持人：戴海斌 复旦大学历史学系教授

时间：2021年6月18日 19：00
腾讯会议ID：898 270 496

复旦大学历史学系

史学论坛

晚清史的另一种写法

复旦大学中国近代史青年学者读书班2021年第6期

研讨书目：朱浒著《洋务与服务：盛宣怀的晚清四十年》，中国人民大学出版社2021年

全书历20年职业生成，通过系统揭示洋务与服务之间的交织互动，从晚清洋务后在晚清四十余年中的身手与挣扎，也展现其无法颠覆的特定局势和条件。马克思曾将"源易•波拿巴的雾月十八日"的写作强调："我固定证明，历史情况怎样总是促成了一种局势和条件，使得一个平庸而可笑的人物有可能扮演了英雄的角色。"该书身为图册示，近代中国的社会变迁怎样促成了一种局势和条件，使得盛宣怀这样一个也身于青温土神的半乳人物，居然能够成为一跳进抵国家政治最高层、又在革命大湘冲击下最终全身而退的角色。

主讲人：朱浒 中国人民大学清史研究所 教授

评议人：袁为鹏 上海交通大学历史系教授
周健 华东师范大学历史学系副教授
冯志阳 上海社会科学院历史研究所助理研究员
张海荣 中国社会科学院近代史研究所副研究员

主持人：戴海斌 复旦大学历史学系教授

时间：2021年11月26日（周五）19：00
腾讯会议ID：865 212 127

复旦大学历史学系

史学论坛

"日记百年万口传"：李慈铭的交游与阅读

复旦大学中国近代史青年学者读书班2022年第2期

研讨书目：张桂丽 辑校《越缦堂读书记全编》，上海古籍出版社2021年

《越缦堂读书记全编》一百七十万字，取编年体例，据各版《越缦堂日记》辑录读书记事，并附录李慈铭所撰题跋，可将全集《越缦堂日记》之友力序、资鉴篇，其有同纵学术权威的批判精神，可明代文学、清代学术的批评，组目水平。本书是陈道三十九年间考订与评论的一千三百余部著作的一家之言。也是晚清影响巨大、流传最广的学术批评成果之一。

主讲人：张桂丽 复旦大学古籍整理研究所研究馆员
著有《越缦堂日记笔记》《李慈铭年谱》，现主持"《越缦堂日记》整理与研究""李慈铭全集"等学术项目，在《文献》《中国典籍与文化》等刊物发表论文多篇

评议人：马忠文 中国社会科学院近代史研究所
谢冬荣 国家图书馆古籍馆
石 祥 复旦大学古籍整理研究所
潘静如 中国社会科学院文学研究所

主持人：戴海斌 复旦大学历史学系

时间：2022年4月8日（周五）19：00
腾讯会议ID：103-135-222

复旦大学历史学系

史学论坛

战后大东北
——国民政府收复东北工业政策：以鞍山钢铁公司为例（1945—1948）

复旦大学中国近代史青年学者读书班2019年第18期

报告人： 平田康治 博士
美国斯坦福大学历史学系博士
英国剑桥大学博士后研究员
复旦大学中华文明国际研究中心访问学者

与谈人： 菅野智博 副教授
中山大学历史学系（珠海）

皇甫秋实 副教授
复旦大学历史学系

主持人： 戴海斌 副教授
复旦大学历史学系

时间：2019年12月19日（周四）15:00-17:30
地点：光华西主楼1901会议室

复旦大学历史学系

史学论坛

清末中央与地方关系再思
——以财政预算制度为中心

复旦大学中国近代史青年学者读书班2019年第21期

20世纪初，清政府试图将国税与地方税分开，同时开办咨议局，授予地方绅士阶层预算审议的权利，盼望广大民众的协助。咨议局的议会权能虽然不完全，但绅士阶层的权利意识急剧增加，官绅之间激起了强烈的矛盾，地方行政上发生了深刻阻碍。本报告将从上述矛盾的影响，谈论中央地方之间的关系的变化、督抚的权力的变化、咨议局和清末政局的关联性。

主讲人： 土居智典 副教授
长崎外国语大学国际交流学科

主持人： 戴海斌 副教授
复旦大学历史学系

评论人： 周 健 副教授
华东师范大学历史学系

时间：2019年12月25日（周三）19:00-21:00
地点：光华楼西主楼1801会议室

复旦大学历史学系

史学论坛

驻英使馆与晚清外交转型

复旦大学中国近代史青年学者读书班2020年第7期

研讨用书：皇甫峥峥整理《晚清驻英使馆照会档案》（复旦大学中外现代化进程研究中心主编"近代中外交涉史料丛刊"之一），上海古籍出版社2020年

本汇报以晚清驻英公使馆为中心，剖析其存在清政府与英国外交部之间一条独特的通信渠道产生的作用与影响。通过考察收藏于英国国家档案馆FO17档案号下的中英文照会，诠释驻英使馆如何使"中国国家"这一抽象概念在国际之下的国际法话语体系中被赋予法律意义，考量家俯有据清与英国的外交实力的"照会"外中山事件，以及使馆在文和话期间发挥的特殊政治作用，从多方面探讨研究晚清外交与国际法研究的理论想架与海外档案的运用实践。

主讲人： 皇甫峥峥（Jenny Huangfu Day）
美国斯基德莫尔学院历史系副教授

评论人： 赖骏楠 复旦大学法学院
张晓川 湖南大学岳麓书院
李文杰 华东师范大学历史学系
李峻杰 四川师范大学历史文化与旅游学院

主持人： 戴海斌 复旦大学历史学系

时间：2020年10月24日（周六）9:30
腾讯会议ID：762 570 931

复旦大学历史学系

史学论坛

戊戌变法的"社会"面

复旦大学中国近代史青年学者读书班2022年第4期

主讲人： 八百谷晃义 慈济大学东方语文学系副教授

主要研究领域为晚清史、近代社会文化史。近期发表有《晚清政治改革中的蒙学公会与〈蒙学报〉——以叶瀚为中心的分析》，《台湾师大历史学报》第67期(2022年6月)；《晚清"保中国不保大清"说的生成与传播——从文祥严参康有为之事说起》，《台大历史学报》第68期(2021年12月)；《〈湘学报〉重编与重印研究》，《汉语言文学研究》2021年第4期(2021年12月)；《〈湘学报〉的经营、流通以及其在维新运动史上的位置》，《新史学》30卷1期(2019年3月)；《十九世纪末における浙江士人の学会活动》，《名古屋大学东洋史研究报告》第41号(2017年3月)；《晚清维新运动时期政治宣传中的宣传册子》，《兴大人文学报》第57期(2016年9月)等学术论文。

与谈人： 潘光哲 北京大学人文社会科学研究院客座教授
吴仰湘 湖南师范大学历史文化学院特聘教授
杨雄威 上海大学历史文化学院副教授

主持人： 戴海斌 复旦大学历史学系教授

时间：2022年11月25日 19:00
腾讯会议ID：850-789-385

复旦大学历史学系

目　录

陆徵祥与中国外交

主讲者:唐启华,台湾东海大学教授

讲座时间:2018 年 4 月 6 日

2018 年 4 月 6 日上午,著名外交史学者唐启华教授做客复旦史学论坛,演讲题目"陆徵祥与中国外交"。此次讲座系复旦大学中国近现代史青年学者读书班 2018 年第 1 期,由复旦大学历史学系金光耀教授主持。此次活动获得社会科学文献出版社的支持,特此鸣谢。

讲座现场

—

主持人和在座的各位专家、同学,各位女士、先生,我非常荣幸能有机会来向各位作"陆徵祥与中国外交"的报告。诚如金光耀教授所说，我们在20年前结识。2000年金教授就在复旦举办了"顾维钧与中国外交"的国际学术研讨会，那是我第一次到大陆来参加会议。我乘坐的飞机于清晨四点多、接近五点才到达上海，早上九点就开始第一场报告，我也担任了下午英国学者的同声口译。更重要的是，2004年举办的、由金教授组织的"北洋外交"的学术研讨会，是严格意义上第一次专门讨论北洋外交的学术会议，会议集合了全世界各地的重要学者，也可以说是到目前为止，唯一一场重要的"北洋外交"学术会议。金教授对"北洋外交"研究有很多奠基和推动作用，我自己也很高兴能和金教授一起，20年来始终在该领域从事研究。

台湾地区的外交史料优势，最重要的原因就是1861年到1928年期间的总理衙门、外务部和北京外交部档案都搬到了台湾，这批档案陆陆续续仍在公开。所以刚刚金教授提到我最近的两本书——2014年的《巴黎和会与中国外交》和2017年的《洪宪帝制外交》——其中很重要的部分都是用了编号03-13的一批外交档案，我称它为"陆徵祥密档"。它是本人研究的一个很重要的史料基础。这20年来，档案陆续开放，外国档案如英国的FO档案、日本的外务省文书、美国FRUS档案，等等，使用都比较方便，所以外交史——尤其北洋外交史研究——可以说开始进入了新的阶段。在我们这一代，主要是把一些基本架构搭起来，有很多细节都要由现在这一代中青年学者进一步填补，学术传承是一代又一代的。

我今天报告的主题是"陆徵祥与中国外交"，现在还不确定将来是否会将其发展成一本专著，但是我目前做了一些基本的研究，就将现有的研究心得向各位作一个简要的报告。

过去提到中国外交史，陆徵祥大概不是令人印象深刻的人物。陆徵祥不会被做外交史的学者列为优先注意或者看重的对象。可是，我在研究清末民初中国外交的时候，发现几乎在所有重要的外交交涉中陆徵祥都扮演了重要角色。这个人非常低调、不张扬，但深入研究后就会发现他起了非常重要的作用。我们过去对他的印象，可能是他在"二十一条要求"的交涉中签署了"卖国条约"，在巴黎和会上外交失败，在山东问题交涉上失败，等等；

或者认为他和袁世凯关系很密切,是袁世凯的外交帮凶,对他的评价基本上都是负面的。但是我渐渐在档案史料中发现,他还是很重要的历史人物。关于他的重要性有多大,我目前还无法做全面的评估,今天就做一个初步的报告。

陆徵祥从 1907 年开始代表清政府参加荷兰海牙保和会,第二次海牙保和会是一个非常重要的会议,过去国内学界几乎没有注意到这个会,这是中国参与国际公约、签署各式各样的国际条约、参与国际会议的重要开端。直到 1919—1920 年的巴黎和会为止,其间清末民初重要的国际会议,陆徵祥都代表中国出席,都有很杰出的表现,其中也有重要交涉。我的报告主要分为三部分。

第一部分:陆徵祥的早年经历。近代中国出身上海的外交官特别多,应该是与上海广方言馆有关,近代早期的外交官多来自广方言馆或留美学生。陆徵祥是上海人,但并非出生于士大夫的家族。就目前看到的资料表明,他的父亲是基督教的传教士,所以他从小是基督教徒。和比利时夫人结婚以后,他改宗天主教,最后进入天主教修道院,这其中有一个非常奇妙的过程。

第二部分:陆徵祥与清末外交。介绍他担任荷兰公使,参加海牙保和会,再到作为荷兰公使交涉中荷领约。《中荷关于荷属领事条约》让中国可以在印尼以及今天的东印度群岛建立领事馆以保护侨民,确立了近代中国国籍法的基础。当时针对侨民的国籍,清政府与荷兰之间有很重要的交涉,但是现在一般人基本不知道这件事情,而今天中国国籍法的基础其实是在那时建立的。辛亥革命之前,陆徵祥到俄国去谈判修订 1881 年的《伊犁条约》,其后陆徵祥担任过驻俄公使。辛亥革命期间他率领驻外使节奏请清帝退位,并赞成共和制,对袁世凯取得政权有促进作用。

第三部分:陆徵祥与民初中国外交。1912 年(民国元年),陆徵祥开始改革外交部。民初外交中最重要的是外蒙问题交涉,以及建立国际法会。另外,在第三次海牙保和会准备会期间他也扮演了重要角色。此后的重要事件便是 1914 年欧战爆发和之后的"二十一条要求"交涉,然后是 1915 年至 1916 年的洪宪帝制时期,他担任国务卿和外交总长,主持洪宪帝制外交,这部分内容与我之前出版的专著《洪宪帝制外交》密切相关。1916—1917年间，陆徵祥协助段祺瑞筹备参战外交，1919年作为中国代表团团长参与巴黎和会。关于中国在巴黎和会上的外交，我在2014年出版的《巴黎和会与中国外交》中就有所讨论，我认为巴黎和会的中国外交在其主持之下相当有成果。过去认为巴黎和会中国外交的主角就是顾维钧，但事实上顾维钧是陆徵祥手下的代表之一，真正的团长或者说掌舵人是陆徵祥，但其光彩却都被顾维钧、王正廷抢走。1920年他退出政坛，但1922年又赴欧担任驻瑞士公使，1926年他的比利时夫人过世之后，他进入比利时的修道院，当圣本笃修会圣安德鲁修道院的修士，1935年成为神父。1947年他当了院长，1949年过世。他过世之后有一批档案出现，就是刚刚提到的03-13档。我看到这个档案后感到自己十分幸运，从而借其得以写出《巴黎和会与中国外交》和《洪宪帝制外交》这两本书。

二

下面我将根据我收集到的照片和资料讲述陆徵祥的一生。

这是目前为止看到的他最早的一张照片。1895年左右，陆徵祥时年26岁，摄于俄国圣彼得堡。

陆徵祥彼时正是和在座的研究生年纪差不多的时候，看起来也是英姿焕发。他从小被父亲送到上海广方言馆学法文，当时各国的外交官以及上层社会讲的都是法文。他学成之后被送到北京的京师同文馆，在那里待了一年多，后来出使德奥俄荷大臣许景澄挑选他到驻俄公使馆担任翻译。他于1892年到达圣彼得堡，那时大概22、23岁。陆徵祥在回忆录和自传中都称许景澄是自己非常重要的启蒙老师，因为他刚开始的时候还只是一个三等翻译，在使馆中职位最低。但许景澄不仅把他当翻译看待，更是教他国际法、外交交涉礼仪等，把他当作未来的外交官来栽培。所以他一生都对许景澄的栽培和教导非常感念。许景澄在义和团运动期间被主战派所杀，陆徵祥非常难过，后来他在民国担任外交总长期间，在北京外交部为许景澄以及

陆徵祥二十六岁小像

当时认为是忠臣的人设立"五忠祠"。

许景澄是陆徵祥进入外交界重要的启蒙老师,但是陆徵祥从1892年在圣彼得堡待到1905年,整整14年,其间并不顺利。他从22岁到36岁都在做翻译,从三等翻译到二等翻译,直到1903年,他在上海广方言馆的学长胡惟德出任驻俄公使后,他才升为三等参赞,后升为二等参赞。此前有12年的时间他都只担任翻译。但因为他的法文很好,所以他参与了所有的机密交涉,了解许多机密信息,让当时的俄国财政大臣维特(Sergei Witte)和俄国驻北京代表璞科第(D. D. Pokotiloff)对他非常猜忌。1903年陆徵祥遭到俄人排挤,不再被允许留于圣彼得堡。

但是人生有很多机遇,他在圣彼得堡时做了件轰动的大事。1898年陆徵祥认识了培德女士(Berthe. F. E. Boy),她是比利时驻圣彼得堡使馆武官的女儿，有贵族血统。1899年二人成婚，成为当时的轰动事件，因为黄种男人娶了一个有贵族血统的白种女人，在当时很少见。而且陆徵祥又瘦又小，培德夫人又高又壮。同时，据考证，培德夫人比陆徵祥年长16岁又8个月，他们结婚的时候，陆徵祥30岁，而培德夫人已经45岁了，这是非常罕见的状态。

陆徵祥夫妇合影

这张合影照片是结婚的时候拍摄的（1899年2月）。现在留存资料不多，这张照片不算清晰。他们终生没有孩子，收养了一个女儿，但是这个女儿给他们带来了一些痛苦。

这一时期陆徵祥在外交上比较重要的表现是在1899年（29岁）时追随了当时的驻俄奥公使杨儒。跟随杨儒的两个使馆参赞，一是何彦升，另一为胡惟德，他们奉清廷之命，参加1899年的第一次海牙保和会。当时欧洲分成两个阵营，六个列强（英法俄、德意奥）之间相互竞争，但是国际的和平运动也在进行。海牙保和会共召开过两次，分别是1899年和1907年。目前只找到了海牙保和会照片册中中国代表团的照片。

杨儒在庚子后的交涉，主要是让俄军退出东北，他受到俄方很大压力，谈判不顺利。杨儒在上马车的过程中滑倒，撞到头部，在圣彼得堡过世。胡惟德之子胡世泽做过国民政府的外交次长，也担任过联合国副秘书长。他出生于圣彼得堡，后来生活在日内瓦，从小便精通法语、德语等多国语言。

第一次海牙保和会中，中国并没有太好的表现。会议有 26 个国家参加，大部分国家仅仅是参加，主要是由大国主导。保和会的主要的目的是制止战争，签订的重要条约是《和解公断条约》，并为了国与国之间产生争端时可以和解而设立了国际公断院。如果各位印象深刻，前两年南海仲裁案所涉及的公断院（荷兰常设仲裁法庭）其前身就是这个（第一次海牙保和会设立的）国际公断院。该会议希望用国际仲裁的方式来解决争端，不要打仗。如果要进行战争，则要按照文明的交战法则：包括如何宣战，不能侵犯民间船只，不能伤害平民，如何照顾伤兵，如何善待俘虏，禁止用非人道的、杀伤力强大的军火、毒气、达姆弹，等等。中国在其间不仅参加了公断院，还承担了头等国的会费。参与国际组织有其重要性，当时陆徵祥还是翻译，没有参与决策，重要性不大，但是留下了一张照片。

1899 年，后排左一杨儒，右一陆徵祥，前排右一胡惟德

陆徵祥在八国联军侵华期间，跟随杨儒成功办理了各国退兵的交涉，但又被维德和璞科第排挤。在1903年左右他离开圣彼得堡回到中国，在此时结识了袁世凯。袁世凯想要招揽他，他和袁世凯最初的关系学界并不清楚，但是我们在座的马建标教授曾撰写论文考证过，后来袁世凯被清廷罢黜后，陆徵祥曾向摄政王载沣推荐让袁世凯来主持政局。

日俄战争在1904年至1905年爆发，胡惟德认为中俄必有交涉，所以又把陆徵祥调回圣彼得堡，先后升为三等、二等参赞。1905年日俄战争交涉之后，陆徵祥被清廷任命为驻荷兰公使，第一次独当一面。

因为八国联军侵华之后，清政府开始重视外交事务，所以外交官升迁比较快，外交官逐渐由同文馆、广方言馆出身取代了科举考试出身，专业化程度有所提高。陆徵祥到了荷兰之后的第一件大事是参加1907年第二次海牙保和会，此时他代表清政府参加了整个会议。第二次海牙保和会全世界有44个主权国家参加，几乎是当时全世界所有的主权国家。这一会议在国际组织上最关键的是首次规定无论大国、小国都是一国一票，并且成立了海牙国际法庭。所以我们在研究20世纪的国际组织的时候，国联与联合国最重要的三个部分，背后其实是欧洲解决国际争端的三个传统：一是安全理事会。基本上从欧洲的维也纳会议之后，重要事情由几个大国协商决定，联合国安理会五常就是五个强国，大家共同决定世界大事，这是源自1815年的传统；二是秘书处，处理各国之间的不同事务，如万国邮政联盟、莱茵航运联盟等；三是大会，一人一票，大国小国都一样，这一现象基本上是从第二次海牙保和会后出现的——有国际法庭、大小国平等。中国真正最早参与国际组织应该是从这个时候开始的。

当时发生了让中国人感到触目惊心的两件事，陆徵祥都有参与。第一件事是某一个独立国没有被邀请，随后该国自行派了三个代表到了现场，到会场却被拒绝加入。一名代表甚至拿出手枪威胁，但是列强认为"大韩帝国"当时是被日本控制的，故不允许进入。此事在陆徵祥给清廷的报告里写得很清楚：如果中国不努力发展，到第三次海牙保和会的时候中国就会和韩国一样，可见此事给了陆徵祥非常大的刺激。

　　另外一件事是中国在第二次海牙保和会中被列为三等国,和朝鲜并列,这对中国朝野影响很大。如果对外交史有所研究的话,就会发现1907年、1908年"三等国"一词频繁出现在中国的奏折之中。泱泱天朝现在却被认为是三等国,和朝鲜并列,将来可能被并吞,甚至可能会被拒绝出席国际场合,对中国而言打击很大。中国之所以被认为三等国是因为美国建议设立常设国际法庭,常设国际法庭中有欧洲六强:英、法、德、俄、意、奥,加上美、日,成为八强。八国担任常设法官,主席是由全世界其他国家轮流担任。因为中国法制和世界各国不一样,中国的法律与国际法、西方的民法、刑法都不同,所以中国被列为常设的八强之外。成员国第一级是十年任期,如土耳其;中国则是四年任期,即第三等。总共五等国中,中国位列第三等,这对中国的刺激很大。所以清末的档案和报章中多次出现"三等国",便是从此处来。陆徵祥认为,如果再不改革法制,以文明国的身份,对内进行法治改革、对外参与国际公约,那么到第三次海牙保和会的时候可能连三等国都不保。

　　陆徵祥对中国参与第二次海牙保和会贡献很大,他把十三个公约翻译成中文,希望清廷通过、颁布。但是清朝根本做不到,比如对于《陆地战例条约》,当时中国的军队并不知道如何用文明国家的方式作战,海军对于如何作战、如何对待俘虏、如何搜索等也都不清楚。事实上当时有很多西方"文明"的战争方式,但西方认为中国根本就不是文明国家,中国也无法用国际法来保护自己。所以日俄战争时中国虽然宣称自己是中立国,但是日本和俄国并不尊重中国的中立国权益。因此,要成为国际社会的一员有漫长的历程,有很多的辛酸,要达到很多条件。百年来国内对于外交史的研究还非常薄弱,还不知道参与国际场合的议程,不知道怎么和国际接轨。现在中国要成为领导世界的大国,如果没有外交史的基础,不能将外交史与国际关系结合,不能将两者和国际法结合,将是很危险的事情。我们在做外交史的同时,需要思考如何在最短的时间内实现国际法、国际关系理论和外交史的结合。希望复旦可以做到这个伟大的目标,路很长,但非要走不可。我们要了解世界秩序是怎么运作的,要知道世界和平是怎么维持的,不是光靠硬实力就可以,软实力有时候更重要:比如怎么在国际法上找到引起共鸣的原则、如何联合小国，等等。外交史是大国的学问，也是大国的必修课，非修不可。

1907 第二次海牙保和会

　　陆徵祥参加了两次海牙保和会，后来他建议清廷签署了第二次海牙保和会的十三个公约，但是当时清政府很多都做不到，所以真正签署的公约不多。不久后，清政府签署了《中荷关于荷属领事条约》，中国得以在印尼设领事。当时荷兰向中国提出要求，认为中国的侨民出生于印尼，就应该属于荷兰人、印尼人，而不是中国人。陆徵祥认为他们的祖先是中国人，因而他们也应该是中国人。荷兰人以属地主义，认为这些人在此地出生，是荷兰人，他们必须向荷兰政府纳税。陆徵祥用中国的观念据理力争，并建议清政府通过《国籍法》，所以清政府在 1909 年、1910 年通过了《国籍法》，采取的基本原则是属人主义：只要一个人的父亲是中国人，他就应该是中国人。中荷竞争的结果是通过了《国籍法》，也让荷兰人在该问题上做了一些妥协，即：在印尼的中国人应向荷兰纳税，回到中国以后再自行决定自己是中国人还是荷兰人。这是中国融入国际社会的重要个案，近代中国如何一点一点争取自己的权利，个案是目前需要注意的事情。

　　陆徵祥此后赴俄国修改《伊犁条约》，过程十分艰辛，细节就不在此赘述，《北洋修约史》中有一个章节讨论了该问题。就在中俄修约交涉的同时，发生了辛亥革命,陆徵祥连续两次上奏清廷,希望接受共和制,因而他对袁世凯取得政权是有帮助的。陆徵祥认为袁世凯有能力、有实力可以帮助中国强大,马建标也在研究中提到,1900 年袁世凯被贬黜,回到洹上钓鱼之时,陆徵祥建议摄政王载沣因局势糟糕而重用袁世凯,但是载沣是什么态度我们不得而知,因为这是在《申报》上看到的材料。

三

中华民国建立之后,袁世凯成为第二任临时大总统,陆徵祥担任第一任外交总长。他帮助袁世凯建立了北京政府外交部,把清朝末年跟国际不接轨的制度进行了大刀阔斧的改革。他把他最了解的法国外交部外交官的考试制度全部引入中国,将清政府的传统辫子和官服取消,采取和西方接轨的外交官的礼服,然后规定任何人都必须通过考试才能做外交官。1912 年陆徵祥对外交部的改革,奠定了今日的外交官考试制度的基础。而且他重用了很多人才,这些人都在此后的中国外交中发挥了很大的作用。他一生最自豪的事情,是他在 1937 年全面抗战开始以后,在比利时修道院自豪地说:中国的外交不会输给日本,一定可以赢。他说,今天中国的外交官——四个大使和十几个公使,都是自己当年提拔的年轻人,是专业人才。我在日本的外交档案里看到,日本在民国初年的时候与中国交涉中屡次讨不到便宜,中国如果在其他方面也能表现得和外交一样好的话,中国早就能成为世界第一的大国。日本在几乎所有地方都能赢中国,就是在外交方面不能,这确实是陆徵祥很重要的贡献。他提拔了很多专业人才,很重视外交官的素质,对此陆徵祥也在回忆录中自豪地提到。所以北洋外交很重要的基础是陆徵祥用人唯才,像顾维钧、颜惠庆、王正廷等人成为这一时期的重要外交人物,很重要的是陆徵祥在旁的操盘。

而关于承认问题,美国首先承认中华民国,时任外交总长的陆徵祥有很大的贡献。陆徵祥不张扬,非常低调而不露面,但是他在外交上其实很重要。只是我们过去没有注意到,现在需要全面和深入地做研究。

1913年5月2日，美国公使嘉乐恒代表美国使馆承认中华民国，与袁世凯合照

这是一张非常著名的照片，由于时间原因，在此就不细说了。陆徵祥在中华民国的成立和外交部的改革中都扮演了重要的角色，他是当时中国外交中的核心人物。他还主持了中俄外蒙古交涉，外蒙古在辛亥革命期间独立，陆徵祥与俄国交涉的结果是外蒙古撤销独立，改为自治。但是当时在国会中，连自治的方案也遭到反对，陆徵祥由于《俄蒙协议》案被迫下台。

他下台之后，在北京发起"国际法会"，这是中国最早研究国际法的组织。其中，他说自己在海牙保和会的时候看到国际法的大家们纵横上下、指点国际，以国际法的原则解决国际争端，这是中国需要学会的。中国这方面太弱了，所以才要组织国际法会讨论国际法。陆徵祥应该算是最早在中国注意到国际法重要性的人，虽然这个组织后来发展得不好，但是它实质上与很多当时国际法的大学者都有私人的联系、信件的往来，对之后巴黎和会上山东问题的交涉、北洋修约都产生了很大的作用。陆徵祥比较善于利用国际法为中国争取国家利益，但是这点在过去的研究中没有得到充分重视。

1914年欧战爆发，对中国而言最麻烦的是日本对德宣战、出兵山东，并提出"二十一条要求"。当时陆徵祥44、45岁左右。他身体比较弱，经常请假、休假，他在比利时有别墅，会去那里修养。培德夫人也喜欢去欧洲，之前她在外交场合不出现，因为一个中国男人娶了西洋女人，加之她的年龄比陆徵祥大很多，各国不知道怎么接待她。后来袁世凯任命培德夫人作为总统府的女礼官，令她出来接待各国官员。当时在北京一份小报中曾有报道：人们在舞会场合最喜欢看到两对跳舞的夫妇，有一对是北京的一位医生身材高大，夫人十分娇小，夫人挂在先生的脖子上有小鸟依人状；另一对则是陆总长与夫人，陆总长作小鸟依人状。

陆徵祥办理过的最棘手的交涉是日本提出的"二十一条要求"。三十年前我在英国读书时看到，英国的外交档案中认为此案是中国获胜，而当时袁世凯的对手，日本外务省大臣加藤高明因此引咎下台，政坛元老山县有朋处罚他在自己有生之年不能再入阁。十年后，山县有朋去世，1924 年加藤高明出任首相。加藤高明认为二十一条交涉是日本外交上的"世纪之失政"，2015 年中日"二十一条"交涉百年纪念时，日本京都大学法学部教授奈良冈聪志在著作《对华"二十一条"要求是什么：第一次世界大战与日中对立的原点》（『對華二十一ヵ條要求とは何だったのか——第一次世界大戰と日中對立の原點』）中也认为"二十一条要求"交涉中日本失败了。这本书在 2015 年年底得到日本的"三得利学艺奖"，这是学术界最重要的大奖之一。所以我在《巴黎和会与中国外交》《洪宪帝制外交》两书中提到，国外研究认为中国在这一交涉中没有输，中国自己却承认对日失败，并归结于晚清腐败、北洋政府祸国殃民、国民政府卖国。而我认为，清朝末年，北京政府、国民政府的外交官都是努力和爱国的，我们可能要从更宽广的角度重新检讨这一时期中国的对外关系和融入世界的过程中面临的各种艰辛困苦与成就。尤其是作为世界大国的世界观很重要，大国国民的世界观和对国家、民族的心理状态也都很重要。国之重器不能随便乱用，应在必要时候才用，但是软实力和硬实力应该要搭配。

"二十一条要求"交涉中，最主要的是袁世凯的策略正确，让陆徵祥去拖延，让顾维钧等去泄漏消息给美国，又有报界宣传、民间抵制日货运动等措施，其外交可谓十分灵活。因此我现在对袁世凯的外交越来越钦佩。我在写《洪宪帝制外交》的时候发现，他的帝制几乎就要成功，袁世凯的称帝只差一步，因为英国在加里波利半岛败给凯末尔，不得不对日让步。因此很多问题不能只看中国这一部分，这是看不清楚的。这个问题我在《洪宪帝制外交》中讲得比较多。1916 年时，年号已经用了洪宪，当时陆徵祥担任国务卿兼外交总长，参与洪宪帝制运动较多，他本人反对帝制，但是认为中国需要袁世凯才能强大。

1916 年 1 月，章宗祥、陆徵祥、周自齐、朱启钤、曹汝霖在北京的中山公园

当时袁世凯主张参战以争取协约国对帝制的支持，几乎就要成功，英法俄都支持，但是日本全力反对，双方产生激烈交锋。由于英国在巴尔干战败，保加利亚和奥地利的军队南北夹击，使塞尔维亚全境沦陷，所以 1915 年袁世凯称帝的时候，是英国是最弱的时候，它不能支持袁世凯，而非依赖日本不可，因此日本有了英国的支持才能将袁世凯打倒。是以袁世凯称帝的失败，日本是最主要的因素。日本的考量是，如果袁世凯称帝成功，则中国会强大成为大国，袁世凯是日本称霸东亚最大的障碍，因此日本援助了中国所有的反袁势力。

袁世凯去世以后，陆徵祥担任段祺瑞政府的外交部长，他主张参战，认为中国要收回山东就必须参战。陆氏努力的结果是到了 1917 年 8 月中国最终参战，获得了参加巴黎和会的入场券。1918 年 11 月 11 日欧战结束，陆徵祥被任命为巴黎和会中国代表团的团长。我研究发现，过去忽略的是，他可能筹备了巴黎和会很久，组织代表团也很花功夫。当时广州政府不肯参加，因此王正廷如何进入代表团的，此点并不清楚。我在 03-13 档案中发现,王正廷和郭泰祺被派到美国宣传,这时美国帮忙牵线让王正廷加入代表团,并跟随陆徵祥一起坐船从纽约开赴巴黎。而陆徵祥在带着代表团出发之前(陆徵祥 12 月 10 日左右离开北京),12 月 12 日先到日本讨论如何联盟,原本是要谈判中日如何在巴黎和会上合作的。

1918 年 10 月徐世昌当选总统,但是当时主持实权的是段祺瑞。段祺瑞主张亲日,所以他认为在巴黎和会上不要提山东问题。中日之间有协约,日本同意山东主权会归还中国,所以不要惹怒日本。徐世昌、陆徵祥主张联合美国,因为威尔逊总统提出的"十四点"和平计划中有很多条对中国有利。出发前中国的外交政策是亲日联美,在山东问题上亲日、收回山东,在修改条约上联美。但在出发前夕中国了解到美国的态度,要求中国代表团只能选一边,不能联两边。于是徐世昌和陆徵祥当机立断,出发前夕决定联美制日。所以到了日本以后事情变得麻烦,原定陆徵祥需要去觐见天皇、首相,拜会外务大臣,但他一到日本就生病了。我猜测可能是装病,但他最终仍然被迫去见了日本的外务大臣内田康哉。内田康哉询问陆徵祥关于山东问题的决定,陆徵祥含糊敷衍,日方也没有进一步追问。

陆徵祥坐着日本船到了美国,在西雅图一上岸,美国政府就派专车接他到华盛顿和纽约,中间待了十天。其中谈了什么还不知道,只知道美国给予他很好的待遇。到了华盛顿,美国建议王正廷加入中国代表团,陆徵祥同意了。到了纽约,美国派了威尔逊总统的"座舰"——四万五千吨的乔治·华盛顿号邮轮,载陆徵祥及中国代表团到法国。我现在仍然不知道陆徵祥在美国的十天内发生了什么,因为陆徵祥一到巴黎,就在代表团第一次、第二次会议的时候提出了"二十一条"和山东问题。这个关键问题以前未讲清楚,过去研究大多认为陆徵祥是卖国形象,而这两个问题是由王正廷提出的。但现在看来不是如此,我利用陆徵祥的档案在《巴黎和会与中国外交》中对该问题进行了解释。

最后,总结来看,巴黎和会最重要的部分是拒签和约。当时北京政府是主张拒签的,但是在五四运动之后,五月中旬段祺瑞重新掌权,段祺瑞主张保留山东相关条款,其他可以签。此时国内五四运动越闹越大,我在书中也提到这可能和研究系、交通系、新交通系的竞争有关。从五四运动至 1919 年 6 月 18 日之间发生许多重要的内外交涉，其中最重要的是：日本在 4 月 29 日会议中口头向英、法、美、俄保证，会把山东归还中国，日本只保留经济特权。但是日本也很委屈，要求为了面子不能将其写进条约。而直到 6 月中旬，中国代表团均不知道这一会议和口头保证的发生。所以当代表团告诉北京这一情况时，由于五四运动以后国内的氛围导致根本不可能公开实情，陆徵祥因此说这是机密不能公开。陆徵祥知道（曹汝霖、章宗祥、陆宗舆）三人不是卖国贼，眼看到他们被打，心里很悲凉。他在签约前一天都不知道是否要签，他认为签字对中国外交有利，因为日本已经答应了将山东交还中国。但是签字对中国国内政局不利，所以到签字前一天他才和顾维钧决定不签。次日拒签之后，他们才收到北京的电报。有观点认为这一电报是废电，因为北京政府知道电报会晚到，所以才要求不签字。但是我在阅读一些文件后认为，陆徵祥早就说过签字比较有利，但是北京政府最终决定不签。这个留给下一代研究者做最后的判断，我们现在只是提出一些看法。

陆徵祥由于本身在巴黎和会受了很多刺激，回到中国以后退出政坛，不愿再担任外交总长和内阁总理。他淡出北京政坛，到了法国，1920 年 10 月给总统府的秘书长致信，希望给墓题词。"陆墓"修好以后规模较大，很多名人帮其题字。到了 1922 年他因夫人身体不好回到欧洲，在欧洲生活得不错。大约 1923 年时，他 50 多岁，而夫人已经 70 岁了。1925 年养女与外国男友私奔，不知所终，这对陆徵祥夫妇打击比较大。1926 年夫人过世，1927 年陆徵祥到比利时布鲁日附近的圣本笃修会的安德鲁修院成为修士，1935 年晋升为神父，1947 年担任荣誉院长，1949 年过世。他在这个修道院留下了很多材料，台湾"中央研究院"正在做数字档。

陆徵祥驻比使馆的保存档案，2007 年出现，每一盒上都写有字条，很清楚写明就是陆徵祥档。其中有巴黎和会档案，还有巴黎和会期间代表团给北京的电报，等等。对照发现，《秘笈录存》有很多删改过。档案上写有"上海陆子欣司铎留存驻比大使馆"，由于驻比公使馆到了 1937 年才升格大使馆，因此推测这批档案是 1937 年以后才收入使馆，也可能是 1949 年才收入,这个还不可考。这批档案十分重要,在其基础上我写了《巴黎和会与中国外交》《洪宪帝制外交》。

总之,陆徵祥很重要,但是过去由于其低调,因而对这一人物的研究没有得到学界很好的重视。我们现在可以开始来好好研究他了,希望将来研究成果会更具体丰富。

陆徵祥档案

问 答 环 节

金光耀(主持人):唐启华教授为我们带来了一场精彩的报告,我想在座不做外交史的同学可能对陆徵祥的了解还不够,实际上可以看到他是整个近代外交中非常重要的人物。通过陆徵祥这一人物,启华教授实际上对晚清到民国的外交史有所梳理,这也是他一贯主张的理念。他重构了晚清到北洋时期外交史的新的史实框架,我们可以对这一段的外交史有新的解读和理解。对我自己来说,我也学到了很多,很多新内容的出现振奋人心。

提问1(上海大学博士生):北洋的外交被定义为修约外交,国民政府是废约外交。修约是通过谈判、交涉来达成,而废约则是通过革命、暴动、罢工等强制手段。北洋修约最大的成果是《中德协约》和《中俄协定》,而在北洋政府与国民政府的外交活动中"修约"与"废约"似乎相互交织,想请教老师"修约"和"废约"的区别是什么?

唐启华:我在书中提到,"修约""废约"是相辅相成的。陆徵祥尽管重视国际法,但是由于国力不够,不能迫使对方让步,因此需要借助其他的方式,两者是交错的。民国初年的外交常常是这样的,袁世凯在和日本谈判的时候会拖延。以前没有注意"修约",只讲"废约",北洋修约的角度会对当时中国的外交有更多、更全面的理解。应该在"废约"之外看到"修约"。

提问2(复旦大学学生):我对外交研究不是很多,我认为外交是团队合作的结果,比如施肇基、孙宝琦这样的人物,同时外交家相对于普通民众对国外的了解更多一些,但是我发现不少外交家的家族成员与实业投资有联系,其新近理念是否对实业投资也有所指导?

唐启华:您的问题其实也很重要。我们过去都是注意到一些"明星外交家",施肇基、孙宝琦等均有重要作用,如施肇基在日内瓦国际禁烟会议中有很重要的表现,对中国当时禁止鸦片有重要作用。孙宝琦为世家子弟出身,有重要的人脉,将政、学界联系起来,他们这些人确实是一个网络。外交官十分特别,长期待在国外,他们子女很多从小一起在国外长大,他们的世界观与我们不同。他们投身实业的表现如何,现在研究很少,过去对他们多为负面人物、刻板印象,但我们现在可以把过去被遮蔽的印象做进一步研究。同时研究者也需要团队合作,共同协力。

提问3(中国社科院近代史所研究生):我的问题是与我毕业论文有关的。我目前所做的研究是"晚清参与国际会议的研究",我现在主要依据的材料是广陵书社2008年出版的《国际会议档案》,以及"中研院"近史所的国际赛会档和国际公会档;我统计出晚清中国共参与国际会议210多次,实际参与150次,其中1880年在美国举办了万国议定会。现在我们做外交史注重政治类型的会议,很多学者重视1899年、1907年的海牙保和会,但是其他不同类型的会议没有得到充分重视。想请教老师,晚清中国参与不同类型的国际会议对中国融入世界的意义和作用是什么?

唐启华：这是有趣的问题。我曾指导过博士生的论文撰写，论文讨论的是中国参加各种不同博览会，从赛会档案中我们看到大部分会议中国并没有这样的人参加，当时主要操办的是中国海关官员。公会的部分，我的印象是清朝末年参加大部分会议活动时，形式重于实质，真正实质参与的不多。当时中国的人才不多，我在陆微祥档案中看到他曾参加国际汇兑会议，当时找了一个留学生协助，这个留学生就是王宠惠，但是王宠惠自己的记录中却从未写过自己参加过代表团。清朝末年的话，中国参加国际会议实质意义不大，但是象征意义和背后的语境与国内的法制改革、宪政运动、文明国化的志向可能可以成为考察的方面。

提问4（南京师范大学学生）：关于抗战时期陈光甫与宋子文的比较研究，我感兴趣的是陈光甫的工作主要是由正规的外交管道进行的，认为不能只靠个人关系，而要建立外交关系，与宋子文的个人外交有鲜明的对比。林美莉老师的研究也指出，宋子文的外交方式得到了罗斯福总统的援助，但是也得罪了美国很多事务官员，对中国未必是一件好事。宋子文曾告诉下属，如果有重要文件不要通过国务院报白宫，也不要通过白宫报告总统，而是直接由罗斯福总统的顾问哈里·霍布金斯告知罗斯福。这表明宋子文对美国官场公开的体制、人事十分了解，按部就班怎么走，抄近道怎么走。这体现的问题是我们在研究外交史中，发现有体制化的外交形式和走个人外交的途径，尽管从效果而言是宋子文的方法更为有效。想请教唐老师关于这两种外交模式应该如何看待？

唐启华：这与美国的政府体制和决策管道有关，从今天来看仍然是有紧张的，其有保留双重的可能性。中国本身外交管道也是如此，蒋介石有自己的外交代表，中国本身也有"双轨"，会有比较复杂的步骤。清末、民初的时候常常都是双轨并行，看哪种方式会成功，"双轨"之间也会互相施压。"善后大借款"交涉中袁世凯也利用其他的管道，如找英国财团借钱，也对国际银行团施压。因此我们的研究不能只看官方正式的管道，还有非正式的管道，全面看的时候才会理解其中的互动关系。但是目前的研究还没到这么精细的程度，还需要更多的努力。

我自己是在伦敦政治经济学院国际关系学院学的外交史,我自己深深感受到,英国的外交史原本非常强大,政经学院主要研究大英帝国主导的世界秩序,因此主要是政府系和经济系,其中有两个历史系:经济史系和国际关系史系。大英帝国分解以后,经济还是很强,但是国际关系方面相对比较弱。他们的国际关系学与美国不同,美国重视行为科学的模式和模型,英国的国际关系学重视人文历史的基础。伦敦政经的国际关系学系和国际关系史系基本是一起上课的。所以我觉得,美国式的国际关系有优势也有弱点,与英国式国际关系的研究也许可以有相辅相成的因素在内。

金光耀:启华老师刚刚讲了与学科相关的内容,从历史学科的外交史和中外关系的角度来说,台湾史学界也是有比较长的脉络,很多前辈做的都是传统的外交史和中外关系史。从复旦的历史系来说,外交史和中外关系史有田汝康先生、汪熙先生、陈匡时先生等,到了我们这一代,有王立诚、(吴)景平,包括我,现在年轻人也上来了。在复旦做外交史还有很好的方面,就是国际关系学科偏重现状和理论。启华教授讲的内容是从历史、国际法的方向串联起来,因此年轻的学生应该是有所作为的。

唐启华:我在台湾努力想要使国际关系学者和外交史学者对话。但是在台湾是"鸡同鸭讲"。

金光耀:唐启华教授在 20 世纪 90 年代就带了很多做外交史的学生,现在台湾的学校和研究所做外交史的青年学者大都是启华教授的学生,他们也都出版了很多著作。最近启华教授的学生出了一本论文集,由茅海建老师作序,实际上有很大的传承。现在在历史学界似乎大家都比较关注新文化史和社会史,相对来说老派的外交史研究大家关注得比较少。但是正如刚刚启华教授所言,外交史现在也有一个非常好的、能有所突破的一个机会,有这么多的档案。就我本人来说,我从 2004 年筹办北洋外交的会议之后在学术上开始转向,其中一个原因是很多档案在台湾,我们当时看不到,而且去台湾的机会太少,不像现在实际上我们的学生辈都可以看到。而且现在有数字化的技术,我看到我的一个学生做的研究里找到了很多美国的地方报纸。所以如果大家对外交史有兴趣的话,现在是一个很好的机会,未来的研究有很宽阔的天地。启华教授今天展现的也是这样,很多地方都留下了空间,可以让年轻一代加入进来,留有解释和分析的空间。大家对于外交史也是非常的关注。

唐启华:外交史在大陆前景无限。我在英国就看到外交史从事一个大国的学问。同时,外交史在大陆基础薄弱,反而是最好切入的时间点。此外,现在在史学界,文化史研究当道,尤其是受到西方后现代影响,新文化史研究当道,传统的外交史被认为是枯燥的。但是我认为实证研究虽然枯燥,却是扎实的基础。我在西方看到的是,他们在实证研究基础非常扎实的情况下,做文化史研究能让实证更活泼。但是现在中国实证研究本身还比较薄弱的情况下,就开始做文化史的研究的话十分危险,永远是跟在别人后面,找中国的材料印证别人的观点而已,没有从中国自身的历史脉络中找出问题。我觉得可能目前实证研究还是需要有年轻人投入的。

提问 5(上海财经大学教师):就我目前对晚清外交方面的研究来看,碰到的困惑是在以往的外交史研究中,也有学者在运用一些国际关系理论和方法来研究和介入,但是存在理论的适用性问题。是否存在可以进行妥帖对接的问题?当时一些概念的想法可能与理论本身的基础存在很大的差异性,这个应该如何处理?想听一下老师的看法。

唐启华:一战的爆发在全球都是重要的分水岭,有学者想研究资产阶级的黄金时代、世界体系的崩解。中国清朝末年的时候刚好面临另外的时代,有人认为这是全球化早期的重要阶段。所以有很多理论在讨论全球财经秩序的问题,中国是如何加入国际秩序的、如何与各国往来的,都需要更好的研究。但是直接套用理论是否合适?我自己本身对理论有兴趣,但是我不觉得西方的理论可以很方便地套用,还是要回到中国历史发展的脉络。但是要把中国的发展和世界联结起来,这是我们这个学科最困难也是最精髓的地方。

鸦片战争中有关割让香港谈判的翻译问题

主讲者:王宏志,香港中文大学翻译系教授

讲座时间:2019 年 10 月 17 日

整理者:徐高,复旦大学历史学系研究生

近日,香港中文大学翻译系王宏志教授做客复旦大学近现代史教研室青年学者读书班,做了题为"翻译与近代中国:以鸦片战争有关割让香港谈判的翻译问题为个案"的讲座。王宏志教授关注到近代史研究中忽视的翻译问题,他以割让香港的翻译问题为个案,阐释了翻译问题在近代史研究中的至关重要性。讲座由复旦大学历史学系近现代史教研室主任高晞教授主持。

王宏志教授在讲座现场

　　王宏志教授的研究兴趣是从中国现代文学转向近代史方向的。首先，他介绍了国内外对鸦片战争的代表性研究，如民国时期蒋廷黻的《琦善与鸦片战争》，近年来则有茅海建《天朝的崩溃：鸦片战争再研究》和《近代的尺度：两次鸦片战争军事与外交》、萧致治《鸦片战争与近代中国》等，而香港中文大学出版社也曾出版林启彦编的《鸦片战争的再认识》。西方学界有张馨保的《林钦差与鸦片战争》、Peter W. Fay《鸦片战争：1840—1842》等，甚至在 2010 年代也有两本新出英文专著，而且都已翻译成中文。王宏志教授指出，迄今为止，几乎所有的鸦片战争研究都没有谈到翻译问题，这不能不说是一个缺失，因为翻译是近代中外交涉其中一个最重要的问题。在材料上，王宏志教授一方面运用《筹办夷务始末》、《鸦片战争档案史料》等较容易见到的中文史料，另一方面也利用英国国家档案局所藏英国外交部的档案，其中包括不少中英相互发送照会的中英文本。此外，这一研究还运用了藏于剑桥大学图书馆的怡和公司档案等，也有不少当时曾参与战争的英军所写的回忆录。

　　首次提出割让香港的是 1840 年 11 月—1841 年 3 月进行的广州谈判。广州谈判是前期的谈判，道光帝除委派两江总督伊里布为钦差大臣，前赴浙江主理军务外，又令以一等侯爵、文渊阁大学士、直隶总督琦善跟英方全权代表义律（Charles Elliot）进行谈判。广州谈判的内容很大程度上已经包含了后来中英两国正式签署的《南京条约》的主要内容，涉及割让香港岛。但当这割让香港的消息传到北京时，道光帝震怒，撤回琦善，终止谈判。

　　负责广州谈判的译员是马礼逊的儿子马儒翰。在马礼逊病逝后，马儒翰获得英国驻华商务监督律劳卑（Lord William John Napier）委任为汉文秘书兼翻译官。他是中英《南京条约》的实际翻译者，可见《南京条约》的英文本和中文本均出自英人之手。

一、香 港 在 哪 里

　　"香港在哪里"在今天看来似乎是很无聊的问题，但是在讨论割让的问题时却不是一个明确的概念。早在 1793 年马戛尔尼使华期间就曾向乾隆提出需要一个海岛,供英人居住及囤货之用,但遭乾隆拒绝。再一次正式提出割让海岛的要求出现在 1840 年 2 月 20 日英国外相巴麦尊致中国宰相照会(《巴麦尊照会》)。这时候,英国国会已经通过与中国开战,按照西方宣战的惯例,英国向清廷提出打仗的理由和要求,更明确要中国将沿海一个或多个海岛给予英国,让英国人可以自由居住及自由贸易,免受不合理的对待和需索。但是巴麦尊没有确定应该索取哪一个海岛,而是将这一问题交给义律决定,当时英国外交部所草拟给义律的条约草稿在割让海岛的名称留下空白。

那么"割让香港"的说法究竟是在何时出现的呢? 1840 年 12 月,义律致琦善照会中提到"the Island of Hong Kong",但是送到琦善手上的中文版中并没有"香港"一词,而是把 Hong Kong 翻译成"红坎山"。Hong Kong 给译成"红坎山",从未见于任何鸦片战争以至香港史的研究中。一个月以后,义律再次照会琦善,其中有"红坎即香港"的文字列在正文文字旁,是一种补充之意。那么,将 Island of Hong Kong 翻译成"红坎山"是不是翻译上的错误? 这就需要进一步考察香港的历史。

根据金国平教授的研究,"香港一名始见汉籍的年代是明代万历中叶",他指出:从《粤大记》图示可知,从万历年间起香港已经是今港岛的总称。王宏志教授梳理了其后所见到的海图,从 1730 年开始对香港岛名称的记载,自 1730 年、《海国闻见录》中的《沿海全图》,以至粤水师《福建广东海防航海图》、1810 年《广东沿海统属图》、1819 年《新安县志》,都再见不到香港的说法,用的是"红香炉山"。可以肯定,《粤大记》中所绘的香港岛,其实并非今天的香港岛,那只是香港岛西南面的小岛,今天叫鸭脷洲。文字方面,1842 年香港新界邓氏族人《香港等处税亩总呈》中,提到"康熙二十三年垦复原迁土名大潭、横沥、香港、大捞下、洛子垄等处税三顷三十二亩一分六厘"。其中将今天属于香港岛上地名的大潭与香港并列,显然当时的"香港"与今天的意义不同。香港的概念前后存在不同实质含义,严重影响了谈判的进行。在道光帝得知要割让香港后,琦善奏称香港"只系全岛中之一隅",换言之,他理解的是香港只是整个海岛的一处地方,他愿意考虑把一小块土地不是整个海岛给与英国人暂住。这不是琦善故意蒙骗道光帝,闽浙总督颜伯焘也在奏折中称"其岛曰红香炉","红香炉"是当时对今天香港岛更为普遍的称呼。此外,祁贡也说过"香港地方在岛之西南";奕山也说香港与其他地方如赤柱;群带路等相连,"共为一大岛",都不是以"香港"作为全岛。

二、从"红江"到香港

根据曾在香港大学地理系任教的塔尔博特(Henry D. Talbort)的研究,英国文献中最早出现 Hong Kong 的是 1780 年英国东印度公司商船"约克号"(the York)船长 Captain George Hayter 根据澳门和中国的原有地图加上自己实地勘察绘制出香港澳门附近水域的地图,上面已有"He-ong-Kong"。在现有文书记载中,英国人最早登录香港岛的是阿美士德使团(William Lord Amherst)成员,大使阿美士德从伦敦出发,副使小斯当东(George Thomas Staunton)及译员马礼逊(Robert Morrison)则身处澳门,他们相约在香港岛海面会合,使团好几名成员在回忆录中使用的表述都是把 Hong Kong 看成是一个海岛。由于当时中英关系中还未涉及割让香港,所以这一说法是客观的。换言之,英国人一直以来就是把香港认定为一个完整的海岛。那么,马儒翰用"红坎山"来翻译"the island of Hong Kong"是否准确?

其实,在马儒翰之前,英国更早对 Hong Kong 有一个中文翻译,是"红江",出现在今天所能见到的一幅中英对照澳门水域地图中。这是 1810 年东印度公司孟买舰队上尉丹尼尔·罗斯(Daniel Ross)及莫姆(Philip Maughan)所绘制的。但是罗斯的地图没有说明当时为何把 Hong Kong 翻译成"红江"。曾任阿美士德使团译员、后来出任香港第二任总督的德庇时(John Francis Davis),在《中国见闻录》(Sketches of China)一书交代使团会合的情景,当中提及 Hong Kong,并在脚注中说 Hong-Kong 这个词语来自一条河流,是"红色的河流"(the red torrent),其形成的原因是河流冲刷了岸边的土壤,形成河流变红,这体现了"红江"说法的由来。

另外同是使团译员的马礼逊也知道红江这名字,他在后来编辑出版的汉英字典中收有"红江"的词条,但他说红江是河流的名字,那就不是海岛的名称。马儒翰在广州谈判中翻译 Hong Kong 时,一定参考过父亲的字典,因为那是当时唯一的汉英双语字典,但即便他真的找到 Hong Kong 这个词条也不能直接使用"红江"来翻译,因为英国不可能要求中国割让一道河流。最后,大概他在参考过马礼逊的字典后,采用"红"字去译 Hong,而 Kong 则只能自己去寻找一个与土地有关,读音接近的字来音译,最后就有"红坎"的出现。

三、给予还是割让

最初英国对割让香港的提法,用的"be permanently given up"(永久给予),当时即被翻译成"割让"。但是,在考察文献记载时,王宏志教授发现除这一处地方外,其余所有的中英文书往来都再见不到"割让"一词的出现,用的是"给予地方",而不是用"割让"这个词。值得注意的是,琦善在奏折中曾把"请给地方"跟"占据"分开,显然他对给予地方的理解并不等同于"割让"。此外,琦善又说过如英国人要找寄居的地方,大可仿照澳门西洋人的方法。但澳门是从没有割让给葡萄牙人,一直是由中国官员来管理的,琦善所说"请照澳门之例,仍归州县管理",就是这个意思,不是完全把香港割让出去。义律不断向琦善灌输以澳门模式来占用香港,与永久割让的意义是不相同的。不过,从英文的档案来看,在义律照会的原英文文本中所使用的是 cession 一词,如"cession of territory""to cede some separate place",就非常明确地是割让之意,但是马儒翰在翻译时没有用"割让",只是换上"给予""予地"等说法。因此,在义律和琦善关于割让土地的方式展开的讨论中,确实有误译的情况出现,造成了很大的误导性。

通过这两个个案,王宏志教授说明翻译在中国近代史进程中扮演了举足轻重的角色。他进一步指出,研究中国近代史,与研究中国古代史的一个重要区别是,随着西方人在明末开始来华后,中国近代史进程便跟翻译扯上密不可分的关系,因为中外交往所遇到语言障碍,只能通过翻译来解决,但翻译过程中经常出现各种各样的问题,引发不少误会和误解。鸦片战争是一个比较明确的例子。整个鸦片战争中已有很多环节涉及这个问题,翻译在战争前后、进行过程中都扮演很重要的角色。因此,研究中国近代史重大事件中的翻译问题,是非常重要的课题,王宏志教授也正在身体力行地推进这方面的研究,近年在致力撰写"翻译与近代中英关系三部曲",分别为《龙与狮的对话:马戛尔尼使团访华的翻译问题》《天朝的译者:从李叶荣到张德彝》以及《鸦片战争与翻译》。

解读"虚弱史":近代中国的身体、疾病与荷尔蒙药品

主讲者:皮国立,台湾中原大学通识教育中心副教授
讲座时间:2019 年 11 月 5 日

  "虚弱病"在中医的补药文化中绵延千年,又随着近代西方荷尔蒙理论与药品的传入衍生出新的形式。一群害怕"虚弱"的人们,生活在手淫、遗精、神经衰落、萎靡和忧郁的疾病恐慌之中。如何理解这个时代? 如何反思这段医疗史?

  台湾中原大学通识教育中心副教授皮国立先生于 2019 年 11 月 5 日在复旦大学历史学系"中国近现代史教研室青年学者读书班"上分享他的新著《虚弱史:近代华人中西医学的情欲诠释与药品文化(1912—1949)》(台湾商务印书馆,2019 年),并与读者讨论了关于上述问题的看法。本文系皮国立先生的演讲整理稿。

  关注医疗社会史的读者一定不陌生,近代中国各式新药品推陈出新,包括艾罗补脑汁、人造自来血、韦廉氏大医生红色补丸、鱼肝油、维他命等新式药品,纷纷在此时上市,占据各类报刊的版面,形成一种特殊的药品消费文化。我们可以怎么透过历史研究,来理解这样的现象?

  首先,"补养"意识,几乎贯穿了国人对药物和食物的认知,为何中国人爱"吃补"? 害怕身体的"虚弱"可能是其中一个解答。因为"虚弱"将导致许多疾病,反过来说,它也是众多疾病的共通症状。此外,在社会价值判断上面,一个成功的、可以享受幸福人生的人,绝对不会是虚弱多病的人。近代

讲座现场

中国由于受着列强的侵凌，"东亚病夫"的民族想象不胫而走，如何强健身体、洗刷耻辱？提倡运动、放足、军事化训练的身体文化应运而生，皆为时人对抗民族"虚弱"的展现，当然，吃药而致身体强壮，总是个好办法，上面所列举的药品，只是一些例子，而过去大家较少关注的新药"荷尔蒙"制剂，也于1920年代后于中国的药品市场中大量出现，加入中国人对抗虚弱的行列。

1889年，法国人布朗·塞卡（Brown Séquard）发现：动物睾丸中有种内分泌物质，可以增加生理能力，具备挽救生殖器萎缩、提振食欲、鼓舞精神的功效。时年72岁的他拿自己当成实验品，竟然疯狂地利用动物睾丸浸出液来自行注射。之后，他忽然感到食欲倍增、体力、脑力增强，而性欲尤其旺盛，感觉有如"返老还童"。更有甚者，司太衣那哈（此为当时译名，Eugen Steinach）在1910年做了一个手术，他将幼鼠的睾丸移植到老年鼠的身上，结果老年鼠呈现返老还童的迹象，此即著名的"返老还童术"。康有为

皮国立著:《虚弱史:近代华人中西医学的情欲诠释与药品文化(1912—1949)》

(1858—1927)就误信这种手术,透过留德的西医,请到地道德国医师来进行一场"人类与猿猴睪丸互换"的戏码,其结果当然是无效的,康氏也在不久后离世。我在书中讲述这个故事,并非有意看历史人物的笑话,而是希望读者思考:为什么具备如此高知识的读书人,会做出这样的抉择?每一项我们信仰的新科技,难道没有值得反省的地方吗?

为什么要移植睪丸?因为它负责制造身体内的一种神秘物质,其实就是荷尔蒙(Hormone)。恩斯特·斯塔林(Ernest Starlin)于1902年以希腊文具有"觉醒兴奋"意义的Hormon来命名。它在二十世纪初期于中国传播时,或译成"活路蒙""何耳门""呼儿梦纳"等名词,也称"激素",代表该物质具有促进生长与代谢之功能。康有为进行的手术是个极端且奇异的例子,事实上在1920年代后,"返老还童手术"施行的并不多,不一定是有效性的问题,而是中国人普遍对手术充满担忧,宁愿服药来补养与对抗疾病,所以从 1920 年代后期开始,已经可以看到大量该类药品的广告。该药品极具全球史的视野,明明在西方科技中,它的疗效仍处在被开发与被研究的阶段,但是它却已在中国与其他国家的保健药品市场上大行其道。此类新药无疑是具有外来身份的西药,它打入中国的市场,必有一些因素值得历史学家梳理。

根据研究,当时中国市售的荷尔蒙药品种类繁多,包括"恩男龙""寿尔康""生殖素""赐保命""补体康"等,这些药物,大概可以治疗几大类的疾病。第一类是包括当时称为"性疾病症候群"或"性神经衰弱"的病症——失精、不孕症、遗精、阳痿、性机能障碍。药商为了营销,必须使用中国人听得懂的身体话语来解释,才能使消费者愿意掏钱买药,当时贩卖这些新药的商人,肯定熟知中医理论,所以他们使用了传统中国人已熟知并非常惧怕的"肾亏""肾虚"的病理观念,来包装、说明荷尔蒙之疗效。什么是"肾亏"?对国人而言,根本不需多加解释,您已了然于心。不过看看当时的定义,它并非现代意义的单一疾病,而是由很多症状所组成,包括疲劳、发育不良、多梦、烦扰、眼痛、疲倦、血亏、大小腿肌肉无力、手易发抖、健忘、头晕目眩、面白而瘦、口吐白痰、漏精、消化不良等,几乎无所不包,都和"虚弱"有关。1930 年代后,荷尔蒙药品已融入中医既有的各式"补肾""补精"理论,可以治疗一切肾亏症状,荷尔蒙药品甚至有时也被翻译成"精素",让虚弱病患可以一眼望之、了然于心,称其为"灵丹妙药",绝不为过。

这些新药品背后所反映的心态,代表这些性方面的疾病绝非只是单纯被"建构"出来而已,事实上有不少患者的确需要这些药品来治疗,无病者也将会被这些广告话语"暗示",产生一种对身体虚弱的恐惧感。中医谢利恒(1880—1950)指出:忧(肝)郁、遗精病等病都是近代中国的"时代病",前者是妇女、士农工商皆有之;而后者遗精,"三十年前不多见,今则几为学校青年之普通病,教育愈发达,此类病愈多,虽补救之法日增,然终不敌病魔之进步"。可见罹患遗精病、神经衰弱的人愈来愈多。另一种思考,还是中国人惧怕"精液"的流失,所谓遗精、手淫、肾亏等身体观,透过强大的商业利益和社会观念操纵,强化一般民众人们对失精、遗精的恐惧。换句话说,在日常生活中遭受的各种身体衰弱、疲累、无力、忧郁等身体感,在近代必须透过在医学术语内找寻一种于病理与行为之间的合理性,这就是"虚弱感"的诞生。希望靠某些药物的补养来恢复健康,这类故事依旧在现今生活中不断重复播放。

荷尔蒙药品可以治疗的,还包括外感疾病和肺痨。这两种疾病,都被认为是因虚弱或抵抗力不足而较容易罹患。此外,它还可以帮助戒除吸鸦片烟的恶习,因为吸食鸦片烟的人,会呈现咳嗽、虚弱、变瘦、无力的样貌,这不正是"病夫"的形象吗?荷尔蒙的刺激,可以短暂提供身体能量与活力,造成精神一振之假象,却是短暂的,未必真能帮助戒烟,甚至有另一种上瘾的可能,这是当时药商没有加以说明的。另外,当时还有几个家喻户晓的疾病威胁,例如近代传入中国的"神经衰弱"和"歇斯底里",这两个疾病虽略有不同,但在当时的界线相当模糊,它们都与神经疲劳而导致的精神失常有关。相对于中医而言,传统理论中并没有"神经"一词,中医常用"气血"或"肾气"衰弱来形容一个虚弱的人;而西医则喜欢用"神经衰弱"来解释病人的虚弱现象。但不论中西医疾病怎么进行病名之转换和对照,荷尔蒙药品都可以治疗上述疾病。也就是说,有关情志与精神上失调,包括忧郁、失眠、倦怠、郁闷等症状,透过服用荷尔蒙药物,都可以治愈。

中医对于这个新药,并不排斥,在民国药学史上,中西医也未有针对荷尔蒙药品而衍生重大争论,反倒是因为早期这类新药品的原料多取自动物的性腺与脏器,这使得"荷尔蒙疗法"常被称为"脏器疗法"。作为提炼荷尔蒙药物的动物内脏,总是可以和本草知识系统中的动物药配合起来,所以中医在看待荷尔蒙时,同样也以具有补肾、补精效能的动物脏器,来建构他们对西方荷尔蒙治疗的理解。例如 1937 年,中医尤学周在《羊肾酒治阳痿骨软》中指出,用生羊腰和仙茅、淫羊藿等药浸酒,可添精补髓、种子延龄、强筋骨壮气血。蔡济平则在《雄猪阴茎治发育不全》一文中提出一则食疗案例:"某年二十岁,身体素弱,宛如童稚",治疗方法是"用雄猪阴茎,将剪刀破开,陈酒洗净,文火炖酥如网油,常服不断,久自有效"。显然与荷尔蒙的生长功效相同。至于尤生渊则在《腰疼食疗秘方》一文中指出，猪肾、杜仲等同炒、煨熟后食用，"治肾虚腰痛极验"。或取童便、好酒，放置一对猪腰入内，慢火煮熟后，喝酒并食腰子，也可治疗腰痛。中医盛心如（1897—1954）于1939年还提道：脏器疗法本为中国所固有，维新人士嗤之以鼻，但一旦采用荷尔蒙理论和科学制剂，则"身价大涨"。他用肾脏功能及其治疗来作为说明，认为肾藏精，而精生髓、髓生脑，所以肾脏中的精气是脑神经之源头，用这样的身体观来建构"补肾"即补脑，进而可以治疗神经衰弱之合理性。

由此可见，当时不少中医对开发新的荷尔蒙疗法是乐观的，中医程绍典言："科学家苟能以此为发掘资料，则将来之脏器疗法，必有光芒万丈之一日也。"相对而言，看坏或保守的言论也有，例如姚柏麟响应：中医用传统本草中的"动物脏器"来比附荷尔蒙疗法，完全错误；因为吃猪、羊睪丸来治阳痿、足病吃兔子的后脚、牙病服狼牙等疗法，都是一种"吃什么补什么"的迷信，必须补充新的化学提炼后的精纯药物，才会有实际的治疗效果。毕业于上海中国医学院的中医刘行方则说，虽然中医也有脏器疗法，但多使用干燥药，杂质多又不够精纯；如果遇上极为虚弱的人，效力不够，还是需要用西医针剂注射，国医应寻求脚踏实地的科学原理和动物实验，才有能力开发新药。这些讨论都显示了当时中医药的尴尬处境，本草中的动物脏器疗效，加上西方生理学的新知识验证，满足了国人喜欢"吃补"的文化和心态，但诸般功效不良或缺乏实验之疑虑，仍显示传统中医食疗之不足。

历史要从长期发展来看，中医接受西方生理学的洗礼源自清末；细菌学则于民国之后才影响到中医，荷尔蒙理论则是更晚的事。要创新、汇通一新知识，还需要时间与方法上的激荡。我们说，西医科学在近代不断进步，我们虽能看到初步的中西理论汇通，但却看不到传统中医更具有原创性的发明。更直白地说，西医在近代荷尔蒙研发的历程上，彰显了科学不仅是发明创造，还在"取精用宏"，将已有的疗法与药品更精纯化，这才是近代荷尔蒙疗法跟中医古代脏器疗法最大的不同，这是对中医既是警惕，也是启发。中国医学和医者"怎么加入寻找与开发"新药的问题，这段中西交会的荷尔蒙脏器疗法科学史，或许可以给未来的中医一些启发。

讲座现场

历史带给我们新鲜感，也带给我们反思科技争议的一份警惕。尽管民国时期的荷尔蒙新药提倡该药是经过"科学化"提炼，没有中药过寒、过热的属性问题，在当时人们迷信科学的心态下，很少有人会主动提出对荷尔蒙药物的检讨。但到了1940年代前后，于国内之争议逐渐浮现。有医者指出荷尔蒙药剂的三大不便：昂贵、收效较慢，不长期施用不见其功效、内服吸收差，总是必须注射等等缺失。多数补充荷尔蒙的疗法，只能收效一时，停药后则旧有症状复发。1943年的一则报道指出，体内管理内分泌的脏器若已经衰败，则服用再多荷尔蒙也无济于事，等于直接戳破了该药"返老还童"的实质可能性。

1940年，报刊还报道一则有趣的故事：欧洲一间制造女性荷尔蒙的药厂，雇用男性员工，结果男性员工都出现女性的性征，胸部和屁股都变大，气得告发药厂。但改聘用女工呢？结果女工接触过多荷尔蒙，皮肤变白晳、身材丰满健美，结果纷纷辞职结婚，还是造成药厂困扰。这故事虽然有趣，但说明荷尔蒙制剂的服用，必有其特殊性，男女有别且性质迥异，不可滥用。

可是当时许多宣称补肾、治疗神经衰弱的制剂，多无清楚载明是哪一种内分泌的制剂，还有许多妇女相信荷尔蒙是万能的神药，常常注射荷尔蒙针剂，不明原理就糊里胡涂地打针，结果弄巧成拙，月经不规则，老太太甚至还重新出现月经与白带。男性则乱服荷尔蒙药品，冀求生殖器变大，还被人们视为是"春药"。种种乱象，皆令人啼笑皆非。

透过本书文字之呈现，读者看到的不是中西医论争的主旋律，而是在西医逐渐传入并深刻影响国人的近代历史发展中，大量的西方科技与身体观和在中医学知识、疾病、社会观念乃至担忧虚弱的心态结合在一起，透过报刊宣传的广度，一方面持续强化其影响力，一方面则将西方知识转译为中国人熟知的话语，而整体形塑了一代人的健康观念。可以看出，这个时代新旧医学知识常常相互挪用，例如传统的肾亏、虚弱可以和神经衰弱、歇斯底里相结合；从传统的补药到新的荷尔蒙药品，也互相激荡、合奏"保卫生命"的交响曲，共同拯救虚弱与疾病。观察近代史必须注意，新的观念与知识转移到另一个不同文化中，往往有一转译的过程，融合与折衷往往是文化史的关键；再加入消费文化之影响，最终才能谈到民众的理解。其实，到最后端所谓"事实"的建构，风貌已相对复杂。从这本书的论述中，包括补荷尔蒙、补精、补血、食补等治百病的思维，至今仍留存在中国人的养生文化中，即便是现代"卫生"的概念与其实践，仍旧不断被古典和现代的观念反复诠释，这当中还包含丰富的疾病理解。

对现代中医发展而言，"虚弱史"有什么启发？从本书可知，西方新科技所带出的药品、食品效用和对抗、预防疾病之功效，不断借由人们既存害怕虚弱之心理，大行其道于华人社会，导致近代中医在响应社会、文化的需求层面上，渐渐流失其主体性和经济效益上的优势，这对中医而言无疑是一个重大警讯。因此，中医学界必须嗅出时代推衍之趋势，着力集中发展新的药物和治疗方法，才不会被时代淘汰，例如大家关注的癌症、慢性病、急重症、老年化疾病、环境因素（空气）致病的相关预防与治疗。从近代"虚弱"的视角来看，中医要想方设法地为人类的健康作出贡献；也必须尽速开发新药，创造新知识，开发更多有效的疗病植物，精炼萃取、形成体系，方能与西方药品争胜。而换个角度来看，新药的不良反应，总也是医药史会带来的启发，我们现在仍使用老祖宗的肾气丸、六味地黄丸、龟鹿二仙胶来补肾或提振体力，对抗虚弱，而荷尔蒙等激素类药品则已在日常药品中消失，甚至还被证实有害。从这个意义上来说，也可反过来证实传统的中医中药，确实有其价值，这是我最后想说的。

社科院近代史所的"十七年"档案
与旧人撷忆

主讲者：赵庆云，中国社会科学院历史理论研究所研究员
讲座时间：2019 年 11 月 21 日
整理者：邹子澄，复旦大学历史学系研究生

中国社会科学院历史理论研究所赵庆云研究员于 2019 年 11 月 21 日主讲复旦大学历史学系第 15 期"中国近现代史青年学者读书班"，携其新著《创榛辟莽：近代史研究所与史学发展》（北京：社会科学文献出版社，2019 年），以"史学史（学术史）研究中的'学'与'行'"为题，和到场师生分享了自己研究的经历和体会。本次读书班由复旦大学戴海斌副教授主持。本次读书活动还邀请了华东师范大学李孝迁教授、中山大学历史学系叶毅均特聘研究员与主讲者对谈。得益于专业领域相邻，两位与谈人为在场者道出了主讲者研究背后的甘苦，也拓展了既有的学术议题。

一、机缘：近代史所"十七年"档案与旧人撷忆

《创榛辟莽》这本书，我酝酿了很久。写作的机缘，是 2008 年刚进入近代史所的时候，所里派下任务，要为所庆 60 周年整理大事记。借着这个机会，我看到了所里封存的一些资料，包括"十七年"（1949—1966）时期遗留下来的档案。所里的老先生，都惊讶于这批档案的存世——他们一度以为这些档案在"文革"中早已佚失殆尽了。但事实上这些档案被保留了下来，而且种类还比较丰富，比如整风的文件、互相之间提的意见、会议记录、计划、

讲座现场

总结。就是这样一批意外发现的资料让我决定,以它们为基础,再进一步搜集其他的史料,以近代史所这个学术机构为中心,来写一本书。

但根据个人研究的经验来说,这些档案虽然珍贵,也不可偏信。尤其是1949年之后那些整风的档案、计划总结,其实都必须拿去与其他资料对照。计划总结每年都有很多,里面构想也很多,但最后能够落到实处的,可能只是其中一小部分。又像整风的材料、自我检查这一类档案,夸张失实的地方,也不在少数。

我用来研究"十七年"史学另一些重要的资料,就是私人文献和口述访谈。所里仍健在的老先生们对此提供了不少支持,有几位老先生就提供了自己当年的日记供我参考。另外,做口述访谈亦花了不少心思。这项工作也带有抢救史料的性质:现在一些将及暮齿的老先生,其实都还是当时1960年代才进所的年轻人;真正1950年代初进所的,现在已经寥寥无几。而且有好几位,访谈后不久便故世了。

我总的构想,就是从近代史所的筹设、人才集聚、科研组织、机构的运作——尤其是党组织在一个学术机构中具体的运作方式——这些方面来叙述。同时也会涉及学科建设、研究理念诸方面。另外,当时近代史所的地位高,而且因为权力集中,强调自上而下地推动,所以很多事情可以影响到全国史学界。一些大的史学活动,我也挖掘了一些资料,尽可能地呈现出来。

　　另外一点,当时的史学不是纯粹的史学,它也是文化斗争的武器。所以近代史所确实不同于民国时期史语所,它更强调革命性、实践性。就学论学。所以这本书,主要是把"学"和"行"结合起来探讨,挖掘动态史实,以"见之于行事",进而由"行"观"学",以"行"论"学",力图拓展史学史的研究视野,展现十七年史学丰富复杂的面相。

赵庆云著:《创榛辟莽:近代史研究所与史学发展》

二、为什么先成立一个近代史所

　　为什么1950年代中科院率先成立的是一个近代史研究所这个问题,书中单独写了一小节。我总体的论述是说,毛泽东在延安时期就强调"厚今薄古",说史学要为现实服务——这确实是让范文澜将研究重心转到近代史的一个根本原因。但是为什么到1950年代中共建政之初,要在中科院率先成立一个近代史所，而不是一个涵盖更广的历史所呢？

这牵涉一些个人的考虑和选择。范文澜个人的作用是至关重要的。我考察得出的判断是，这主要是基于人事方面的考虑。范文澜的基本想法，就是近代史积累薄弱，研究的人不多，而那些著名学者基本上是研究古代史的，那么先成立一个近代史所，就可以把那些从事古代史研究的著名学者名正言顺地排除在外面。其实当时中科院院长郭沫若，还是倾向于先成立一个综合的历史研究所，在1950年还让陶孟和写信，有意把陈寅恪延请过去。但陈寅恪也没有积极回应。之后高层很快便敲定，要成立的是一个近代史所。从《竺可桢日记》看，竺可桢对此也表示很不理解，还对郭沫若很有意见，说中科院是大家的，不是你郭某一个人的——他以为是郭沫若做的主张。其实真正起决定作用的，还是范文澜。

范文澜的考虑是，民国过来的那些著名学者，有的甚至比他还年长，资

1961年在云冈石窟。前排左起：范文澜、吕振羽、翦伯赞（提供者：刘潞）

历比他老,若同在一个研究所怎么相处,怎么领导,是比较伤脑筋的。这个其实是可以理解的。但是陈垣、向达、杨树达等人对此举措很是失望。陈垣在 1950 年春节团拜会上就指着范文澜,当面批评说,为什么先成立一个近代史所,让我们这些人都不能进入中科院系统? 向达就说得更挖苦了,1957年"鸣放"的时候他讲:"史学界为什么奄奄一息? 那就是因为范文澜的宗派主义。"宗派主义的一个最大的表现,就是先是成立一个近代史所,把他们都排除在外。

这件事情到 1953 年有了变化。到 1953 年上层看到史学没有繁荣起来,近代史所重在培养新人,成果产出不太令人满意,所以由上层介入,成立了一个"中国历史问题研究委员会",让陈伯达领导,明确说中国历史很长,最好是分三个时段:上古、中古、近代,三时段各设一所,同时三个所合办一个权威杂志——也就是《历史研究》。所以近代史所筹设,前前后后,其实牵涉新旧史学界不少微妙的关系。

三、难以钩沉的语境

在考察学者学术研究的同时,我将相当笔墨放在钩稽学人的具体学术活动和人脉关系,通过结合时代政治、社会语境来窥探文本的背面,力求对这些学者有了解之同情,不做批评与苛求。

其实一些史学学术观点的争论,又和背后的人际关系纠结在一起。有时候马克思主义史学内部表面上是学术观点的争论,其实后面牵扯人事关系、人际矛盾。比如范文澜、黎澍、刘大年对人民大学尚钺的批评,既有学术上的见解不同,也有此前的人际关系牵扯。至于范文澜与尹达的矛盾,更直接影响到近代史所与历史所之间的关系。

这些学界人物之间的关联,有时候很微妙,很难把握。而十七年的材料中,恰恰有一些相关材料:整风的档案、党小组会上的批评和自我批评。它会涉及个人的恩怨。像这样的材料,怎么在书里呈现出来,也比较费脑筋,所以最后还是做了取舍。

1950年代距今虽然不久，然而对当时的时代语境，又实在很难真正做到了解之同情。比如1950年代党小组的会议上党员之间的相互批评。其实今天党组织里也有这种互相批评。当时牟安世是个二十来岁的小年轻，还是范老招进近代史所的，范文澜则德高望重，而牟安世在党组织会上对范文澜的批评，就非常尖锐，涉及工作方法、待人的方方面面，而范文澜也只得态度认真地回应了九点。再如一位学者在政治运动中冲击别人，却觉得自己承受了很大心理压力，以致患上神经性疾病等种种事情。

范文澜先生1969年摄影（提供者：刘明远）

四、"十七年"的全国性史学活动

另外书里面也写到几次涉及全国史学界的一些活动。这个面就远远超出了近代史所本身，而且因为涉及整个国家，牵涉成千上万的人。比如社会历史调查，"四史运动"（村史、家史、社史、厂史），史学反修，它们都和政治相纠结，同时又确实有学术的成分，也结出了一些成果。口述史要追根溯源，可以追溯到那个时候。社会历史调查与当今的田野调查确实也有很多相似的地方。当时的人调查做得很认真,去农村就同吃同住同劳动,交上朋友之后,再做访谈。

我手头也有一些特别的资料。当时一个后来很有名的人物,沈元,那时候本来因为翻译赫鲁晓夫的报告被打成"右派",后来因为写了《〈急就篇〉研究》发在《历史研究》上,引起轰动,郭沫若、范文澜看了都大为嘉许,然后就调他到近代史所工作。沈元在当时也深受写"四史"、做调查的风气影响。他和张振鹍两人到山东黄县下丁家大队口子村劳动,历时八个月,两人一个一个访谈,留下一包记录的手稿。这些手稿由张振鹍先生提供给我。他们当时想写一个村史,但后来没有写成;因为写"四史"的基本要求是忆苦思甜——忆旧社会的苦,思新社会的甜。但是从他一一收集的材料来看,和这个总体要求还有距离,所以就放弃了。而这个材料还是留了下来。

还有史学反修正主义。当时把30至50岁之间不少做学问做得不错的学者都召集到北京,成立了一个史学反修正主义的小组,让他们到全国收集苏俄侵华的史料,收集来了几万册。然后也做了一些翻译工作,写了一些文章,要从历史学方面来批判苏联修正主义。这和后来近代史所的中俄关系史学科及《沙俄侵华史》的撰写,是有密切关系的。这时候很多史学著作,其实往往起始于某项政治任务。

再一个是中国史学会。1949年有一个新史学筹备会,然后1951年正式成立史学会。成立之后第二年秘书长向达就发牢骚,他说:范文澜和胡

讲座现场(右排前一:李孝迁教授;左排前一、前二:叶毅均研究员、张仲民教授)

绳,应该思索一下自己的功过,史学会刚一成立就被他们搞得奄奄一息,没有实际的活动。这其实很难怪哪一个人。事实上,范文澜利用这个史学会作为号召,还是做了不少实际的事情。《中国近代史资料丛刊》,我们说它编得很好,背后其实是范文澜整合了全国多个方面的力量,他给一档馆写信就有十几封,同时柴德赓、陈垣这些旧派学人也都被他发动起来。当然这后面最核心的,还是近代史所自身的编辑组,关键人物就是聂崇岐。编这套丛刊,聂崇岐发挥了很大的作用。

五、进一步研究的设想

政治运动的影响是本书目前研究未尽的一部分。就近代史所这一学术机构而言,政治运动连绵不断,不同背景的知识人在运动中如何因应,如何自处?这种研究,不仅仅是史学史,也是知识分子史、政治史。史学史,尤其是马克思主义史学史,有必要与政治史、党史、革命史结合起来探讨。

比如这本书初稿写到的 1953 年"反小圈子"运动。原本行政上一件小事,被上纲上线到一个政治问题,最后把荣孟源、漆侠、沈自敏、何重仁被打成一个反党小集团,漆侠本来很受器重,这时也只能被迫调离。李瑚、张振鹍两位先生都回忆说,当时这个"反小圈子"的政治运动,对他们这些年轻人震撼很大。从相关资料来看,"反小圈子"当然是莫须有的事情,但背后牵涉复杂的人际矛盾,也有权衡博弈。据我研究,事情后面其实有范老的影子。这也涉及范文澜书生形象之外的另一面。政治运动在一个研究所内部具体如何进行,如何影响到学者的心态及学术机构的长远发展,如何影响到史学研究的生态环境,都值得进行具体而微的探讨。

另外再可研究的是当时的劳动锻炼制度和学习制度。这直接影响到当时学术研究的环境,也可以看到老先生们诉苦说不能长期潜心研究学问,到底是怎么一回事。当时很多的学习要求到农村参加劳动锻炼,就是所谓的"滚泥巴"。而劳动锻炼的安排,条文是一回事,实际运作起来,就有很多蹊跷。还有政治学习和理论学习。从李瑚先生的日记来看,内容是以学习毛泽东著作为主,通过学习毛著来学习马列理论。不过后期政治学习的情况就有点疲沓,尤其时事学习往往成为闲聊,借此机会大家还会传播一些敏感的信息。总的来看,虽然1957年说强调要保证研究人员5/6的研究时间,1959年说要保证有4/6的研究时间,但根据他们年终总结的清算来看,实际上用于研究的时间往往无法保证,有人甚至只有1/6的时间在做研究。

再者,集体研究是近代史所的一大特点,这也导致了一些著作署名方面的微妙问题。聂崇岐自己编的《中国近代史资料丛刊·捻军》,最后他自己署名第三作者,第一范文澜,第二翦伯赞,聂崇岐他也心里也愤愤不平,所以还是留下文字把这个事情记了一笔。当时很多人对集体协作模式有不少批评和反思。所以到1980年代以后,集体研究就难以为继了。1980年代那个集体项目《帝国主义侵华史》和原来的《中国近代史稿》进行得相当艰难,后面也就不了了之,未竟其功。

评 议 与 讨 论

李孝迁:庆云兄很自谦,说这本书只是解决了一些"是什么"的问题,其实在我看来,这恰恰是这本书的优势,而不是它的局限,毕竟任何一项历史研究首要的工作总是史实重建。这本书在史实重建方面的贡献尤为突出,采用了大量一手档案文件、书信日记、私人访谈,呈现了丰富的历史细节。为了重建史实,书中颇多大段引述一手资料,一般读者或觉得累赘,甚或认为是凑篇幅的,但我认为这是庆云兄在材料处理方面的匠心独运之处。这些史料大多为作者独家所有,在其他地方不易寻见,整段披露史料,才有可能完整透露历史信息,读者可从中体会把玩,以检验作者的判断。就我来说,读他的书最大的乐趣,就是读这些整段资料,"断章取义"式裁剪史料,倒不是我最想看的。

马克思主义史学比较特殊,要找到公开发表的学术论著之外的材料,有相当大的难度。他们的书信或日记,通常很难见,公开整理出版的部分很少。赵老师利用自己得天独厚的条件，披露很多外人没办法看到的资料，是相当有意义的事情。而且庆云兄分寸拿捏得很好，不轻易褒贬、批评——就把事实摆出来，让读者自己来评判。

与其他史学领域相比较，"马史"研究进展相对缓慢，研究思路过于陈旧，除了受研究者视野局限之外，与相关文献的局限也有很大关系。有时候不是研究者不努力，而是研究者没法努力，没有抓手，使不上力气。像延安时期的马史文献留存的就很少，抗战时期在重庆活动的马克思主义史家相关材料也很零散，这种史料状况跟胡适、傅斯年之类人物研究很不一样，前者所凭借的文献太少，难免捉襟见肘，不易施展拳脚，会影响研究进一步的拓展。像马克思主义史家五老研究，虽然均有评传，有的还出版多种，但总体来说，读来"不过瘾"，所依托的文献大多是公开出版物，不容易看到这些出版物之外的更为丰富的历史信息，就是说"文外之意"大多无法呈现。研究"马史"经常会碰到一些回忆性质的文献，很多是门生故旧回忆写的，有的则是晚年建构式的记忆，删除了太多历史细节，史料价值大打折扣。

做学术机构的研究，近来也有不少。比如陈以爱对北大国学门的研究、尚小明老师写北大史学系，等等。研究各个高校的历史系，包括中央研究院、北平研究院，也陆续都有人去填补空白。但是这些研究都有一个局限——都比较关注1949年之前，而1949年之后的，据我所知，几乎没有人做过。所以像赵老师这本书是很有突破的。几十年来我们花太多的时间和精力研究民国这个时段，其实大可以把战线往后拉一拉，1949年到改革开放这个时段的史学史、学术史，空白点很多，有价值的题目也多，大有可为，大家不必都挤在民国，赵老师这本书的成功，就给我们很好的指引。

叶毅均：庆云兄书里讲学术机构中的党组织那一节，写了应该有四十几页，篇幅相当长，对我们生长在台湾地区的人来说，党组织当然很遥远、很陌生，但这本书把其中的门道讲得很清楚，所以我读那一节的时候，印象特别深刻。但庆云兄这本书的副标题，"近代史研究所与史学发展"，就我的感觉,其中或许还缺少了一小块"遗失的环节"。因为除了大陆,台北也是有自己的"近代史研究所"的。

其实我们可以拿台北的"中研院"近史所和大陆的中科院近代史所做一个对照。如果要说"中研院近史所的十七年",那可以从1954年开始筹备算起。郭廷以先生1955年当筹备处主任,正式设所后任所长,到1969年由于政治方面的原因,被迫离开台湾,把自己一手创立的近史所拱手让人,一年之后正式辞去职务,到1971年正式办理退休。那这个1954年到1971年,就是台北"中研院"近史所的十七年。比起中科院近代史所的"十七年"(1949—1966),仅仅晚了五年左右才开始。此后双方平行发展,但仍不时或虚或实地有所交集,甚至带有某种"竞争的焦虑"。

台北的小十七年里,学术和广义的政治,也有产生龃龉的时候。沈云龙在近史所出一本专刊《黎元洪评传》,因为把黎元洪抬到太高的位置,就有在台湾报刊的读者投书说:"黎元洪哪有那么重要,我们的总理孙中山才是最重要的人,建议应该查禁这本书!"又比如张存武,那时候他原本要研究清季的反美运动,但是当时情治单位找到他的书稿,就要去抓人。怎么可以反美呢! 相较于当时大陆"怎么可以亲美",当时在台湾是"怎么可以反美"——反美就是中共"煽动"的嘛。所以原先的书名《清末中国反美运动》,郭廷以教他改成《光绪卅一年中美工约风潮》。这样子一改就没问题了。

我常常在想,以后可以做的进一步工作,就是去思考两岸史学在20世纪的五六十年代、在冷战隔绝对峙的大局势之下,同样是政治对学术的影响,两岸史学有着怎样不同,以及雷同的表现方式。而且我们大可以把战后美国中国现代史学科的建立,放进来一起比较。因为就是为了要理解1949年之后,美国才要花这么多的钱,包括福特基金会、洛克菲勒基金会的资金,去建立这个研究。也是因为政治,才会有所谓从汉学到中国学的这个转变,才会让费正清等人有机会成为时代的弄潮儿。而台湾地区在各方角力之中,扮演一个比较特殊的角色:一方面是"军事反共"的基地,一方面也是研究中国文化的实验室(借用已故台大教授陈绍馨语)。把"中研院"近史所这个基地建立好了，美国人就可以把它新一代的汉学家送到中国台湾地区去训练，再加上台湾地区自己近史所能够掌握的档案，它就可以成为学术冷战对抗的最前线。多年前张朋园先生的专著《郭廷以、费正清、韦慕廷：台湾与美国学术交流个案初探》一书，对于此一问题已经给了我们非常好的、言简意赅的示范研究，在比较小的范围里或许可以和庆云兄此书对读，未来应该是我们可以综合地去研究的一个课题。

北洋时期民意调查中的军阀形象

主讲者:杨天宏,四川大学历史文化学院教授

讲座时间:2019 年 11 月 22 日

整理者:迪丽菲热·艾尔肯,复旦大学历史学系研究生

本文整理自四川大学历史文化学院杨天宏教授的讲座"从数字看历史:北洋时期民意调查中的军阀形象"。

讲座现场

军阀及军阀政治是中国历史上一个十分奇特的现象。在主流的近代中国历史书写中,军阀系一极端负面的存在,研究者对其大多是做全称否定判断(universal negative judgment),认为军阀皆一丘之貉,整体形象丑陋,且忽略其前后变化;同时认为军阀统治的北洋时期,战乱频仍,民不聊生,是近

代中国历史上最为黑暗的时期。这一认知在南京国民政府统治初期逐渐固化。国民党的宣传且不论,知识界也多持此议。

这种源自"大革命"时代对于军阀整体负面形象的描述,反映了部分国人的观察认知,有其历史依据,是研究军阀及军阀政治重要的思想与学术资源。

然而,北洋时期诸多民意调查在提供这一认知客观证据的同时,也揭示出一些不同的历史面相。首先,军阀自身的表现及时人对军阀的认知经历了一个变化过程。第二次直奉战争结束前,即便军阀之间多次交战,一些军阀仍被视为结束分裂割据实现国家统一的希望所在。其次,在处理对外关系问题上,军阀固然有"勾结帝国主义"的负面表现,但在日本已成中国国家民族命运主要威胁的严峻形势下,军阀中的一些派系坚持抵制日本侵略的立场,在外交上联络美、英制约日本,符合民族主义上升语境下主流民意的取向。不唯如此,军阀存在明显的个体及派系差异,有恶有善,同一军阀或派系,前后表现亦多变化,并非一开始就呈现出整体负面形象。

一、民意调查中军阀得票率之动态分析

民意调查是以社会学理论为依据,通过局部调查寻求全体民意的调查方法,在中国大致兴起于 1920 年代初。1922 年 8 月,日本人在北京办的《顺天时报》做了一次名为"理想政府各员选举票"的民意调查。这次调查很可能是近代中国运用社会学方法就国家政治问题进行的首次民意调查。之后,各报刊、学校及社会团体纷纷效法,民意调查蔚然成风,各式各样的调查在"民意测验""假选举""草选举""名人选举"等名目下展开,截至 1926 年北伐开始,相关调查多达数十起,其中涉及军阀的调查不下 10 起。这些调查,从不同时间、地点及社会层面,提供了全面认识军阀的珍贵史料。

《顺天时报》所作"理想政府各员选举"旨在征求对大总统、副总统、国务总理及各部总长选举的民意。据统计,从 1922 年 8 月 1 日至 28 日,该报共收到 5 658 张有效票。兹将该报投票结果,按照正副总统、国务总理等得票

多少之顺序,列表展示如下:

	姓　名	得票数	百分比	姓　名	得票数	百分比
总统	孙中山	2 073	36.6%	段祺瑞	2 059	36.4%
	黎元洪	1 041	18.3%	曹　锟	88	1.55%
	徐世昌	71	1.25%			
副总统	黎元洪	1 097	19.7%	孙中山	1 010	17.8%
	段祺瑞	705	12.5%	曹　锟	647	11.4%
	张作霖	537	9.5%	吴佩孚	237	4.2%
	唐继尧	72	1.3%	王士珍	63	1.1%
	载　沣	56	0.99%	唐绍仪	52	0.92%
国务总理	段祺瑞	1 071	18.9%	唐绍仪	955	16.9%
	孙洪伊	294	5.2%	王士珍	239	4.2%
	徐树铮	162	2.9%	顾维钧	99	1.7%
	颜惠庆	90	1.6%	梁士诒	85	1.5%
	康有为	75	1.3%	靳云鹏	75	1.3%
	熊希龄	69	1.2%	朱　深	67	1.2%
	姚　震	67	1.2%	梁启超	66	1.2%
	曹　锟	59	1.0%	王宠惠	58	1.0%
	周自齐	50	0.8%			

按得票数计算,在全数5 658张大总统"选票"中,军阀或出身行伍者共得票2 147票,占总票数的37.9%。副总统得票人中可以算作军阀者,合计得2 198票,占全部投票数的38.8%。国务总理一职虽"候选人"较多,票数分散,但军阀得票同样不少。位列第一的是段祺瑞,得1 072票;徐树铮得162票;靳云鹏得75票;曹锟得59票。内阁各部,文职且不论,陆军总长投票,吴佩孚得731票,排名第一。

如果说《顺天时报》有日本人的背景,不妨看看与之有激烈竞争关系的美国人在上海创办的《密勒氏评论报》所做"中国当今十二伟人"问卷调查。

此次问卷调查从 1922 年 10 月 7 日开始。这一天，该报刊登公告并发放"选举票"，邀请读者选举"中国当今十二位大人物"。一周之后，同样内容的公告和选票以中文发表。公告制定了"选举"规则与办法，且无论中外人士皆可投票，选票在每期密勒氏报刊出，选举结果逐期揭晓。选举截止后，经汇总统计，得票在 4 票以上的被选举人共 195 名，全部有效选票为18 904 票。1 月 6 日，《密勒氏评论报》正式公布选举结果，并对进入前 12 名的"大人物"逐一作生平事迹简介。该报公示的"前 12 名"名单及得票情况如下：

排名	姓　名	得票数	排名	姓　名	得票数
1	孙中山	1 315	7	王正廷	925
2	冯玉祥	1 217	8	张　謇	915
3	顾维钧	1 211	9	阎锡山	724
4	王宠惠	1 117	10	余日章	703
5	吴佩孚	995	11	黎元洪	671
6	蔡元培	969	12	胡　适	613

由上表可知，在得票最多的 12 个"大人物"中，被称为"军阀"或出身行伍者有吴佩孚、冯玉祥、阎锡山、黎元洪 4 人，共得 3 607 票，占前 12 名总得票数 11 375 票的 31.71%。在次 12 名"大人物"中，被视为军阀及类军阀者还有段祺瑞、陈炯明、李烈钧 3 人。总计在前 24 名中，军阀或出身行伍者共占 7 个席位，比例为 29.1%。得票在 4 票以上可列入"军事"类的被选举人有 39 位，其中不少是军阀，占被选举人总数的 20%。

《顺天时报》《密勒氏评论报》此举，开中国问卷调查之风，不久各地大、中学校闻风跟进，一些社会组织也不甘人后，由此形成一次大范围的民意调查热潮。

国内大专院校最早开展民意调查的是北京高等师范学校。1922 年 11 月 14 日，适逢北高师成立 14 周年纪念，该校新创办的心理研究室决定开展民意测验，其中第 2、4 两问有可能关联军阀：

（2）假使你有选举权，你将举谁做下任大总统？

（4）当今活着的中国人你最佩服哪一个？

问题要求即时答复，不记姓名，不许旁窥，答毕由答题人亲自或由招待员代为投入票匦。共收 931 票。

北高师的调查由社会学家张耀翔主持指导。张在分析大总统得票数据时指出：从被选举人的情况看，大总统得票人中属于军阀或出身行伍者有黎元洪、段祺瑞、曹锟、冯玉祥、阎锡山、陈炯明、张作霖、徐树铮、张勋、唐继尧等 11 人，共得 180 票，占总数 578 票的 31.1%，入围人数占全部 31 位得票人总数的 35.48%，1/3 的武人得票率大致可信。

几个月后中国大学于创建十周年纪念之际所作民意测验，似可支持北高师的调查结论。在拟定的 10 个问题中，第 5 问"你最愿意哪一个人组阁"与军阀有所关联，投票结果，有 13 位军阀（或类军阀）入围，占 41 个入围者的 31.7%；13 人共得 357 票，占全部合格票的 21%。

如果说北京、上海、南京等地调查反映的是政治经济文化中心地区的民意，不足以代表北洋时期大范围民众的认识意向，不妨再看看处于南北军阀夹缝中标榜自治以求生存的湖南人对军阀的认知。

1923 年 6 月中旬，湖南妙高峰中学举行建校十五周年纪念，特设民意测验，征求长沙市民对于国家社会的意见。投票结果：大总统提名人数共 30 名，总票数 734 张，其中军阀或行伍出身者入围 12 人，占入围人数的 40%，共得票 367 张，占总票数的 50%。副总统"选举"军阀或出身行伍者入围 15 人，占全部 35 名被提名人总数的 42.9%，得票 235 张，占总票数 734 张的 32%。可见湖南人对军阀的认知。

值得注意的是，个别军阀在民调中得票率一直较高，排位也相对靠前，其中最突出的是吴佩孚。在《密勒氏评论报》"中国当今十二位大人物"问卷调查中，吴佩孚得 995 票，排在蔡元培、王正廷、张謇、黎元洪、胡适等人之前，位居第 5。在北大 25 周年校庆问卷调查中，吴得 15 票，排在王宠惠、伍廷芳、康有为、唐绍仪、顾维钧、颜惠庆、袁世凯、黎元洪、曹锟之前，位列第 6。在中国大学十周年纪念"你最愿谁组阁"的问卷调查中，吴得 31 票，排名第12。在东南大学的"国内大人物"调查中，吴得27票，排名第7。在妙高峰中学的未来大总统候选人提名中，吴得20票，排名第3。段祺瑞在民意调查中得票也居于前列。如在《顺天时报》"民意中之理想政府"投票中，段得2 059票，占总票数的36.4%，与得2 073票、占总票数36.6%的孙中山，几在伯仲之间。

不过并非所有调查军阀都能得到较高选票。东南大学和北京大学的调查就与上述调查有较大数据落差。1923年1月，东南大学政法系及经济系学生组织大总统选举委员会，选举结果，入围的军阀或出身行伍者有冯玉祥、黎元洪、段祺瑞、吴佩孚、阎锡山、齐燮元、韩国钧、刘冠雄8人，共得81票，占总票数806票的10.04%。

基于统计学立场，考虑到异常值的整体波动(overall volatility)影响，去掉数组中的"极值"即通常所说的最小数（10%）和最大数（50%），则1922—1924年民意调查中军阀平均得票率为29.20%。这一得票率究竟是何概念？

作为社会群体，考虑到整个社会文、武人数比例，文人和不是武人的政治家占绝大多数，武人这一得票数值并不低。中国大学的"内阁选举"，武人得票率为21%。其实就组阁而言，内阁各部属于武职者只有陆军部、海军部和参谋部，其余各部均是文职。文职总长，军人很难入选。武人能在文职为主的内阁官员"假选举"中得到21%的投票，已属较高的得票率。中国传统重文轻武，文人向来蔑视武人。在此传统下，民调组织者和投票人的构成，多少包含对武人的不利因素。

北洋时期的民调可分三类：一类由报刊组织，如《顺天时报》《密勒氏评论报》两报的民调；一类由学校师生组织，如北大、北高师、东南大学、中国大学、妙高峰中学的选举；一类是社会组织举办，如湖南旅京同乡会的测验。就组织者看，主要是报社编辑或学校师生；就投票人看，则大多是在校师生、报刊读者，政界人士和商人只占少数。比如《密勒氏评论报》系英文报刊，读者基本上是懂英文的知识人或与外国人打交道的商人。湖南旅京同乡会的测验，学生占全数70%（中学生和小学生占学生全数30%，专门学校学生占

70%），政界占全数 20%，其余各界占 10%。北大的选举，发起人是在校学生，在被试的 1 007 人中，学界 752 人，占 74.7%。可大致反映投票人的构成。

白鲁恂在分析《密勒氏评论报》十二位伟人问卷调查时注意到，这次选举的投票者主要是学生和商人，他认为："这一组人群是最不尊重督军的，若是调查在更大范围内进行，将会出现对军事领袖更高的支持率。"此言不无道理。

以上为民调的整体情况。由上可知，北洋时期历史民调中，军阀得票率高达 29.2%，而在我们的历史记忆和历史书写中，军阀的形象十分糟糕，原因何在？军阀整体负面形象主要是南北军阀以其拙劣的政治表演自我塑造的，这一结论毋庸置疑。但是民意的类别以及性质也提示所谓军阀整体负面形象的形成，可能包含外部建构的因素。

二、国民党的宣传与军阀整体负面形象形成

中国传统政治语汇中并无近代意义的"军阀"概念。虽然至迟唐代，典籍中便已出现"军阀"一词，却另有所指，并无贬义。科举制度废除之后，中国推崇尚武精神。直到巴黎和会之后，和平裁军呼声高涨，对黩武主义的批判趋向激烈，带有贬斥意义的"军阀"称谓才流行开来。

然而"军阀"的定义与判断一个军人是否"军阀"的标准却十分模糊。研究四川军阀的柯白曾以刘湘为例指出："刘湘和追随他的军人是'军阀'吗？通常认为：'军阀应指称在特定区域内凭借实力发动战争的任何人。'照此定义，四川的 5 个地位最高的军人（二刘、邓、田、杨）均可明确无误地界定为军阀。但如此界定他们几乎没什么有价值的内涵。"柯白认为：军阀这一词组中决定性的词汇"阀"（lord）的翻译仍不清晰。所以军阀是一个用起来方便省心、可塑性极大的词汇，却被用为一个含有贬义的俚语。可见无论从词源学，还是从军阀的定义而言，近代国人对军阀的认知并不负面。

然而，第二次直奉战争之后，由于军阀自身形象败落，加上北伐期间国

民党的宣传形塑，国人对军阀的认知根本改变。

在这一改变过程中，苏俄及共产国际为帮助国民党摆脱"军阀"地位作了大量工作，在要求国民党进行改组的同时，对国民党的宣传工作进行指导。越飞在讨论与孙中山的合作时曾明确指出：北伐计划"应当不仅以军事手段，而且以开展国内最广泛的鼓动宣传方式来实现"。宣传的主题是反帝反军阀。为推进这一宣传，俄国人向孙中山提出在上海成立中央新闻社，以便为所有的中国报纸提供新闻和具有国民党精神的文章等具体建议。

在成功对自身进行改组之后，国民党致力于国民革命的政治宣传。尤其是五卅之后，鉴于各界民族主义情绪高涨，国民党的宣传转而注重强调军阀是帝国主义的"走狗"，同时对动员社会各阶层参与革命运动做出具体部署。

在宣传手段上，借鉴苏俄革命的成功经验，国共合作期间国民党主导下的反军阀宣传广泛深入，形式多样：

1. 明确提出"打倒军阀""打倒帝国主义"的政治口号。

2. 组织演讲队向民众演讲。

3. 组织民众举行反军阀示威。

4. 对军队灌输打倒军阀的思想。

5. 组织新闻检查，控制军阀的敌对宣传。

国民党的反军阀政治宣传产生了明显效果。在宣传效应产生之前，除一些文人在报刊上骂军阀之外，普通百姓对军阀并无特殊好恶，他们评价一个人往往是依据传统道德观念和自身的感受。但是经过宣传，情况就不一样了。北伐推进到武昌附近的一个村庄时，郭沫若惊讶地发现，吴佩孚的军队败走后，"村里人就像自己打了胜仗一样，非常高兴，他们都称我们是南军，有的还在'南军'上加上'我们'两个字。"又说："南军是搭救我们老百姓的，南军胜利，我们老百姓就有出路了。"不难看出，经过国民党从早期北伐便已开始的政治宣传，到国民党大举北进，在社会认同层面，军阀已遭到社会各界普遍唾弃。

不过，既然是宣传，国民党的军阀形象描述也难免有虚构成分。胡政之在国民党北伐之初就发现,"国民党素以宣传见长",随着北伐胜利推进,"民党消息,益多过甚之词"。汪精卫也曾为国民党的宣传与事实的不符感到困惑。他说国民党的做法,"不是用事实改变宣传,而是用宣传改变事实",国民党第一次大会以来,党人每为此感觉痛苦。但到第二次大会时,"事实居然被宣传改变了,很多宣传已变成事实"。汪氏所言,旨在说明国民党对宣传工作认知的变化,却于无意中透露出国民党对军阀整体负面形象从"虚"到"实"的建构。

然而国民党对军阀形象的建构并未因北伐成功而终止。南京国民政府建立后,国民党为取得统治的"合道性",继续进行反军阀的政治宣传。而在国民党宣传部及训练部指导下的民意测验,则成为宣传的重要手段。1927—1933 年的民调虽然与 1922—1924 年间的众多调查类似,都是在"民意测验"或"心理测验"的名义下举办。但前后比较,南京国民政府时期的调查于"民意调查"仅有其名,实际已完全纳入国民党中宣部的宣传体系当中,成为国民党政治宣传的工具。在这类民意测验中,影响较大的有"总理纪念周"民意测验以及"革命心理测验"。

通过这类号称"民意调查"的政治宣传,军阀的整体负面形象于北伐成功之后几年内,趋于成型,并逐渐固化为后来人们看到并视为常识的历史书写。

三、近代中国军阀政治的症结所在

虽然上述所指历史书写中的军阀腐败黑暗与国民党的宣传有关,这并不意味着对军阀及军阀政治的肯定。事实上,军阀及军阀政治存在严重问题,即国家失去了权势重心,政治军事的不统一导致国家四分五裂。在此政治格局下,北京曾具有的俯视天下的崇高地位迅速下降。对北洋时期的中国政况,著名学者杨荫杭发出"今日之时局,五代之时局也"的感叹,时论也将北京政府视为世界政治史上"最无权能之政府"。

在应当对军阀问题承担责任的诸多因素中,本人研究认为督军制度最受诟病。所谓"督军制度"就是军人兼任省长的制度。然而为研究者普遍忽略了的是，最早主张军事官员兼辖民政者，大多是后来声称"打倒军阀"的南方阵营的人。

阎锡山回忆说：1912年7月，广东都督胡汉民电称，中央现主极端集权，实行军民分治，补救之法，唯有联络东、西、北各省反对力争。后接江西都督李烈钧来电，赞同此意。经李、阎等人广为联络，最后由江苏都督程德全领衔电京。可见，都督兼摄民政在民国肇建之初，已被包括国民党人在内的地方势力当作与中央抗衡的重要手段。这一主张自然不会得到正在谋求中央集权的袁世凯首肯。袁世凯死后，其拔识的文治派失去依傍。袁氏一度强调的"军人不得干政"的思想，完全打破。因此军民两政，操于武人，遂成通例。

从发轫及形成的历史看，督军制度经历了都督、将军到合二为一的督军的发展，后来几乎被对等界定为"军阀"的督军，其兼管军民两政之议，实际是源于反对袁世凯集权中央的以南方革命党人及东南立宪派为主的地方势力。可见若论军阀制度的起源，责任尚不尽在军阀本身。

不过民初权势重心失却的主要原因并不在此。军阀割据战乱，至多只是权势重心失却的表征而已，其根本原因是民初根本法设计触犯政治技术禁忌，因人立法，导致政体设计畸形，从制度上促成并固化了这一现象。本来，南北统一之后，袁世凯致力于权势重心重建，已取得一定成效。但袁的政制建设被认为趋向专制，制约性的根本大法《临时约法》及相关法规很快由其政治对手近乎单方面炮制出来。作为宪法性质文件，《临时约法》的贡献在于确定了共和民主制度，从国家根本制度建设上否定了封建帝制，但《临时约法》及相关根本法在政体设计上却存在严重的技术缺陷。

民初国家政体建构中，可以决定兵权归属的根本法除了《临时约法》，还有《中华民国临时政府组织大纲》和《中华民国约法》。比较这三个文件可以看出，《组织大纲》和《中华民国约法》将政体设计为总统制，总统为"陆海军大元帅"，负责"统帅陆海军"。而《临时约法》设计的是责任内阁制，仅规定大总统"统帅全国陆海军"，没有军职，已呈区别。在总统制下，大总统以大元帅身份统帅陆海军，政府机关设陆军部、海军部和参谋总部，对总统负责，因而大总统实际拥有军队的统帅权，军权一元化。而《临时约法》实施责任内阁制，虽规定大总统统帅陆海军，但内阁是对国会负责而非对总统负责，陆军部、海军部及参谋总部各总长，是在内阁总理主持下开展工作，这就使《临时约法》有关统帅权的规定在理解上发生歧义。

不仅如此，民初颁布的《都督府暂行条例草案》又使这一状况进一步恶化。该草案第 4 条规定，"都督于军政事务，受陆军总长之指挥监督，于军令事务，须受参谋总长之指挥监督"。《草案》直接赋予陆军总长及参谋总长以军政军令大权，于是统帅权归属一分为二，大总统对于军队的统帅权在很大程度上被剥夺。

通过《临时约法》和《都督府暂行条例草案》，从国家和地方层面将军权二元化，这就是军阀问题的制度原因所在。这一严重的体制缺陷，势必引发府、院矛盾，为军人干预政治提供机会和条件。《临时约法》的分权设计貌似体现了孟德斯鸠的分权理论，实质上与现代政治学的理论与实践背道而驰。

亨廷顿在《变动社会中的政治秩序》中提出"落后国家"在走向现代化进程中需要一个政治上实行集权主义时期的理论。为此他提出建立"强大政府"的对策。在讨论军政关系的理论与实践时，亨廷顿认为，在复杂的政治结构中，最需要关注的不是权力的相对划分，而是这种分权对其他群体权力的影响。他特别强调："分权对于军事领导人参与政治冲突而言，即便不是不可抗拒的力量，也是一种长久的诱惑。"亨廷顿所言对认识民初因军阀割据、军人干政的原因，从国家制度建构层面提供了具有解释力的理论说明。

那么在军阀割据已经形成，国家四分五裂的情况下，究竟谁能破局？

1924 年之前，南北双方都不具备打破南北军阀对峙僵局的能力。从南方来看，南方国民党军政领袖揭橥"护法"旗帜，认定《临时约法》是民国一切政治存在的法律依据；北方军阀则凭借武力，以"北洋正统"相标榜，自认是袁世凯之后中华民国统治权的合法继承者。

然而如时论所言,南方的"护法",到 1920 年代,已是一个既不合法,事实上也已丧失号召力的政治主张。就合法性而言,南方所护之法为《临时约法》,但该法只具临时性质,且如时人所论存在诸多政体设计缺陷,所以才会引来持续不断的改订呼声,而有后来通过"合法程序"产生的正式约法和宪法。

北方祭出的"北洋正统"更成问题。"北洋"曾是中国政治中一面有影响力的旗帜,然而经过北洋军人三番五次的内讧及裂变,曾经响亮的"北洋"招牌到第二次直奉战争之后也已被彻底砸毁。

从军队归属上讲,北方军队事实上的私兵体制,也未改变。北洋军事领袖普遍被定义为"军阀",军队的非国家属性,是为基本原因。

与北方军人故步自封不同,南方的国民党却能与时俱进,不断追随时代步伐。1924 年"一大"召开之后,国民党丕变。学界有关国民党变化的研究已很充分,归纳起来,大致有以下几点:一是明确了革命纲领及打倒帝国主义、打倒军阀的现实目标;二是通过带有容共色彩的改组,在组织上实现了新陈代谢,具有革命性的"左派"掌握了主要权力;三是通过联俄,获取了从英美方向未曾获得过的军事及经济援助;四是组建军校,并对军队进行改造,创立了一支由政党领导的军队,改变了军队的性质;五是明确了政治与军事双管齐下的北伐方略。

国民党的变化可谓脱胎换骨。通过改组,国民党明确了党纲,其军队从此成为有主义并有严明纪律约束的"党军",这与北方军队始终未能祛除"私兵"性质形成巨大反差,并因此摆脱护法期间遭受"南北军阀皆一丘之貉"讥讽的政治尴尬,而北方则被定格在"军阀"位置。于是,时人心目中建立未来的国家权势重心的希望,开始由 1920 年代初的直系,逐渐转移到改组后的国民党方面。1920 年代初的各次民意调查,军阀尚能得到 29.20% 的选票,但是到 1926 年《京报副刊》举行民意调查时,军阀在最高层级的"新中国柱石十人"投票及政治类柱石人物投票中全面败北,仅仅得到若干军事类柱石人物投票,而国民党得票则大幅上升。个中原因,从注重"实验"的胡适微妙的政治转向,或可窥出究竟。

四、结　　论

1. 北洋时期的民意调查提供的大量数据表明,军阀的构成是良莠不齐的。1924年前军阀的整体形象并不糟糕。在民调中军阀得票率较高,个别军阀得票一直名列前茅。直奉战争后百姓对此认知产生变化。这说明,军阀并非向来如同历史书写一般糟糕,1921—1924年间军阀平均得票率高达29.20%便可证明这一点。

2. 军阀整体负面形象的形成,既与部分军阀的自我表现有关,也与国民党在苏俄指导下的宣传形塑有关,而这些形塑有虚有实,需要在研究中多加辨析。

3. 军阀政治的腐朽黑暗与国民党的宣传有关,并不意味着对军阀以及军阀政治的肯定,事实上军阀及军阀政治存在严重的问题,这主要表现为分裂割据与国家不统一。而造成分裂割据的原因并不全在军阀。从根本上讲,军阀制度的产生与民初包括《临时约法》在内的诸多法律制度建设存在弊病有关。这类的法律制度实际造成了军权的二元化以及地方势力的做大。加之民初抵制袁世凯的军民分治,形成军人实际干政的局面,既成的实施与《临时约法》的制度固化,使军阀政治由此产生。

综上,将军阀制度的产生归咎于军阀本身,是一种认识论的错误。最终国民党经过长期探索,意识到中国军阀政治症结所在,实施改组,改变军队性质,实现党对军队的领导,并塑造有主义的军队,使其在南北对峙中获得胜利。

战后大东北

——国民政府如何收复东北工业

主讲者：平田康治，英国剑桥大学博士后研究员

讲座时间：2019 年 12 月 19 日

整理者：肖斐、张玉清，复旦大学历史学系研究生

2019 年 12 月 19 日，英国剑桥大学博士后研究员平田康治博士主讲复旦大学历史学系第 18 期"中国近代史青年学者读书班"。平田康治博士毕业于美国斯坦福大学历史系，目前担任英国剑桥大学博士后研究员。本次读书班的内容基于其博士论文的第二章，他以"国民政府收复东北工业政策：以鞍山钢铁公司为例（1945—1948）"为主题，和在场师生分享了自己研究的心得和成果。本次读书活动由复旦大学戴海斌副教授主持，并邀请中山大学历史学系（珠海）副教授菅野智博老师和本系在读博士研究生孙毓斐与主讲者对谈，使听众得以更深入地了解该研究领域的学术脉络和其他相关问题。

讲座现场

　　我是剑桥大学博士后研究员平田康治,很高兴今天在复旦做报告。我非常感谢戴海斌老师安排做这报告,也感谢管野老师和孙老师。我今天报告的题目是"国民政府收复东北工业政策:以鞍山钢铁公司为例(1945—1948)"。这个报告本来是我在斯坦福大学提交的博士论文的第二章。

　　我今天谈的主题是,抗日战争结束之后,国民政府如何把东北工业重新合并到中国的战时经济体制内。

　　二战时,"伪满"的经济政策是把东北变成中国国土上最大的重工业基地。同一时期,国民政府也在大后方实行以国有企业和重工业为中心的战时经济政策。国民政府的这种经济政策,其实跟"伪满"的工业政策有相当大的共同性,但是规模小很多。在 1945 年日本投降后,苏联占领东北并从当地的日本企业里拆走了相当多的工业设备,尽管如此,东北的重工业基础还是比关内其他地方的基础强很多。在 1946 年到 1948 年,国民政府用自己的国企制度来改组包括鞍钢在内的东北的日本企业。为了恢复东北工业,国民政府留用本来在当地的日本技术人员,与此同时,也把大量的中国籍技术人员和管理人员从大后方调动到东北,并试图引进美国的工业技术。此外,国民政府还试图把东北工业重新合并在重工业体系,并把它变成中国的重工业中心,然而,没有预料到的是,这些政策的结果,实际上为 1948 年之后中共的计划经济体系打下了基础。

　　这个研究主要目标是补充国外学术界有关 1949 年前后国家和社会的变化和连续性的研究。周希瑞、柯文、久保亨、张济顺等学者均突破了把 1949 年看作完全的断绝点的传统历史观,强调国民政府时期和新中国成立初期有很多曾经被忽略的连续性。在经济史领域,柯伟林和卞历南研究了二战时期国民政府的工业政策,指出国民政府,尤其是资源委员会在大后方通过国有企业发展重工业,这种国家主导的工业化政策跟新中国成立之后的计划经济制度有一定程度的相似性。虽然大后方也曾非常重要,但是就经济规模而言,它在新中国成立之后的重要性相当有限。新中国一五计划时期,最重要的工业地区是东北,但是过去研究只关注大后方而很少研究东北。

我今天的报告首先利用新发现的俄罗斯档案介绍苏联占领时期对东北工业的破坏。然后我将简单说明二战时期国民政府在大后方的工业政策,以及国民政府如何接收和收复鞍钢等东北工业。最后我将探讨二战后东北工业在中国经济内的位置。

一、苏联占领时期的东北工业

1945 年 8 月 8 日,苏联放弃和日本的中立协定,向日本宣战。8 月末以前,苏联红军占领了包括鞍山在内的各东北主要城市。9 月至 11 月,苏联在东北的日本企业里拆走大量的工业机器,并把这些设备送到苏联国内利用。

在莫斯科的档案馆中,我找到了一份档案,在这个文件里,苏联政府讨论了如何利用最近从国外来的工业机器,这些国外地区包括德国、奥地利,和 Manchuria,即满洲。另一个档案是苏联红军驻鞍山的部队写的一份报告。按照这份报告,苏联在鞍山拆走设备的行动从 1945 年 9 月 23 日开始,到 11 月 6 日结束。在此期间,苏联一共动员了一万四千人,其中 714 人是苏联红军的成员,4 215 人是日本战俘,其他的是钢铁公司的工作人员。

俄罗斯档案馆里的材料解答了苏联如何把东北的工业设备运回苏联,以及将它们安放在哪里的问题,而这些是过去的研究所未能解决的,因为它们只利用了中国和日本的材料,没有利用俄罗斯的档案。按照苏联档案,鞍山的工业设备首先从大连和朝鲜半岛北部的咸兴被海运到苏联(这两个城市当时都被苏联占领),然而苏联再用铁路把它们运到本国内许多不同的地方,如鞍山的很多轧钢设备被送到了乌拉尔山脉地区的重工业城市车里雅宾斯克(Chelyabinsk)。

虽然苏联从东北拆走了许多机器,但是这些机器到底对苏联工业有多大的实际作用是一个很难回答的问题。有些苏联档案显示,至少一部分东北设备在苏联是没有用的。这其实并不是很令人意外,因为苏联红军拆走和运输机器的方式常常非常粗暴,很多机器被运到苏联工厂的时候应该已经是完全坏掉了。

我们很难确定苏联从东北拆走工业设备的整个规模。在1947年2月，国民政府组织日本专家调查了各个工业部门损害的情况。如下表显示，很多工业部门失去了50％以上的生产能力。钢铁工业部门的损害尤其是深刻，损害的程度是60％以上。

表1　1947年日本专家估计苏联占领时期满洲工业生产能力的下降情况

水泥（Cement）	54％	金属加工 （Metal Working）	68％
化学制品（Chemicals）	33.5％—50％	有色金属开采（煤炭除外） （Non-Ferrous Mining, Coal excepted）	50％—100％
煤炭（Coal）	80％		
电力（Electric Power）	60％	纸和纸浆 （Paper and Pulp）	80％
钢铁（Iron and Steel）	60％—100％	无线电、电报和电话 （Radio，Telegraph and Telephone）	30％
液体燃料和润滑剂 （Liquid Fuels and Lubricants）	90％	纺织品（Textiles）	50％

鞍山是苏联占领时期破坏损害最大的地方之一。据一份苏联材料，苏联红军本来计划在鞍山收走五万吨机器，但实际上是收走了六万七千五百吨机器。另一个苏联报告说，他们在鞍山拆走了七万六千六百吨机器。

尽管苏联占领时期的破坏程度很严重，剩下来的东北工业设备对当时的中国经济而言依旧相当重要。首先，在二战时期，整个中国的重工业的50％以上集中在东北，因此，即使失去60％的工业生产能力，东北仍然非常重要。另外，有关生产力降低的数字容易让人产生误会，譬如在一个工厂里，苏联拆走了一个最关键的、最昂贵的机器，那个工厂通常因此再也无法生产，在数字上它的生产能力变成了零。但实际上，那个工厂还有很多有价

1949 年鞍钢一瞥(来源:《知识(哈尔滨)》1949 年第 11 卷第 2 期)

值的机器设备,修复之后仍可利用。有个美国官员写道:苏联拆走的财产的价值应该是它所引起的经济损害的十分之一。很多被拆走的东西是关键设备。拆走一个重要零件常常会让整个工厂停产。(The value of the properties removed by the Soviets is probably one-tenth of the amount of damage and economic collapse resulting from these same removals. Many of the items removed were key installations. The removal of one essential item often stopped production in an entire plant.)

　　总而言之,苏联占领时期,东北工业受到了很大的损害,尽管如此,东北仍拥有比其他地区更好的重工业设备。

　　拆走东北的工业设备后,苏联仍然继续占领东北。当时,苏联的目标是把剩下的日本在东北的工厂变成中苏合资的企业。国民政府反对这一政策,比如,在 1945 年 12 月 1 日,张嘉璈向苏联大使这样说:

　　　　帝国主义列强的入侵和日本的侵略和给中国人民的良心留了深深

的伤痕。我们在满洲必须得树立平等真诚的合作关系，让中国人民看到满洲目前的情况跟沙俄、英国、德国和其他帝国主义国家对中国的入侵有根本性的差别。

1946年1月，蒋经国访问莫斯科跟斯大林见面的时候也谈到这个问题。国民政府的逻辑是，这些东北的日本工业设备应该被视作战争赔款，归中国所有。苏联则认为，因为这些东北工业服从于日本关东军敌对苏联的政策，所以苏联有权作为战利品获得这些日本财产。

值得注意的是，在苏联占领时期，破坏工业设备的不只是苏联红军。由于当时东北的社会情况较乱，很多住在当地的中国人和日本人会进入工厂里偷东西。这些东西在鞍山市内所谓的"小偷市场"被贩卖。

1946年3月到5月初，苏联红军从东北撤走，国民政府进入东北，并在五月末前将共产党赶到东北北部。1946年春天，国民政府控制了包括鞍山在内的东北南部地区，尤其是辽宁主要的工业城市。

二、二战时期国民政府工业政策

为理解国民政府在战后东北的工业政策，首先要简单谈一谈二战时期国民政府的工业政策。早在南京国民政府时期就有一种倾向，认为中国为实现工业化的目标，需要强有力的政府控制经济。这一政策思想在日本占领东北之后体现得尤其明显。1932年，南京政府建立了国防设计委员会，1935年，该机构更名为资源委员会。

资委会在1936年制定了重工业五年建设计划。国民政府的国防经济建设需要从国外引进的工业技术。在这方面，南京政府主要的合作对象是德国，从克虏伯等德国公司大量进口工业设备和军火。

1937年全面抗战开始后，国民政府把大量工厂从沿海地区迁至内陆，在大后方建设新的国防经济。翁文灏领导下的资源委员会控制了大后方大半的重工业企业。大后方重视重工业和国有企业的工业政策，跟"伪满"的经济政策相当相似。但在生产规模上,"伪满"的工业远大于大后方,所以对国民政府而言,收复东北工业格外重要。

日本投降后不久,国民政府在 1945 年 8 月 30 日成立国民政府主席东北行辕。熊式辉担任行辕主任兼东北政务委员会主任委员。东北经济委员会主任委员是张嘉璈。但是因为二战后苏联占领东北,国民政府东北行辕在 1946 年 5 月之后才开始收复东北工作。

三、国民政府对东北工业的收复

国民政府收复东北工业时,东北工业的状态并不理想。张嘉璈在 1946 年 6 月 18 日访问鞍山时,在日记里写道:

> ……巡视鞍山制铁厂。该厂原有化铁炉九只,五只先被苏军撤走,其余四只近被共军炸毁,根本无法开工。继看电力厂,旧有发电机三部,重要零件悉被苏军拆去。新装之二部,则被苏军全套拆走。再有轧钢厂,全部拆毁。由此可见,国民政府收复的东北工业是受到了重创的东北工业。

为了收复东北工业,张嘉璈需要跟留在当地的日本人合作。张本人毕业于日本庆应大学,因此他会说日语,能够跟东北的日本企业人士直接沟通。张嘉璈的个人档案现在收在斯坦福大学胡佛研究所档案馆,其中有很多东北的日本人给他写的日语报告。

张嘉璈在东北重要的工作伙伴是高碕达之助。高碕是一个日本企业家,在"伪满"时期,他作为"满洲"重工业开发株式会社的总经理,在东北工业化扮演了重要的角色。

高碕达之助劝说国民政府在东北留用日本技术人员。对国民政府而言,这并不是一种全新的政策,此前他们在中国的其他地方也留用过日本技术人员。例如,国民政府在战后收复上海之后,没收了好几家日本纺织公司,并把它们合并成中国纺织建设公司,这个公司便曾留用日籍技术人员。美国反对国民党留用日本人员的政策,将其看作日本帝国主义在中国继续拥有影响力的一种方式,并数次要求国民政府让这些日本技术人员集体回国。在美国政府的压力之下,国民政府同意在中国关内限制日本留用人员的人数,但这个限制不适用于东北。据国民政府提交给美国的一份材料,1947 年 1 月,国民政府在东北留用 10 541 名日本技术人员和工人,其中 1 612 名在鞍山。

虽然高碕在他的回忆录里强调这些日本留用人员都自愿留在东北,但是实际上很多人是被强制留用的。比如,在国民党鞍山当局号召当地的日本专家留在鞍山时,很少人同意被留用,大部分人都表示想要回到日本。面对这一情况,当局改变策略,向当地的日本人宣布"在保留制铁所复兴所需要的日本技术人员的条件之下,保证其他在鞍山的日本人都可以安全地回国",并要求钢铁企业的日本高官选择需要留用的日本人员,提交他们的名单。结果,国民党在鞍山留用了大约 1 600 名日本技术人员。张嘉璈也认识到大多数在东北的日本人员其实更愿意回国,如 1946 年 6 月 6 日,他在日记里写道:"上午满铁理事铃木及沈阳铁路局局长滨田来见,告以在路日员拟予逐渐减少,嘱其研究并开列裁汰与残留名单。二人答称:在路日员以在已往数月中,受到种种痛苦,均愿返国。如须暂留,希望予以安全保障。"

虽然国民政府留用了日本专家,但他们也帮助其他日本人迅速回国。比如,1946 年 7 月至 9 月间,61 012 名日本人从鞍山回到了日本。这意味着约 95％的日本人离开了鞍山。

除留用日本人之外,国民政府也把大量中国籍技术人员和管理人员从大后方调到东北。资委会把很多自己企业的人员送到东北的原日本企业从事收复工作。除了这些自大后方来的中国人外,还有一些"伪满"时期在东北的日本企业里工作过的中国籍人员也留在了他们的工作单位,在国民党的管理下继续工作。

四、国民政府在东北的国有企业制度

收复东北的日资企业后，以资源委员会为中心的国民政府把这些企业整理成了大型的国有企业。比如，在鞍山，国民政府合并了一些日本工厂和矿山，在1946年10月建立了资源委员会鞍山钢铁有限公司（略称鞍钢）。鞍钢主要的组成部分是原来的昭和制钢所，但是它也包括在鞍山的一些私有日资公司，如满洲大谷重工业株式会社和满洲住友金属鞍山工厂。就整个东北而言，国民政府于1946年11月前接收了293个工厂、企业和政府部门，其中216个由资源委员会控制。资委会将这216个工作单位改组成了20个国有企业。

因为资源委员会把他们的管理人员和技术人员送到了东北，其工作重点便从内陆转移到了东北地区。在1947年12月，整个资委会37％的工作人员都在东北工作。就员工的人数而言，鞍钢是资委会第四大的公司。

国民政府的经济政策也继续依靠和美国的经济合作。尤其是二战时期开始的中国工程师、科学家和管理人员在美国培训的计划，二战之后也继续进行，有些人在美国培训之后便前往鞍钢等东北企业工作。

虽然东北的工业设备在国民政府收复之前受到了很严重的损害，这些设备对当时的中国工业而言依然拥有很高的价值。比如说，国民政府的一份材料写道：

> 查光复前之东北钢铁业生产设施，堪称完璧，即在技术方面，亦拥有贫矿处理、矿石合并制钢、粒铁、热力管理等优秀技术，已达世界制钢技术之水准；且鞍山、本溪湖等地已有相当设备基础，故以利用现有设施，从事复兴，为最上策。至于不足设备，即可利用日本索赔偿之重工业设施以补充之。

对当时的国民政府而言，东北的工业设备尽管被苏联和当地居民破坏，但是鞍钢等东北企业的重工业基础和国内其他地区比起来仍有其优势。一个重要的前提是，就像这份材料说的那样，当时国民政府认为，他们应该可以从日本国内的工厂得到一堆工业设备，作为日本对中国的战争赔款。

但是，国民党在东北的修复计划的实际进展没有计划那么顺利。有个很大的问题是，张嘉璈主导的东北经济委员会和资源委员会之间的关系并没有很明确的定义。这两个政府机构之间的紧张关系，至少持续到张嘉璈在 1947 年 2 月离开东北前往南京赴任的时候。

国共内战也阻碍了东北工业的收复工作。例如，因为周边地区战斗激烈，鞍钢失去了与东北其他地区之间的运输渠道。结果，鞍钢的日本专家和中国员工只能做跟公司无关的体力活，如挖战壕等。内战也增加了国民党内部军队和资委会系统间的对立。在鞍山，鞍钢为反对国民党军队强征鞍钢职员当兵，而发动了职员罢工。

另一个问题是东北企业里中日职工之间的紧张关系。鞍钢的日本职员在回忆录里写，国民党违反了当初的保证，给日本籍职员的薪水比中国籍职员的薪水少得多。更有甚者，有些国民党职员把日本职员作为战俘对待，这让日本职员感到受辱。

因为内战状态，鞍钢等企业不能开展需要日本专家的修复工作，很多日本技术人员开始更激烈地要求回国。此时，美国政府也表示，希望国民政府让这些东北的日本技术人员回到日本。因此，国民党终于允许大部分日本专家从东北离开，在 1947 年 9 月之后，只有 1 361 名日本专家和他们的家人留在国民党的东北企业。

与此同时，国民党也要把很多中国籍职员从东北转移到中国其他地方。这一时期很多国民党的技术人员被从东北调到台湾，如 1947 年 11 月，国民党就把一些鞍钢的职员调到了台湾铝业公司。

但是，虽然很多职员离开了东北，还是有不少的中国籍和日本籍专家留在国民党的东北企业。1948 年共产党解放东北之后，他们被共产党留用，在鞍钢和其他东北企业继续工作。

除国共内战激化以外,国民政府向日本索赔的计划也没有实现。在1947年10月,高碕达之助作为赔偿问题上的顾问到日本,在东京和代表日本的美方当局谈判。然而,在把日本的工业设备作为战争赔偿送到中国之前,由于冷战格局的形成,美国政府开始把日本看作它主要的亚洲盟友。因此,事实上美国并没有让国民政府从日本拿走工业设备。

五、战后国民政府与东北工业

因为以上所述的原因,国民党对东北工业的修复工作的成就是有限的。但是,也不能说完全没有成果。为了全面评价国民政府对东北工业接收工作的意义,我们需要考虑东北工业在整个中国工业经济内的位置。

表 2 中国各个地区每个月的工业电力的消费量

1945 年 9 月—1947 年 6 月中国各地区工业用电量(单位:百万千瓦时)

在日本投降的 1945 年 8 月,东北消费了整个中国 79% 的工业电力。此后,在苏联占领时期,东北的电力消费量降低到"伪满"时期的六分之一。但是,哪怕在东北的电力消费量最低的时候,也是消费最多的南京上海地区的一半,跟华北地区和台湾差不多。国民政府开始修复工作后,东北的电力消费量也逐渐恢复,在1946年末和1947年初又成为全中国电力消费最高的地方。相对地,二战时期的大后方,却一直都是电力消费很小的地方。

在1947年8月,资源委员会控制了全中国67%的工业生产,其中相当大的一部分位于东北。例如,在1947年,资委会控制的企业的工业生产总量是52 442亿元,其中东北地区生产量是20 342亿元,台湾地区是10 847亿元。

重要的是,东北的优势集中在重工业。

表3　1947年国民党统治时期东北地区各主要工业产出占总工业产出的比例

电力(Power)	36.1%	电子器件(Electronics)	29.6%
煤炭(Coal)	68.3%	化工(Chemicals)	11.2%
石油(Oil)	12.9%	糖(Sugar)	0%
金属开采(Metalmining)	7.5%	水泥(Cement)	29.4%
钢铁(Iron and Steel)	64.8%	纸(Paper)	11%
机械(Machine)	62.9%		

东北的煤炭、钢铁、机械的生产量占资委会控制的产业生产量的50%以上。但是在石油、金属矿、化工、糖、纸等产业里所占的比重并不大。

除了生产活动的恢复外,我们也需要考虑东北工业跟其他地域的链接。"伪满"时期,"伪满"政府把东北看作日本帝国经济的一部分,因此东北工业的主要经济伙伴是东北地区内的日本军队和日本国内的企业。至国民党统治时期,东北工业逐渐开始和关内的中国其他地区有了更密切的联系。比如,鞍钢在1946年12月已经开始生产一部分钢铁产品。通过资委会钢铁事业管理委员会上海营运处,这些鞍钢产品被贩卖到了上海市场。

国民政府收复东北的政策还带来一个重要的结果,即战后"大后方"经济的衰退。资委会需要把自己的资源花费在东北等经济规模更大的收复地区,于是很多大后方的国有企业在二战结束之后或被私营化、或被地方政府经营、或者直接停产。

总而言之,二战胜利后收复东北,很大程度上改变了国民政府工业经济的重点。二战时期被日本控制的东北，在战后变成了中国工业的新中心。

讲座现场（一排左二：菅野智博教授；一排左四：唐启华教授；
二排左二：张仲民教授；二排右一：博士研究生孙毓斐）

六、结　　语

抗战时期，国民政府大后方的工业政策是以国有企业和重工业为中心的，这一点跟"满洲国"时期的东北工业政策具有一定的相似性，但是它的规模相对而言要小得多。所以抗战胜利之后，对国民党而言，收复东北工业极其重要。

苏联占领时期，东北工业受到实际性的损害，但这种损害并不是毁灭性的。剩下的东北工业设备对当时的国民政府而言，还是非常重要的。

国民政府为了修复东北工业，引进了在大后方发展的国有企业制度和在大后方培养的人才，也留用了日本工作人员。

虽然国民政府收复东北政策没有完全成功，但它还是把东北融入中国的国民经济体系中，将其变成战后中国的重工业中心。

评 议 与 讨 论

菅野智博:我的研究主要有两个方向:一个是中国东北地域史研究,主要是从比较传统的社会经济史角度进行研究;另一个是从近现代东北亚史的角度,主要关注战后从东北遣返回日本的 100 多万日本人,对他们回日本之后展开的一些活动,以及他们对东北生活的一些回忆进行研究。在收集资料的同时,我也做了一些口述访问。至于今天讲到的鞍钢,很可惜我还没有遇到过当年留用在鞍钢的技术人员或其家属。但是我有遇到过很多处境相似的、曾经被留用在东北的相关技术人员的家人。今天平田老师的演讲内容,虽然和我本人的研究地域相同,但视角上有很大的不同。因此今天我是从学习的角度来听这个演讲的。

首先,在这里我先把日本所谓的"满洲史",或者应该讲"东北史"的研究脉络进行一个简单的介绍,希望有助于大家更了解平田老师研究的意义,以及他对相关领域所做出的贡献。在此基础上,我希望能向平田老师请教几个问题。

在日本,对东北史、或者说对"满洲史"的研究,应该是从 1970 年代开始盛行的。战后日本是从"遗忘"满洲而开始的。1970 年代以前,在日本学界很少有历史学者去探讨这个问题,可能因为很多从"满洲"回到日本的、参与过这段政治的人还在世。在当事人还在的情况下,历史研究很难展开。1960 年代后,以当事人为中心,在日本出现了赞美"满洲经营"的风潮。1970 年代以后,日本殖民地史研究的学者为了批判这样的帝国主义历史观,逐渐对东北展开探讨。他们主要从经济史的角度,就日本对东北各个方面的经济侵略进行了详细的分析。

这样的情况,在 1980 年代以后出现了很大的变化,原本以日本殖民地史为中心展开的"满洲史"研究,逐渐被纳入中国东北地域史研究的框架中。其中,最具有代表的就是 1980 年代初西村成雄老师出版的《中国近代东北地域史研究》(《中国近代东北地域史研究》)。之后,从东北地域史或是中国近现代史的角度探讨东北的研究逐渐增多。同时在 1990 年代初成立了近现代东北亚地域史研究会(近現代東北アジア地域史研究会)。

2000 年前后,发生了另一个相对较大的变化,那就是如何看待 1945 年以后东北的问题。在此之前的研究大多数关注的是 1945 年之前的东北,也就是"伪满洲国"时期的东北。随着研究的进展,2000 年以后,很多研究开始关注 1945 年之后的东北社会,例如伪满时期留下的产业遗迹及其对战后东北的影响等问题,从中探讨东北社会的连续性或断绝性。

最近 10 年即 2010 年代,在日本的东北史研究更加多样化,无论是题目,还是所利用的史料都有很大的进展。最具有代表的应该是《20 世纪满洲历史事典》(《20 世紀満洲歷史事典》)的出版。该事典主要分为三个部分,即:"伪满洲国"成立以前、"伪满洲国"期间和 1945 年以后。虽然是一本辞典,但它浓缩了近年日本最新的研究成果和现状。另外,由年轻学者组成的"满洲记忆"研究会(「満洲の記憶」研究会)也发表了不少成果。该研究会也会在 2020 年初出版论文集《战后日本的满洲记忆》(《戦後日本の満洲記憶》)。在论文集中对不同身份的遣返日侨的战后史进行了详细的分析。

综上所述,平田老师的研究就是处于这样的一个日本学术脉络之下的。他详细地分析了鞍钢长时间段的转变,从战后东北史的角度回答了以往的殖民地史或中国近现代史研究无法解答的问题。同时,他还利用了各个国家和地方的、各个时间段的不同史料,从多层面探讨了鞍钢的历史以及东北地域史,这是平田老师对学界的一个非常大的贡献。他另外一个非常重要的贡献是:其实在日本学界很早就已经有学者指出苏联接收了很多东北的重工业机械,并带回苏联使用这一问题。但由于欠缺史料,这些只属于大家的一些"猜测"或者可以说是"传说"。而在去年出版的《满洲的战后》(《満洲の戦後:継承・再生・新生の地域史》)这部论文集中,平田老师就是利用了非常详细的苏联时期的档案,探讨了苏联把这些机器带回国后的一些利用情况。这篇文章在日本的相关领域中受到了很大的瞩目。无论是今天的报告,还是平田老师博士论文的整体,真的让我学到了很多东西,非常感谢平田老师。

菅野智博教授正在发言

其次,我想利用这个宝贵的机会向平田老师请教几个问题。我的问题主要有三个。第一个是和平田老师的研究整体有关。我知道平田老师对"伪满洲国"时期一直到1970—1980年代的鞍钢的历史展开相关研究,今天的报告也是博士论文的一部分。那么我想请教平田老师的是,如果从长时间段的鞍钢历史来看这段相对叫短的国民政府收复时期的话,如何定位这个时期,是成功还是失败,是重建还是什么,是连续还是断绝的呢。另外,如果用鞍钢的个案来看国民政府的战后东北政策的整体的话,会有什么样的启发。第二个问题是关于张嘉璈日记。报告中在很多关键的地方参考了张嘉璈日记。众所周知,日记作为史料有很大的利用价值,也有一定的局限性和问题。东北经济委员会主任委员张嘉璈的日记,作为一种"公"的日记,是否可以利用一些其他的史料来进一步补充。例如与日本相关的部分,我想日本方面也有很多线索。要是综合起来是不是可以更加凸显张嘉璈的相关资料的特征。第三个问题是我个人一直很好奇的问题,是有关苏联接收的问题。就像平田老师今天也提到的那样,对当时的共产党和国民政府来说,如何留用日本技术人员在当时十分重要。众所周知,苏联在战后将很多日本人带到西伯利亚扣留,但其中好像很少有这样的技术人员。既然苏联从东北带走了那么多的大型重工业机械,为什么不把那些日本技术人员也带走,好让那些技术人员去利用这些机械呢？以上是我的三个问题。再次感谢平田老师的精彩报告。

孙毓斐:平田老师的研究视角很好。与以往研究东北战后接收问题研究视角不同(不限于三国四方的宏观交涉),此研究将视角下移,以一家"企业"——"鞍山钢铁公司"为分析主体,观察其在1945—1948年间,经历了苏军占领、中共军队短暂占领、国民政府接收和重建、国共内战后再次被中共接收四个时期,以一家企业的境遇发展与大的时代变化相呼应,加深了我们对战后东北历史的认识和了解。

此外,文章虽然主要论述战后东北这一主题,但也兼及多个问题的讨论,很令人受启发:一是企业史的视角,研究企业与政治和外交的互动,即企业的外部关系。二是有很好的人物视角,以往我们关注高层的决策人物,像东北的熊式辉、张嘉璈及蒋经国等,但是,此研究还可以看到很多小人物——中底层历史参与者,例如日本商人、技术人员、美国商人等,平田老师在其中使用口述资料、文史资料和回忆录,大大丰富了我们对这段历史的理解。三是战后日本的移民问题,刚刚老师们也已经谈到,这里不再赘述。此外,这两年对"战后"研究日渐重视,例如战后索赔,其实还有更广义的战后话题,比如论文中提到的军队和地方的关系,民族主义与企业发展之间的关系。

此研究的史料非常扎实,使用了前苏联档案、国史馆档案、二档馆档案、日本档案与美国档案等,还运用地方志、人物资料,包括平田老师自己做的口述资料,考证清晰。印象最深的是作者利用苏联档案,将苏军接收鞍钢、拆运机器的具体事实勾勒出来,包括谁负责鞍钢的机器拆运,与日本商人和工程师合作,如何运输,运输过程中的仓储问题,最终运往哪里,以及抵达苏联后出现的设备受损等各种历史细节。正是扎实的史料基础,使我们对一些历史的认知得到更新,例如作者注意到鞍钢被拆除的机器主要是炼钢、轧钢类设备,这就解释了为什么在新中国初期,鞍钢在开采炼铁与炼钢轧钢两方面出现的不平衡现象,以往我们强调日本殖民时期的投资问题,而此研究很好地回答了此问题,即炼钢设备被运走了,所以1949年后炼钢生产出现了断裂。

另，本文的问题意识很值得继续深入探究。此研究涉及两个年份：1945年与1949年。这两个年份在近代中国十分重要，从政治、军事角度来看，它是重大事件、重要历史时期的起始点，但它不是戛然而止、突然转变的，而是具有极强的历史延续性。本文从企业史的视角来观察，就很好地解释了这种历史延续性。

此研究还有一些值得商榷的问题。一是史料问题，对张嘉璈的资料和蒋经国日记的运用，可以再仔细斟酌，目前来看，蒋经国日记现收藏在美国斯坦福大学胡佛研究所，姚崧龄编写的《张公权先生年谱初稿》中也提供了日记以及其他很多资料，另外汪朝光等学者在之前发表的文章中对东北接收史料做了一些补证，日本伊原泽周老师的《战后东北接收交涉纪实——以张嘉璈日记为中心》则是根据胡佛研究所的中文原版资料重新整理而成。这些资料得出版有时间顺序，在不少记述中存在出入。例如论文的14页，讲到1945年10月12日张嘉璈和熊式辉抵达长春时，苏联安排他们暂住到原"伪满洲国"交通部所在地，张日记中有记录初到的场景和感受，但姚崧龄和伊原泽周的版本存在差异。再例如第15—16页，论及1946年2月10日蒋介石等人在重庆商讨对苏提出的经济合作方案的妥协，提出将鞍钢与鹤岗一起作为合办项目，以希望抚顺煤矿获得经济自主，但张日记中明确记载了：要求中方持股51％，董事长、总经理必须是华人——这一点非常重要，意味着中方明确提出控股，并且区别于苏联之前提出的苏方51％持股。

有关蒋经国日记的问题。2020年2月，收藏在胡佛研究所的蒋经国日记即将对外开放。蒋经国日记中也提到了东北交涉问题。虽然在《中华民国重要史料初编》中有这部分内容，但有机会还是应该去档案馆核对，可以再做一些补充。

此外高碕达之助资料的使用，主要集中在他向国民政府提出的建议。但我关注到他出版的《"满洲国"的终结》一书，其中提到他与苏军谈判的过程，同时他在中共占领时期与中共也有过短暂的合作，然后才成为国民政府的顾问，因此，他是参与了这三个时期的代表人物，我认为他的资料可以更多地运用对上述时期的考察。

二是，我认为有必要把复杂背景梳理清楚。如前述，此研究的视角很独特，不囿于既往重在"三国四方"的交涉，但是厘清复杂背景是探讨企业外部关系的基础。本文对美国方面的背景、1945 年 8 月至次年 6 月间的国共关系，以及中苏交涉的脉络介绍较少。例如，苏联占领东北时期中，国民政府一直在与苏联进行交涉，这一点对本文非常重要，汪朝光老师在研究中提到，中苏交涉初期国民政府把军事问题作为主要因素，经济争议选择搁置，一定程度上解释了国民政府 1946 年 6 月前对鞍钢接收决策的演变。最后，还有个小细节，张嘉璈 1920 年代初期的主要时间是在北京，不是在上海，他被调到中国银行总行担任副总经理之后，主要在北京与当时的北京政府打交道。

总之，拜读完平田老师的研究，颇受启发。刚才提到的一些问题，是我自己的浅见。不当之处，还请老师指正。

平田康治：1. 关于国民政府收复时期的定位问题。很多研究国民政府的人，依我看来，不是有很多人意识到国民政府对东北的重要性。很多人会说，但是国民党只控制两年，这不重要。这就是大多数人的观点。但实际上，在我看来，国民党在东北时期做的一些事情，虽然时间很短，但还是很重要。比如共产党时期，直至现在都有的东北有大型的国有企业，其实这种国有企业的政策就是国民党时期政策的延展。东北之所以会有很多所谓"旧中国的技术人员"，就是因为二战结束之后，国民党将很多人员转移到了东北。所以我们必须考虑国民党为东北带来的这些变化。

2. 关于张嘉璈日记的问题。我没有运用张氏日记本身，我使用的是姚崧龄所著的《张公权先生年谱初稿》。至于张氏日记是"公"还是"私"？我个人觉得是"公"比较多，虽不至于编造，但张嘉璈选择性地忽视很多细节。不过我认为日记这种史料本身就是这样，它看似私人，但其实并非如此。所以张嘉璈日记，我们也要有批判性的使用。

3. 为什么苏联没有带走日本技术人员？坦白地说我从来没有想过这个

问题。这的确是个非常有意思的问题,因为苏联在德国拆机器的时候确实带走了很多德国的专家。但是他们没有在东北这么做。这可能一个是因为对当时的苏联而言,会德语的人比较多,语言交流比较方便,日语反之。另一个,当时德国的技术水准比日本先进得多。很多鞍钢的工业设备都是从德国进口的。苏联国内的很多设备本身也是德国美国进口的。当时苏联人可能因主要引进德国的技术,所以也不需要日本的技术人员了。

清韩关系与近世东亚

主讲者：王元崇，美国特拉华大学历史系副教授

讲座时间：2020 年 7 月 22 日

整理者：梁宇欣，复旦大学历史学系本科生

2020 年 7 月 22 日，美国特拉华大学历史系副教授王元崇主讲复旦大学历史学系 2020 年第 3 期"中国近代史青年学者读书班"，携其新著《重塑中华帝国——满鲜关系，1616—1911）》（*Remaking the Chinese Empire：Manchu-Korean Relations，1616—1911*），以"清韩关系与近世东亚"为题，和在场师生分享了自己研究的心得和成果。本次读书班由复旦大学历史学系戴海斌教授主持，并邀请北京大学历史系王元周教授和美国马里兰大学巴尔的摩郡分校历史系宋念申副教授与主讲者对谈。两位评议者对王元崇教授其人其书都非常熟悉，所以知人论学，能够提出很多中肯的意见，在对话中也披露了较多关于欧美学界的学术信息，因此听众能更深入地了解该研究领域的学术脉络和其他相关问题。

这是《重塑中华帝国——满鲜关系(1616—1911)》出版一年多后的首次比较集中的研讨，今天想和大家对此书的相关问题进行简单的讨论。

在过去十二年，英文学界总共出版了四本主要探讨清韩关系的著作，首先是 2008 年出版的美国 Kirk. W. Larsen 教授的 *Tradition，Treaties and Trade：Qing Imperialism and Chosŏn Korea，1850—1910*。随后 2017 年韩国金宣旼教授的 *Ginseng and Borderland：Territorial Boundaries and Political Relations Between Qing China and Chosŏn Korea，1636—1912*，

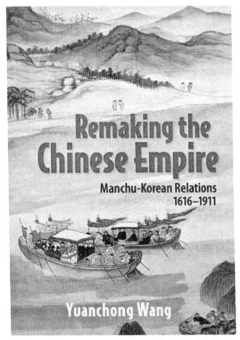

王元崇教授新著书影

2018 年宋念申教授的 *Making Borders in Modern East China：The Tumen River Demarcation，1881—1919* 和我的书陆续出版。

整体来讲四本书都涵盖了清代的中韩关系，但也都追溯到了元明时期。在中国元代时期，朝鲜半岛由高丽王朝统治；到了明清时期，朝鲜半岛由朝鲜王朝统治，也是延续了五百多年，一直到 1910 年被日本殖民，接着第二年清朝就倒台了。朝鲜王朝横跨了中国明清两代，这期间双方维系着长期的宗藩关系。专门探讨朝鲜史的著作很多，是一个非常活跃的学术研究领域。

首先我对清韩关系史做一个简单回溯。1627 年，即皇太极天聪初年，后金东征朝鲜，两国建立了兄弟关系。十年以后，满洲政权再度东征朝鲜，此时的关系我比较倾向于这是一种"宗藩"关系。1644 年满洲入关，清韩关系一直持续到 1895 年后，正式结束了这种宗藩关系，同时也是历史上整个

英文学界关于清鲜关系研究的学术回顾

的中朝宗藩关系的终结。

但此书本身并不是要单纯描述清韩宗藩关系的来龙去脉，而是要从清鲜双边关系的角度来观察近代中国的变化。其中涉及五个主要的方面：一、满洲政权入关前的中国认同的建设；二、入关后清朝天下秩序的建成；三、晚清中国近代外交体系的建立；四、中国向近代主权国家的转变；五、近代主权国家在东亚地区的形成。本书的章节布置亦按照时间顺序分成了两个部分。第一部分是关于中国近代外交体系建立之前的清韩关系，第二部分主要处理近代外交体系建立后，宗藩关系和外交体系之间的交互状态，到最后便是这两个国家的关系彻底的割裂开来，以此呈现一个总体的叙述。因此今天的报告也是主要延续以下几个方面：一、清鲜宗藩关系的建立及其影响；二、清鲜关系与清朝宗藩体系和天下秩序的构建及运作；三、十九世纪中期以降清鲜关系与欧美国际法之关系；四、十九世纪晚期中朝近代主权国家与新式外交体系的形成。其中还包括了历史研究中重复作业的问题。

在我谈之前，我想先对几个相关专业术语略微进行一下解释。第一，为什么我要用"宗藩关系"呢？平常比较流行的话语是"朝贡关系"，而有的学者喜欢"封贡关系"，日本学者则大多采用"宗属关系"。但其实这并不会真正影响你的研究,这几个词基本上讨论的都是一个问题。第二个则是"君父"和"宗主权"的区别,前者早在清韩关系之前便已出现,而"宗主权"(suzerainty)则是一个近代词汇。第三个是"清韩关系""满鲜关系"和"中朝关系"的差异。本次讲座的题目采用的是"清韩关系",书里面采用的是"满鲜关系",而通常我们也称"中朝关系"。同样,这种差异并不是很重要,我们讨论的仍是这两个国家的关系。第四个是"中华帝国"(the Chinese Empire)"清帝国""大清国"和"清朝",这四者的差异后文会提到,我在书中也做了说明。

一、清鲜宗藩关系的建立及其影响

早在元朝时期,双边的宗藩关系已经基本定型。元朝政府曾经筹划进攻日本,便在朝鲜半岛也就是当时的高丽王朝设立了一个特殊的行中书省——征东等处行中书省。一直到元代灭亡,高丽几乎都是处于行省的建设制度之内。

元朝被明朝推翻以后,明太祖对高丽王朝并不感兴趣,因此他列有 15 个不征之国,首列高丽。但后来在靖难之乱期间,建文帝为了获取朝鲜的支持,便于 1401 年册封朝鲜,以使朱棣腹背受敌,然而他失败了,因此永乐帝第二次册封朝鲜国王李芳远。所以明朝和朝鲜王国的宗藩关系的正式建立是在 15 世纪初。从礼治上来讲,天子服是十二章冕服,而朝鲜国王则与亲王一样,是九章冕服,这当然只是一个方面,朝鲜君臣也常自认是中国的"外服诸侯"等,史不绝书。朝鲜与高丽不同的是,前者获得了很大的自主性,而高丽时期几乎牢牢地被元朝所控制,到了明朝时期明廷对控制朝鲜不感兴趣,因此朝鲜能够开始长期处于自主的状态。

随着清政权的崛起和战争的爆发,1637 年 2 月两国正式建立了宗藩关系。从这个节点来看,明朝崇祯皇帝还位于北京,明鲜关系被迫截断,由清鲜关系所代替。清朝在两国的双边关系之内,取代了明朝中央王国的地位,他通过与朝鲜之间关系的界定,把自己的政治文化认同做了非常大的转变,并建立了一系列传统的礼仪伦理秩序。

为什么清朝能够统治这么长时间？传统的解释是清朝的成功汉化。随着新的史学研究趋势的出现，越来越多的人质疑这个汉化理论。大家的争论点主要有两个部分，一个是汉化，一个是所谓的满洲政权的特征，或者说所谓的满洲本身的习俗等。前者强调根源，后者强调满洲本身。实际上，从1627年至1644年入关之前的清鲜关系的变化来看，清朝中国化的进程是相当明显的，或者说满洲政权的汉化进程非常明显。然而很多人对汉化这个词不满意，认为似乎是一种从民族或种族的角度上来看待。但其实这说到底不过是一个治国之术（statecraft），它并不分你的统治阶级是汉人还是非汉人。因此在我的书里，我很少用"汉化"一词，用的时候我也十分强调这是指治国之术，而不是统治阶层本身的民族认同。

早在入关之前，清代不仅发生了从后金到清的名字变化，还有一批汉族官员不断地往后金政权输送统治术的政治变化，因此在入关后，清廷政要各项都进行得井井有条，国家建设十分完整。而且汉化一词也不光是我们如今历史叙述采用的一个抽象概念，它在努尔哈赤和皇太极时期就屡次被提及，可见他们清楚地了解到进入中原地区后会变成汉人。

本书第一部分讲的是清鲜关系在清入关之前的运作对清代的中国认同产生的巨大作用。为什么会如此巨大呢？其中一个主要原因在于朝鲜是一个全面儒家化的王朝，一直自命为"小中华"。朝鲜从建立起便全面吸收明朝的各项体制，包括官僚体制、科举制度、服饰法律等，所以清朝希望用清鲜关系来塑造自己的传统中国王朝的认同，例如清鲜之间的使臣交聘就完全模仿了明朝礼部迎接朝鲜朝贡使臣的方法，在双方宗藩关系建立之后，流程变得更加体系化。在朝鲜国王投降时建立的盟约中有一条，规定这些礼仪、文书、行礼等都"毋违明朝旧例"。所以，朝鲜国王给清朝的表文和表笺都十分正式化，从抬头到字体大小，再到用印，都有非常详尽的规定。这些规定都是在清军入关之前就已经完成的，所以清朝也就获得了相当的明朝形式的中国认同。

我们中国有若干代王朝，但没有一个王朝称自己为"中国"，都是有自己的名号,例如大清国、大明国等等。只有在对外的时候,才会讲到我们是中国以及这里的人是中国人,所以这个中国认同更像是一种中央王国的认同,它对任何一个统治王朝的政权都相当重要,这是一个王朝之所谓为中国的一种合法性。清代在入关之前就已经获得了中心认定,而获得这个中心认定的一个主要因素恰恰是清鲜关系。这里面朝鲜作为儒家化的小中华的本质认同是相当重要的,因为在臣服大清国的各个部落和各个政治单元之中,只有一个国家是儒家化的王朝,就是朝鲜;只有一个国家明白这些文书礼仪如何操作,也是朝鲜;只有一个国家用汉文完全的来进行典型建设,这个国家还是朝鲜。由于是"毋违明国旧例",之前明鲜之间所有的体系现在都照搬到清鲜之间,因此大清国在入关之前已经建立了一个相当完备的宗藩体系,或者说外交关系体系。它具有双重性,一个是负责朝鲜事务的礼部,另一个是由蒙古衙门改变成的理藩院。

而在清朝入关之后,这套体系便原班搬到了北京,没有做什么大的变化,只是负责的范围进行了扩张。在入关前,清国已不是什么蛮夷,它的各种建设相当成功,尤其体现在宗藩体系上。

二、清鲜关系与清朝宗藩体系的构建及运作

本次讲座第二部分是在清朝入关后,对清鲜关系与清朝宗藩体系的构建及运作作讨论。这里面我分三小节给大家简单讲一下。第一节是天下秩序构建中的朝鲜的模范作用(朝鲜事例),第二节是华夷之辨的强化,这是用来强化自身合法性的一个重要理论工具,第三节是清朝文本内对朝鲜的内省化。

首先我想谈谈我所用的"帝国"这个概念。现在"帝国"一词仍没有一个确切定义,因为随着这些年社会科学研究的转向,帝国热是非常流行的。我在写博士论文的时候还是比较小心的,很少用 the Chinese Empire 即中华帝国,可是在后期的修改过程中我发现,这是一个无法逾越的事情,所以我后来甚至给中华帝国一个定义,在使用层面上我用这个词只是对清代

中国的一种整体的描述。另外，"大清帝国"也是一个常见的词汇，清代时期中国人是不用的，第一次使用是在《马关条约》里，是为了跟所谓的"大日本帝国"对等而使用的，但它并不是一个中国国内喜欢的词，真正用这个词的很少。

在入关之后，清廷的礼部和理藩院两重体系继续作用。在顺治初年时期，清廷以朝鲜为样板联络琉球、安南、暹罗、日本诸国。为什么要将朝鲜作为样板呢？因为朝鲜是清廷非常优待的一个属国，虽然朝鲜世子也被作为人质，但在入关后世子即被释放回国。朝鲜已成为大清一个典型的外藩，清廷可以用来展示朝鲜是如何保持自己独立性的。以具有法典性质的《钦定礼部则例》内的《朝贡通例》为例。礼部是六部之一，它分下有四个司，其中一个是主客清吏司，东道主要用宾礼来对待朝贡国的使臣和国王。主客清

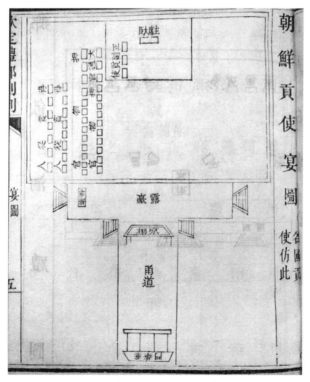

《钦定礼部则例·朝鲜贡使宴图》

吏司主要负责外藩朝贡事务,这里包括朝鲜朝贡、越南朝贡、安南朝贡和荷兰朝贡等。这时朝鲜扮演着模本的角色,比如在《钦定礼部则例·朝鲜贡使宴图》中描绘了清廷对朝鲜朝贡使臣的欢迎和筵席摆设,并在下方备注"各国贡使仿此",表明其他各国的朝贡事务皆按照朝鲜事例。

在清朝大部分时期,礼部名单上有7个朝贡国家:朝鲜国、琉球国、苏禄国、安南国、南掌国、缅甸国、暹罗国。最初列表上还有荷兰,但这只是一个误解,当时东印度公司派了一个使臣来华,然后清廷误以为这是荷兰国王来朝贡。

在实际过程中,宗藩关系主要体现在册封、使用年号、历书、遣使朝贡、封谥、奏事和贸易互市等几个方面,其中最重要的就是中国对朝鲜国王的册封。朝鲜的国王是中国皇帝册封的,因此国王要奉清朝正朔,使用年号和历书,是来拱卫中国天子的。这是一个家族关系,也是两国之间的关系,即"家

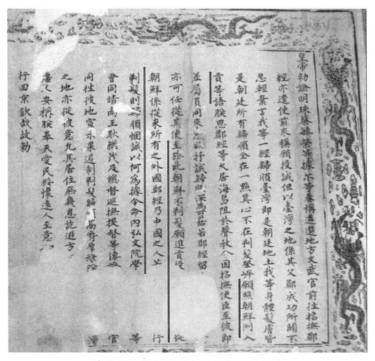

清康熙八年(1669)九月招抚郑经敕谕

国天下"。无论是明鲜关系还是清鲜关系，它都具有两重性，第一层是朝廷和朝廷之间的关系，是家长和儿臣的关系；第二层才是国与国之间的关系。朝鲜事例的运用有很多例子，例如在康熙年间攻打台湾时，郑经表示愿"照朝鲜事例"作清朝属国，然而康熙拒绝了他的请求，因为他认为郑经本身就是中国之人，可见康熙对于清朝内外是区分很清楚的。

清鲜关系涉及的另一个问题便是夷夏之辨。朝鲜方面一直饱受华夷之辨的内心挣扎，虽然被清国打败了，但是他们长期以来认为满洲是蛮夷，自己才是正统的小中华身份。明朝的中华已经灭绝了，所以现在真正的中华应该是我们朝鲜。然而从地理位置的角度来看，无论朝鲜如何贬低清朝，它在整个宗藩构架中是远人、是夷。从政治文化的角度来讲，朝鲜才是夷，清朝不是夷，这是朝鲜不能选择的。

不仅如此，清朝也同样面临着华夷之辨的问题，比较明显的是雍正时候的曾静案。雍正皇帝于1729年刊行了《大义觉迷录》，表明清朝就算是夷，也是天命所归，所谓"皇天无亲惟德是辅"。这是非常有意义的，皇太极在称

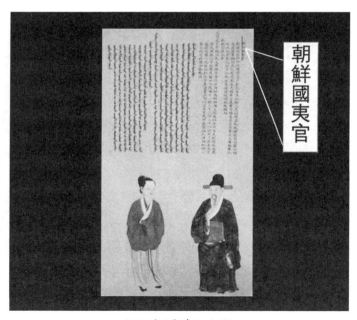

1761年《皇清职贡图》

帝之前,八旗大臣和诸蒙古部落写给朝鲜国王劝说他一起到盛京拥护皇太极称帝的信中,便已开始用"皇天无亲惟德是辅"来树立自身的合法性。另外,雍正皇帝在《大义觉迷录》把夷的概念给模糊了,只是从地理概念上界定夷,其本身不具备文化贬低的意思,然而乾隆皇帝并不认同其父的做法,他把华夷之辨重新拉回到了政治文化舆论里,否认清朝是夷,认为只有中国之外的才是夷。他命人耗费十年时间创制了《皇清职贡图》,第一图就是"朝鲜国夷官",以此表明虽然朝鲜是小中华,但是它仍是在大清的天下里边,从而华化了清代政权。

实际上清朝不认为朝鲜是夷人,但在政治文化上清廷必须要强调它的外夷性。比如在1776年朝鲜的贡使在锦州被人抢去了银两,乾隆皇帝在谕旨中要求给予赔偿,他写道因为朝鲜是外夷之人,清朝要给予优待。满文也说朝鲜国是外藩,它没有用"夷"是因为满文里不存在这个字。

华夷之辨和朝鲜内部的尊周思明存在着本质上的区别,我们不能被朝鲜《燕行录》里的那些故事影响了我们的理解,因为《燕行录》所体现出来的尊明贬清并非是政治文化层面的宗藩关系中的主流,只是其中一批知识分子的思想感情的描述。尊周思明的思想长期在朝鲜社会中占据着重要地位,在一位朝鲜知识分子保存的朝鲜翻刻的清朝历书中,他把"大清光绪四年"一词划掉,可见他并不认同清国年号。随后他改成了"大统余分",因为明代历书叫"大统历"。这是一个小的例子。

到了1858年,《天津条约》第51款明确规定不准称"夷",嗣后就由"洋"来替代。但是这条规定并不适用于朝鲜等外藩国家,在中国的外交话语里那些外藩国家仍是使用"夷",朝鲜在中国中央和地方官公文中照样以"夷"出现,直到1895年甚至1900年代。因此近代国际法体系并没有取代宗藩体系,在清朝建立了总理衙门以后,这两套体系是并行存在的。

在文本之上,清代对朝鲜一直强调"两国一家",这是从元明时代以来就有的思想,清初也延续下来,有"两国为一家"、"朝鲜之民即我民也"等言论,到了盛清也有"覆帱之恩,视同内服"等言论,因此在晚清,很多人把朝鲜视为大清国的一个不可丢失的部分。在清代的历书里,朝鲜与各个内省联系在一起的，越南和琉球亦是如此，并没有因为他们被法国人或者日本人侵占了，而把他们给去掉。在康熙末期耶稣会士马国贤创制的铜版《皇舆全览图》中，山海关以北用满文来做注解，包括朝鲜也是满文注释，而进了山海关内则一切都用汉字，这是清朝入关前的一个领土认识，在雍正时期的全览图中特别明显；但到了乾隆时期，一切都以汉字注释了，没有明显的区分。

三、十九世纪中期以降清鲜关系与欧美国际法之关系

在有关清代的内省化朝鲜方面，我把历代的一些类似情况做了一个汇总，后来写了一篇文章 Provincializing Korea：The Construction of the Chinese Empire in the Borderland and the Rise of the Modern Chinese State（《通报》2019 年第 105 号，第 128—182 页）来专门探讨。我们知道清鲜关系是十分复杂的，尤其是在国际法引入以后，由于中英文术语的差异，就更难解释清楚。

一些中英文术语差别

English Terms 英文术语	Chinese Terms 汉文术语
colony	屏藩、属邦
dependency	属邦
vassal state	藩属
suzerain	主
sovereign state	自主之国
right of sovereignty	自主之权

比如英文国际法里的"Colony"，之前翻译成屏藩属邦，但现在是翻译成殖民地；而"vassal state"在中文术语里是藩属，还有"dependency"则是属邦，因此这三者在中文里就很难区分。至于"suzerain"，也就是所谓的宗主，他们翻译为主。"sovereign state"则叫做自主之国，但是大清国认为，朝鲜、安南、琉球、缅甸这些都是自主之国。对它们来讲，是"sovereign state"，可

是对清国来讲,它们是"vassal state"。还有"right of sovereignty"自主之权也是一个问题,自主之权在他们本国是有的,可是在清代皇帝的面前他们是没有的。因此主权要分成两重含义,一重是大清国之内的,一重是大清国之外。而对于藩属国朝鲜而言,主权一词也得分成两重,一种是国内的,一种是对清国的。可以说,晚清很多的边界纷争与跟国际法引入以后所造成的术语差异有关。

1875 年 12 月,清朝刚刚派遣敕使去汉城册封朝鲜国世子,日本新任公使森有礼就来到了北京与中国总理衙门进行会谈,围绕朝鲜到底是不是中国属国的问题展开辩论。森有礼是到欧美训练的近代外交家,他用的是国际法的术语,引用了埃及和土耳其之间的关系、匈牙利与奥斯曼帝国的关系,还有加拿大和英国的关系等来做例子,但是总理衙门大臣们并没有接受过国际法的训练,因此中日双方都力争己见,无法切实交流。于是森有礼又前往保定找李鸿章辩论,但是李鸿章认为朝鲜历来是清朝的属国。日本于 1876 年 2 月 26 日与朝鲜签订了《江华岛条约》,至此整个形势发生了很大的转变,到 1882 年的时候美国和中国也陆续通过条约的形式进入了朝鲜。

在书的最后,我对中国是什么时候演变成近代主权国家的问题作了简单的探讨。

总而言之,这本书全体上也就是 12 万字,实际上 12 万字也解决不了这么多问题,这是一个很大的工程。我的主要目的并不是要去描述清韩关系,而是要通过清韩关系来观察近代中国的变化。

评 议 与 讨 论

王元周:我认为此书和报告一个比较大的长处在于,元崇把握了整个清朝与朝鲜王朝的关系,从女真兴起、到后金、到清、一直到入关以后、最后到辛亥革命。而且他通过各种资料,对一些制度进行了比较全面的梳理,还把一些重要的值得思考的细节都揭示出来了,我认为这会对我们研究者非常有帮助,也对以后的研究有很大作用。我们知道现在中韩关系的研究大多集中在近代,尤其是李鸿章的时期,但实际上通过这么多年各国学者的努力,在近代短的时间段里面再有大的创新已经是比较困难了。然而如果我们拉长一点,从一个更长的时间段来观察,可能会更好地理解中原王朝与周边民族和国家的关系。我们中原王朝为什么需要这样的一个关系?它具有的理论意义和现实意义到底是什么?元崇的报告也能够启发我们从这些方面来进行思考。

跟元崇的思路正好相反,其实我这些年主要是从朝鲜人的立场来思考问题,所以可能会互相有一点补充。从朝鲜的立场来讲,我认为首先是他们自身成长的一个结果。在高丽后期,朝鲜半岛的学术思想发展起来,历史地理的研究也开始兴起,逐渐形成一种民族认同。随后他们开始思考天下秩序应该是怎么样的,应该怎样认同以中国为中心的这个秩序。一方面,他们很乐意与中原王朝建立宗藩关系;另一方面,一部分朝鲜人也非常担心未来朝鲜会不会也彻底地并入中国,成为中国内地的一个省份。

所以从宗藩关系的角度来讲,双方有各自的理想,也有现实政治的需要,比如说像朝鲜要维持他的王权,因此他要处理好跟大国的关系,同时也要借助清来平衡与日本的关系。所以宗藩关系可能也是国际力量格局和国际交往的现实需要,所以这是一个多种因素的结合点。从这个角度来理解,或许能够更加清楚地看到这些关系的本质意义。因此,我觉得元崇的研究对我以后从更深的层次来思考这个问题也是非常有启发的。

再者,我们可以看到清朝延续的是明朝体制,而明对元也有继承的成分,但其中又发生很大变化。元跟朝鲜半岛的关系是最近的,明清实际上是都后退了,这种后退可能跟朱元璋他作为南方人有关系。但是这个变化对后来的中国也有利弊,比如藩属对中国来讲意味着什么?这个问题到了近代面临更复杂的情况时,就非常难以处理。所以元崇刚刚也提到了,近代以后中国对朝鲜应该怎么办?当年马相伯也认为中国要么放弃,要么采取更加积极的措施。后来清朝虽然有一些积极的措施,但是也不能真正地解决问题。所以如何处理这个问题,其实也是明清留下来的一个遗产。这可能不光有学术意义，也是有现实意义的。

说到近代，我认为东西方确实对不同的国际秩序的一些概念和原理有不同的认识，但是我也感觉到在很大程度上这是一种外交的策略。如果英美等国想跟朝鲜直接交涉甚至开战的话，实际上他们提出种种的辩论只是为了让总理衙门或者李鸿章来表明朝鲜是自主的，这样他们就可以便宜行动了。所以，是真的相互之间不能理解，还是说只是一种外交策略，这可能也是需要思考的。

关于华夷之辨，其实朝鲜人也明白这是一个相对的概念。但他们也面临着一个困境，如果他们彻底承认自己夷的地位，那么两次"胡乱"之后的"忍痛含冤，迫不得已"的心理怎么纾解？王朝的权威怎么重新树立？另外他们还面临着尊周思明的大旗已经被在野儒生扛起来了的问题，如果说国王彻底放弃小中华的身份，那么它的存在合理性就会受到冲击。因此从现实上讲，国王其实也非常重视跟清的关系，但另外一方面，从心理上讲，他不得不又要拉开一些距离。朴趾源的《热河日记》中也提到，这些使节到了中国后都不太愿意跟中国官员多接触，因此这对于中韩关系也是有实际影响的。

最后，我认为元崇提到的清韩关系要放在清跟越南和其他国家的关系中来讨论，这个也是一个十分有意义的问题。

宋念申：谢谢海斌兄邀请我来参加这个活动，也非常高兴能再一次听到元崇兄对他的大作的一个比较系统的阐述。我本人的研究和元崇有很多重叠的地方，交流也非常多。元崇的书刚出版不久，我就陆续接到了两三个杂志的书评邀请。我的英文书评刚刚发表在香港中文大学的《中国文化研究所学报》。韩国学界也针对此书组织了一个专门的读书讨论会，有韩国学者发布了一篇很长的书评。所以可以说这本书出版以后，确确实实引起了比较大的关注和比较正面的反响。

这本书对于我们理解清代的"中国"概念的构建有非常重要的启示。我们需要特别关注这本书的三个启发。第一个就是"宗藩主义"概念和"政治文化帝国"的分析；第二个是他对于礼仪和话语元素的处理，第三个就是他提出的"朝鲜事例"，我们也可以理解成以朝鲜作为一个模型模范在重塑中华帝国、以及中华帝国解体过程中所起到的关键作用。

关于宗藩关系、朝贡关系和朝贡体制这些概念，我跟元崇也是经历了挺长时间讨论，最后我们发现，无论是哪一个词，都无法有效概括以中朝关系为代表的近代早期中国和周边政治体之间的关系。所以我们最后选择直接音译，就用"宗藩"来指代，然后再强调它其中的丰富性和复杂性。

元崇在此书里并不是处理双边关系，他想处理的是中华帝国在政治文化层面上是怎么样表现自己或塑造自己的。这里我想提醒大家注意，他没有否定领土帝国，就是通过军事征服或经济手段所进行的帝国塑造的过程。他是想将塑造领土帝国的所谓硬实力和塑造政治文化帝国的软实力区分开来。在不否定军事征服这些硬手段的前提之下，来探讨一下软实力这一部分是怎么样去构建。这实际上是回应着很多西方的政治学者对于权力本身的界定的问题。因为我们知道，权力不光具有强制性，它还有规矩性和同意性，这本书其实更强调的是后两者在塑造政治文化帝国时候的作用。

实际上朝鲜在中华帝国的重塑上进行了两次，一次当然是清在占领中原地区之前塑造的一个在关外的中国形象；另外一次是在 19 世纪后期国际法体系进来以后，中国的概念又再度被重塑。经过第二次重塑后，宗藩体制和天下体制结束了，取而代之的是看似平等的相互独立的体制。

第二点，我觉得元崇对于礼仪和话语的处理是非常有意思的。我们历史学家处理史料的时候往往更注重文本本身，也就是文字的内容。但是元崇在细读的时候有一个非常好的地方，他揭示给我们不光是文本内容，还有文书格式问题。文书格式本身也是一种权力，代表了清朝对于自身的认定，也代表了朝鲜对于自身的认定和塑造。从皇太极到乾隆一系列文书往返，清朝不断利用文字和文书格式来进行这种角色的定义。这个研究揭示了一种隐秘的文本，它本身就具有非常强大的礼仪性和权力性。而西方对于这套宗藩关系的冲击，也首先从文字和定义方面开始。我们知道，日本非常强调概念的运用。在森有礼和李鸿章的对话中，他首先是对话语的突破，随后才是军队的暴力征服。

第三点，元崇此书的一个突出贡献在于运用了"朝鲜事例"。任何一个帝国建立起来都需要有自己的合法性，清朝的合法性到底来自于什么地方？最近很多新的讨论有强调清朝的族群性，或者也有传统路径强调政治文化的内生性。但是元崇提出，除了这些接近"现代"的方式之外，我们要看到清朝还有一套政治合法性的论述。这便是以朝鲜为样本，然后与琉球、越南、暹罗等建立了宗藩关系。清要处理的一个很重要的困境，就是华夷之辨。这种政治合法性的困境其实并不是从雍正写《大义觉迷录》时暴露出来的，在后金处理满人政权时便开始了。这种塑造到底算不算成功？不同的学者有不同的观点。到了乾隆时期，华夷之辨的顺序发生了转变，满人的清变成华，朝鲜变成夷。元崇在书里也提到，很多清朝的文本、图像和书籍里面，都是把朝鲜作为夷人的第一位，以此来建立自身作为"华"的论述。

那么我们要如何看待清朝本身的性质呢？最近的论述倾向于把清朝看作是一个内亚性王朝，这和传统东亚性的王朝不太一样。但是从元崇的论述里，我们得知清朝的宗藩关系是始自朝鲜而终自朝鲜，它接续的是明朝而非元朝的正统性。因此从这一点来说，不能很绝对地认定清朝一定是个内亚性王朝，它实际上是非常多元化的。到了晚清，清朝之所以要派兵帮助朝鲜和派人驻扎朝鲜，从中原王朝的角度来解释，这也是接续了明朝，因为明朝的万历皇帝曾在壬辰战争中救助朝鲜。但在西方的话语进来以后，它又有了新的内涵。有很多学者认为这是一种帝国主义式的扩张。这说明在两种体系相互碰撞的过程中，同一个事件能提供丰富的解释性。但是，这种机制又不是完全来自明朝，它也带有某种内亚属性。比如说清朝派遣的朝鲜使臣大多是旗人，这种情况一直延续到晚清。

然后我想向元崇提三个小问题。第一，在你提到的清朝政治秩序中，礼部和理藩院这两套体制是并行的，但是你同时又在书里面提到朝鲜它经常和蒙古王公并列。那么这究竟是怎样的一种联系呢？即代表东亚性的礼部宗藩关系，和代表内亚性的理藩院宗藩关系，他们在清朝眼里有什么异同呢？

第二，我认为"夷"在历史上是更多的是一个灵活的概念。我们知道英国人特别反感这个词,后来的费正清学派也坚持认为中国的外交秩序和正常外交秩序不一样。最近美国汉学界出现修正的声音,他们认为对于过去我们对"夷"的理解太过固化,其实夷并不一定代表文化蔑视。我自己在研究中也发现,其实很多地方官员在文书和行文中对于朝鲜的称呼不是特别固定,有的时候用"夷",而在处理边民的时候则还是用"民"。所以可以讨论是否清朝仅仅把朝鲜看作是一个蛮夷。与之相关的,元崇认为中国领土国家的完成是在 1950 年代,但我个人觉得有待商榷。因为领土国家本身可能也是一个动态的过程,很难说它已经塑造完成。

最后,元崇他提到了最近北美学界非常活跃的中朝关系的研究脉络,我们知道英美学家对于清史的研究、对于近代帝国的研究、还有把中国纳入全球史框架来重新看待的研究都十分活跃,而且新生代的学者的语言能力和视野也都非常开阔,所以我想请元崇谈一下这种研究趋势对我们中国年轻一代的学者有什么样的启示?

王元崇:像我刚刚说的,本书字数较少,因此我要做的是从一个角度来观察中国的演变,很多问题我可能都没法全部一一回答。但是像王老师所讲的,近代的话语是否是外交策略这一点,我认为是的,对日本人来讲这很明显是一种外交策略。当时征韩论上升为一个主要日程以后,日本面临的最大困难就是如何瓦解清韩之间的宗属关系,他们要去掉中国的威胁,避免出现明末壬辰战争的情况。因此日本要通过外交策略,让中国保证不对朝鲜负责,然后他才敢动手。日本与中国是同文之国,他很明白宗藩关系的操作。

举一个很典型的例子,1874 年日本讨论台湾问题,即牡丹社事件。在 1872 年的台湾南部地区,牡丹社杀害了几个琉球的船员,日本认为琉球是他们的,因此他要求和北京进行交涉,而北京也认为琉球是中国的,最后总理衙门用历代的典章制度和地方志论证了台湾南部是归中国管辖的,即便他们是蛮夷,也是中国的蛮夷,与日本无关。因此在签署《北京专约》时,第三项内容特别规定此次讨论一切作废,因为这是日本唯一一次在台湾问题上没有带西方的法学家顾问与中国进行谈判。至此之后,日本在每次行动之前都会咨询英美法学家，他们用奥斯曼帝国和埃及之间的关系来比拟清代和朝鲜之间的关系，指出既然英法可以对埃及进行干涉，那么日本也照样可以对朝鲜进行干涉。这便是1884年的甲申政变日本出兵的主要原因之一。

由此可见，不光是外交策略，近代中英话语之间的差异也非常重要，这也是为什么第一个去否定清韩是宗藩关系的国家是日本。英美等国在1850年代左右就已经清晰地意识到，朝鲜是中国的一个藩属国，所以他们主要是和中国交涉而非片面地动武。然而日本走的是炮舰外交政策，两者差别很大。再者，就像王老师刚才讲的，一些朝鲜人也担心国家会不会变成中国的一个内省，这确实不好说。因为在1884—1885年就有台湾建设和新疆建设等。还有王老师提到与越南等国进行横向的比较，应该说自费正清做完比较以后，很少有著作能重新把这些国家放在一起进行横向的比较。所以我们希望大概在10～15年内我们学界能呈现一部这样的作品。

至于宋老师对我的讲座的点评和问题，我都十分赞成。首先对于第一个问题，在清代外藩蒙古和外藩朝鲜这两重机制是存在的，但是在礼制的时候，比如施礼、行礼、正朝行礼等场合，这些外藩国家只是根据秩序排好，然后共同行礼，以此来营造一种万邦来朝的场景，即大清所谓的天朝体制。一个很典型的体现是马戛尔尼事件。马戛尔尼因为使团命令失败了而很不高兴，在他离开后的不久便是新年，台湾的部落首领、朝鲜和缅甸的使臣、蒙古部落的代表都在北京对乾隆帝行礼，可见整个大清国并没有因为马戛尔尼的离开而发生根本的变化。因此清朝对这两个外藩概念是不会混淆的，他们有各自不同的典章制作和法律。

其次，对于"夷"的灵活性和多面性这一点，我是完全赞成的。比如马戛尔尼来华时他便称为夷，朝鲜在文书上也叫夷。但实际上，清与朝鲜使臣在北京时都是进行笔谈，因为他们都写的汉字，这时没有人认为朝鲜是夷，而是小中华。然而政治文化与现实是存在着脱节的，在政治文化朝鲜是作为东夷存在，这与王朝的正统性有关系。

关于中国近代国家的最后形成，朝鲜是外藩之一，蒙古是另一外藩，两

个是清朝最重要的外藩部分。但到了 1950 年代，这两个当年的外藩都变成
了独立国家。在这片土地上，以前是大清国、朝鲜外藩和蒙古外藩，而在
1950 年就变成了三个独立的主权国家，当然不同的边疆地区也是要具体地
因地制宜的看待。最后，我十分感谢两位老师提的问题和海斌兄的评论。

民国时期东北大学的创办与流亡

主讲者：王春林，辽宁社会科学院历史研究所研究员
讲座时间：2020 年 7 月 24 日
整理者：唐益丹，复旦大学历史学系研究生

2020 年 7 月 24 日，辽宁社会科学院历史研究所王春林研究员主讲复旦大学历史学系 2020 年第 4 期"中国近代史青年学者读书班"，携其新著《地域与使命：民国时期东北大学的创办与流亡》（北京：社会科学文献出版社，2019 年），与到场师生分享自己研究的经历和体会。本次读书班由复旦大学历史学系戴海斌教授主持。活动还邀请了中国社科院近代史研究所李在全研究员、上海社科院历史研究所蒋宝麟副研究员、四川师范大学历史文化与旅游学院黄天华教授、南京师范大学历史系严海建教授、社会科学文献出版社陈肖寒编辑与主讲者对谈。几位与谈嘉宾从各自专研领域分享自己对于这一主题的看法，为在场者道出主讲者研究背后的甘苦，也拓展了既有的学术议题。

东北大学在中国近代学术史、教育史上都有相当重要的地位。该校因获奉系军阀张作霖及其子张学良长期支持而迅猛发展。九一八事变后，抗战爆发、东北沦陷，东北大学内迁过程中先后在北平、西安、四川三台等地办学。这一时期，"东北流亡势力"与中央、地方都发生了不同程度的纠葛。

一、选题缘起与写作过程

研究这个题目，缘起于硕士论文写作中的一个疑惑。我研究九一八事变相关问题,资料显示,事变后大量东北军、东北官员以及学生、难民流亡到关内。当时产生一个疑问,1937年全面抗战爆发前,这些东北流亡人士做了些什么?对抗战大局和关内社会产生了什么影响?博士论文选题阶段,我最初考虑研究东北流亡学生。查阅资料,发现有篇台湾地区的硕士论文涉及九一八事变后的东北大学流亡学生问题,但主要以叙事为主,作者似受国民党史观影响较大,仍有探讨空间。经过同学提示,我选择以东北大学为研究的切入点。

关于东北大学的专门研究,当时有王振乾等编著《东北大学史稿》以及张馥、程丕来等几篇学位论文。程丕来论文是研究抗战内迁四川时期的东北大学。关于民国时期大学国立化问题,王东杰教授的《国家与学术的地方互动:四川大学国立化进程(1925—1939)》是比较经典的研究。另外论文写作还参考了张德良、张万杰等学者关于东北流亡人士的研究以及胡玉海等关于奉系军阀的研究。

论文主要使用了中国第二历史档案馆藏教育部档案、辽宁省档案馆藏奉天省长公署档案和东北行辕档案、北京市档案馆藏北平市警察局档案和社会局档案以及相关的史料汇编、日记、回忆录、报纸、期刊等材料。在查访材料时,遗憾地发现民国时期东大档案历经多次战乱以及政治运动已全部丢失。另外采访到了三位当时的东大学生,获得了一些书本之外关于民国时期东大的认识。博士阶段因诸多因素的限制,未能较好利用东北大学流亡四川期间的档案,主要是在南京大学图书馆与南京图书馆查阅相关书籍资料。

参加博士论文答辩时,答辩老师提出了几点修改意见。第一,论文缺乏东北大学流亡四川时期的档案。第二,结构不甚合理:论文写作中,我尝试对当时东北流亡人士的"九一八纪念"进行梳理。初衷是考察东大学生在九一八事变到抗战胜利这一阶段的社会心理以及政治诉求。反观这一部分写作,与整体论文框架脱节,故而成书时,将这一部分进行了修改。第三,是史料解读、图表制作等一些写作上的问题。博士论文也得到了王东杰教授的评论意见。这些意见对于我后期论文修改有很大的帮助。

博士毕业后修改、发表论文与申报课题的过程也是对于这一题目整体把握的调整与完善。补充了台湾与四川三台的一些档案。书名几番更易,成书出版之际,检索"大成老旧刊全文数据库"相关史料,频繁出现"特殊使命"这一词汇,给予我很大启发。另外从地域角度观察,东北大学有其独特性。故最终将题目定为《地域与使命:民国时期东北大学的创办与流亡》。

王春林著:《地域与使命:民国时期东北大学的创办与流亡》

二、"知识与权力配合":奉系创办的东北大学

1923 年建校后,东北大学先后经历了奉系军阀时期、九一八事变后的流亡北平时期、抗战全面爆发后的内迁四川时期以及国共内战时期四个阶段,于 1949 年初并入中共东北解放区的"东北大学"。

　　该校筹建之议一起，围绕设立地点、经费以及人事问题，东北三省内部就形成了以各自利益为主导的不同方案。奉天方面主张设在沈阳，吉林、黑龙江主张设在东北的中间地点。1922年1月，确定了以文学专门学校和沈阳高师改组成立东北大学。但内外纷扰纷至沓来，改组事务进展并不顺畅。

　　东北大学首任校长王永江，同时也是奉天省代省长兼财政厅长，在学校创设之初，王氏本意持反对意见，理由是奉省经费预算无力支持东北大学设立。故而当时张作霖与教育厅长谢荫昌推动王永江担任学校校长，以图为学校谋得地方的财政支持。筹建之初，王永江致函吉林、黑龙江两省省长，提出经费分摊，奉天占十分之六、吉林占十分之三、黑龙江占十分之一。吉林省署或不愿担负此费多惠少之事，又不愿得罪王永江，故而在回复上迁延日久，从中不难发现当时奉系内部省际地位之差异与官场之生态。1920年代东北地区，奉天省在经济、教育、军事等方面皆为各省之首，吉、黑二省均须接受奉省之补助。

　　九一八事变前的大部分时期，东北大学按照九比一之比例（奉天占九成，黑龙江占一成），由两省摊款办学，经费收支亦纳入奉天省财政厅管辖。学额亦参照经费分摊比例，因此出现学校奉天籍学生一省独大而吉林籍学生处于绝对少数的局面。从经费摊派到校务管理，乃至学生生源方面，奉天省的首省地位都得到充分体现。虽然吉林处于相对弱势地位，但也有较强的省籍意识，甚至有赶超奉天省的想法。吉林未参与东大经费分摊与该省计划创办吉林大学直接相关。但受财力之限，吉大建设也面临相当的困难。

　　九一八事变之前，地方势力对于东北大学的支持可谓不遗余力。王永江、莫德惠、刘尚清、张学良等人历任东大校长，校长由省长或奉系首领兼任，多不能全力于校务，因而易致校务拖沓，于是将实际校务指定其代理人负责。校长通过其较高的政治权势和社会资源为学校发展建设与延聘师资等方面谋求到地方的大力支持。奉系官方创办的背景，亦使得奉系官场政治文化潜移默化进入东北大学中，也慢慢滋生了校务人员的衙门习气。在宁恩承主持校务时期一份按照官阶大小排列的《辽宁省县长以上官吏名单》中,东北大学秘书长在辽宁省政府官员官阶体系中仅排在地位显赫的沈阳关监督和省烟酒事务局局长之后,高于沈阳市市长。张学良、王永江等人多有政治背景,不是专门从事教育管理者,并没有完全了解高等教育的发展规律,处理校务多从官方角度考虑。如张学良在接任校长一职后曾发表就职演讲:"现在鄙人在名义上虽然是大学校长,然而我的学问方面,非常的幼稚,尚未受过大学教育。在年龄方面与诸同学相仿,所以,我对于大学校长的位置,很有抱愧的地方。而保安委员会曾以余之地位,推以本大学校长的重任,这不过勉强而已。"虽是自谦之语,但亦可反映出张学良十分清楚自己不是校长的合适人选。张氏强调体育与学问的重要,而对于读书与政治的关系,他认为"大家对于国家政治,应说则说,不然则不必去管,最好是安心读书"。(《张汉卿之东北大学训话词》)

张学良主持东大校务时期,学校先后发生了两次风潮。一次是1929年的人事改组风潮,一次是1931年的辽宁国民会议代表选举风潮。1931年2月汤山事件后,南京国民政府开始筹备国民会议,饬令各地方选举代表。是时张学良拟指派能代表他的人士参加会议。在东北大学选区,张氏授意校方按其意图选举,东北大学师生却坚持选出自己的代表,因而酿成风潮。张学良亲到东大巡视,并向学生训话。高压态势下东大师生被迫妥协,重新选举,张的意图终于实现。张学良以如此粗暴的态度处理这一风潮,对于东大师生而言负面影响甚大。

1931年前,东北大学教员阵容整体呈增长态势,但流动频繁。分析教员来奉原因主要有几点:一、久慕关外风情;二、姑且就任;三、宏图壮志,认定在东北大学大有可为;四、张学良主政后曾大力招徕关内学者、名流赴东大任教。与之相反,教员去奉原因亦可归于几点:一是不胜东北风习;二是不满学校的衙门气息;三是战乱影响。

总体而言,地方势力对于东北大学的支持可以使得学校延揽诸多知名学者来校以及筹谋学校建设资金,另一方面也使得校园人文气息、校务管理与政治环境等方面存在着"瓶颈",制约学校的进一步发展。

东北大学校门

三、流亡教育:九一八事变后的北平东北大学

　　九一八事变后,东北大学被迫流亡北平。流亡学生生活非常困难,首先面对的就是食宿问题。10 月 18 日,东北大学在北平西直门前陆军大学校址复校,但不过勉强维持。这一阶段,东大办学规模被迫大为缩减。共同的流亡背景使得东北师生表现出较强的凝聚力与互助精神。在这一环境下,东大当局力倡"抗日复土"的教育方针,在日常教学中灌输激发学生爱国热情的内容。学生亦有着高涨的救国热情,积极参加军事训练等教学活动。清华学生冯夷看到东北大学食堂墙上贴着五个大字"打回老家去",使他"感动得战栗起来"(冯夷:《我们又示威了》)。这一时期,流亡境遇使得东大踏实用功的校风逐渐向激进彪悍转变。有学生回忆:"我们虽然热心向学,但当时政治环境日非,使我们实在无法安下心来。"(杨承厚:《东大四年的校园生活》)

　　九一八事变后,各个党派都有意识地在东北流亡学生中吸纳力量。沈阳时期,张学良主政东大事务相对严格、有效,这些政党在该校的发展

态势并不明显。流亡北平之后，张氏对于东大控制有所松动。党派力量契合了流亡学生"抗日复土"的政治诉求，故而能逐渐地将势力渗透进校园之中。

1935 年一二·九运动前，东北大学校内的左派力量已经较为强势。既往研究对于一二·九运动的讨论多集中于清华、燕京、北大等学校。东北大学实则亦是运动主力之一。12 月 9 日当天，原定进城的燕京、清华等校学生因西直门关闭被挡在城外，只能在城下召开群众大会。东北大学不得不独自行动。城内的北京大学也是在东北大学号召下行动起来的。之后，中共北平学联很快组织了一二·一六大游行，组织更为严密，规模也更大。东北、燕京、清华等校学生和市民共约两万余人参加游行。总体而言，在一二·九运动当中，东北大学学生发挥了很大的作用。

四、西安事变后的国立改组

流亡北平初期，东北大学在经费方面对于国民政府的依赖已逐渐增强。另外，教育部对于校务运行也进行了指导，从而增强了该校的国立化倾向。

东大学生在一二·九等运动中的活跃表现引起了国民党方面的重视，因张学良担任校长的缘故，不方便进一步处理。西安事变后，教育部明确提出接收东北大学。1937 年 1 月 11 日，臧启芳赴北平接收东大，但遭到部分学生的抵制。1 月底，教育部采取强硬措施，停止发给经费并责令该校南迁河南开封，进行所谓"改组"工作。是时，臧启芳在河南大学内设立了东北大学办事处。该校师生近半数来汴，学校已完全分裂。北平东北大学在经费断绝后，只能通过募捐等方式勉强维持。七七事变发生后，学校再一次迁移，奉令在西安办学，实现了进一步整合。

总体而言，国民政府教育部对东北大学的改组国立是西安事变后国民政府解决"东北流亡势力"全盘计划当中的一环。改组工作显得较为粗暴与强制。这种强制接收的方式使得一些东北流亡学生对于臧启芳主持东大颇为反感。这种情绪一直延续到抗战胜利后。

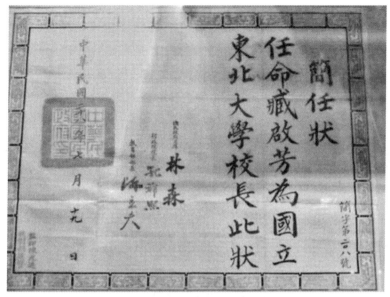

国立东北大学校长任命状

五、全面抗战时期内迁四川的东北大学

卢沟桥事变爆发后，东北大学再次遭受损失，尚在北平的图书、实验仪器等"又与城俱陷矣"。全面抗战之初，东北大学原本已初具规模，但日军于1938年初威胁潼关，学校被迫在是年3月迁移至四川省三台县。东大校务与教学很快步入正轨，借助中英庚款董事会的资助延聘教员，充实设备，逐渐完善院系设置。

全面抗战初期，东北大学仍以接收和培养东北学生为主，学生省籍上东北占绝大比例。学校当局"收复东北"的使命感也格外强烈。但因关山远隔加之川北地区较为偏僻，滞留沦陷区的东北学生无力筹措学费、旅费，招收东北籍学生愈发困难。随着四川等省学生的激增，省籍问题逐渐凸显。省籍比重牵涉东北籍师生的主体地位以及办学主旨，甚至出现了改换东北大学校牌之说。

内迁三台时期东北大学教职员在校门前合影

东北大学在三台时期曾经发生过三次学潮,从学潮的发生、参与者、持续时间与解决等方面考察,学潮更加复杂化,省籍、党派等因素都掺杂在里面。其中省籍问题成为主要矛盾。壁报风潮爆发旷日持久,从 1944 年 11 月一直到 1945 年上半年才逐渐平息。风潮由针对个人的指控,很快扩大到东北籍与非东北籍师生之间的对抗。在教育部部长朱家骅的介入下,以强硬的态度处理,支持臧启芳,并开除了一些东大教职员。但很多问题并未得到解决,例如东大生源问题。风潮最后造成部分教员离开东大,学校因此元气大伤,臧启芳也遭受很大打击。

六、解放战争中的校园:东北大学的复员与再迁徙

抗战胜利后,国民政府接收进展缓慢,加之内战爆发,各大学不得不依照教育部命令留在现地继续办学。1946 年 9 月,东北大学开始复员。

复员后的东北大学虽颇有恢复九一八事变前盛况的势头,然学生间派系复杂。学校规模的扩张反而激化了各种矛盾,使得校方焦头烂额。与此同时,校内教员人数不足,仪器图书尚未运到以及校舍建筑未竣等问题致使

勉强开学的境况更加"乌烟瘴气"。

复校同时，学内又酝酿驱逐校长臧启芳的风潮，三台时期业已存在的矛盾被带到了沈阳。此时臧启芳去意已定，朱家骅准臧"休假"半年，同时派遣出身东大的刘树勋担任东大代理校长，明确指示对外以刘树勋名义彻底整顿校务。然而，在内战的紧张环境下，东大易长并未完全解决校园内存在的问题。

国共两党在东北地区的斗争态势对于东大教学秩序影响甚大。学生是双方积极争取的对象，两派学生斗争十分尖锐。随着东北局势恶化，国民政府开始考虑撤出这一地区，全力经营关内。在政府的鼓噪和北平古都的吸引下，东北大、中学校学生陆续迁往北平。但学生们来平后，在使用东北流通券上受到了当局限制，加重其生活负担。平津高校对东北学生的寄读也并不积极，东北学生与当地市民之间的矛盾冲突时有发生。至1948年夏，北平市政府、市民以及东北学生的关系已经十分紧张。

东北学生的安置与管理问题令北平市政府颇为头痛。遂产生了7月3日参议会"救济东北来平学生紧急办法"议案，其核心思想是利用军队管训学生。其内容之含混，标准之模糊，有令东北学生充作炮灰之嫌，因而引发了东北学生的极大愤慨。7月5日晨，抗议活动在各校学生会的组织下展开，向副总统李宗仁和北平市参议会议长许惠东请愿。当晚7时当学生即将撤退的时候遭到军警射击，当场死8人，伤数十人。"七五事件"通过报纸在国内传播开来，围绕事件调查与善后，北平、沈阳与南京之间展开了一场颇为微妙的互动。北平当局希望通过垄断舆论等手段将事件解决纳入其操控之中，但东北籍官员与东北当局并不认同，北平方在学生问题上又需要东北方面协助，事态的演进绝非任何一方所能完全掌控。与东北当局的谨慎应对不同，东北民众对"七五事件"的反响极大，要求妥善安置遇难学生并追责。但事件处理进展缓慢，东北方面民怨沸腾，抗议言行亦渐趋极端，这背后的地域观念被激发并且急剧膨胀，甚至出现对国民政府的疏离倾向。这种激烈反应源自对平方暴行的愤慨和对东北子弟的爱护，而国民政府的应对低效使这种情绪愈演愈烈。"七五事件"的调查与处理牵涉到东北、华北当局以及教育部、国防部、监察院等多个部门，总统府不断派遣大员前往北平协调，沈阳当局亦对东北民众采取疏导办法。最终，通过安抚、调查与折中，将七五事件的事实与责任所属落实，暂时平息了事态。

七、结论与反思

从 1923 年创立到 1949 年为中共接管，东北大学经历了奉系军阀时期、东北易帜时期、中日战争时期和国共内战时期。其间东北学人对建设东北、抗日战争等时代主题都做了积极的回应。在 1923—1949 年间，东大经历了王永江、刘尚清、张学良、臧启芳和刘树勋五任校长、六位校长代理人。张学良长校时期更是将"军阀教育"的特点发挥到极致。臧启芳对于东大在抗战时期的恢复、发展，乃至抗战后的复员都贡献巨大。但在地域观念浓厚的东北流亡人士中，很多人并不认同臧启芳的付出。东北是民国时期地域观念较为浓厚的地区，东北大学由奉系地方势力创办，虽然几经流转，仍然充满浓重的地域观念。但另一方面，国家观念也有所上升。

东北大学自建立以来学风不断受到战争、运动等方面的影响。九一八事变前，尽管有地方势力的制约，东大还是形成了勤奋、踏实的学风，表现出良好的发展态势。流亡关内后，恶劣的内外环境使得该校学生难以安心读书，转而热心于救亡图存的政治活动和党派组织，进而发展成为北平学运的中心之一。内迁四川三台初期，东大远离了学运中心的北平，校内的地方意识有所减弱，教学环境相对安定，学风好转，但后因校内不同组织的发展与对立，四川与东北等省籍师生间的矛盾亦逐渐突显，校园环境再度恶化。东大复员沈阳后，校园环境延续了抗战后期的氛围，加之内战的影响，学生很难安心治学。另一方面，东大内部的党派势力逐渐增长。

反思对东北大学的研究，我认为这是一个不好做但是很有意思的题目。第一，史料分散，收集、处理的难度较大。第二，问题较为复杂，涉及中央与地方，省籍以及党派等方面。但同时民国时期的东北大学也是一所有个性的大学，值得深入研究。当然本书中也有一些未竟的问题，第一，因为所搜集的档案较少，对于东北大学流亡北平时期的嬗变探讨仍显不足。第二，萧一山与东北大学之间的关系研究。第三，民国时期东北大学的学术发展问题。

评 议 与 讨 论

李在全：春林老师这本著作是一本下了苦功夫的书。虽然现在各种数据库层出不穷，互联网检索的功能十分发达。但一篇文章、一本书是否下过功夫，还是能看得出来的。史料层面，虽然春林老师说很多史料十分散乱，整理不易，但我们通观此书，它在史料的运用上，报刊、日记、档案、回忆录、口述史访谈等都有充分的运用。我的第二点感受是，此书在教育史与政治史的结合方面做得很好，具体而言是将大学史与奉系军阀时期、抗战以及战后的国共之争这几个关键时期的政治史紧密地联系在一起。另外这本书的写作、修改、成书、申报课题等环节，题目不断地调整、修改。这种修改的过程就凝结着作者对这本书整体把握的调整，也使全书的问题意识更加明确。

书中凝练出"地域"与"使命"这两个关键词，并将其反映在主标题上。我认为如果选择研究燕京大学、清华大学这类学校，地域的色彩就不是那么浓厚。相反东北大学本身就有明显的地域性特征。"地域"本身是中性词，也有很强的弹性，可以从多角度来理解，并且在分析东北大学这类学校时，地域因素是必须要考虑的一个视角。同时该校自创办以来，不同的阶段被赋予了不同的使命，尤其是在张氏父子主政时期，在他们看来东北大学就是一所为东北地方势力服务的地方性大学。而九一八事变后，情况发生了变化，如书中所说"东大要与东北共命运"，东北大学在东北流亡势力中是被寄予厚望的一个团体。刚才 PPT 里有一张照片是抗战内迁时期的东北大学校门，上面题有八个字，"抗战建国"与"复土还乡"。

另外我也有一些建议，可供春林老师参考。书中对于民国时期东北大学的发展划分为四个阶段，在结论中从校长或代理人、地域观念、学风以及党派力量四个角度进行梳理。我认为结论部分的提升似乎可以再深入探讨,如何在具体研究的基础之上,超越具体的研究,能够与教育史、政治史等领域有更深入的对话。东北大学确实有它很多方面的特殊性,但它也有很多与民国时期其他大学发展历程的类似性,如军阀办学起家,近代很多大学背后都有着或多或少的军阀办学色彩,与当地的军政人物有千丝万缕的关系。而且抗战时期,很多大学都有一个流亡历程,许多私立大学也经历了一个国立化的改组工作。抗战结束复员回到原办学地,又面临着内战时期的国共两党政争问题。这些个案研究中的一般性问题,是否能够进一步地提炼。我认为未来可以做一些比较研究,例如把东北大学与其他大学在不同主题上进行对比讨论。

蒋宝麟:春林老师这个研究从题目上已经为我们明确了方向:"地域与使命",从大框架上仍是属于国家与社会的关系讨论。近年来,大学史研究逐渐重视对于"地方"这一因素的考量。春林老师的研究中"地域"的因素是两点相结合的,第一是中央化,第二是可能存在的几次地方化。东北大学是民国时期大学中迁移校址最多的学校之一。另外还可以继续探讨东北大学几次迁移中与当地社会的一个互动关系,尤其是北平时期与三台时期之间的差异。另外民国时期东北大学的地域因素与"流亡"一词紧密相关,这种流亡与其他大学因抗战内迁有所不同,东北大学的"流亡"从1931年就开始了,故而对于东北大学"流亡"的解释也是十分有意思的。这两方面结合起来,或许可以更好地理解大学的地方性问题和地域化问题。

陈肖寒:大学本来是一个教育机构,其本职应当是讲求学术与教学的钻研。对大学的讨论,一般来说关注其课程设置、科研成果、院系设置。但是研究民国时期的大学的思路比较特别,我们的切入点往往不是这些问题,而是党派斗争、利益集团斗争、人事变动、学生运动、学生社团。仿若大学不是一个教学科研机构,似乎从来不上课,更多关注其"地方斗争"的一面。在王老师这本著作中,我们看到比较多的是复土观念、省籍观念、地域纷争,以及奉系军阀、国民政府这些军政要员身上发生的故事。在这里东北大学更像是各方斗争的一枚棋子。

另外,历史研究是应该侧重于普遍性,还是应该侧重于特殊性。现在的研究中,每个地方都在强调自身的特殊性。如果所有事物都具有特殊性,那就无所谓普遍了。所以说,东北大学在民国时期的大学史或者教育史上的地位与其他方面有什么关联?它的创办与流亡有自己的特色,与同时期其他学校相比又有什么共性?比如地域、省籍观念是东北大学独有的特性呢?还是同样存在于其他大学呢?研究东北大学除了要梳理清楚这所学校本身的情况以外,还能不能借东北大学这所学校,来说明民国时期政治界与教育界一些其他的普遍情况。这些都是值得我们思考的。

关于东北大学的省籍观念问题,是否需要向前拓展至清代?谈到东北,是否还需要讨论直隶与山东、山西?我们在书中看到东北大学有着强烈的省籍观念,这其实是一种奇怪的现象。我们以 1930 年为界,在此一百年前的东北很少有人居住。而东北居民大多是在 19 世纪内的一百年迁移至此。这些人从河北、山东、山西前往东北,他们的故土并不是东北。如果我们以 25 年为一代来划分人群,1930 年代的东北大学的学生,他们的家庭在东北生活不超过五代人。如果我们以四、五代人的标准来看,这样一个相对短暂的时间段就可以重新塑造一个人的省籍观念,这其实是一件打破我们常规思维的事。我们在福建、广西、广东、江西等南方省份,以及北方的山西所看到的宗祠以及家谱等史料,与东北情况大不相同。中国历来重视家族观念,为何在东北仅仅四代人的时间就可以让这些老师和学生心中以东北为故土,并且有着强烈的"复土还乡"的情感。在抗战的全局中省籍观念究竟占何种地位?这也是值得我们再探讨的一个问题。

黄天华:这本书牵涉面极宽,既涉及中央与地方的关系,又涉及中日关系的演变以及战后国共美苏四方之间的互动,还涉及国民党、中共、青年党、民盟等多个党派在东大校园内外的争斗。

这本书给了我很大的启发,个人认为有一些地方还可以继续开拓。例如第 153 页提到"在(抗战)后期学潮中,校当局所要应付的绝不仅仅是臧启芳所说的'左倾学生',青年党、三青团、黄埔系等势力亦对由 CC 系掌权的校方共同围攻,这些派系已隐然成为中共方面的同盟军。1946 年 12 月,东大教员范子政就指出:'四年来东大内部分子极为复杂,因先聘有青年党籍教授,致东大成为青年党之第二华西坝,后聘民主同盟及共产党籍教授,致东大成为各党派公共争斗场所,以是有过去两次风潮之发生。'"这句话背后可能还有更多可以挖掘的地方。从李璜《学钝室回忆录》可以看出,青年党的国家主义对张学良和东北热血青年可能有较大影响。或许,国家主义对张学良发动西安事变也有较大的影响。其实,国家主义和民族主义是相通的,只是青年党看重这一面,而国民党等其他党派看重另一面。国人的民族主义情绪在九一八事变后持续高涨,对中国的政局影响颇大,对东北大学的命运影响也颇大。我想这也是春林老师这本书主标题中"使命"一词的含义之一。

谈到中央与地方之争,我个人认为需要反思的是,当时的中央政府是否把"东北地方势力"看作"自己人"? 特别是"九一八"事变爆发,中日矛盾成为主要矛盾之后,中央政府是否妥善照顾到地方势力的利益。书中第二章谈到中央政府对于东北大学的接收,激起了地方人士对中央的不满,这一问题值得更深入的讨论。可以延伸的问题是,"东北流亡势力"这种离心倾向的发展对中央政府来讲是很不利的,比如周鲸文就积极参加民盟事务,国共内战期间他对国民党政府的意见是很大的。

另外,齐世英的女儿齐邦媛所著《巨流河》一书也是值得关注的。齐邦媛对东北流亡人士的情感、生活、读书等方面的描述都是非常细致而深刻的,值得我们好好体会。我还在想齐邦媛当年为什么没有报考东北大学,反而是报考了在乐山的武汉大学。她作为东北流亡青年,且父亲齐世英与东大校长臧启芳的关系非常深厚,她为何不选择东大,而选择了离重庆更近的武大。顺便说一句,东大为何会迁到三台这样一个交通相对不便的地方,而不是成渝之间的交通要道上,或许可以进一步考察。

"东北流亡势力"在春林老师这本书里是作为一个整体来叙述描写的,那么里面是否有所谓的派系之分? 不同的派系对于中央、东北以及地方可能会有不同的观点或看法。

史料方面也可以作进一步拓展。其实我们四川师大与东大颇有渊源。抗战胜利后,东大迁回沈阳,留川师生在原校址上创建了私立川北农工学院。1949 年,学校更名为私立川北大学。1950 年,学校改组为川北大学,并迁址四川省南充市。1952 年,在院系调整中,学校又改建为四川师范学院。1956 年,四川师范学院本科专业迁到成都狮子山,校名沿用四川师范学院,后更名为四川师范大学。留在南充的校区后改名为西华师范大学。或许,在四川师大和西华师大的档案中还能查阅到一些和东大相关的史料。另外,《四川革命历史文件汇集》还可以更好地利用,可以关注当时中共对三台的政治、社会、教育等方面的记载。

严海建:关于近代大学史的个案研究,我也是一直在思考这个问题。这些个案当然是独立地存在着。但事实上是独立而非孤立的史学考察对象。这其中存在着高度辩证的关系,一方面我们在研究时是需要去关注独立的个案,这些个案要和既往研究有相当的区分度,即梁启超所提"务求不共相",这也是历史学研究与其他很多社会科学学科之间的差异所在。但这也带来了一些问题,研究中对某一个大学的生命历程往往梳理得十分清晰,这里的意义何在? 刚才在全老师提到的结论部分的提升,也就是贯通、比较的工作,其实是非常关键的。在完成史实重建的基础上,读取故事背后的意义更为重要。

我个人认为本书或许可以在党派力量的增长这一部分做进一步的延伸探讨。虽然我们大致能看到党派力量在风潮以及权力斗争背后所起到的作用,但是往往因为材料的缺乏,是很难将其"证实"的。另外可能受材料的限制,党派的更多元的面相,是可以继续进行探讨的。

"小学""经典"与"思想"：
《齐物论释》的三个世界

主讲者：孟琢，北京师范大学文学院副教授

讲座时间：2020 年 9 月 23 日

整理者：欧阳清，复旦大学历史学系博士研究生

本文整理自复旦大学历史学系第 5 期"中国近代史青年学者读书班"线上讲座。北京师范大学孟琢副教授携其新著《齐物论释疏证》（上海：上海人民出版社，2019 年），分享关于章太炎《齐物论释》的研究心得与体会。本次活动由复旦大学历史学系戴海斌教授主持，并邀请了上海大学文学院讲师周展安、北京师范大学讲师董婧宸、复旦大学博士生欧阳清以及上海人民出版社历史读物与文献整理编辑中心编辑张钰翰与主讲者对谈。此外，香港城市大学林少阳教授、西北政法大学李智福副教授等也参与了讨论。几位与谈嘉宾从语言、历史、哲学等诸多角度分享了自己的看法，既为与会听众道出主讲者研究背后的甘苦，也拓展了既有的学术视野。

我讲的题目是"'小学''经典'与'思想'：《齐物论释》的三个世界"，它包括三个部分：第一部分探讨《齐物论释》的主旨，在真谛上涉及齐物哲学与自由平等的建立，在俗谛上特别提出《齐物论释》对文明论的批判和反思。第二部分从语言的角度讨论，太炎先生在证成这一系列庞大的思想体系时所使用的一些方法，或者说进入《齐物论释》时的一个角度。首先是小学、训诂，从分析名相始，一直到排遣名相终，也就是"训诂与遣名"。然后是太炎

先生的语言文字思想和实践，最后上升到语言文字哲学和齐物哲学之间的关系。第三部分探讨《齐物论释》在展开自己思想框架中，对于潜在经典（既包括庄子，也包括唯识学）内在的吸收和突破。我们先探讨《齐物论释》的思想主旨，然后从语言、经典两个角度来理解《齐物论释》的内在理路及其展开论证的特点。

孟琢著：《齐物论释疏证》

一、自由平等和文明论

探讨《齐物论释》的基本主旨，我们今天从两个角度来说：自由平等和文明论。先看《齐物论释》的文本："维纲所寄，其惟《消摇》、《齐物》二篇，则非世俗所云自在平等也。体非形器，故自在而无对；理绝名言，故平等而咸适。"

　　太炎先生在《齐物论释》一开始,便强调《齐物论释》的主旨是什么。他说"齐物"不是世俗的自由平等,这是我们理解齐物哲学,或者理解太炎先生整个学术的一个重要视角,即究竟是在真谛层面,还是在俗谛层面看问题。他说"非世俗所云自在平等",意味着在《齐物论释》中,自由平等的思想首先是在真谛层面展开的。这个真谛立足于哲学的最根本之处,也就是心物存在的根本依据。下文说:"体非形器,故自在而无对。"体是从本体层面,也就是从形而上学层面探求心物存在的根本依据,太炎先生是从第八识、精神的本源之处,来探讨何为心物存在的根本依据,从这样一个高度去理解自由的问题。"理绝名言,故平等而咸适",是从认识论层面,彻底去消解或批判语言以及语言背后的理性思维,以此建立平等。也就是说,太炎先生的《齐物论释》是在本体论哲学和语言哲学的高度上,来探讨自由平等的根本建立的问题,这是从真谛上看。

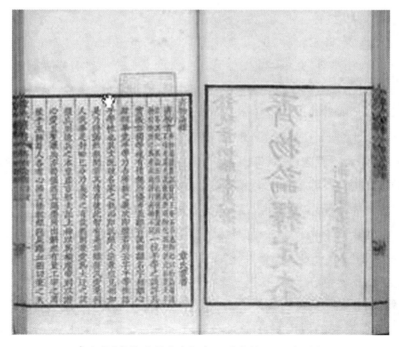

章太炎《齐物论释定本》,浙江图书馆 1919 年刊行

从俗谛上看，可以看到太炎先生在《齐物论释》强烈的现实忧患，这个现实忧患他化用《易·系辞》之语："作论者其有忧患乎！远睹万世之后，必有人与人相食者，而今适其会也。文王明夷，则主可知矣，仲尼旅人，则国可知矣。"

太炎先生认为庄子《齐物论》是忧患之作，这与他处于中国艰难的现代转型的历史背景，与他自身的时代忧患息息相关。他说"远睹万世之后，必有人与人相食者"，一定会存在人与人之间种种的欺诈、伤害、压迫、斗争与冲突，展现到极致就是人与人相食。"而今适其会也"，在他看来，他所处的那样一个激烈冲突的世界，一个中国被帝国主义蚕食、兼并的世界，就是人与人相食的世界，带有一种历史的悲剧感。在这样的历史当中，帝国主义进行侵略的内在的文化依据是什么呢？太炎先生很敏锐地看到：文野不齐之见。这与文明等级观念密不可分。"高等文明"打着帮助"低等文明""劣等文明"的旗号，进行侵略和蚕食，这是他所处的时代，这是他的忧患所在。

这里涉及《齐物论释》在真谛和俗谛上的双重主旨：在真谛上建立根本意义上的自由平等，在俗谛上对于帝国主义的文化侵略具有高度的自觉，由此产生一种精神上的反抗。这两个层面其实密不可分，前者是后者的深层基础，后者是前者在现实中的体现。

理解太炎先生在齐物哲学中所建立的真谛和俗谛意义上的主旨，有两个角度要注意。首先，就真谛而言，要理解他证成根本意义上的真谛的自由平等的理路所在，即他是如何证明，如何构建这个体系的？他为什么要这样做？就《齐物论释》文字来说，是根据《齐物论》原有结构分成七章：第一章体量最大，分成六个小节，这一章是太炎先生证成真谛的自由平等，排遣名相以及由名相所带来的种种差异的哲学建构的过程。在俗谛意义上对于"文野之辨"的反思，集中体现在第三章。因此，真俗两层主旨其实也体现在《齐物论释》篇章结构上。在真谛层面思考和理解它的理路，在俗谛层面看到太炎先生齐物哲学的现实关切，这涉及真俗之间的互相印证，以及所谓的转俗成真、回真向俗之间的互相摄持的关联。

1. 证成自由平等

首先,我们简单勾勒一下太炎先生证成真谛的自由平等的思路:第一个思路是证成真如,以及由一切存在都具足的本原性的真如,来证成一种根本性的自由。第二个思路是通过无尽缘起,来证成根本性的平等。这两个思路都和他对语言的排遣密不可分。自由平等的哲学建立是在本体论的证真、认识论的遣名的互证中不断展开的。太炎先生在将庄子与唯识的会通中,在庄佛互证中,构建出他自己的一个相当整齐的思想体系。

2. 现实关切

另一方面,自由平等指向的是切近的现实关怀。太炎先生写《齐物论释》之时,正是他在日本主持《民报》,进行大义凛然的反清"排满"革命之时。在"排满"革命中,很多革命者受到西方文化影响,太炎先生的齐物哲学也不例外。但有意思的是,他在反清"排满"的背景下,又对于帝国主义的文化政治侵略具有一种高度的自觉。他反思什么呢:"然始创自由平等于己国之人,即实施最不自由平等于他国之人。"

他说西方的自由平等是双标:"今法人之于越南,生则有税,死则有税,乞食有税,清厕有税,毁谤者杀,越境者杀,集会者杀,其酷虐为旷古所未有",这就是法国。他对此沉痛追问:"此法兰西非创自由平等之法兰西邪?"所以,太炎先生在反清的背景下,对于帝国主义的文化侵略,对于全世界各殖民地的悲惨命运,有一种极其痛切的现实关怀。《齐物论释》对文明论,对文明等级以及基于文明等级的文化殖民,反思是非常痛切的。

所以,《齐物论释》的思想主旨具有双重的突破性:既突破传统,建立现代价值,对于中国古代的政治制度、阶级压迫,有一种强有力的革命精神;同时又特别强调中国的文化独立,批判西方来维护文化独立。前者是现代性的,后者则具备后现代的反思性。二者呈现出丰富的张力。套用政治话语来说,他具有一种中西、古今之间的双重思想突破,这种突破与反帝反封的双重时代担当密不可分,和他对文明论的反思密不可分。

二、训诂与遣名

接下来从两个角度，展现齐物论释中的方法特点。首先探讨小学。太炎先生的工作分成三个层次：首先，他用一种语文学的方式，或说文字训诂的方式，来贯通《齐物论》与唯识的义理。这也是太炎先生"训诂通义理"的具体展现。其次，传统小学从经学的附庸成为一门独立的现代学科，是从太炎先生始，他最先提出中国语言文字之学。太炎先生提出中国语言文字之学的时间，就是他思考撰写《齐物论释》的时间，所以《齐物论释》中也蕴含了他的中国语言文字学思想。最后是从训诂到遣名，就是"以分析名相始，以排遣名相终"。

我们先看第一个层次。《齐物论释》中说："详佛典说，第八识为心体，名阿罗邪识，译义为藏，亦名阿陀那识，译义为持。庄子书《德充符》言"灵府"，即阿罗邪；《说文》："府，文书藏也。"府、藏同义。《庚桑楚》言"灵台"，即阿陀那。台本训持，见《淮南注》及《释名》。此灵台者，许叔重、郭子玄皆说为心，《释文》："灵台，谓心有灵智，能任持也。"

《齐物论释》第一章第一节的关键问题是证成阿赖耶识。先证明八识是存在的，这是唯识的基本工作。从语根上讲，阿赖耶识有两个常见的名相，一个是阿罗耶，也就是阿赖耶，语根意义是藏，能藏种子，另一个是阿陀那，语根意义是持。《庄子》中讲心的表述是灵府、灵台。太炎先生从训诂上讲，"府，文书藏也"，"台本训持"，意义相通。这是传统的训诂之法，但背后指向的是义理，他用这种传统的训诂之法来证成《庄子》中有八识，将庄子和唯识学会通。面对他这种训诂，一方面要看它是否合乎于理，即是否符合语言事实；另一方面也要充分关注到训诂和义理之间的互证，即在训诂和义理的关联中，他是如何构建自己的哲学体系的。这是语文学的层面。

其次，《齐物论释》中蕴含着太炎先生对于语言文字学的深入。比如，他在《齐物论释》中反思：语言的性质是什么？语言的类型是什么？语言和思维的关系是什么？辞义有什么类型？训释有几种类型？语言是特殊性还是普遍性的，是民族性的还是任意性的？词源、词根意义和词汇意义有没有区别？等等。这些思考和他的小学著作相互呼应，成为他建立中国语言文字之学的理论基础。

"盖离言说相，离文字相，离心缘相，毕竟平等，乃合《齐物》之意。"

"徒以迹存导化，非言不显，而言说有还灭性，故因言以寄实，即彼所云：言无言，终身言，未尝言；终身不言，未尝不言。"

无论语文学还是语言文字学，这是一种建构，它和前面说的"理绝名言"存在一个张力，所以分析名相始，一定要落实到排遣名相终，一定要理绝名言，"离言说相，离文字相"。语言文字的背后是意识、思维，所以要"离心缘相"。排遣了语言文字乃至于背后的人的理性意识思维，才能够指向毕竟平等。"离言说相，离文字相，离心缘相"，是《大乘起信论》中的说法，它直接指向的就是真如。《大乘起信论》说："一切诸法从本以来，离言说相，离名字相，离心缘相，毕竟平等，无有变异，不可破坏，唯是一心，故名真如。"一方面排遣名相，一方面自如地运用名相，探讨名相之理，如何理解二者之间的张力，如何理解它们的统一关系？这是齐物哲学中对于语言反思的一个重要视角。太炎先生界定语言的根本属性是"还灭性"，他的语言哲学受到佛教对语言态度的深刻影响。

在关注《齐物论释》的语言世界时，出现了三个层次：首先是语文学，训诂的层次。第二是语言文字学，他对语言的学理构建。第三是语言哲学。中国近代以来的语言哲学受西方语言哲学的影响太大，但毕竟是两种语言文字形态，两种文化传统，从中国自身的语言和语言研究传统出发，来构建独具特色的语言哲学，是《齐物论释》的一个重要工作。

三、经 典 与 突 破

太炎先生是如何立足于传统来构建《齐物论释》的思想体系，又是如何突破传统？可以从两个角度来说：一方面，《齐物论释》的义理说解源自经典世界的积淀生成。太炎先生的很多思考和中国的现实密不可分，但又充分指向中国的历史传统和历史问题，所以看太炎先生要有一种古典关切，历史的反思。在经典世界的积淀生成中，在古典和新义的融会中，《齐物论释》体现出非常丰富的思想内涵和文化蕴藉。另一方面，齐物哲学中的思想阐发，又充分超越了经典的阐释传统，在旧说和新解的张力中，体现出锐意风发的思想突破。比如《齐物论释》中有很多地方和郭注、成疏不一样，和经典唯识学也有很多地方不一样。这两方面，一方面是从中国古典来理解太炎先生的深度，另一方面是从齐物哲学和古典的对比来把握他的突破。这两个角度都脱离不了他的经典世界和齐物哲学的关联与对比。

举个例子："云行雨施，则大秦之豪丧其夸，拂菻之士忘其昇，衣养万物，何远之有。"

齐物哲学对文明论的反思，涉及中西文化的关联问题。那么这种批判和反思会不会导致新的对立？会不会把一种新的价值标准驾于文明论之上？太炎先生《齐物论释》自身的批判性，有没有对更深刻的反思？就要细读文本。这里用了一个"丧"和"忘"，二者的互文就指向了"吾丧我"。郭注是用"忘"来解释"丧"。这里的"丧"不是对"我"的否定，因为否定了"我"，"吾"就无法独存，这里的"丧"是对偏执的遗忘和消解，从而回归一种整体性。太炎先生用丧、忘表明，《齐物论释》对文明论的批评不是一种非此即彼的激烈否定，不是东方文化对西方文化的逆袭，而是在齐物的平等中消解任何一种文明，既消解西方文明也消解东方文明的自我中心和傲慢，它指向的是世界文明的多元共存。

再如："夫其所以括囊夷惠，炊累周召，等臭味于方外，致酸咸于儒史，旷乎未有闻焉。"

炊累出自《庄子·在宥》，郭象注："若游尘之自动"，是一种万物自然而然运动生发的状态。它形象表达出太炎先生对社会建设的理解——良好的社会秩序是自然的升发，是"不齐而齐"的自主运动。

以上是从经典的蕴藉中去理解太炎的思想。此外，太炎先生还有一些地方和经典传承、经典论述明显不同,这些不同也是我们理解齐物哲学和《齐物论释》问题的生根点,为什么不同,原因何在? 举个例子:

"日夜相代乎前,而莫知其所萌。"

"奚必知代而心自取者有之,愚者与有焉。"

"代",在庄学传统中基本解释为变化,但太炎先生将它解释为时间:"节序递迁,是名为代"。这里就有他的创造,也和他构建的哲学体系有关。《齐物论释》第一章第一节,就是证成法相唯识。法相是什么? 就是心物存在的类别。大乘唯识中《百法明门论》讲"五位百法",心法、心所法、色法、心不应行法,无为法。在《齐物论释》中第一章第一节中,太炎先生主要做了四方面的工作:第一是用训诂和其他方法来证成阿赖耶识;第二是证成色法、外在的世界是唯识所生;第三是证成心和心所法,即人的精神世界也是唯识的。最后用"日夜相代乎前"证明时间也是唯识。时间属于心不相应行法,他以时间为代表证明心不相应行法和第八识的关系。这个结构和经典唯识学很像,就是先证成唯识,然后再证成法相唯识。在这样一个哲学框架的背景中,他把"代"解释为时间。所以他和旧说不同的地方,是我们理解他思想体系和思想特点的一个角度。

评 议 与 讨 论

戴海斌:孟琢教授是治传统语言学、文献学、章黄学术的专家,深有造诣。特别值得介绍,他现在主持北师大章太炎黄侃学术研究中心,也有"章黄学术"的公众号,大家可以关注。"章黄学术",对我们大多数人来说,是一个学术史名词,或是学术研究关心的对象,但对孟老师可能不尽然,北师大的语言文字学有历史传统和深厚积淀,经历几个世代,都有代表性学者和研究,孟老师相对年轻的一代学者,也是章黄学派的传人,正在做着对以章太炎、黄侃为殿军的乾嘉学派经学、小学和文学传统加以继承与发展的工作。

《〈齐物论释〉疏证》在 2019 年出版。这一年是五四运动一百周年,也是

《齐物论释》定本刊印 100 周年,太炎诞辰 150 周年,孟老师做了这个非常有意义的工作,提供了《齐物论释》一个新释本。太炎本人《齐物论释》极为看重,认为是"一字千金"的著作,后世对"齐物"思想也有极高评价。但形成对比的是,学界对《齐物论释》的解读、研究和阐发不足,同样,这样高明的思想又为何在现实历史中回响寥寥? 这些问题,当然有各种原因和历史背景。但一个不容回避的事实,《齐物论释》实在难读! 太炎书难读,《齐物论释》难读之尤! 这个《疏证》,就是孟老师以"以小学通义理"的看家本领(用太炎话说,语言文字之学是"一切学问之单位之学")做的一个工作。我对语言训诂是十足的外行,不能赞一词。这个书详密疏证、调停诸家,至少给我一个好用的、起码稍稍看得懂的本子。这一工作的价值首先值得讨论。

再有,在文本背后,我们可以发现,章太炎写《齐物论释》有持续的写作、修订、刊刻定本的过程。从章太炎在"苏报案"后的 1906 年出狱东渡,开始佛学转向,算到 1919 年正式定本,有十三年时间。这个过程,中间经历了反满革命、辛亥革命、二次革命,也是孟老师说的"中国历史发生根本改变的13 年"。太炎寄托在这个书里,有许多"古典关切""现代关切",这些思想遗产对于后世、当代的意义,也值得好好讨论。

所以,这次邀请了语言、历史、哲学、思想各方面研究的专家,希望从多角度来理解太炎学术,并探索后续的研究方向。组织这个讨论,我还有一点私心。复旦大学历史学系是章(太炎)、康(有为)学术研究起步比较早的学术机关,也可谓章学重镇。从周予同先生的经学史脉络下来,朱维铮先生、姜义华先生都是大家,在太炎研究和文献整理两方面,做出过极多成绩。我们有这个研究传统,现在也有学生继续在做这方面研究。当然,当代风气多变,学术升降也很正常,太炎研究目前好像稍显式微。我本人不在章太炎研究的学门之内,但我也希望能够绍介前沿的、好的研究,通过这样直接的讨论,促进敝系的章太炎相关研究,对正在为此努力的同学们有一点刺激和鼓励,朝更好的方向发展。

周展安:我首先谈对《齐物论释疏证》这本书的认识。我知道孟琢兄在做这个事情,现在终于看到书,是非常兴奋的。当时想到:中国人也有自己的《齐物论释》疏证之作了。这是一件不容易的事情。据我粗浅了解，1981年日本的荒木见悟先生写了《齐物论释疏证》，1984年高田淳先生出版《辛亥革命与章太炎的齐物哲学》。比较下来，我认为孟琢兄的《齐物论释疏证》最详尽。这是第一点。第二点，这本书有个很大的特点，就是以太炎解太炎。他对太炎著作非常熟悉。对于太炎很多不受人重视的文章，也可以信手拈来。第三点，孟琢兄对太炎齐物哲学思想的理解。章太炎在世时，对自己的学问特别自信也特别看重的，相对于小学来讲，可能更是他的哲学。太炎佛学不是一般的佛学，他和同时代的佛学，包括和佛典的很多阐释是有差异的，这个差异并非是他没读懂，或读错了，而是他自己就是要这么阐释。张志强老师也曾指出过这一点，就是章太炎要借他对佛典的阐释，来表达他自己的哲学。

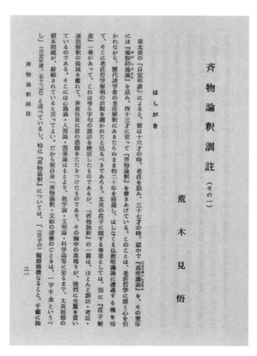

荒木见悟『齐物論釈訓註』（图片由东京大学综合文化研究科
博士生陈希摄影、复旦大学历史学系博士生欧阳清提供）

高田淳『辛亥革命と章炳麟の「斉物」哲学』(图为复旦大学
姜义华教授藏书,复旦大学博士生欧阳清提供)

接下来就孟琢兄讲座及其著作中涉及的问题,我简单谈四点:

第一点是如何理解平等? 我同意孟琢兄讲座中对于平等之于太炎思想重要性的强调。要稍加补充的是,平等在章太炎的论述里,或许可以分两个层次:一个是常见的在启蒙运动脉络中的平等。这在太炎论述中有诸多展现,比如他对秦制的研究,对五朝法律的研究,对中国历史上均田制、土地制度的研究,他认为里面都有平等的东西。这是一个层面,它可以和我们今天所说的"自由平等"来作关联性的解说。另一个层次是《齐物论释》中讲的平等,这个层次要比前一个层次更高,是佛学意义上的平等。佛学里有很多和"平等"有关概念,比如平等智、平等性智等。什么是平等智、平等性智? 就是转化第七末那识得到的智慧,即观一切法都是平等,世界万法没有自性,没有自己的规定性。所以,平等在佛典里面有更复杂完整的说法,叫平等一如、平等性智,平等是这个脉络中一个比较简化的说法。

第二点是关于真谛和俗谛的关系。我也同意孟琢兄所说的真谛和俗谛不一不二的关系。我想稍为补充的是:在不一不二、假实相荡的真和俗相互内在的关系之下,在这个前提底下,恐怕还要再认识一点,就是真谛和俗谛的地位有不平衡性。它体现在哪里呢? 在《齐物论释》中,太炎论到最后,讲到宁可去做所谓的"一阐提",即不能成佛的人,完全执着在此世的人,当他讲到这个程度,实际上他的脚已经更多站在俗谛意义上。这也是为什么他阐发了对"众同分"的理解。《齐物论释》中,章太炎在论述真谛时,始终是在和俗情、俗谛、边见、倒见的纠缠中展开。也就是说,真谛必须用一种内在化的视野去看,真谛就是诸多边见、倒见相互激荡的结果。这是我要讲的不平衡性。这在理论上既有唯识宗,也有真心系比如《大乘起信论》的影响,特别是《起信论》中关于染净种子互熏的理论,太炎受其影响很大。

第三点是太炎的佛学解庄。太炎以佛学解庄的脉络比较复杂,能把这一点解明已经不容易。可是我们还要反过来问:太炎和唯识学的区别在哪里? 太炎在《齐物论释》里面,特别重视唯识宗和华严宗,他本人的论述和一般的华严经典、唯识经典的区别在哪里? 我觉得有两个层面:一个层面是他在佛典阐释上有非常多的突破。他对唯识宗,对陈那、世亲、护法的东西,其实都有批评,这在《齐物论释》中还少,在他和学生吴承仕的通信中更多。第二个层面,我觉得尤其重要,他在《齐物论释》里面展示出来的不是纯粹的理论构造,而是有一个非常重要的中介,那就是他对现实的关切。他的以佛解庄不是纯粹的思想史或学术史意义的,必须要联系到整个近代史的广阔图景。他在《齐物论释》里面特别展示出对于经学、进化论、文明论包括文明论背后的所谓帝国主义、殖民主义的政治潮流的关注。

最后一点是,很多人在阐释太炎的齐物哲学时,会说太炎思想有多元主义倾向,甚至发展出多元平等这样的概念。这个恐怕也需要商榷。刚才说《齐物论释》是立足于现实,而现实就是当时中国是一个非常弱的状况,别人不仅要打你,而且要把打你正当化,背后是文明等级论这样一套话语的操控。也就是说,太炎是站在一个弱者、抵抗者的位置上来写《齐物论释》的。

而一个特别在弱势位置上展开的思考，是不太可能发展出一套非常从容的多元平等、或多元主义的话语，这套话语本身更多属于胜利者的言说，而不是抵抗者的言说。这是其一。其二，多元平等里面，如果说太炎肯定了多元，就是多个自我规定性。而齐物哲学最根本是讲"丧我"，就是要破掉规定性，所以不可能停留在多元这个层次上。我们或许不能说章太炎反对多元平等，但是多元平等绝不是他的终极视野。

董婧宸：《齐物论释》这部著作，可以视为章太炎国学研究的最后一块"版图"。太炎1906年东渡日本，1908年开始国学讲习会，讲授《说文解字》《尔雅义疏》《文心雕龙》《庄子》诸书。《齐物论释》前后的写定，却经过了漫长的过程。最初，章太炎撰成的只有解析训诂、辨析疑义的《庄子解故》，1910年《齐物论释序》刊载，1912年出版频伽精舍本《齐物论释》，至1919年，包含初本、定本的《齐物论释》才最终刊行。章太炎对齐物哲学的讨论，一直绵延到他讲授《庄子》的十年之后。而最终呈现给我们的《齐物论释》和《定本》，体现为章太炎以"释"的文体，疏通《齐物论》的文本，并有前后初本、定本的思想变化，构成了一个内在"复调"、思想层次丰富的著作。《齐物论释》乃以佛解庄，又和章太炎身处的历史环境有紧密联系，解读和还原有一定的难度。我从几个角度，来谈一谈我对《齐物论释疏证》的体会。

1. 语文学的工夫

《疏证》在"语文学"方面，下了很大的功夫。具体包括文本注释、以章解章、初本定本比勘等诸多内容。

（1）文本注释

朱维铮、姜义华先生的《章太炎选集》中，已有对《齐物论释自序》的注释。两位先生是我们崇敬的前辈学者，《章太炎选集》是太炎研究的经典之作，也是我们进入章学世界的重要阶梯。但如果强加对比的话，也能看到《疏证》的一些具体的进步。

其一，字词。这包括两个方面，一是字义的注释准确。字词理解不准确，容易对整篇主旨产生偏微。如《齐物论释自序》："常道不可以致远，故存造微之谈。"《选集》注"造微"为"虚构的微言"。《疏证》注，"造微，进于精微"。从义项看，"造"当为达到，释"造"为"虚造"，小误。二是字词指向的明确。在词义理解准确之外，对文本中有具体指向的含义，要认识准确，否则容易造成篇章的误读。如："等臭味于方外，致酸咸于儒史。"《选集》："方外，世外。"《疏证》："现实世界之外，谓佛学也。"方外为世外，固不误，但更准确地说，世外当指佛学，而非泛指。

第二，句读。《章太炎全集》中，《菿汉微言》亦与《齐物论释》密切关系。或因关涉佛典，或因未解篇章，《全集》在《齐物论释》《菿汉微言》中，在个别处存在破句。《疏证》在这方面做了一些纠正工作。

第三，典源。章太炎熔裁经典，语言蕴藉。但这也意味着索解不易。要把握章氏的主旨，需要准确抓住典源。如《齐物论释自序》："文王明夷，则主可知矣；仲尼旅人，则国可知矣。""文王明夷"出自《周易·明夷》。"仲尼旅人"，说孔子流离失所。但这句在《自序》中要表达什么意义？那就要找到典源，说明含义。《疏证》指出，章氏此言，出自《周易·文言》王弼注，其主旨是"内文明而外柔顺"，指向的《齐物论释》中的明真通俗。

第四，章句。真正好的"章句"，不应该是"章句小儒，破碎大道"，而是在离章辨句时，沟通全篇，把握主旨。如《疏证》在疏解"止足不可以无待"时，指出此下三句，为庄子胜老、墨、儒三家之处，较好地阐明了前后的论证脉络。这一工作也贯穿于《疏证》全书。

综上，《疏证》在文本注释方面，做了很多基础的工作，或可为今后的研究提供便利。

（2）以章解章

《疏证》的"以章解章"，一方面体现在援引章氏语言文字考证的著作，说明《齐物论释》中"分析名相"时的语言依据。例如，《齐物论》"与接为构，日以心斗"，章氏在《齐物论释》中，以《庚桑楚》"知者，接也""知者，谟也"为中介，沟通了《齐物论》中的"接"与佛教名相中触、受等的关系，这与传统的解释有所不同。接为什么能和触、受联系在一起？《疏证》："《文始》以谟与模、摹、慕诸字同源，为规摹形象之义"，从章氏的词源考证出发，《疏证》补充说明了"谟"与规模的词源特点。通过对词源的勾连,更好地帮助今人理解章太炎新解的背景和思想。

另一方面,"以章解章"也体现在援引章氏《国故论衡》《菿汉微言》等书,来补充说明章氏的学术观点。以典故为例,《齐物论释·释篇题》:"云行雨施,则大秦之豪丧其夸,拂萊之士忘其傲,衣养万物,何远之有。""云行雨施"典出《易·文言》:"云行雨施,天下平也。"这里,"云行雨施"不能从字面意义解读,而是和下文"天下平也"联系在一起,章氏借此表达《齐物论释》的平等观念。《疏证》引《菿汉微言》:"云行雨施而天下平,故《齐物论》者,天下之鸿宝也。"这样,把典源、典面和章太炎的解释运用,都比较充分地揭示出来,对理解章氏的思想旨趣有所帮助。

(3)版本比勘

《齐物论释》一书存在着前后的版本变化,体现出章氏学术思想的前后发展。《疏证》做的另一方面工作,就是比较初本、定本的版本异同,并简要揭示其中反映出的学术思想的变化。前后相同,《疏证》中就用"定本同"加以说明;前后有殊,《疏证》则分列不同的版本,并对其中涉及的字句、名相、主旨差异加以梳理,呈现出丰富的思想动态变化。

2. 文本的张力

《齐物论》是《庄子》中的一篇,《齐物论释》又是章太炎在援佛入庄,阐释《齐物论》并阐明章太炎齐物哲学的一部著作。从《齐物论》到《齐物论释》再到《齐物论释丁本》,其中是有丰富的张力的。从《庄子解故》序言看,章太炎的学术资源,在语言文字方面,既有经典的郭象注、陆德明音义、成玄英疏,又有洪颐煊、王念孙、俞樾、孙诒让等清人考证。在佛学思想方面,又有唯识和华严两大宗。在《齐物论释》中,哪些是章太炎继承前人学术,哪些是章太炎开启新诠?《疏证》在这些方面,作了很多细致的爬梳工作,并以此为基础,要言不烦、简明扼要地勾勒出章太炎的思想。这些工作不仅为今人提供了基础读本,也可能对我们进一步去理解章太炎的思考,会有一定的推进。

同时,我们也应该注意到,从古代以来的疏证,本身也有一定的体式和规则。《疏证》作者关于章太炎学术思想的全面讨论，恐怕既不可能、也不必然体现在《疏证》之中。全面和深入地理解章太炎在近代学术史上的意义和价值，是一个很重要的命题，我也期待着包括作者在内，各位同道一起努力，能有不断的突破。

欧阳清：因为我正好在作《齐物论释》的博士论文，孟老师的《齐物论释疏证》的出版对我来说是一本非常及时的必备参考书，节省了我很多文献检索、以及爬梳文义的时间，所以我首先要感谢孟老师。在孟老师的书出版之前不久，章太炎弟子缪篆《齐物论释注》得以影印出版，但缪注十分繁琐，反而不便于理解文义。孟老师的《疏证》相对缪注来说，更加删繁就简，便于学者阅读和利用。其次，在每一章节之前，皆有本章文旨的概括，梳理思想脉络，可谓便利导读。再次，在注疏中，《疏证》还注重"以章注章"，对章太炎先生其他著作的相关之处，也详加征引，据以互证，探求渊源，从而展现出《齐物论释》的思想统摄。

我想从学术史的角度，谈一谈《齐物论释》作为章太炎诸子学研究的一面。孟琢老师提出以"三个世界"，小学世界、经典世界、思想世界为基本路径来研究和解读《齐物论释》，我读过之后颇受启发。但在《前言》当中，孟老师似乎对三个世界之间的逻辑关系并未有所梳理。章太炎在《国故论衡·文学总略》中说："文字初兴，本以代声气，乃其功用有胜于言者。言语仅成线耳，喻若空中鸟迹，甫见而形已逝，故一事一义得相联贯者，言语司之。及夫万类全集，棼不可理，言语之用，有所不周，于是委之文字。文字之用，足以成面，故表谱图画之术兴焉，凡排比铺张，不可口说者，文字司之。及夫立体建形，向背同现，文字之用，又有不周，于是委之仪象。仪象之用，足以成体，故铸铜雕木之术兴焉，凡望高测深不可图表者，仪象司之。"也就是我们表达的途径有言语、文字、仪象，其作用各有不同，而文字的作用最为独至。言语通过音来表意，然而无体无形，出口即逝，只能表达一事一义，因此说言语成线。文字以形体表音、义，有迹可循，且合形、音、义三者于一体，为文辞之本；文字敷衍而成文章，文章汇成文献，可以展现社会历史之平面，故说文字成面。文物立体，形象直观，故说仪象成体。但是文物本身无法说话，如何确定文物的信息,仍要依靠文献的记载。因此,言语、文字、仪象,其用虽各有不同,但只有文字,承载形、音、义三者,超越时空,其功用虽然有不周,但最为独至。因此章太炎以为,董理小学,要以韵学为候人、而且要坚持字本位。1906年章太炎在其演讲《论语言文字之学》中,主张把传统小学改称为语言文字学,并认为小学语言文字学是一切学问之基础。孟琢老师序言中也讲到,对《齐物论释》小学世界的疏证是基础。

其次,从生成过程来说,思想产生在前,语言文字的表达在后,二者的共同载体则是"文本"。因此对研究者而言,文献、文本的校勘是基本前提,语言文字的训诂是核心关键,由此通往思想的世界。小学—文学—思想的世界得以打通。但从作者角度说,其实只有一个世界,就是作者的思想世界。庄子的思想世界、墨子的思想世界。因此,对研究者来说,小学、文学与思想三者之间,必然是能够贯通的逻辑关系。

林少阳:首先我想讲,孟琢老师的《齐物论释》的注释,在我看来是第一本系统的注释,在此之前系统的注释是没有的,这是第一本。所以在任何意义上,这是章学研究的一个很大贡献。在孟琢兄系统的注释这本书之前,有这两位老先生做过相关的工作,刚才展安说的1984年是第二本,是高田淳先生的著作。第一本,严格讲是以杂志连载方式出现的,是荒木见悟在九州大学学报时的一个训读本。日本的训读是按照日本传统阅读中国古文的习惯,把文言文的读音标出来,也算是一个最低限度的翻译。所以,荒木见悟这些连载论文是把以日文阅读的部分标出来。因此,对于要阅读、理解《齐物论释》这本书,固然有一定的帮助,但其实我个人认为也没有特别大的帮助。当然荒木先生是大学者,对章学是有所推动的。真正对它作注解、作解读的是高田淳先生的书。我第一次见孟老师,问他知不知道日本这两位已故学人著作,他说不知道,也就是说他完全按照自己的学养、自己的感悟去解读。这是了不起的工作。我想将来如果再把《齐物论释》国际化,翻译成英文,孟琢老师的这个《注疏》和日文的高田淳先生的翻译,就能起到很大的作用。孟琢老师这个书对于章太炎的国际化、以及承接之前的学术谱系,我想是有他的贡献。

第二,孟琢兄讲到朴学跟佛学、庄学的对话,我很同意,我想稍为补充一点,它既是朴学跟他所理解、所重新建构的佛学、庄学之间的对话,同时也是跟他所吸收接纳的包含德国观念论、马克斯穆勒的语言哲学等在内的这些西方学术的对话。章学以小学为始基,以传统学术融合西方之学,无论对传统还是对西学,都是批判性重构的学术,所以一般传统"国学"的概念,在他的框架里面是否适合,这也是非常有意思的话题,因为与一般未必是批判性重构传统学术的人相比,他的独特性是明显的。章太炎的这种佛学模式,我想是和他通过日本接触的东京大学佛学群体有很大关系。最早东京大学开佛学课,是因为德意志观念论,日本人觉得我们东亚有一个完全不输于西方、类似的"哲学"体系。所以张志强老师有一句话我很是共鸣,他说:章太炎是现代意义上的中国哲学真正的起源。其实这方面在英语学界,也已经有了几篇论文,我想将来孟琢跟他们的对话也会非常有意思。西方学者更会习惯于强调章太炎与西学关联的部分,这也会带来新的贡献。

张钰翰:大概因为我是《齐物论释疏证》这本书的责任编辑,这两年又在上海人民出版社策划出版了一套"章学研究论丛",所以戴老师让我介绍一下相关的情况。

第一,孟老师做这个书非常不容易,我们2017年认识,那时他就在做这个工作,到2019年底书出来,前后至少花了三年时间,给未来的《齐物论释》研究做了一个奠基性的工作,这在现在的学术界是非常难得的——当然我对学术界的了解非常有限而且片面。

第二,书里面"隐藏"了很多非常好玩的地方。比如说作者简介里面有一句"喵星人",还有像"琥珀与猫毛可摩擦生电,以吾小咪随求验之,屡试不爽",还有其他一些地方,等等。这里特别体现了孟老师对学术的理解,不是把学术作为一种纯客观的"对象",而是把它内化为自己生命的一部分。诚然,学术很崇高,很庄严,但学术也没那么严肃,不必板着面孔,而是鲜活的,与自己的生命息息相关的。

第三,这本书名叫"疏证",主要以训释文字为主,但其中也在阐发义理。前言里面也提到,戴震的《孟子字义疏证》,也是名为疏证,本质在谈义理。

《齐物论释》特别援据佛家的唯识学，为什么？章太炎在《论诸子学》里面说，中国之学其失在于"汗漫"，他引唯识学很重要的一个原因，是因为唯识学是佛学之中最讲逻辑的，他要借这个逻辑严密的体系救他所谓中国学问"汗漫"之失。章太炎对中国之学这个批评对不对、他自己在建构体系方面是否完成，还可以讨论，但是他这种体系化的、会通中西的努力，也是今天构建中国义理系统的基本路径，是不容抹杀的。

接下来给大家介绍一下"章学研究论丛"的相关情况。"论丛"从 2016 年章太炎逝世八十周年时开始，先出了章念驰先生编、著的两种作为纪念，2017 年《章太炎全集》出齐之后，每年都会有几种新著出来，至今已经出版了 11 种。这是一套开放的丛书，有合适的质量高的著作，我们还会收进去，一直出下去。算是我们打造章学出版重镇的一个重要方面。

就近些年的章学研究来说，据我个人有限的观察，有这么几个比较显著的倾向：

一个是章太炎生平、交游、著述本身的考释。这其实已经持续了几十年，大的方面好像都很清楚，但是细节部分，还是有很多可以追究的地方。这些年有新材料不断被发现，比如说经常有章太炎的书信现身于拍场，还有对过去材料的细读，都可以发掘出很多新的认识，这方面像戴海斌老师、董婧宸老师都有文章。

另一个是对章太炎受日本以及通过日本接受西方的影响，章太炎与日本人、其他亚洲人的交往，还有从整个亚洲的视角去看待章太炎，这方面研究越来越深入。在这方面比较突出的学者，大多有日本的学术背景，或者是在日本的学者，如坂元弘子、小林武、林少阳、彭春凌，相对来说大陆的学者在这方面略显薄弱。

还有一个特别突出的是，学界对章太炎的思想包括对《齐物论释》的研究，很大程度上是出于对章太炎思想的当代价值的思考，这反映出章太炎学术和思想的生命力，说明章太炎可以作为我们思考现实与未来的一个重要起点。当然，这种章太炎热，跟康有为热有点不一样，就是大部分首先还是基于学术立场的，不是为某些现实目的张目的。

从《天津条约》《烟台条约》
看外交谈判中的"翻译"

主讲者:屈文生,华东政法大学科研处处长

讲座时间:2020 年 9 月 26 日

整理者:徐高,复旦大学历史学系研究生

本文整理自 2020 年 9 月 26 日华东政法大学科研处处长屈文生教授在复旦大学历史学系所做的线上讲座,题为《外交谈判中的"翻译":中英〈天津条约〉与〈烟台条约〉交涉》。讲座邀请了几位与谈嘉宾,分别是复旦大学历史学系王立诚教授、中国社会科学院近代史研究所侯中军研究员、上海交通大学历史系张志云教授、上海大学文学院博士后郑彬彬。此次活动系复旦大学中国近现代史青年学者读书班 2020 年第 6 期,由复旦大学历史学系教授马建标主持。

讲座伊始,屈文生教授提到,在众多不平等条约中,1858 年中英《天津条约》和 1876 年中英《烟台条约》体现出了翻译与外交的复杂联系,并简要对研究对象、所涉及的关键词进行了介绍。1858 年是《天津条约》订立的年份,是在亚罗号事件发生以后,此时的中外国际关系到了更加严峻的关口。自 1842 中英《南京条约》订立始,中英条约文本在很长一段时间内一般来说是由英国译者来提供,是浅文理的版本,而非王韬等人在同时期翻译委办本《圣经》时使用经典的文言文所形成的深文理文本,浅文理文本是更易于理解的。屈文生教授以中英《天津条约》全权、钦差、Plentipotentiary 和《烟台条约》中的英国、会同、惋惜一系列关键词为例,揭示这些看似波澜不惊的词语背后翻译和中外关系的复杂联系。

中英两国于道光二十二年七月二十四日（1842 年 8 月 29 日）签订《南京条约》，后订立《中英五口通商章程》《虎门条约》，后因英人广州入城及修约等问题中英再起冲突。此时的中英关系到了一个非常紧张的时期，紧张是源于此前 200 多年的贸易史累积的一些问题。尤其是 1834 年，英国东印度公司在华垄断贸易终结以后，行商体系解体，意味着不只是东印度公司的商船可以到广州从事贸易。1858 年《天津条约》订立，西方国家同中国订立条约的地点，从地理上已经从 1842 年订立条约的南京北上到天津，从原先一口通商的广州直逼中国的心脏地区北京。咸丰六年九月十日（1856 年 10 月 8 日），发生亚罗号事件，英方借机联合法国北上，是为第一次英法联军之役。清廷战败，咸丰八年五月十六日（1858 年 6 月 26 日），东阁大学士桂良（1785—1862）及吏部尚书花沙纳（1806—1859）与英国代表额尔金（James Bruce，8th of Earl of Elgin and 12th Earl of Kincardine，1811—1863）签订

《天津条约》核签本的签署人是桂良、花沙纳与额尔金

中英《天津条约》(1858)。这个时期中国在对外交涉的处理上处于破旧立新的重要阶段,从最初的广州总督体系(Canton Viceroy System)转变为 1858 年由上海钦差大臣办理,再至 1861 年总理各国事务衙门设立,下设三口通商大臣和南洋通商大臣,这一时期的贸易史、外交史与法律史,普遍可从翻译问题着手加以推敲与研究。屈文生教授向大家展示《天津条约》的原始档案,条约核签本的签署人是桂良、花沙纳与额尔金,而据单的花押签署的是奕䜣和额尔金。

据单花押签署人是奕䜣和额尔金

一、《天津条约》《烟台条约》中的"英国"与"会同"问题

光绪元年(1875 年)前往云南边境地区的英国派考察队翻译官马嘉理(Augustus R. Margary,1846—1875)遇害,英国驻北京公使威妥玛

(Thomas F. Wade,1818—1895)向清廷提出抗议,要求清廷道歉,赔偿并给予商业上的利益。《烟台条约》的订立是因翻译官遇害而起,其内容多处涉及对于1858年《天津条约》翻译问题的订正。

　　《烟台条约》的主要内容有三端,第一端即为"昭雪滇案",由于云南的马嘉理案,清朝被要求向英国道歉。第二个就是关于两国礼仪平等即"优待来往各节",第三端就是讲"通商事务",近代史上许多条约多与贸易和关税有关。《烟台条约》第二端第二款对《天津条约》第16款两大翻译问题进行了重新解释。《天津条约》第16款规定今后华英交涉案件,英国民人犯事造成的刑事案件"皆由英国惩办",其所对应的英文本内容本是"交由领事和其他授权的公职人员惩办"(… shall be tried and punished by the Consul or other Public Functionary authorized thereto according to the Laws of Great Britain),这处翻译就成了1876年《烟台条约》订立过程中双方谈判过程中的争议问题。《烟台条约》明确指出了这一问题:"咸丰八年所定英国条约第十六款所载:'英国民人有犯事者,皆由英国惩办。中国人欺凌扰害英民,皆由中国地方官自行行惩办。两国交涉事件彼此均须会同公平审断,以昭允当等语。'查原约内英文所载系'英国民人有犯事者,由英国领事官或他项奉派干员惩办'等字样,汉文以'英国'两字包括。前经英国议会有详细章程,并添派按察司等员在上海设立承审公堂,以便遵照和约条款办理;目下英国适将前定章程酌量修正,以归尽善。中国亦在上海设有会审衙门,办理中外交涉案件,惟所派委员审断案件,或因事权不一,或因怕招嫌怨,往往未能认真追审。兹议由总理衙门照会各国驻京大臣,应将通商口岸应如何会同总署议定承审章程,妥为商办,以昭公允。"《天津条约》第五十款规定:"自今以后,遇有文词辩论之处,总以英文作为正义。"在《天津条约》执行过程中,中方的实际交涉离不开条约的中文版本,就本起交涉而言,中国官员认为这里的"英国"是指英国领事,而英方想要做的,是将其解释为"领事官或他项奉派干员"。

　　换言之,中国官员认为英国领事才是有权处理中英交涉案件的主体,并不认同英国后来在华设立的有管辖权的职业法院的法官(即前述"他项奉派干员")。为此,威妥玛必须先消除中国人已经形成的只有领事才具有处理案件权限的看法。这处交涉所以称其为翻译问题,是有据可考的。《天津条约》第十六款的英文本在 1843 年中英《五口通商章程》第十三款原文 the Consul 的基础上新增添了 or any other public functionary authorized thereto 即"他项奉派干员",本是为设立领事法庭以外的案件受理机构(特别是英国在华法院)奠定条约的基础,以表明不只有领事有权处理中英交涉条件。此时,英国国内对于在海外设立领事法庭的做法,是有不同看法的。按照英国议会档案记载,当时的不少议会辩论,表达出部分英国人反对英国的殖民者在包括土耳其、日本、暹罗、中国等国家设立领事法院的强烈观点。因此 1858 年《天津条约》第十六款的英文原因,也是对于这一问题的呼应,问题出在了翻译官威妥玛,其缘何在当时将此以"英国"二字概括翻译,原因蹊跷。这处译文并未遵循此前中英条约内的类似条文。联系 1843 年中英《五口通商章程》中的相关内容,其中第十三条就提及英人、华民交涉词讼,其中 the Consul 当时很明确翻译成"管事官"(后来译为"领事官")。根据勒菲弗尔(André Alphons Lefevere)的理论 The theory of rewriting,中文译作改写理论,也称作操纵论,威妥玛在 1876 年《烟台条约》内改写了自己 18 年前担任额尔金使团译者时在《天津条约》中文本内将 the Consul, or any other Public Functionary authorized thereto 译作"英国"带来的问题。很明显,威氏此举是为英国在各新开放口岸城市新设混合法院(mixed court,会审公廨)的目标及在华洋案件的审理中更好地保障英国人的权益做好铺垫。威妥玛旨在借履行条约义务之名(in the name of Treaty Compliance),为英国在华最高法院和会审公廨审理中外案件排除条约文本上的障碍。

对于中英两国交涉事件的处理,《天津条约》第十六款的中文规定是"两国交涉事件,彼此均须'会同'公平审断,以昭允当",对应的英文内容直译是"由双方公平公正地处理"(equitably and impartially administered on both sides)。《烟台条约》第三端第三款将"会同"两字的本意解释为"观审权"。根据被告人主义原则,如果华英交涉刑事案件的被告人是英国人,案件即由英国进行管辖处理。被告人如果是中国人,那么就以中国的法庭处理。但是通过 1876 年《烟台条约》对于前述《天津条约》第十六款"会同"二字的解释——"倘观审之员以为办理未妥，可以逐细辩论，庶保各无向隅，各按本国法律审断。此即条约第十六款所载'会同'两字本意，以上各情两国官员均当遵守。"英国官员通过"观审权"对刑事案件的审判可以进行干预，此举显然是意在扩大英国在华的司法权。回到《天津条约》，其第十六款中有"会同"二汉字，第十七款中也有该"会同"二汉字，但二者的意思并不相同，第十六款内容为："两国交涉事件，彼此均须'会同'公平审断，以昭允当。"而第十七款为："间有不能劝息者，即由中国地方官与领事官'会同'审办，公平讯断。"第十七条内"会同"二字对应的英文内容是 together，是没有问题的，但第十六款英文原文 Justice shall be equitably and impartially administered on both sides 本身并无"会同"之意，在 1844 年《望厦条约》第二十一款内，一模一样的英文原文译为"须两得其平，秉公断结，不得各存偏护，致启争端"，而这一译法才是正确的。换言之，第十六款英文原文并无"会同"之意。关于中英不平等条约内关于华洋交涉案件有关条文，1843 年中英《五口通商章程》的第十三款确立华英民事案件以调解为主，调解无法解决的民事案件，应由中方公同（当时还未用"会同"二字）秉公定断；刑事案件的处理，采用的是属人主义原则。英国人犯罪的，适用英国法律；中国人犯罪的，适用中国法律。《五口通商章程》第十三款确立了领事裁判权的制度，它保证了英国领事（官）在审判权中的主导地位，中国官员只有"协助"（英文用的是 assistance of a Chinese officer）英国领事官审理华英民事案件的权利；从英文本看，该款本未提及英国官员在中国地方官负责审理的案件中亦可"公同"秉公定断。至于华英刑事案件，该款确立了英国人在华犯罪的，应交由英国领事处理并适用于英国法的规定，《五口通商章程》确立的英国领事裁判权的制度主要是对民事案件的管辖。《天津条约》基本只是再次重申这一内容，与中英《五口通商章程》不同的是：第一，刑事和民事规定的分离（分第 16—17 两条单独规定）；第二，中方官员无权审理华英交涉民事案件；第三，《天津条约》汉约本第十六款译入了中英《五口通商章程》汉约本没有、就连其本身英约本中也没有的"会同公平审断"六个字。翻译史证据表明，威妥玛是有意歪解《天津条约》汉约本第十六款内"会同"一词的含义,他在《烟台条约》第二端第三款特意提道:"至中国各口审断交涉案件,两国法律既有不同,只能视被告者为何国之人,即赴何国官员处控告;原告为何国之人,其本国官员只可赴承审官员处观审。倘观审之员以为办理未妥,可以逐细辩论,庶保各无向隅,各按本国法律审断。此即条约(《天津条约》)第十六款所载'会同'两字本意,以上各情两国官员均当遵守。"可以说,威妥玛在《烟台条约》内直接引用并对中英《天津条约》第十六款的该解释实际上是"一错再错"。

有意思的是,作为英国公使的威妥玛在《烟台条约》的正文中对于《天津条约》上述"英国"和"会同"等翻译问题的"修正",是他本人 18 年前作为额尔金使团的翻译官时遗留的问题,但这个问题绝不可以视作是他仅从翻译学的角度上来处理而使文本更为对应或一致的。之所以有这样的改动,本质上是为了扩大英国在华的殖民权力。从史学角度看此问题,屈文生教授认为,中国近代法制史上的"观审权"是炮制出来的,完全是由英国人讹设出来的。将"会同"二字译入《天津条约》汉约本第十六款的正是威妥玛本人,威妥玛以二字原先之讹译为根据而再次讹设了超出《天津条约》第十六款本义的"观审权"。《烟台条约》订立时,《天津条约》是威妥玛所谓的依据,双方认为《天津条约》第十六款中的"会同"含有"观审权"之意,但这是在空中楼阁建起来的,因为《天津条约》第十六款内英文原文原先就没有所谓的"会同"这一概念。"观审权"的创立对于英国保护在华侨民的利益更有保障,该特权由此不光是停留在字面上的特权(privilege in words),更成为行动中的特权(privilege in action)。

《天津条约》第 16 款的翻译问题

二、《烟台条约》内"惋惜"一词遮蔽下的外交折冲

根据《烟台条约》第一端第六款对马嘉理案处理的叙述,中国人应该派使团到英国去道歉,因此清廷派出郭嵩焘前往英国。对于文本使用了"惋惜滇案玺书",看似波澜不惊,其实是在李鸿章等人的争取之下,才用了"惋惜"这两个字的,否则可能会直接使用道歉之类的表达。从这个时期留下的档案可以看出,郭嵩焘使团在英文中的表达是 mission of apology 或是 apology from the emperor of China。"惋惜"二字的使用,是颇费周折的。

1875 年 8 月 11 日,威妥玛令他的参赞格维纳(Thomas George Grosvenor)照会李鸿章。早期中外照会文件的英文件一般是由外国译员译成中文(比如《望厦条约》交涉时是由裨治文、伯驾等翻译成中文),然后由再向中方传递的。但是《天津条约》订立以后,照会改为以汉文配送。特别是中国设立了培养外交人才培养的总理事务衙门之后,渐渐形成了惯例。格维纳的照会也是如此,他们当时没有用到 apology 这个词,使用的是 to express the regret。中方的翻译曾恒忠将其译为"朝廷实觉过意不去",因此李鸿章此时接收的信息是英国要求派遣使臣赴英国说明滇案的原委和表示"过意不去",这一提法并未上升到外交性质上更严重的"道歉",无碍清廷最在意的体面问题。在这一理解基础上,李鸿章与威妥玛谈判,但威妥玛对于这样的理解非常不认同,英方认为"过意不去"这一并不足以表达认咎致歉的含义,这样会减轻甚至开脱中方的责任。1875 年 8 月 28 日,清廷着充郭嵩焘为出使英国钦差大臣,但威妥玛认为该上谕并未指明郭嵩焘出使的目的,遂要求在"玺书"内写入"认错"等语。根据双方于 9 月 1 日举行的谈判记录,李鸿章与格维纳陷入僵持,最终丁日昌建议仿照 1860 年《北京条约》第一款使用"惋惜"一词。9 月 1 日会谈结束后,李鸿章随即建议总理衙门"仿照前次致法国之例妥善立言,以免借口,并望将前办法国国书钞稿寄示"。派崇厚出使的谕旨也未点名该使团"道歉"的性质,尽管清廷上下均知晓崇厚使团出使道歉的目的,但仍以"和好"为掩饰,将之视作"圣主怀柔之意,笃东邦

和好之情",仅详述教案原委而回避致歉的目的。1876 年 6 月 2 日,威妥玛在另行提出八条要求(即威八条)中,再次触及"惋惜"这一问题:"国书内声明滇案不无可惜之意。"6 月 4 日,总理衙门明确拒绝这一要求,仅重申"将派遣使臣赴英国",但李鸿章于 23 日称"此事应掉转得来……尚为无损国体",遂建议总理衙门应允这一要求,同意使用"惋惜"二字,这一问题基本解决。

此外,屈文生教授还指出《天津条约》中的另一重要问题——"全权"、常驻公使和钦差的对等问题。马戛尔尼和阿美士德"大使"的职衔只能妥协接受译为"贡使"等;情势翻转后,"公使"璞鼎查的职衔则分别被译作"钦奉全权大臣"和"钦差全权大臣"。"钦差全权大臣"这例译名是 Imperial Commissioner＋Plenipotentiary 的叠加,在翻译中可被视为一例"衍指符号"(super sign)。英方如此翻译,表面上看是为争取或表明英中两国地位上的对等,实际上创制了新不对等关系,反映出中英实力的此消彼长。这种看似追求外交对等的做法,使得刚刚开启的中英关系陷入了新的不对等境地,并在很长的一段时间一直没有形成所谓的对等关系。

中國第一任駐英公使郭嵩燾。

First chinese Ambassador to London.

英法聯軍戰後訂約專使愛爾近爵士。

Lord Elgin, early British Ambassador.

郭嵩焘与额尔金

三、"不平等"条约与"不对等"翻译：
翻译所体现的中外关系的复杂性

马士(Hosea Ballou Morse)的著作《中华帝国对外关系史(第二卷)》借用法国汉学家高第(Heri Cordier)的说法，将《烟台条约》的订立称为中国对外关系史第三阶段的开启，认为其重要程度仅次于 1842 年的《南京条约》和 1858 年的《天津条约》。《烟台条约》的翻译史研究有极其重要的意义，学术界以往主要关注的是《南京条约》第二款和中法《北京条约》第六款(添入法约本并未赋予法国传教士的"在各省租买田地，建造自便"的权利)，而并未注意到《烟台条约》内诸多重要的翻译问题。以"英国""会同"和"惋惜"等关键词为例，屈文生教授指出从翻译切入晚清对外关系所涉及的重要问题。

屈教授指出，在中外交涉中翻译往往具有重要的蕴意，并且翻译多次成为晚清西方在华外交使节(有时可能也包括传教士)实现帝国在华利益的工具，条约中文译文有时是被改写和操纵的一个结果。殖民者通过将不平等条约文本的译文适用于第二语言受众，从而将他们通过实在暴力或武力威胁取得的战果用另一种文字固定下来。此外，西方在华外交机构在这一过程中通过利用不对等翻译，扩大了不平等条约的特权，加剧了中西不平等程度。当然，不容忽视的是，被侵略者也多少利用不对等翻译来抵抗新话语、维护旧体制。这两种情况在《天津条约》《烟台条约》等个案交涉上都有深刻的体现。

在研究方法方面，屈文生教授认为，中外关系史与翻译史之间存在一定的亲缘关系，中外关系史研究的拓深在很大程度上有赖于翻译研究的驱动。在运用经翻译得来的史料时，没有把平行的这种语料作为研究的对照或者依据，会导致翻译之于历史的意蕴总被忽视，这一现象可以归因于翻译史研究者缺乏"历史的意识"(historical awareness)，而历史研究者也缺乏"翻译的意识"(translation awareness)。因此，中外关系史研究者在处理档案材料的时候，不可忽视史料是经过翻译的真相，将源语和译入语做对比研究会对历史的逻辑重构起到实质性的推动作用。就中外关系史研究而言,研究者须穿梭在多语空间内,对影响翻译的各类因素进行富有想象力的思考,以发现并讲述其获得信任或不被信任的缘由、过程及意义。

评 议 与 讨 论

复旦大学历史学系教授王立诚结合自己对近代中国的外交制度的研究,认为中英条约中的翻译问题,其实质是体制问题。在鸦片战争之前,总体上中国整个对外的体制是朝贡制度,只是在《南京条约》之后才真正确立了新的条约体系。这种近代外交体系,是需要中国和外国之间形成对等的国际关系,其首先面临的就是语言问题。翻译问题直接涉及近代外交体制和权力中心的变化。《天津条约》的订立说明中国话语权的丧失,在这样的情况下,自然就衍生出了一系列的问题。王立诚教授提到的另一个重要问题是史料的整理与运用。目前对条约文本的研究绕不开王铁崖所编《中外旧约章汇编》,而其中主要收录的是条约的中文本,如果能够进一步扩展为中外文的对译本,会对以后的研究带来很大的好处。

中国社会科学院近代史研究所研究员侯中军指出,如果将条约研究分为对条约文本和条约内容的考察,前辈学者更多关注条约的实际内容,例如条约有无侵权、是否对近几代中国的政治社会经济发生了什么样的影响。但是从事实而言,条约形成的每一个环节都经过一套严格的程序,任何一环出现问题,都会极大地影响整个条约的条款。目前条约研究在细节方面、在各个学科的联合攻关方面做得很不够,因此学者对一些经典问题的研究分析并未超过学界先辈。做条约法的研究需要掌握国际法院的判例,要掌握原始文件,事实上因语言和条件的限制,这几乎是不可能完成的任务。因此,翻译的问题,包括屈文生教授因时间问题没有来得及展开的全权交涉的问题,都表明在条约史的研究中,有很多的关键问题,值得各学科联合起来,共同开展研究。

上海交通大学历史系教授张志云认为,屈文生教授的演讲是从治外法权切入,结合翻译理论,对未来的研究提供新的视野。还指出,"惋惜"一词,不仅清廷在马嘉理事件,也在第二次鸦片战争中,僧格林沁炮击英国换约公使事件时使用过,而其对应的英文是 deep regret 或者 regret。李鸿章在措辞上或多或少的让步是外交上的惯例,比对相关事件,会发现在李鸿章的交涉之后,马嘉理事件被转向成中英两国的误会。而关于治外法权让步的问题,对比中美《望厦条约》中会审的词一概不见,全部只有美国的官方以及官方代表或者律师可以来审判,甚至在《望厦条约》里面第一次出现 jurisdiction 这个在治外法权里最核心的词,而在中英的条约里面其实并没有出现,这是值得关注的现象。

上海大学文学院博士后郑彬彬认为,商贸问题可以说是中英关系的"病灶",司法则是中英以商贸为主的交往活动出现问题时引入的规范性框架,外交则是在司法程序上的更大范畴。如果在这个情况下理解翻译,条约条款中英文言词上的表达差异,体现的是当下两个文明体之间互相认知的程度。换言之,重要条约之条款拟定和翻译是交涉双方对彼此之认知和知识的集合与体现。近代英国对华的认知并非一开始就处于上帝视角,而是动态演进的结果。直到 1860 年代后半期,英国外交部才会对清朝的内政结构有一个比较准确、深刻的领会。此外,译员在中英谈判中虽扮演着重要角色,但对该重要性的评估还应放置于英国驻华使领体制的范畴下分析。

主持人马建标指认为,《天津条约》确实体现了近代中西交往史上"话语权"的转移,这一点在中外条约文本的翻译上表现得尤其突出。其中,欧美的"老中国通"在条约文本的翻译中发挥了关键作用。比如,美国的传教士型外交官卫三畏和英国的学者型外交官威妥玛,都对中国的历史语言、社会文化和官僚制度有深刻的认识,故而能在条约文本的制作过程中,充分发挥其掌握的"双语优势",巧妙利用中外交往中的"跨文化空间",最大限度地争取条约特权。这种居间调停的"话事人"角色,与列强的炮舰外交政策相辅相成,不容忽视。今天,我们对这样一个特殊群体的关注,可能有助于更好地理解英国公使威妥玛为何把"条约文本翻译"作为一个推进大英帝国在华殖民利益的"隐形武器"。

思想史与史学史：
马克思主义史学家范文澜前传

主讲者:叶毅均,台北汉学研究中心《汉学研究通讯》主编

讲座时间:2020 年 10 月 10 日

整理者:唐益丹,复旦大学历史学系研究生

2020 年 10 月 10 日,复旦大学历史学系史学论坛以线上会议的形式召开。主讲人叶毅均,博士毕业于台湾清华大学,曾任中山大学历史学系(珠海)特聘研究员,现供职于台北汉学研究中心,担任《汉学研究通讯》主编,同时在公余之际研究中国近代思想史、马克思主义史学史、海外汉学史,此次携其新著《走向马克思主义史学之路——范文澜前传》(台北:三民书局,2020 年),以"思想史与史学史:马克思主义史家范文澜前传"为题,和听众分享了自己研究的经历和体会。本次史学论坛由复旦大学历史学系张仲民教授主持,还邀请到了中国社科院历史理论研究所赵庆云教授、华东师范大学历史学系李孝迁教授、复旦大学历史学系戴海斌教授与主讲者对谈。

一、前　　言

《走向马克思主义史学之路——范文澜前传》这本书是由我的博士论文修改而成。台湾史学界向来对于傅斯年、陈寅恪等民国史家多有研究和热情,但对于马克思主义史学,则由于各种因素的影响,往往以非学术名之而置于不闻不问之列。就我个人的学术志趣而言,愈是冷门的研究课题,反倒

让我愈有兴趣去一探究竟。另外，这个题目的选择与我博士论文的指导教授张元老师当然也有很深的关系。他特别欣赏范文澜先生的作品，尤其是《中国通史简编》（以下简称《简编》）。拙著的自序中曾言道，"读博士班之前从未听闻范文澜大名"，事后发现其实是不确切的。当年阅读许冠三先生的《新史学九十年》时，我明明就已读到了该书介绍"史观学派"的三位大家：郭沫若、范文澜、翦伯赞。但我居然在十多年后写序的时候，毫不迟疑地修改了我自己的记忆，可见通过阅读史学史论著以了解史家，比起自己阅读并研究这个人物，还是有很大的区别的。

相对而言，大陆学界对于范文澜并不陌生。资料方面，至少有十册的《范文澜全集》存世，但因为其中范氏留下的个人材料并不多，可借以探究其学术思想发展演变的材料更为有限。具体至范文澜的学术生涯与史学实践，既有的研究成果也不算特别多，其中陈其泰先生的《范文澜学术思想评传》为我们奠定了基础。其后也有一些相关的传记与专题论文，各有其优缺点与论述的重心。我写作此书，主要是希望回答一个问题："范文澜为何成为一个马克思主义史家？"这个问题最简单的答案，只需要一句话：因毛泽东授意其编写《中国通史简编》。但是若进一步追问，共产党内人才济济，为何是由范氏脱颖而出？《简编》日后如何取得中国马克思主义史学的"经典"地位？又为何其修订版最后几乎成了另一部书？这些都是不容易回答的问题。

从1928年到1949年，历史唯物主义的史学观点逐渐占据主要地位，正如王汎森老师的文章所言，"说服了无数青年学者转向其学术阵地"（《"主义崇拜"与近代中国学术社会的命运——以陈寅恪为中心的考察》，收入：《中国近代思想与学术的系谱》）。这种"说服"的力量，在个人、自我的层次上如何体现在范文澜学术转变的历程之中？换句话说，此一学术转折是否也反映了其人之思想动向？在集体、群众的层次上，此种学术取向的改变，又进而与以范氏为代表的左派通史在国史书写的竞争中独占鳌头有何关联？这些问题皆与现代中国历史意识的萌发及其延续息息相关，值得深入探讨。

范文澜题字

二、从张元与傅正、王曾瑜的相遇谈起

张元是我在台湾清华大学博士论文主要的指导老师。就专业领域而言，他是宋代史学史特别是研究《资治通鉴》的专家，兼及近现代史学史，同时有着非常广泛的阅读面（见其微信公众号"张元谈历史话教学"）。在张元老师的书《自学历史：名家论述导读》中曾提到，1975 年他任教于台湾东吴大学时，每日乘校车通勤，常会遇见同校政治系的傅正教授。傅正曾问张元是否读过范文澜的《简编》？张元老师回答说，不仅读过而且爱不释手，再也

没有一部这样好看的历史书了。同样,王曾瑜先生在其《纤微编》中也曾记述,1984年在香港举办的一个国际宋史研讨会上,他与张元谈话时亦曾谈及此书。王曾瑜认为很难再找到内容与文笔能与《简编》相颉颃的书。张元对此表示完全同意,甚至认为《简编》后来由他人续写的部分,完全无法与范氏本人执笔部分相比。我的意思是,《简编》能够得到海峡两岸学人相当程度上的共同赞誉,自有其深刻的道理。但是这里所指的,却是《简编》后来的修订本。

范文澜的《简编》在1940年代初期出版其第一版,与1960年代中期完成的三编四册修订版,其实是在海内外评价完全不同的两部书。蒋大椿先生曾论及《简编》初版:"中国最早完成的从上古写至鸦片战争前的马克思主义中国通史巨著,当是范文澜先生的《中国通史简编》。"(蒋大椿:《第三编20世纪中国马克思主义史学》,收入:罗志田主编:《20世纪的中国:学术与社会(史学卷)》上册)也就是说,他认为第一本马克思主义中国通史巨著的桂冠,应当加给范氏的《简编》初版。思考这个问题,我们应该考虑其中的复杂性。与《简编》初版同时期诞生的,还有吕振羽先生的《简明中国通史》。尽管吕氏被蒋大椿先生视为"继郭沫若之后中国马克思主义史学的第二位大师""最早系统地具体探索整个中国历史发展的马克思主义中国通史学家",也尽管《简明中国通史》上册比《简编》上册还早了三个月出版,但其下册问世却比《简编》的中册晚了五年。这个出版时间点在其论述中变成关键(或许也使得出版地的重要性不言而喻)。对于研究马克思主义史学史而言,"第一本马克思主义中国通史巨著"的称号当然非常重要,代表了某种正统观念。同时,蒋大椿先生也曾提到《简编》的修订版:"到1964年,《中国通史简编(修订本)》出版了前四册,从远古写至隋唐五代。……这部尚未写完的通史,以其观点鲜明、资料丰富、行文凝练而流畅,成为当时影响最大的一部通史著作。"换句话说,即使《简编》初版有这样或那样的问题,但以其出版之早、涵盖时段之长,依旧坐稳第一把交椅。修订版则是亡羊补牢,殚精竭虑,再创巅峰。即便未能写完,仍不愧为与初版前后连贯之作。以上是中国大陆学界具有代表性的评价。

《简编》初版与修订版得到的评价若有差异,需要考量的一个因素是初版在抗战时期问世,因为特殊的时代背景,自有其特殊的论述脉络。另外我们还可以举出金毓黻对同一部《简编》前后不同的评价。金毓黻不仅是范文澜的北大同学,还同为黄侃门下士。1945 年金毓黻读到了《简编》初版,在其《静晤室日记》中有这样的评价:"似此力反昔贤之成说,而为摧毁无余之论,毫无顾忌,又前此尚论诸家所未有也。范君本为北京大学同学,又同请业于蕲春先生之门,往日持论尚能平实,今乃为此偏激之论,盖为党纲所范围而分毫不能自主者,是亦大为可怜者。"然而,到了 1949 年后,金毓黻被调到新创立的中科院近史所,成为范文澜的助手,对《简编》的评价当然不能再和从前一样。他不但不可能去批评《简编》,甚至因为自己未能完成帮助修订《简编》的任务,而感到"十分抱歉":自认"近来我受到范文澜先生之鼓舞,颇努力于读书及撰文章,虽自知水平尚低,标准尚差,但在其鼓舞之下,即无形中有很大力量,使我努力向前"。(1956)"范老命我助理修订《中国通史简编》,未能完成任务,使我十分抱歉。但我对通史研究,极感兴趣,其奈心不副心何!"(1957)形格势禁,岂由人哉!(其实早在上个世纪末王汎森老师发表的前引文里,就已注意到金毓黻此种心态,只是王师未谈及范文澜而已)

另一方面,余英时先生在《〈国史大纲〉发微——从内在结构到外在影响》(收于《古今论衡》第 29 期)一文中曾言:"从范文澜一方面说,他在四〇年代编著《中国通史简编》,观点是早已决定了的,没有任何变动的可能。然而他以《国史大纲》为参证,却从所引文献中得到启示,发现其中很多材料也可以另作解释,以支持他的特殊观点,因此便毫不迟疑的移过来运用了。"这段话涉及一件学术公案,亦即范文澜的《简编》初版与钱穆《国史大纲》之间的关系。钱穆自己早已注意到这一点,在给余英时的一封信中曾经提及过此事。

引用以上众多事例,我想说明的是,如果《简编》修订版在 1970 年代以后的台湾,还能突破重重禁忌,得到某种程度上的欣赏甚至是赞誉的话,那么对于《简编》初版,至少从诸多非马克思主义史家的角度来看是不敢恭维的。可是在内地的马克思主义史学研究中，对《简编》初版与修订版的差异问题，在评价的角度上很难把二者断开。如此一来，我们到底应该如何理解《简编》？它是否确如傅斯年等人所评价的没有学术性，因而不值一提？1949年后，范文澜又为何愿意花费如此大的力气重新修订此书，而非干脆换块招牌，另起炉灶？而这样的"修订"对中国马克思主义史学的发展又有怎样的意义？如果说此书的初版是应战斗的背景而生，而它的修订本，我想不能只是从纯粹意识形态的角度去做解释，相反我们必须去正视相关人士的长期投入、历史学本身的学术性，乃至于正视该著给人以阅读乐趣上的价值。而这也是我在接触范文澜的《简编》之后，一直想要处理的问题。

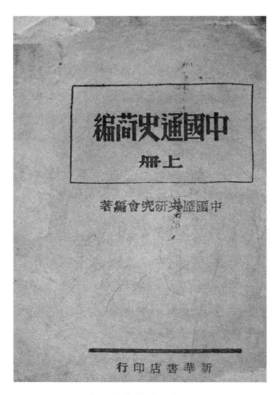

《中国通史简编》（上册）

《中国通史简编》(中册)

三、作为思想史的史学史

范文澜先生留下的材料不多,故而研究中必须用别的方式加以处理。受到德里克(Arif Dirlik)先生的经典研究影响,我倾向于不把史学史当作是一般的学术史,而是将其理解为作为思想史的史学史。当我们在研究以范文澜为代表的马克思主义史家时,首先要考察他如何接受马克思主义的过程。也就是说,他是先有思想上的转变,才会把这样的思想落实到他的学术研究之中。所以这个过程中有一个层次上的区别。因为马克思主义是一个舶来品,它如何获得人们的拥护与接受,再到学术上具体而灵活的应用,是有时间上的落差的。作为思想史的史学史研究,应该把史学史研究中史家本身思想的转变包含在内。

过去人们通常认为，"爱国主义"是"范文澜由传统文化思想通向共产主义理想的桥梁"，以宽泛而缺乏界定的"爱国"云云来解释其思想转变。这当然不能说是错的，但对我来说却远远不够深入，解释也不够充分。为了救国，一个人可以有许多选择，民初以来的知识分子更是面临许多相互歧异甚至相互冲突的思想选项。我的老师沙培德（Peter Zarrow）教授提醒我，"爱国主义"与其说是"桥梁"，不如说是"道路"，可以通向许多不同的目的地。经过拙著的考证，则是明确提出范氏自 1926 年首次加入中国共产党，再到思想上彻底服膺其心目中的马列主义，其中真正的"桥梁"其实是无政府主义。从范文澜在 1917 年加入组织北京大学同学俭学会，乃至于北大毕业后又参加蔡元培发起的北大进德会，在在显示出无政府主义思潮对他的强烈吸引力。将近十年后加入中国共产党的前夕，范氏仍然自承脑中带有"一大套乌托邦的幻想"。即使在正式入党了三年之后，他的"共产主义理想"依旧近于其师刘师培在清末所发挥的一套无政府主义概念。因此拙著认为，无政府主义思想在接引范文澜走向马克思主义之路上，发挥了不容忽视的转轨作用。

我的博士论文原计划是希望写完范文澜先生一生学术与思想的变化。但是在写作过程中发现，"前传"写完已将近 30 万字。如果要全部完成，博士毕业将遥遥无期。因而只能初步完成范氏前传，希冀回答他"为何成为马克思主义史学家"此一问题。其余有关《简编》之处理和分析，也就是"如何成为马克思主义史学家"的问题，只能俟诸异日了。自民国成立不久的 1913 年，至 1940 年年初抵达延安，范文澜基本上都在北方度过其成年后前半生的岁月；从 1940 年直到 1969 年过世，范氏后半生的三十年，更未离开过华北。两者时间近乎等同，故而可以相提并论。简言之，拙著大致以 1940 年为界，考察范文澜今日被视为所谓"马克思主义史家"其中内含的问题性。不过，我在本书的最后一章也谈到了延安整风运动中的范文澜。本来很犹豫是否要加入这一部分，但最终我还是将之保留了下来。幸好陈永发老师读了这章之后，说"写得不错"。所以尽管我这本书的断限在 1940

年，但仍然对 1940 年后的范文澜做了一点交代，以为下一部后传过渡之用。在珠海中大任教的三年里，于略显繁忙的教书课余之际，我主要是利用在我清华毕业之后才出版的一些新材料，如《陶希圣年表》《冬青老人口述》等，重新修订并补充一些正反两面的观点以为对照。拙著最后得以在这么短的时间内和大家见面，这一点是必须归功于我的前东家的。

范文澜像

四、思想与学术之间

我刚才一再提及，目前对范文澜的研究远不如对郭沫若的研究，甚至比不上对翦伯赞的研究。我想，材料是其中非常关键的因素。因为我们今天所能看到的这十册《范文澜全集》，基本上都是范文澜的论著，少有他个人性的材料。因此我们很难根据这些材料直接去探究他在思想上的转折。相反，我们必须从他的学术著作中去发现他思想转变的痕迹。这当然是很大的一个挑战。

在分析范文澜思想上的转变时，我们需要注意，他不是突然冒出来的一个人,不是到了延安之后,他才变成一个马克思主义史家。他在去延安之前,怎么一步一步从不问世事的读书人陡然间"政治化",再进而变得越来越"激进化",这和大环境都是相关联的,也与他个人职业生涯的变化有关。

关于范文澜在思想上"激进化"的问题,我在书里引用了一段赵俪生先生在《篱槿堂自叙》里的一段话:"(范文澜)由于禀性偏激,所以早在共产党的'左'以前,他已经'左'起来(这一点与鲁迅类似)。他写文章骂孔子,骂宋明理学,骂朱熹,骂佛学,都很偏激。到延安以后,他很受尊重……范老在延安就写起他的《中国通史简编》来。我曾经有缘读到此书的初版本(而不是一次又一次的修订本),其中主要写的是历代统治者的残暴、荒淫与无耻。残暴、荒淫与无耻,这些都是毫无问题的,问题是像配方一样,这残暴、荒淫和无耻究竟应该占多大的比例,无论如何,它不应该是历史的全部。历史中的确有这些脏东西,但除此之外占更大比例的,应该是人类社会的美好的希望和前瞻。"赵俪生先生是跟范文澜有过实际接触的人,又读过《简编》的初版。这是他的评价,当然我并不完全同意他的这个解释。这个解释认为范文澜是因为生性偏激,才会往激进化的方向走。实际上当然未必如此,因为这是一个过程,而这个过程可能是由很多偶然性决定的。在拙著里不时照应到这一点,而不从某种命定论或必然性出发寻求解释。

最后我想谈一下"思想传记"的问题。在写作本书的时候,我一直在思考宋家复教授曾经提过的此一方法论问题:"在思想传记的做法里,传主(被研究的人物)作为一个主体,其性质常被预设成一个前后连贯(可以有发展但不是断裂)、思虑一致(可以有紧张[tension]但终归协和)的单一自我,基本上,是这种对传主主体性的有机构想使得一本思想传记的'开始'和'结束'成为可能。除此之外,这个自我往往在大于其本身之种种脉络(context)中呈现出某种优越性,譬如说传主的原创性(之于其人当下的时代精神)以及影响性(之于后世的学风思潮),有些思想传记读起来很像'圣贤列传(hagiography)',就是因为这些优越性在论述中被过分强调的缘故。"(《思想史研究中的主体与结构:认真考虑〈焦竑与晚明新儒学之重构〉中"与"的意义》,收入:《台湾社会研究季刊》第 29 期)然而,拙著的个案情况恰好相反，毕竟范文澜不是大名鼎鼎的胡适，不必在盛名之下不断注意自己须"前后一致"的问题，因此本书对于传主思想变化之解释，往往以断裂大于发展，紧张过于协和为主，更惯常以同时代的其他无数事例并置，以呈现范文澜前半生有限之原创性、代表性或影响力，绝不是写成一部圣贤列传。拙著力图借由王汎森老师早先所提出的问题："思想史与生活史有交会点吗？如果有，如何描绘出来？"（《思想史与生活史有交集吗？——读"傅斯年档案"》，收入：《中国近代思想与学术的系谱》）出发，重新建构范文澜的学术成长与生涯发展，以"作为我们了解其思想及转变的凭借"。或者说是应用王老师其后更进一步提出的构思："思想的生活性，生活的思想性"，倡言"从史学的角度来恢复思想中的生活层面"，甚至是"生活是思想的一种方式"此一命题（《思想是生活的一种方式——兼论思想史的层次》，收于《思想是生活的一

63

從煩惱到快樂

范文瀾

我不願囘憶過去，因為過去沒有什麼值得留戀。「中國青年社」問我怎樣會來到延安，還使我不得不囘溯有來歷以前的生活狀況，因而把牠提起我個人的「上古三代」說起。

一　好玩的幼童

我生在舊社會所謂「詩書門第」的家庭裏。父親性格褊狹傲，到兒子們很少表示喜笑的和藹臉，但兒子們怕他，不比怕父親差多少。遭遇、挨打挨駡的危機到處潛伏著。只有「小心」、「謹慎翼翼」，謹提防一切可以招致打駡的行動，才能獲得眼前的和平。現在使愛我著慈親之慈眼不安。

范文澜：《从烦恼到快乐》

159

种方式:中国近代思想史的再思考》),从日常生活经验的角度来看待范氏何以最终拥抱马克思主义。至于是否成功,则端赖读者自行评判。

今日海峡两岸读范文澜作品的人都不是特别多,可是这无碍于我们发掘其作品的价值。如果今日还要重新去写马克思主义的中国通史的话,那么我们便应回头思考《中国通史简编》有什么可以值得借鉴之处。

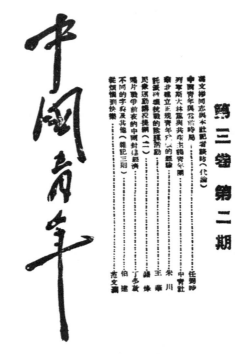

范文澜:《从烦恼到快乐》(《中国青年》第 3 卷第 2 期)

评议与讨论

赵庆云:这本书对于 1949 年前的范文澜做了相当深入的研究。以后学界再研究范文澜的学术思想及学术经历,毅均老师这本书可能是不能绕开的。毅均曾经跟我说,他研究所长在于文本分析与阐释,但是我认为他这本书在材料上也下了非常大的工夫。因为我这两年也在整理范文澜年谱,其中 1949 年前的部分，我从毅均老师的著作中获得了不少的资料线索。叶毅均老师这本书视野与眼光是很开阔的。范文澜的个人性资料很少，没有日记。档案材料方面，1949 年以后的有一部分，1949 年前的档案，我记得五年前泰和嘉成拍卖有一箱范文澜的档案，并且量比较大。但被一个私人买家购走了。蔡美彪先生编的《范文澜全集》，对范氏在民国时期的著述，仍有不少漏收的篇目。就范氏个人而言，经历非常丰富，在大学任过教、又蹲了几次监狱。虽然当时参加革命的人中思想激进的人不少，但像他那样去参加游击队的也不多。范氏生平经历中的一些关节点，在以往的一些传记中其实是语焉不详的。毅均在收集史料上，一个优长在于不局限于传主本身，而是顾及到了与范文澜有关联的很多人。然后从这些人的资料中找寻与范文澜有关的蛛丝马迹。因为有搜集资料的坚实基础，所以他对范文澜个人经历中的一些史事做了有说服力的考证。尤其是对范文澜的《文心雕龙》研究和整理国故这一部分，毅均老师文章的表述是非常到位了，资料也是搜罗备至。以往学界对马克思主义史学五老应该说是很重视的，相关的专著与论文很多。但平心而论，整体的深度上还是比较欠缺。我个人认为，虽然像这样的个案研究，有不错的论著，但普遍的问题在于，研究者难以超越捍卫或者辩护者这样一种心态，高山仰止的情况比较多，很难有客观平视或批判分析的眼光。毅均老师这本书我觉得基本上不带先入之见，分析中允持平、论世知人，帮助我们更深入了解民国时期的范文澜学术思想与个人经历。同时毅均老师提到他的"思想传记"的研究取径与方法，我觉得对我们马克思主义史学史研究很有启发。这本书是范文澜的"前传"，我期待着"后传"的写就。

李孝迁：关于毅均老师这本书，我有几点阅读后的感想与大家交流。有关传主的早年史料非常零散，并不丰富，毅均老师除了尽可能搜集相关的周边文献之外，对传主早年佚文文字也有所发掘，所以全书在史料方面非常充实。研究路径方面，与一般史学史研究做法不同，注重思想史与生活史的互动，毅均老师对范文澜不同时段的思想状态的分析，都试图与日常生活结合起来，读起来很接"地气"。本书充分吸收大陆和台湾地区学术界的许多研究成果,尤其对于大陆读者来说,读此书可了解台湾学者马克思主义史学的相关论述;另外本书虽以讨论范文澜为中心,但并不以此局限,视野非常开阔,几乎论及中国近代思想史、学术史许多议题。这是一本非常有纵深感的著作,与一般传记作品画地为牢的做法很不一样;书中精彩之处颇多,给我印象深刻的,有"整理国故"运动中的范文澜、延安整风运动中的范文澜,分析得很精彩。并且文中论述非常有节制,有的材料不足之处所作的推论,作者会提醒读者这只是推论或猜测,说明作者秉持一份材料说一份话的专业精神。最后我注意到书中对于版本问题的重视,作者指出,有些西方汉学家以 1950 年后的《简编》修订本,去讨论 1949 年以前马克思主义史家的思想,其实是时空错置。

另外关于本书,我也有一些想法想与毅均老师交流:关于范文澜早年无政府主义思想,这是非常值得继续讨论的议题,与范文澜同时代许多知识分子后来之所以会走向信仰马克思主义,接受无政府主义是非常重要的中间环节。关于范文澜无政府主义思想的来源,作者认为与刘师培有关,因与刘师培提出的设想有着惊人的一致性。刘师培《人类均力说》《无政府主义》发表于 1907 年东京《天义报》,范文澜不太有条件看过这些文章,而且刘师培在北大教书时早已不谈无政府主义了。如果说范文澜的朴学受过刘师培的影响,大概没什么异议,但若说他的无政府主义,也是承受于刘师培,似乎缺乏有力的证明。其次,关于吴承仕之早亡与范文澜顺利抵达延安,若论述成两者有某种必然联系,感觉不太妥帖。期待叶兄很快能进入范文澜后传的研究与写作中来,最终贡献给学界一部高水准的姊妹篇。

叶毅均:庆云兄和我同样是研究范老的同行,特别愿意理解我。拙著若未经过庆云兄今日的点评,我也不敢有任何自信。他的近著《创榛辟莽:近代史研究所与史学发展》,史料扎实,观点平允,是我从去年至今(包含返台隔离期间)不断拜读学习的对象。我的《后传》日后若能成书,想必同样无法绕过庆云兄的大作。孝迁兄近年来主编《中国近代史学文献丛刊》,嘉惠学林无数。这套书和他本人的著作一样,每出一本我就买一本,已经耗费不少银子了。我试着回答孝迁兄提出的问题:既有的资料说明,范文澜在清末就读中学时就曾读过《国粹学报》，至于他是否亦曾阅读过《天义报》，则文献有阙，无从确证。我只能像王汎森老师表示他颇为"怀疑毛泽东读过刘师培的文章"一样（《反西化的西方主义与反传统的传统主义——刘师培与"社会主义讲习会"》，收于《中国近代思想与学术的系谱》），由于两者乌托邦设想的一致性，推测范老或许也曾读过刘师培在这方面的文章。不然的话，我们就得寻求其他的合理解释。而刘师培在北大任教时虽已不谈此调，却并不代表他的早年观点不会成为学生辈所挖掘的思想资源（当他们的行动需要学理的支持之时），只是未必以亲传授受的方式出之。最后，有关吴承仕与范文澜的问题，除了本书第五章第一节所论之外，我其实另有《范文澜与吴承仕：早期中国马克思主义史家的世代变迁》一文（收于《政治大学历史学报》第 53 期），利用韦伯（Max Weber）之"客观可能性"概念来讨论此一问题，而非诉诸单纯线性的因果关系，更不是意图证成某种必然性。假如我们想突破或者延伸对于马克思主义史学五老的既有解释框架，更加开阔具有包容性的视野当然是必要的。

驻英使馆与晚清外交转型

主讲者：皇甫峥峥，美国斯基德莫尔学院历史系副教授
讲座时间：2020 年 10 月 24 日
整理者：王艺朝，复旦大学历史学系研究生

2020 年 10 月 24 日，美国斯基德莫尔学院（Skidmore College）历史系皇甫峥峥副教授以"驻英使馆与晚清外交转型"为题，在复旦大学历史学系进行线上讲座，介绍了其新近整理史料《晚清驻英使馆照会档案》。本次讲座由复旦大学历史学系戴海斌教授主持。讲座邀请到复旦大学法学院赖骏楠副教授、湖南大学岳麓书院张晓川副教授、华东师范大学历史学系李文杰副教授、四川师范大学历史文化与旅游学院李峻杰讲师参与评议。本讲座是复旦大学历史学系青年学者读书班的系列活动之一。

今天的报告分为四部分，第一部分介绍我对晚清外交史的研究思路；第二部分介绍《照会档案》，对其性质、内容及利用价值作拓展性讨论；第三部分通过个案探讨该档案价值；最后我想提出几点尚未解决的问题和照会档案整理的一些遗憾。

一、我的外交史研究思路及出版专著

大家对驻英使馆应该并不陌生，在此发生的最著名案件是孙中山被绑架案。使馆坐落伦敦的 Portland place 大街 49 号，距英外交部仅两英里距离。在介绍《照会档案》前，我想先谈谈自己对晚清外交史研究的思路与想

皇甫峥峥整理:《晚清驻英使馆照会档案》

法,也顺便介绍我在 2018 年出版的专著《远西旅人:晚清外交与信息秩序》,给解读使馆照会作铺垫。

此书探讨晚清六位驻英使臣记录西方模式的演变,以此探索甲午战争前三十年中国对西方的信息秩序如何形成。我提出晚清官员对西方信息采集的模式呈现多元化样态,并常常充满矛盾、冲突与纠结。每位使者对信息的采集方式与自身的文化、思想、社会关系及官僚背景有很深联系。

本书的一个特点是将外交史与文化史、传媒史相结合。传媒史的理论虽以现代传媒为主体,但半世纪以来仍对历史学界产生了影响。特别是 Harrold Innis 与 James Carey 的研究对我很有启发性,他们认为信息传播具有偏向性。于历史学而言,各种媒介对于传播知识、政府政令的效率各有区别。顺着这一思路,也可以对晚清驻外官员采集信息的方式进行简单排序。以"传播速度"与"散布性"为横纵坐标,我们可以看到有的传播媒介传

皇甫峥峥著、汪林峰译,《远西旅人:晚清外交与信息秩序》

播效率比较高、包含信息量大、对敏感信息的保密性高。不同的媒介都有其偏向性,如电报的传播速度最快,但其散布性最低,相反诗集或文集的传播速度慢,但扩散性高。

换角度来说,我们也可以用英国传媒学家 Stuart Hall 的编码与解码理论来理解这一过程,他认为信息意义的形成可视为编码的过程,此过程会受到知识结构等因素影响,信息的解读是解码过程,编码与解码受到知识结构、生产关系或科技条件的影响。从这一角度看,每一个使臣对西方的叙述(即编码过程)不同,他们传播有关西方故事在各个阅读集团中的传播与演变也常受到市场、官场、政治目的等因素影响。

我在《远西旅人》一书中主要描绘的是使臣书写的身份与文书形式的演变,及这些演变对信息秩序的影响。每种载体传播信息的阅读群体不同,它们的主旨与信息结构也不尽相同。郭嵩焘之前的使臣,他们的信息载体主要是书写的文字,如诗文、出使日记、报告等。最快也需一个月从英国寄回中国。而曾纪泽以后最主要的信息载体已是电报,仅需两三天可送达中国,

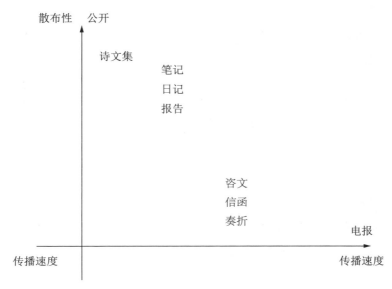

传播西方信息载体/体裁与信息秩序之间的关系

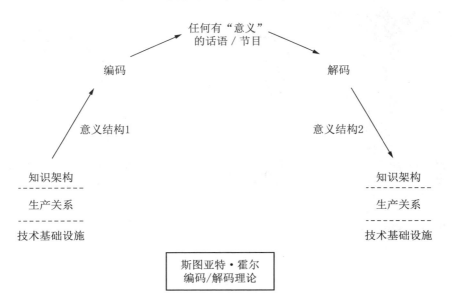

有一定机密性。这时驻外公使与国内能够有及时的信息传递渠道，这是很大的转变之一。

另一大转变是到了薛福成任下，他在回国前后很快将其出使公牍、日记与笔记出版，且出版物发行量大。一定程度上，晚清出版业对信息秩序也有颠覆性影响。因此可言信息秩序的变化与晚清外交转型有很大关系。

二、《照会档案》的性质、内容及利用价值

而照会档案属另一种文书体裁。现有外交史研究从外交活动与制度史角度积累较多，但从信息史与文书互动角度还有待挖掘。驻外使馆与国内士大夫的文书互动、与各国外交部的互动都是很值得研究的课题。2016年，我去英国国家档案馆发现驻英使馆与英外交部文书交流非常丰富，但因文献分散，还有很多错位现象，因此需耗时整理。

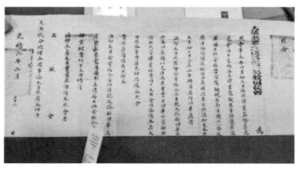

《照会档案》包含七位驻英使臣的近千封照会，大多中英兼备。部分以通讯对象分类，部分以交涉事件分类。以总理衙门为中心，总署与国内衙门

联系固然以中文书写,但总署与英外交部的沟通最终仍需以英文达致伦敦。这两种语言的档案性质不大一样,我们常以翻译来形容两种档案的联系,这也许并不恰当。总署与英政府的交往,并非仅是翻译过程,而是不同语言环境下文本的再生成过程。同一事件以不同语言处理,结果可能很不一样,例如将总署原信逐句译为英文与将总署拟表达含义直接用英文撰写,最终效果可能区别很大。而使馆照会的重要性在于其皆为直接用英文撰写,而非机械照汉文翻译。

进一步将区别用图像表达,我们会看到总署与英外交部的沟通有两种跨语际通信渠道(Translingual communication paths),渠道一是由英使馆将总署的信函、谈话转录为英文,渠道二是由清驻英使馆在英人马格里的密切配合下,将清朝的要求直接以英文书写,再翻译成中文。通信渠道产生的效果截然不同,原因在于在语言形式国际法实践中的作用。近年以 Martti Koskenniemi,Antony Anghie 等为代表的批判法理学家指出国际法及条约

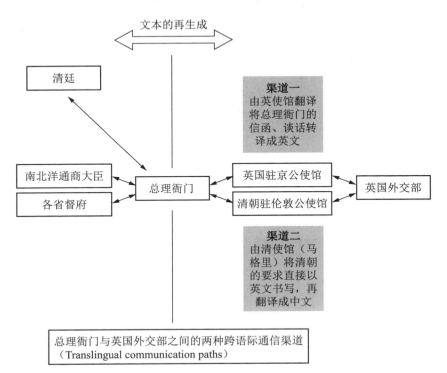

总理衙门与英国外交部之间的两种跨语际通信渠道
(Translingual communication paths)

体系更应该被视为政治的产物，拥有话语权的决策者可利用专业知识对谈判结果造成结构性与文化上的偏见。Antony Anghie 指出构建国际法的过程即将第三世界国家排除于文明标准与主体世界之外的过程。

通过渠道一传递到英外交部的文件往往在英使馆的翻译下，为突出其外交群体的作用，他们会以各种形式将中国形容为国际法不适用的国家。而渠道二则一定程度上摆脱了西方外交官的偏见，摆脱了将中国排除于文明世界之外的表述，将清朝呈现为与西方平等的主权国家，拥有国际法赋予的地位。

举一例示之：使馆发出的所有照会，英文与中文的首尾都不同。英文照会的开头与结尾都是当时的国际法话语，公使称外相为"my lord"，会以"I have the honor to be，with the highest consideration，My Lord，Your Lordship's most obedient，humble servant."作结。这并不意味中方使臣自视英外相的仆人，而代表双方都是主权国家的行使者，在此意义上他们的身份是等同的。

从马格里的传记中我们也可以看到，将中国视为主权国家也是他辅佐公使的目的之一。在马格里辅佐下，使馆比较积极地运用国际法。他将条约赋予中国的权力充分利用起来，在商定条约条款、设定领馆、保护华人、引渡逃犯等事务上都采取了将中国视为与西方平等的主权国家的立场，对条约字斟句酌，对中国在国际法上应有的权力寸步不让。

马格里在使馆的外交上可以起到决定性作用，马格里与公使的亲疏关系、配合程度也对外交有决定性作用。郭嵩焘、曾纪泽与薛福成三人与马格里合作较为紧密，成就显著，但在刘瑞芬、龚照瑗、罗丰禄任期内，使馆业绩平庸。

照会中体现的公使行使的外交职责基本符合19世纪西方的外交惯例，如管辖、保护本国人民；采集信息；与英外部商议公事；调和国家之间冲突；事关数国大局者，共同商议。

使馆受理的外交任务大概有以下来源，第一，可根据上谕、总署、通商大臣、各省督抚来接受任务；第二，可根据对外交事务的理解相机行事；第三，可接受华民、华商的申诉，并当即照会外务部；第四，可向总署传达英外部的信息,并可代表总署提出询问与请求。从范围来看,涵盖了当时驻外使臣被赋予的所有职责。

以前学者认为晚清外交官"重于观察,少于谈判",在外交上碌碌无为,但我认为这不准确,后人之所以有这样印象,可能受到西方对清朝描述的影响,更主要的因素可能是使馆的地理位置与其自身的官职属性,它与总署、督抚平行的关系,信息网络独立,没有定期抄送总署存档的惯例,报送总署的内容有拣选。因此他们的作用往往在幕后。

三、使馆的外交作用:案例分析

(一) 广东十三人犯引渡案

第一个案例是历经五年的广东归善十三人犯引渡案件。

杨白毛金等十三人在广东杀毙杨家三口之后,隐匿香港。按照中英《天津条约》第 21 条,英方本应将逃犯引渡回境,虽香港法官也认可罪犯应引渡回国,但在英驻华领事官与英外交部阻挠下,事陷僵局。朝廷命曾纪泽在伦敦向英外部直接提出抗议。但因逃犯加入香港天主教,得到了教主雷孟第的保护。因天主教势力的加入,迫使香港总督不得不以提审期限已过为由,最终将人犯全部释放。

曾纪泽与马格里在一系列长文中,对香港总督拒交逃犯进行了深入辩驳,辩论中引用的法律依据,不仅是中英《天津条约》和香港法例,也包括英国 1870 年和 1873 年与各国签署的《交犯条约》。然最终英国检察总长认为《交犯条约》只用于"文明国家"间,并不适用于香港与中国的引渡,拒绝了中方要求。此决定反映的是 19 世纪西方国家对非西方国家文化和政治体制的普遍偏见与歧视,其结果一定程度上破坏了本地的秩序。曾纪泽认为英国政府的做法无疑违背了法律的公正性。

最终案子的结果令人恨不满意,十三人犯逍遥法外。但曾纪泽的辩驳促使中英双方在最高层重新达成了根据《天津条约》引渡的共识,驳斥了广州领事对于天朝无诚信的看法,在此以后,清政府出具的引渡犯不用凌迟的担保，仍旧有效。广东十三人犯案件只是使馆参与引渡的许多重大案件之一，我们这套《照会档案》里收录了许多使馆直接或间接参与维护中国主权的照会，值得关注。

（二）孙中山蒙难事件

在上一案件基础上，我们再来审视使馆在1896年拘留孙中山的事件。孙中山在1895年广州起义失败之后，被清政府通缉，逃亡国外，在伦敦被清使馆拘留。在他的老师康德黎运作下，孙中山最终被释放并立即出版《伦敦蒙难记》，将事件做了大量的渲染，公布于众。

《伦敦蒙难记》

史学界往往根据这一史料认为使馆迫害革命者。但若从当时通行的引渡法及西方国家对域外绑架心照不宣的共识角度看，此事会有另一种解释。这一时期当西方国家以法律规定的引渡方式不能将逃犯绳之以法时，他们也常用强制手段，以欺诈、诱骗、绑架的形式遣返逃犯。这个现象也是最近五年较新的法律史著作研究的重点之一。但这些操作都是低级别执法官员执行或雇佣私家侦探施行,绑架回国以后,若造成外交摩擦,高级别官员会道歉来和解。从这一角度看,伦敦使馆的做法的确违反了当时通行惯例,高级别外交官员亲自做绑架,这让英外交部很难堪。

但清政府其实也曾通过1894年与英国签订的《缅甸条款》附约来让英方协助逮捕跨境逃犯,英方也曾利用此条款让云南府协助办案,但英政府拒绝了中方要求。引渡法的不对等性,也是迫使使馆使用法外手段拘留孙中山的原因之一。

从这一视角可见,使馆二十年来很重视中国在国际引渡法上不受同等待遇的问题。《照会档案》里有许多这方面案例,大家可参阅。另外英国档案馆还藏有此事件的许多原稿和笔迹,包括孙中山的亲笔信,大家有机会去不妨调出来看看。

(三) 清政府在义和团事件中的表述与被表述

使馆在义和团期间的照会也体现了使臣在中国外交危难时期起到的通信作用。使馆在义和团运动前后,一直与英外部保持着多项事件的交涉和礼仪上的友善往来,并与反对义和团运动的地方督抚有紧密配合。他们外交文书中所代表的"中国"与保守派所掌控的清廷有着相当的反差,展现了中国政府理性的一面。

庚子年间的使馆文书有以下三个特点:

第一,驻英公使在以往例行的照会模式上稍作变通,从1900年6月起开始直接翻译从地方大员处接收的电报,送达英外部,而不如以往传递总理衙门咨文那样,用公使的语气写成照会。原因之一是地方督抚与英外部不在同一个外交级别上,但这些电报被公使直接作为友善的情报送达英外务部则不违背外交惯例。因此庚辛年间来自地方督抚的电报,收件人表面上是驻英公使,实际上是给英国政府看的。这种特别的通信方式一直持续到《辛丑条约》签订之后。

第二,驻英使馆在翻译国内文件时,会对英文加以修辞润色,加重对义和团运动的谴责,强调对各国损失的歉意,以助其立即停战的请求。

第三,使馆在递送诏令、电报时有极大决定权,他可以偏向地方开明派所代表的中国政府,而对强硬派的言语,一致不予发送,甚至连宣战诏书也只字未提。

由此可见,在庚子事变期间,使馆照会中的"中国国家",对应的不再是满清皇朝,而是地方掌管经济、军事力量的督抚及其属下以汉人为主的官僚体系。"中国国家"与"清朝"概念上的分离,在此次外交危机中凸显出来。

四、尚待解决问题与《照会档案》整理遗憾

从使馆的角度来研究晚清外交,还有如下比较有潜力的课题。

(一)晚清外交的理论框架值得进一步讨论

研究中若只看到使臣的日记和给总理衙门的咨文,却没有同时看到使馆如何在国际上发挥作用,得到的结论将不完整。使馆在清朝官僚体系中的地位与使馆和英国政府之间形成的通信网络相辅相成。而《照会档案》之所以完整展现中、英照会,很大程度上是因两者内容常不统一,理论着重点不同,词语概念不同。因此阅读《照会档案》时,大家可将中英文对照体会,对于翻译和跨语境书写在外交上的作用,也许会有所得。

(二)使馆的通信史

使馆的通信史也是一个尚待重视的研究角度。使馆如何建立其信息网络,如何整合来自不同角度的情报等问题都可继续研究。

从下图中我们可以看到,使馆与英国外交部是直接谈判的关系。同时,总理衙门与英国驻京公使也是直接谈判的关系。这两套谈判之间互相联系。使馆与英国外交部都各自有不同的信息网络,他们与总理衙门——英国驻京公使这一套信息网络之间有着竞争与合作关系。

同时,使馆、总理衙门、地方督抚、海关监督与列强驻华使臣之间的博弈,以及使馆的电报通信对过往外交模式的冲击,也值得进一步研究。

(三)不同语境下使馆代表的"中国"含义

使馆代表的"中国"在不同语境下具体含义有何不同,这些含义如何演

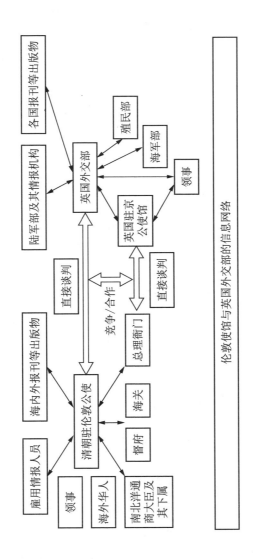

伦敦使馆与英国外交部的信息网络

变?使馆照会中,常用"清廷""中国""华廷""中国国家""China""The Imperial Government"等各种中英词语来表达中国政体。根据交涉事件的不同,含义也时有不同,它们有时对应具体的国内中央与地方势力,但更多指中国作为与西方平等之国的抽象法律概念。换言之,使馆的设立一定程度上意味着不论中国国内运行何种政体,在国际法上对应中国的概念与其对应的权利与义务,并不需要随之改变。自此而言,"中国"这一概念如何在国土之外的法律空间被赋予意义,也是值得研究的课题。

(四)《照会档案》整理的遗憾

这套《照会档案》里收录的档案并不完整,只能起到穿针引线的作用。

首先,《照会档案》只含有使馆发出的照会,而无使馆接收的照会等文件。所以大家可以用它作为索引找原档,并阅读英国外交大臣或副大臣答复使馆时写的草稿或便条等文件。因为每封档案都有档案号,大家可以根据这个档号在英国国家档案馆里下载相关的档案包并阅读,现在 FO17 下大部分档案都可以下载。

其次,还有部分照会遗漏,因为种种原因,这里遗漏的照会可能达到总数的百分之二三十或者更多。

另外,1905 年以后的照会档案以不同的原则索引,因此很难找到集中的以使馆为通信对象的档案号,这也是这套档案集只收录到 1905 年的原因。

评 议 与 讨 论

戴海斌:谢谢皇甫老师,报告很精彩,我个人也受益很多。皇甫峥峥(Jenny Huangfu Day),美国华盛顿大学国际研究学院学士,加州大学圣地亚哥分校历史学博士,现任纽约州斯基德莫尔学院历史系副教授。主要研究方向为近代中外关系史、外交史、国际法学史。2018 年出版专书 *Qing Travelers to the Far West:Diplomacy and the Information Order in Late Imperial China*(《远西旅人:晚清外交与信息秩序》),该书获美国图书馆协会 2019 年度杰出学术出版物奖。上海古籍出版社出版整理史料《晚清驻英使馆照会档案》(后文简称《照会档案》),这宗史料是复旦大学中外现代化进程研究中心主编的《近代中外交涉史料丛刊》第一辑之一种。通过今日讨论,我们也想将这套书推荐给更多读者。

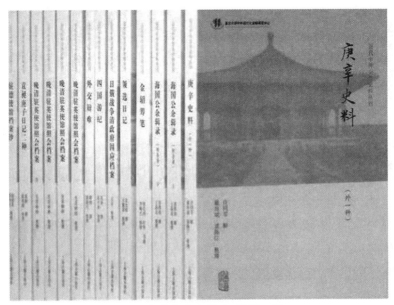

《近代中外交涉史料丛刊》第一辑

《照会档案》主要收录英国国家档案馆藏晚清驻英公使馆(Chinese Legation)照会,涵盖了使馆自 1876 年底创建至 1905 年的数千封由使馆发出的中英文信件。虽然中外关系史一直以来都是中国近代史研究的重点,但近年来西方学界在这一领域的推进及新的研究,国内学界了解并不多,而皇甫教授的研究在史料利用与研究视野方面都作出了很好的推进。另外,国内对晚清驻外使馆的了解很依赖钟书河先生主编《走向世界》丛书中的各类出使日记,但此类文献有其制度因素与写作特色,因此会局限研究者的问题意识与讨论范围。而《照会档案》是反映使馆情况的一手文献,对于近代外交的讨论,对于清政府运用国际法及我们重新检讨具体交涉案件都有非常大的价值。

新史学的一个重要观念是史料都是平等的,但在实际研究中史料从来不平等。史料有其产生语境、文书体裁及语言、跨语境问题,所以史料的偏向性也造成了"信息秩序"。这一秩序决定了我们接受信息的效率,因此在研究中需对史料进行鉴别,将不同种类史料综合利用。皇甫老师从晚清外交文献方面作了很好的示范。

皇甫老师整理的这批档案也关注到庚子事变时期公使向英国政府转述与表达。当然在公使转述与表达时也显示出公使的作用,如公使对文书的翻译与修饰等,若能将这部分档案与国内督抚与驻外公使间往还电报结合,对于我们检讨此时期驻外公使的位置非常有价值。

此外,驻外公使与国内督抚的联系、他们的政治背景与人际网络、在事变中有着优秀表现的驻外公使回国后的政治升降沉浮等问题,也都值得进一步探讨。

赖骏楠:皇甫老师的演讲有两点令人印象深刻,第一是皇甫老师在美国接受完整学术训练,在各种社会科学理论的掌握方面,比如演讲中提到的信息传播方面理论上,具有优势;第二是对 FO 档案的充分运用。这两点是我们国内学者较为缺乏的。

19 世纪西方主流的国际法学,从文明视野上将世界国家分成三个等级,中国处于第二等级,是"半文明"地位,也有法学家将中国作为第一等级的候选人,也就是"文明"国家候选人。但无论如何划分,中国都不具有与西方国家平等的地位。皇甫老师的研究揭示了在这样不利的背景下,中国外交官努力适应、学习这套文明话语并,并在对外交涉中积极使用这套话语,为中国在国际舞台上争取话语权。通过皇甫老师的研究,19 世纪外交世界中的中国形象,就有了积极的一面。

此外我也有两个细节问题。第一,马格里努力想让中国成为"文明"国家,因此他在中国驻英公使馆为中方在对外交涉中提供了不少"帮助"。那么他为什么如此积极主动"帮"中国,他的个人性动机是什么? 第二,从法律史来看,领事裁判权的存在与撤废在 19 世纪中外关系史上是个至关重要的问题。《照会档案》里中英交涉材料,有无提及这一问题?

张晓川:无论从中英外交在晚清史上的影响,还是从照会史料对于外交史研究的意义来说,这一套《照会档案》的重要性都是不言而喻的。个人以为其大致可体现在如下三个方面:

第一,我们对近代驻外公使的认识和印象往往是由史料多寡决定的。驻外公使中我们最熟悉的是曾纪泽、郭嵩焘与薛福成,因为他们存留的史料多,而刘瑞芬、龚照瑗与罗丰禄留下的史料较少,因此他们的形象也相对比较模糊。《照会档案》展现了刘、龚、罗的外交实践,有补全之功。

第二,从史料类别上来说,出使日记与《照会档案》有互补互参的作用。总的来说,日记偏观察考察,档案偏外交事件的记录,以往出使日记得到比较多的使用,现在两者可综合阅读利用。

第三,《照会档案》可以帮助我们了解所谓"日常外交",当日使馆处理的很多事务在今天看起来或许比较平常,但即便后来所认为的重要事件,是和这些日常事务有前后牵连的。皇甫老师的前言和刚刚的演讲中都提示了以往被忽略的一点,即孙中山"蒙难"事件不能孤立看待,而是应当置于近代以来,中西方在引渡等问题的长期外交交涉乃至博弈的整个脉络下来审视。这一脉络自然是通过一件件"日常事务"组成的。

另外在阅读了四大册《照会档案》之后,个人还有一些体会,在此与各位分享:

第一个体会仍然是关于某一种史料的局限性和代表性的问题。照会类史料往往是官方正式的文件,大抵经历了深思熟虑的过程而形成,这一形成的过程并不能在照会中得以体现。例如郭嵩焘在关于阿古柏的问题上,之前是警惕性相对不足的,但此后形成的抗议照会则显然比较强硬,并不能看出前后的变化。同样,龚照瑗关于马格里外交身份的照会中,熟练地使用判例,恐怕也不能作为龚本人深谙此道的证据,这些文字大概率出自马格里本人手笔。

另一个体会是由阅读《照会档案》中,某一交涉事件处理会因公使的替换发生较大变化,乃至于不少事件无疾而终、不了了之这一现象引发的。晚清驻外公使相对来说是一个自由度比较大的岗位。一方面，中外交涉处于摸索阶段，清政府也无一定的外交方针，可以算是一种有事方应付的"应付外交"态度。另一方面，从体制上来说，外交改革以前，公使及整个使团都是"差使"性质的。无类似"同堂为官"的制约，使团基本由公使本人奏调，地域上更是"山高皇帝远"之态，相对约束较小。公使本人的能力和态度就会对使团的具体实践和整体动向起决定性作用。

所以说，晚清驻外使团或者使馆本质上来说是一个官场，且是一个特殊的官场。这里又涉及刚刚提及的近代外交转型这个大问题，可能需要从变与不变，变与不变的西方因素与传统政治因素等多方面进一步讨论。

最后的一点感慨，照会虽然是正式文书，但我们仍能从中看到一些外交官员的私人生活与个人命运，能感受到他们酸甜苦辣，少数外交官甚至会客死他乡，令人唏嘘。

李文杰：皇甫老师对 FO17 档案的梳理非常详细，《照会档案》分量非常重，有 100 万字以上，还有大量英文史料，做过史料整理的学者都有体会，这么大规模的资料整理、校对，除要求扎实的基本功，还会花费大量的时间精力，甚至包括眼力，很让人钦佩。一般印象，好像认为美国博士讲理论较多，但从皇甫老师的报告中，能看到他们在训练过程中对原始档案的看重，在档案上所下的功夫。

美国的中国学研究，从大概 20 世纪 60 年代以来，很长一段时间在近代外交领域的成果并不多，这与"中国中心观"等转向研究中国内在的取向有关。这样的取向或许能在社会经济史、思想史等领域落实，但是在外交史领域却很难实践，因为直至今天，我们遵循的国际秩序都是西方搭建起来的，研究中重点关注的谈判、条约、常驻使节、主权平等这些概念，到今天也无法推完全翻掉去另起炉灶，因此外交史领域尚无法解构西方中心观。

与《照会档案》对应，我也想谈谈 FO682 中收藏的英驻华使馆收发照会与信函。英国的驻华公使，是北京东交民巷英国驻华使馆的负责人，从第一任的额尔金至清帝退位时的朱尔典，共有十多位，FO682 中，有一类是英国驻华使馆收发文书,主要是使馆与总理衙门/外务部的往来照会、书信。这批文书中,收的部分都是中文的,来自中方,这部分很好理解;发给总理衙门/外务部的部分,也全都是中文的,用工整小楷来书写,格式上、语言上完全中国化,我推测应该是中国人撰写的,可能是由懂中文的英国官员口述给他们,然后由他们润色成中文。这批人在英国使馆发挥了重要作用。

这批往来照会,记载的是英国驻华使馆与清朝方面的交涉内容,从这些文书可以看出,当时在北京,中英交涉的内容包括:发放护照,以便英国人在内地使用;涉及英国方面的民事与刑事案件交涉;英国政府授权使馆进行的条约谈判,涉及英国人在中国权益的其他案件。

从这些英国人发给总理衙门和外务部的文书中,可看出和皇甫老师不一样的结论:英国人在尽量适应中国特色,例如文书格式、称呼、规范等都是中国式文书;中英两国关系总体是友好的,两国处理冲突的方式是文明的,双方基本上是讲道理的;冲突时,英方往往是受害者。

但这些特点也让我反思照会史料本身的缺陷:如果仅看中英往来照会,我们得出的结论与史实有多大的出入? 例如,在庚子年清朝对外宣战前,总理衙门给英国驻华使馆发的最后一份照会,仍然是以友好的语气,劝使馆人员离开。但实际上,当时双方已经兵戎相见,完全决裂了。在今天我们研究与评价中英关系时,是否能以这些照会作为重构双方关系的主体史料? 或者我们在面对这些记录时,应该怎样解读,才能更加靠近历史真实?

李峻杰:《照会档案》的序言非常好,有通贯而多识断。我们能从中了解到晚清驻英使馆的日常外交事务,甚至可由此略为了解其他使馆的运作情况。在通贯之外,对我更有启发的是序言中的"识断",提出了很多具有启发性、结论性的论点。在这些"识断"的刺激下,我大致联想到了以下五点内容。

1. 驻外使馆与中外信息沟通的转型

早期驻外公使主要靠出使日记、信函、奏折向国内汇报,这些由传统邮寄等方式传递纸质载体信息的速度非常慢，而到以电报为主的电牍、电奏出现后，信息传递速度加快，这对外交的影响非常大。紧急情况下驻外使臣的电奏、电信就是发挥了突出作用。重要外交信息通过电报（电奏）形式传递到国内，这一转变源于曾纪泽的中俄伊犁交涉。在紧急关头中他被允许可通过电报将重要情报上奏清廷，由总署代递。这可能是吸取了崇厚所谓"擅签"条约所带来的教训，即通过传统形式奏报中俄伊犁谈判结果（签订"崇约"）的迟滞造成了国内所普遍认为的"擅签"。崇厚获罪后便诉冤，在与俄谈判时他并未擅签条约，有通过电报或信函向总理衙门汇报谈判进展和俄方的要求，并且向清廷专折封寄了中俄谈判最后结果与签约内容后才离开俄国，因传统奏折传递缓慢，从圣彼得堡到北京颇耗时日，造成国内并未及时收到他的信息。虽然崇厚也曾重视电报，甚至此前还为张德彝《电报新法》著有序言，但他并未能突破奏折制度约束改用电奏的方式与清廷及时沟通，进而造成了国内认为崇厚擅签条约而被"清流"批评的情况，对此恭亲王等人也对他的遭遇表示同情。

此时自圣彼得堡至上海通电报，而上海到天津仍为传统驿递或通过海轮邮寄。按李鸿章当时所言，电报由俄国到上海只要一日，而上海至京城则要一周甚至更久，后者传播信息需时是前者数倍。在俄国武力恫吓下，战争一触即发，国内及时获取信息非常重要。因此李鸿章借机上奏加紧建设津沪线。此后很多使臣都注意到了电报之于外交的重要性。如一位御史叫陈其璋就曾参劾近来的驻外公使基本不上交出使日记。时任驻英公使龚照瑗议复时便明确说，"交涉日繁，一切紧要关键改用电报传递，以期迅速"，"其电报所不能详尽者，仍借文函申论"，并称电报、文牍俱在，不必为之讳饰。而出使日记并非信息沟通的唯一渠道，希望该御史了解使馆的运作。

2. 技术进步与使臣外交能动性的关系

我认为出使日记此后越来越少的原因可能在于这种信息传递方式滞后于电报。由此，结合皇甫老师序言中所谈到的外交官自主性的问题，我们或可进一步探讨信息传播技术的进步与外交使臣外交权的关系。一方面在信息及时沟通下,使臣或可据此获得更多信息而做出更加有利的外交决策;但另一方面,从外交官个体而言,因信息可以及时沟通,来自国内的政策可以及时影响到他们,因而能动性和灵活的空间可能受限。

3. 驻外公使的个人选择与驻外体制

由皇甫老师序言中几任驻英公使的对比结论,想到了晚清驻外公使个人选择的问题。当时驻外使馆的事务非仅外交,其职能与总署类似,所办之事"固不独繁于六部,而实兼综乎六部"。因为驻外事务繁杂,而公使的精力有限,三年一任后便要回国,加上各自的追求、关怀和重心不一,他们办事总要做选择和取舍。序言中提到刘瑞芬等后任驻英公使与曾纪泽相比,在外交上不积极作为,业绩平庸。这或许是因为刘瑞芬认为此时从英国购买军械和培养军事人才更为重要,这与他跟李鸿章的关系以及筹建北洋海军相关。

郭嵩焘曾言办洋务有三种选择,这种看法同样适用于驻外公使:一是求制胜之术,此为最积极者;二是了事,将事情办完即可;三是敷衍,为之后的升迁作准备。后任的驻英公使薛福成点评使臣,便说刘瑞芬"颇服黄老",信奉无为而治,或许这是他的价值追求。而我以前探讨过的驻德、俄公使洪钧,是状元出身,他就比较重视"立言",他出使时就说"不求有功,但求无过"。他关注当时国内兴起的西北史地学,出使期间就请人翻译西方史籍中的元史和与边疆相关的界图,最后完成了《元史译文证补》,实现了他这位翰林儒士的"立言"追求。因此时外交体制尚未定型,故驻外使臣的能动性和选择空间也就很大。

因有充分自主空间,使臣对西方见闻叙述的文体也就有了不断创新的空间。由张德彝较为全面详细的日记体《航海述奇》系列,到刘瑞芬出使日记的摘选本《西轺纪略》,到围绕某件事的日记体如余思诒的《楼船日记》,再到吴宗濂分记程、记事、记闻与记游的笔记体《随轺笔记》等等,出使日记体裁也在不断发生变化。

4. 驻外使馆中关键性"小人物"

驻外使馆中有些关键性"小人物"也很值得关注,如受公使依赖的翻译、随员、供事等。这些人在向公使提供信息时选择了什么，排除了什么，突出了什么，他们的看法也会影响到公使的判断与决策。如皇甫老师提到的马格里，再如曾纪泽出使时的参赞陈远济、刘麒祥，他们在中英交往和中俄伊犁交涉中起到什么作用。这些人物形象和历史位置现在仍很模糊，就类似戴海斌老师提出的"中等人物"，值得进一步研究。

5.《照会档案》提供的很多个案也非常有价值

如本书第一册第113—119页的英属台湾轮船入福州口岸漏报洋药案。海关本准备处罚船主，而船主英籍，漏报洋药是否应受罚？因此事涉及中英《天津条约》第37款的解释问题。曾纪泽此时连续照会英方，他认为罚不罚船主漏报无足轻重，最紧要的是《天津条约》第37款的文义，对于漏报货物应如何对待，务使两国见解相同。由此可见曾纪泽办理外交有"规久远"的抱负。因此本书对于探讨条约史、翻译史的研究大有裨益。

皇甫峥峥：赖老师问马格里为何主动帮助中国。我认为这牵涉到人性问题，需用传记方式来呈现马格里的性格特征。现虽有马格里传记，但该传记有强烈的为马格里辩护色彩，尚无较中立的传记。不过现无马格里相关手稿，这一问题也很难探究。马格里在伦敦有豪宅、有清政府给他的高薪，他在使馆的工作仅是兼职。以马格里的社会地位，他之所以能够处于伦敦的社会中心，在外交上有如此影响力，与他和清朝的关系密切相关。

与领事裁判权相关照会在《照会档案》中没有很多，我认为这种涉及原则性的问题一般是总理衙门与驻华公使间探讨，驻英公使一般探讨的问题比较小，比较具体。但从小问题中可以看到大的面相。

张老师问外交转型的变化到底有多大。我同意张老师的见解，体制发挥了主要作用。我们往往以外交达到的实际效果评价使馆作用，但从信息传播走向及流转来看，使馆作为信息沟通的媒介往往会造成不一样的效果。因此我探讨驻英使馆，并未强调他们达到了怎样的外交效果，而是认为这是一个转型的基点。

李文杰老师提到FO682的中文信函非常有趣，我认为这里面值得探讨的问题非常多。英国驻华公使致总署函件是中文,致英外务部是英文,两者的联系在于他们给总署的中文信件经逐字逐句翻译成英文后再提交英外务部。我也同意单看照会有各种缺陷,如两国外交官员互相拜访时口头上的承诺都不会体现在照会中。另外 FO17 中还有不少稿件,稿件中体现的改动痕迹也非常重要,能体现照会形成过程中外交官员思路的变化。因此我认为若真正要研究驻英使馆的外交活动,应以《照会档案》为索引,回到原始档案中进行研究。

客居美国的民国史家对美国汉学的影响

主讲者:吴原元,华东师范大学海外中国学研究中心教授

讲座时间:2020 年 11 月 9 日

太平洋战争后,相继有一批中国学人选择客居美国从事汉学研究。1948 年 9 月,陈荣捷在一次演讲时提道:"自从中国抗战以来,美国人就认为对中国需加了解,于是各大学便设立中文系,这么一来,使中国到美国作游客的也被聘任课。最初,美国只有三个中国人是当正教授的,而且含有永久性的是陈受颐,李绍昌和兄弟,那是一九四三年的事了,现在呢,也不很多。在美国担任中国历史文化课程的五六十个中国人中,岭南占 16 位。"另据 1961 年,中国台湾驻美国文化参事处报告,在美国 43 所州大学与 186 所学院中担任教职的中国学者有 1 124 名,其中有 62 位教授中国语文历史。当然,中国台湾驻美国文化参事的报告数字,涵盖了 1949 年后由台湾或香港赴美交流或担任讲席教授的中国学人,比如由台赴美的周法高、全汉昇等人。据此,20 世纪 40 年代前后,选择留居美国并从事汉学研究的民国史家大概有二三十人,其中较有影响者如洪业、萧公权、瞿同祖、袁同礼、杨联陞、何炳棣、邓嗣禹、王伊同、刘子健、刘广京、钱存训等。

一、两 个 背 景

要理解这批中国学人对美国汉学的影响,首先需要理解两个背景。换而言之,要将他们对美国汉学的影响置于这两个视阈之下方能有更为准确的认识。

其一，美国当时的汉学环境及美国汉学所处的发展阶段。哈佛燕京学社第一任社长叶理绥，曾经对美国汉学现状有一个形象的比喻。在他看来，欧洲，尤其是法国，是汉学的"罗马"，而美国则是汉学的"荒村"。他无奈地感叹道："他们这里完全不了解真正的语文学方法，随意翻译汉文文献。你若给他们讲解，他们经常会问 Why，叫你无言作答。"当时，叶理绥还是"促进中国研究委员会"的委员，他发现"大部分成员都是业余汉学家，没有接受过真正的语文学素养训练。"同时代的德国汉学家佛尔克（Alfred Forke）在给劳费尔（Berthold Laufer）的信中写道："这里其实没什么人对汉学感兴趣。学生们只想学一些口语方面的东西，听一些泛泛而谈的讲座课，课上要尽量少出现中文表达方式。"1930 年，美国本土汉学家富路特（L. C. Goodrich）在天津妇女同乡会的演讲中曾指出："近期美国人做了一次有关中国的西方重要著作调查，我发现，145 位作者中只有 23 位美国人，且其中一半不熟悉中文。"

彼时美国汉学家的汉学水准确如他们所言。拉铁摩尔到"满蒙"考察及其名著《中国的亚洲内陆边疆》都依赖于中国学人为其提供翻译、查找资料；费正清虽于 20 世纪 30 年代到北平游学，但其中文水平还非常有限，其后来所著的《中国对西方的回应》以及关于清代文书及行政运转的研究都在相当程度上依靠邓嗣禹的合作；韦慕庭在撰著《前汉奴隶制度》一书时，其有关西汉奴隶制度史料的翻译，则主要是依靠来自金陵大学的虎矫如之帮助。据他自己的回忆，"当要开始将没有标点的中文史籍著作进行翻译时，我需要帮助，我找到一位芝加哥大学的研究生，虎矫如来帮我。尽管他的专业是地理学，但他接受过良好的中文教育。翻译时我会先尝试翻译，然后他对我的译文进行修正。"尤为值得一提的是，1943 年，尚在美国哈佛大学求学的杨联陞曾在致胡适的信中写道："这个礼拜 Wittfogel 在这儿讲几点钟，我还没去听，昨天下午碰见他，一块儿在校园里绕了两个弯儿，他说讲中国上古史不可不念王国维、郭沫若的文章，不可不用金文、甲骨文，如司徒即是司土之类不可不知。我说这些知识，对于中人以上的史学系大学生，不过是家常便饭，无甚希罕。他似乎觉得奇怪。我想这我没有吹牛。我又告诉他甲骨、金文可以用，不过妄用是很危险的。"在美国汉学界享有盛名的魏特夫尚且如此,其他汉学家的汉学水准即可想见。

杨联陞

　　与此同时,彼时的美国汉学正处于转型时期。19 世纪末 20 世纪初,伴随着夏德、劳费尔等一批欧洲汉学家到美国任教,美国的汉学研究开始由占主导的传教士业余汉学研究转向专业汉学研究。在这些来自法德汉学家之影响下,美国的汉学研究亦由此沿袭欧洲汉学模式。劳费尔在 1929 年由美国学术团体理事会主持召开的"关于促进中国研究"会议上指出:我们应大力提倡鼓励研究中国的语言和文学,它是理解一个还未被发现的新世界的一把钥匙,是获得新思想的媒介,同时也是将新人文主义向前推进所必需的重要一步。叶理绥公开宣称,"研究 1796 年以后的事件是单纯的新闻工作",并强调应按"首先需要精通至少两种欧洲语言,然后学习难对付的古汉语,最后才能进行课题研究"的模式培养中国研究人才。

　　20 世纪 30 年代后,受当时国际环境及中美商业利益等因素的影响,美国汉学界有不少人对欧洲汉学模式持有非议与批评。费正清就曾批评道,"汉学家们如果不是语言的奴隶,也已成了语言的仆人","历史学家要利用语言而不要被语言所左右"。1937 年 3 月,美国学术团体理事会的执行干事格雷夫斯在写给费正清的一封信中明确表示："我们必须阻止的正是那种你称之为令人窒息的英国式研究的学院风气在美国得到更大的立足之地。""依我所见,我们要在研究中国、日本、印度、苏联以及阿拉伯世界的过程中创造一种新的观念,或是一种新方法。"另外,值得注意的是,由夏威夷地区关心太平洋地区经济问题的各界人士发起成立太平洋学会,其宗旨为"研究太平洋各民族状况,以求改进各民族间关系",这一区域性团体被费正清称为"出色的学术机构",自 20 世纪 20、30 年代以来主要围绕人口、土地占有、农业技术、工业化、家庭、殖民机构、民族运动、劳工组织、国际政治关系、商业和投资等各方面问题展开研究;此外,学会还积极联系基金会以资助研究者深入中国内地考察。从 1926 年至 1952 年,太平洋学会共出版 249 本书,696 页文件或资料,60 篇专题文章,136 本小册子,46 个项目的有关教育的材料,这些出版物加起来约为 114 466 万页。太平洋学会在一定程度上可以说是促使美国中国研究转型的一大重要动力。

1942 年太平洋战争的爆发,则为美国汉学研究转型添加了强大的助催剂。卡梅伦即如是言道:"美国卷入远东战争,美国对于远东的态度产生了一场至关重要的革命。没有其他任何区域研究被如此深刻的影响着。"费正清亦这样评论道:"对于亚洲研究的发展而言,最大贡献者莫过于日本的陆海军,它在一夜之间给予日本研究和中国研究的资助与鼓励远远超过了这之前二十年和平时期所提供的。"

太平洋战争的爆发从两个方面推动美国汉学的转型。一是研究方法。太平洋战争期间,为了更好地收集和分析有关远东的情报,美国专门成立了战略情报分析处。该分析处"让许多不同学科专业的研究人员从事同一项研究计划",这种"战略情报研究方法"一方面促使各种社会科学介入远东研究,另一方面亦有助于推动形成跨学科研究方法。太平洋战争对于美国汉学转型的第二个重要影响,在于促使美国的中国研究更加以近现代中国为关注的中心。卡梅伦(Meribeth E. Cameron)曾经很精辟地指出,"如果远东问题专家曾经是在学术象牙塔中保持超然态度的话,在战争期间这种态度理所当然的被他们抛弃。战争期间的经历和对远东研究的现实需要极大的影响了他们未来的教学与研究。"史华慈亦回忆说,"作为第一批研究生之一,我在约翰从战乱中的中国回来后,在哈佛遇见他,我们马上被他的不可阻遏的紧迫感所感动";这种紧迫感就是"尽可能多地增加我们对现当代中国的理解"。

这种对现当代中国理解的紧迫感,随着战后中国内战,尤其是中华人民共和国的成立而更为强烈。在美国学者看来,中国研究的大问题是怎样理解"共产主义中国"。许多汉学家进入中国研究领域是因为他们对中国文化的爱好和认同,尤其是其(精英阶层的)"大传统",但中华人民共和国则明显拒绝了那个传统而拥抱了马列(共产)主义,并且是在"冷战"的大环境中作出了那样的选择,他们需要理解其中到底是什么原因。戴德华即呼吁道:"由于共产主义的威胁,学者们有责任和义务为理解那些不发达国家的社会发挥其应有的作用。……其中,应重视对共产主义在中国发展过程的研究……毫无疑问,共产主义社会是非常难以理解的。摆在我们面前的问题,是对我们整个社会知识的挑战,它需要应用我们各种学科知识。"由此,社会科学的引入和关注近现代中国成为两大特点。林德贝克指出:在1950年代中期以前……历史学在中国研究领域中占据了中心地位。历史学家与中国或远东语言文学系的语言教师共同努力,为美国的中国研究奠定了基础。在最初阶段,学生们需要对一个完全陌生的社会有一个总体印象,历史介绍显然是必不可少的。……然后,自二战结束以来历史学已无法满足新的需求。在西方国家与虚弱而又无组织的中国的早期接触时,中国的过去是主要的迷人之处。现在,当前的趋向占据了中心舞台。中国的经济能力、政治体制、社会结构成为国内外关注的中心。来自非学术世界的迫切要求,使得社会科学家显得尤为突出。

其二,客居美国的民国史家身处的社会与学术环境。对于这些客居美国的民国史家来说,他们到美国后获得了稳定的生活与学术环境。然而,他们亦失去在中国社会中所有的支援系统;更重要的是,他们作为"学术难民",寄人篱下,面临着无奈与困顿。首先是美国社会对华人的歧视。"往昔中国留学生因非美国公民,无权居留,不易谋职,毕业后便束装归国,盖前途在祖国,海外芸窗生活,不过以羁旅视之。华侨土生,虽生长于斯,因受种族

歧视,此丙种公民,亦无出路。其家境许可而有志入大学者,多习医科牙科
或预备接办移民案之法律系,此外无为焉。如习其他学科者,不过预备返回
祖国,另寻生活之计耳。"20 世纪 30 年代曾赴美国留学的周一良先生回忆
道:谈到住房,不能不揭露美国那时的种族歧视。房东太太往往对东方人偏
见很深,不肯把房间租给中国学生。有时外边贴着"出租",开门看见黄皮
肤,立即说已租出,甚至更恶劣到一言不发,予以闭门羹。租公寓尤其如此,
他就碰到多次。1943 年,美国虽废除了《排华法案》,但美国社会对华人的
歧视依然存在。许倬云曾提道:"早期华人在美国饱受歧视,50 年代我在美
国芝加哥大学当学生时,华人连住家都受到歧视,根本不可能在某些白人社
区买到房子。1972 年我在美国买房子还听说过那一段历史,买屋还得左邻
右舍签字同意,才能成交。"其次,对于这批客居美国的中国学人来说,他们
在美国学界倍受排挤。陈毓贤在撰著《洪业传》时即指出,当时在美国教书
的华人是相当尴尬的,他们的中文程度远在同侪之上,对中国政治社会、文
学、历史都有较深的认识;可是那年代美国种族成见仍深,一般只请华人做
副手,有名望的反而不聘用。袁同礼晚年在美国国会图书馆当一个普通的
编目员,用唐德刚的话说很"屈就"。袁同礼对唐德刚说其理由,第一是养家
活口,第二是为了将来的养老金,以保晚年。然而,从国立北平图书馆馆长
到编目员,隐忍淡定的工作成就了一个目录学家。傅安明在纪念袁同礼的
文章中曾说:"终身忙碌,终身快乐。即在快乐忙碌之中,完成一生之志业。"
杨联陞在日记中亦如是描述:"李田意来信,云 crump(自名迂儒)不肯在
AAS 年会文学史节目中加入李文(讲三言二拍)亦因 crump 自己要讨论此
题,怕相形见绌。毛子可恨如此。"再次,他们还面临着学术观念的冲突。受
中文能力限制,大多数美国本土汉学家无法阅读汉文史籍原典;正是因为如
此,美国学者常依赖社会科学的理论和方法。换而言之,美国学者所研究的
史学问题不是从阅读中国史籍本身中所申发的问题,而是源自社会科学的
理论和方法。费正清即曾坦言道:"我仅设想我的职责是阐述事实,而答案
则让它自己冒出来。前来听课的研究生不久即粉碎了我那种只讲事实,不
提论点的借口。他们只不过问些并不简单的问题,但我立刻意识到,任何阐

述的事实都已在种种预想的框架中,而事实叙述者的首要之事,就是必须注意自己的设想框架。"然而,在中国学人看来,这种研究方法不可取。萧公权主张"放眼看书,认清对象,提出假设,小心求证。这一步工作做得相当充分了,不必去大胆假设,假设自然会在胸中出现,不必去小心求证,证据事先已在眼前罗列。其实假设是证据逼出来的,不是我主观的,随意的构造。"杨联陞同样认为治史者必须通训诂,在其所有的著述中,屡屡反复提示:中国的各类历史文献都有其耐人寻味的"训诂"问题,治史之士首先要深探到中国文献的内核,尽其一番曲折,然后才进一步提出一己之所得。

正因为如此,这批中国学人在美国的心情并不顺畅。萧公权在给胡适的信中如是写道:"我承华盛顿大学约来任教,并参加远东学院十九世纪中国史的研究工作。到此方知 Wittfogel(魏特夫)被奉为'大师'。因此研究的方法和观点都大有问题。如长久留此,精神上恐难愉快。"杨联陞在日记中表达了对费正清的不满,"费所谓 integration 非奸人盗窃即愚人盲从,决非大学者气象,原定 22 开会,提前一天,似乎故意不等广京,亦属可恶"。刘子健曾对到普林斯顿大学访问的郭廷以大诉其苦,他觉得普大东方研究为一些洋人学阀所垄断,他们其实没有什么大学问,空有架子,却仗势欺人,独占性和排斥性很强。何炳棣在其回忆录中透露了他与顾立雅之间不和的关系,"顾立雅为人傲慢,辞色之间不时有鲁莽令人难堪之处"。王伊同在其《读费正清〈五十年回忆录〉》的未刊稿中对费正清如是评价道:"费君正清,年七十五,幡然老矣。治清史,执美国汉学牛耳,达四纪,号儒宗,而君亦自居而不疑。吁嘻,费君诚儒宗哉! ……夫文字之未通,费君诚儒宗哉! 其治清史也,典章仰诸邓嗣禹,督抚科道胥吏公廨之制,拱手瞿同祖,清史目录,则唯刘广京是赖……吁嘻,费君岂儒宗哉,盗名欺世已耳!"

余英时曾就中国学人在域外的汉学研究之心境分析道:"在正常情况下,人文学者在出国深造之后,总是愿意回到自己本土的学术环境中去工作,一方面可以更新本土的研究传统,另一方面也可以使个人的长处发挥得更充分。在抗日战争之前,中国文史学界虽然承认西方的'汉学'有它的重要性,但同时终不免把'汉学'看作边缘性的东西。因此,第一流中国文史学者都宁可在国内发展自己的研究传统,而不肯长期留居西方做汉学家。"确如其所言,这批中国学人虽客居美国,但他们的内心深怀对中国文化的眷恋。萧公权旅居西雅图时,曾填《少年游》四阕,其一曰:游人未拟滞天涯,银汉待回槎,莺燕飞时,烟尘定后,重谱洛阳花。高歌何处无明月,何处不宜家,试问从来,可容词客,头白住京华。1985 年,杨联陞写了一首《梦中无路不能回家,甚觉急躁》的诗:梦回身尚在天涯,花果飘零哪是家。重庆高堂童最乐,儿孙别辈壮勘察。每因长夜怀师友,更假余年念清华。空里游尘何处寄,东西南北总恒沙。刘子健在美国从事教育和研究多年,但自号"半宾居士",其恋乡之心表露无遗。1968 年,刘子健在日本京都停留时,曾赋感怀诗二首,其中一首为:独游重到洛京边,愈欲吟诗泪竟先。点点青山思故国,悠悠秋水共长天。何堪归雨终分袂,偶有新知且并肩。日月如梭飘泊度,支离忍性乐耕研。据陈毓贤所记,洪业死前五天,一度神志昏迷,向身旁的孙儿说起福州话来,中国知识分子身在林泉、心怀魏阙的本性可见一斑。

二、贡 献 与 影 响

就中国学人对美国汉学的贡献来说,主要体现在以下四个方面:

其一,协力培育美国汉学的基础。20 世纪 40 年代的美国汉学仍处于奠基发展时期,其汉学基础非常薄弱,留居美国的民国史家利用自身语言优势和汉学学养,从四个方面致力于培育美国汉学基础。

1. 助力汉籍文献资料建设。裘开明从 1927 年起至 1965 年,服务哈佛燕京东亚图书馆将近 40 年,图书馆从最初的仅有 4 500 余册中文藏书发展到裘氏退休时拥有 6.8 万余种、28 万余册中文图书,中文馆藏数量增加了近62 倍。正因为如此,1965 年,当裘开明从哈佛燕京图书馆荣休时,《哈佛亚洲研究》为纪念这位伟大图书馆学家,特别将第 25 卷献给他以表达敬意,并题写谢词:"感谢四十年来他为图书馆、学者、学生及其在图书馆管理方面所作的真诚奉献。"邓嗣禹自 1950 年到印第安纳大学任教以来,印第安纳大学图书馆的中文藏书,则从 1950 年的四本中文书发展到 20 世纪 70 年代成为美国东亚藏书的一大重镇。1988 年，邓嗣禹去世后，由邓嗣禹一手创建的印第安纳图书馆专门在东方书库做了一面纪念碑，上书"纪念邓嗣禹教授（1906—1988），勤奋而又多产的学者，本校东亚图书馆的奠基者和不倦的支援者"。钱存训就职芝加哥大学图书馆后，大力采购有关近代中国的资料，

裘开明　　　　　　　　　　　邓嗣禹

钱存训

尤其是报刊、官报、地方行政资料以及中国战乱期间的文献和出版物；搜集古籍善本和与教研相关的特藏。当钱存训于 1978 年退休时，芝加哥大学负责学术资源的副校长哈里斯(Chanucy D. Herris)致函称："我能与你共事多年，不胜荣幸，同时谨代表学校对于你建设芝大远东图书馆所作出的杰出贡献，深表谢意。你在将原有规模很小的中文藏书发展成为一个主要的、国家一级的远东图书馆的过程中，起了关键性的作用。"

2. 汉籍进行整理与编目。裘开明先生第一次运用现代图书分类学理论，借鉴杜威十进图书分类方法，按照中外图书统一分类的原则，创立了一套新型的图书分类法——汉和图书分类法。该分类法将图书类分为 9 个大类，即：(1)经学，(2)哲学宗教，(3)史地，(4)社会科学，(5)语言文字，(6)美术，(7)自然科学，(8)农林工艺，(9)丛书目录。

汉和图书分类法的特点有三：整个分类体系在类目设置上既考虑到新的学科，又照顾到我国古代旧经籍(包括古代日本汉籍)的特点；该分类法打破了过去中国历代各种分类法所采用的类目标引方法，而代之以号码标记，并对中国古籍与现代图书在标记上区分开来，即将古籍用三位数字标引，其余图书用四位数字表示；该分类法将"丛书目录"单独列类，这体现出整个分类法既以学科内容为类分标准，同时也考虑到图书本身的形式特征。钱存训则以一人之力历时十年将接手时的七万册线装书和从芝加哥纽柏利图书馆馆购得的、已故汉学家劳费尔(Berthold Laufer)在清末从中国购回的两万余册中、日、满、蒙、藏文图书全部整理编目，从而使得这些重要的收藏得以方便师生及研究者使用。吴光清于 1938 年从国立北平图书馆编目部主任任上受邀到美国国会图书馆东方部工作，协助该部主任恒慕义(Hummel Arthur William)进行中文图书采访和编目。1945 年，他编定一部《中文图书分类法》，在美国国会图书馆试用，一度影响很大。超过 10 万册的中文图书采用该分类法编目排架，直到 1957 年国会图书馆全部采用新分类法后才终止使用吴光清的分类法。

3. 协助编纂汉学书目。目录是治学的基础、研究的指南。利用目录是作任何研究的第一步，从选题、拟定大纲、搜集资料、写作，到编制参考书目，都必须首先检查目录。借助目录,既可以确定前人有无相同或相近的著作,又可了解相近的著述以丰富内容,同时可以依靠各种目录尽可能搜集完备的资料。袁同礼先生是中国近代图书馆事业的奠基人,同时也是中国西方汉学文献学研究的开拓者。他继法国汉学家考狄的《西方汉学书目》的传统,编纂了《西方文献中的中国:续考狄中国书目》一书,该书目收录包括自1921年至1957年以英法德文所发表有关中国之著作18 000余种。同时,他先后编制了《俄文汉学书目》《德文汉学著作选目》《新疆研究丛刊》《中国留美博士论文目录1905~1960》《中国留英及爱尔兰博士论文目录1916~1961》《中国留欧大陆博士论文目录1907~1962》《现代中国社会经济发展资料指南》《中国数学书目》《胡适先生西文著作目录》《中国艺术考古西文书目》(未竟,Harrie A. Vanderstappen续辑完成),并续辑了王重民的《美国国会图书馆中国善本书目》。费正清在刘广京的通力协助下编纂了《近代中国:1898—1937年中文著作目录指南》;在哈佛大学的美国远东政策研究委员会支持下,历时五年之久与艾文博(Robert L. Irick)、余英时共同合作编纂了《中美关系,1784—1941:哈佛大学所藏中文史料调查》;此外,刘广京于1964年出版的《美国人与中国人:历史性短评与书目》,书目构成了此著的主体部分,绝大部分由鲜为人知的西文文献组成,分为四大类:收藏在美国的非官方手稿和档案;在中国服务过的美国人如传教士、商人、旅行者、外交官等以及在美国生活的中国人的传记、回忆录和已出版的信函;在美国、中国及香港出版的英文报纸期刊;参考文献。1947年移美的钱存训,于1978年出版了《中国:书目解题汇编》所解题的条目总计收入了超过2 500部,主要是英语、中文和日语,还有一些俄语、法语和德语以及其他欧洲语言的文献,其所收文献一直到1977年末出版的著作。

4. 汉学基础项目的主要承担者。恒慕义主编的《清代名人传记》,因得到中国学者房兆楹夫妇的帮助与合作,成为在学界颇受赞誉的著作。正如费正清所说,所有美国学者的贡献都远远逊于恒慕义请来的两位高级助理——房兆楹、杜联喆夫妇,他们"按照恒慕义博士的编辑宗旨编纂出版了独一无二的关于中国的最重要的外文著作"。富路特主持编撰的《明代名人录》亦同样受益于房兆楹。狄百瑞曾如是评价道："他在这部著作中的角色由其作为合作编者即可知得到承认。这意味着作为由美国出版的两部最为不朽的汉学著作的合作编者，他的名字在西方汉学学术史上将成为不朽。"德效骞(Homer H. Dubs)英译的《汉书》之所以被誉为"标准的中国史著英译本，在西方汉学界应处于一流地位"，其中很重要的一个原因正如杨联陞所言，"潘硌基(P'an Lo-chi)作为其中国合作者"。魏氏主持的中国历史编纂计划，最终正式出版的成果是魏特夫、冯家升合著的《中国社会史——辽(907—1125)》。这部书分为两部分，第一部分为通论，由魏氏执笔；第二部分为资料汇编，主要由冯家昇来搜辑和甄选，并加以注释。正因为如此，魏氏在该书的总论中高度评价了合作者冯家升的出色工作："他在文字材料方面的非凡知识，使他非常适合于作选择、翻译和注释等学术工作，而这些工作则是进一步开展一切工作的依据。"在梅谷主持编撰的三卷本《太平天国：历史与文献》一书中，所收集的391份有关太平天国原始文献中相当一部分由张仲礼英译。费正清与中国史学研究者合著的著述中，亦主要由中国史学研究者负责材料的收集、整理和英译。《中国对西方的反应》共65篇重要文献，邓嗣禹"起草了其中的大部分的译稿并汇编了我(费正清)编写的有关其作者的大部分资料"，"后来又有两个非常能干的学者房兆楹和孙任以都参加进来，担任部分翻译工作"。

颇为有趣的是，德国汉学家海尼士(Erich Haenisch)曾指出："利用中国助手以解释例证，代寻引证，及解决语言困难问题之办法，在东亚居留之西人固常用之，即在欧洲方面之汉学家亦尝为之。"这种情形在美国汉学界更为普遍，拉铁摩尔坦言道："在美国职业汉学家中流行的姿态是，声称或者有时假装自己的汉字写得如此之好，以至他们亲自做全部的工作。事实上，他们大多数人依靠懂英语或法语的中国人来承担为其搜集材料的主要工作，自己只是将其润色一下。"实际上是自20世纪30年代以来中国史学研究者与美国汉学家间更为常见的合作形式。20世纪30年代嘉德纳在北平进修期间，聘请周一良担任其私人秘书，任务是替他翻阅有关东方学的刊物，作成论文摘要。后来由于周一良领取哈佛燕京学社奖学金，要去哈佛留学，于是周一良推荐杨联陞，由杨联陞接任，帮其买书及为中日文论文作英文提要约一年。德效骞英译《汉书》，借助于任泰、潘洛矶等三位中国学人；韦慕庭译注西汉奴隶制史料时，得益于来自金陵大学虎矫如的帮助。这些中国学人在中国现代史学学术史上，并不太为人所知，他们作为中美汉学学术史上的"棱子人"，随时空的变换消失于学术史。

其二，矫正美国汉学发展中的流弊。1960 年，杨联陞在华盛顿大学召开的中美学术合作会议上，借用傅斯年讥讽拉铁摩尔的云林之喻，指出美国人研究中国史往往富于想象力，如果不加以适当控制，他们可能会"误认天上的浮云为地平线上的树林。"他在写给女儿的信中曾提及说，"西洋人对于古汉语的误解，可以出一本《笑林广记》"。萧公权曾如是描述美国汉学界的中国史研究景象：各大学里有些研究中国历史的美国学者，不愿（或不能）广参细考中文书籍，但又必须时时发表著作，以便维持或增进他们的声誉，或博取升级加薪的待遇。天资高一点的会从涉猎过的一些资料中"断章取义"，挑出"论题"，大做文章。只要论题新鲜，行文流畅，纵然是随心假设，放手抓证的产品，也会有人赞赏，作者也沾沾自喜。这种作风竟有点像王阳明在《书石中卷》中所说："今学者于道如管中窥天，少有所见即自足自是，傲然居之不疑。"在邵东方看来，美国的汉学研究呈现"钢筋（概念构架）太多，水泥（材料）比较少，个人发挥太多"之特点。

针对美国汉学之流弊，这批中国学人都尽其所能予以校正。仅以杨联陞为例，中古史名家严耕望曾这样看待他的同辈："莲生天分极高，学问极博，自己谦称杂家，其实他的学术触觉灵敏，境界很高，常能贯通各方面的知识，提出新颖论点，岂只他自谦的'杂货摊'而已！他通晓数国语文，凡中外学人讨论中国学术问题，他发现谬论，必直言批驳，不留情面，为国际间公认的汉学批评名家。莲生亦自谓为'汉学的看家狗，看到人家胡说，必高叫一声'，不啻是胡说的一股吓阻力量。"杨联陞在书评中，常就西方汉学学人对中国史籍的错误解读进行批驳和指正。华兹生英译《史记》时，将"旦暮"理解为"早晚"、"郎中令"解为"宫廷侍卫"、"南海民王织"理解成"织，南海王"、"仕宦"理解为"朝臣和太监"、"长公主"理解为一个人名字等错误。李约瑟在其著述中误解四七二十八、三八二十四这样的简单计算却说原文四七、三八恐有误字、将"六博"这种游戏理解为"六位博学的学者"并将"泥靴"误解为"泥船"。杜润德在其《唐代财政管理》中,将意为"免除税赋作为补偿特殊劳役服务的方式"的"以色役免"误解为"逃避特殊的劳役服务",其意为"除了征收实物外"的"兼调"理解为"以实物偿付的补充税",其意为"由于所供物品非常轻微,因此他们很容易提供"的"所贡至薄,其物易供"理解为"所供物品质量非常差,他们可以被交换","吏畏如夏日"其意不是"在夏季他的下属很暴虐"而是"他的下属怕他就像夏季的太阳","无物不取"其意不是"如果没有东西,他们就不能拿走什么"而是"没有什么东西他们不想拿走"。1951 年,剑桥大学退休的 Moule 教授面对去看望他的杨联陞,突然问道,"你想我们西洋人真能读懂中文吗?"杨联陞笑答,当然可以,只是程度不同而已。

杨联陞在书评中,不仅指正对史籍的误解,而且借助书评使美国汉学研究界形成有益的"舆论监督"和"公共批评"。他在评论郝立庵(Leon Hurvitz)的《魏书·释老志·释部》英译本时,杨联陞特意将其译本同魏楷(James R. Ware)发表在《通报》第 30 卷上的《魏书·释部》译本、周一良关于魏楷译本的评论文章进行对照核查,指出:"令人遗憾的是,赫立庵似乎没有足够认真阅读魏楷的论文或周一良的评论。"最后,杨联陞还加重说明:"无论什么时候,前人学者已认真将中文文献译成一种西方语言,不管其翻译是二十、三十甚或有时是五十年前,后人再译注时,认真细致的参阅前人译本是明智之举。"在评论华兹生两大册的《史记》英译时,杨联陞指出作者在英译陈涉列传时不应将"骊山徒奴产子"译为"卒、奴隶以及他们在骊山的儿子们",因为卒是指征集自己服兵役或力役中的平民,而徒是指被判处一年至五年徒刑的罪犯,这句话乃指的是"骊山的囚徒和可能来自帝国境内各地的奴隶之子。"由于卒与徒之区分,在沙畹、德效骞(Homer H. Dubs)、韦慕庭以及何四维(A. F. P. Hulsewe)等诸家的著作中或提到过或作具体讨论,故此杨联陞直斥作者:"这种对制度史的无知实在不可原谅,何况韦慕庭、何四维等人的扎实作品一点都不难得到!"

其三，深化了美国对中国的认识和研究。美国学人受西方中心观的影响，往往采用的是以近代西方文明为判别文明的唯一标准、西方近代化模式为文明发展唯一模式的二极思维。这种以西方文明作为衡量其他非西方文明的思维方式，即使得他们在理解中国尤其是传统中国时产生了诸种颇为流行的错误认知和观念。关于中国的世界秩序观，西方人常认为中国之世界秩序是一个以中国为中心的层级体系，在这一体系内中国是内的、大的、高的，而蛮夷是外的、小的和低的。西洋学者论中国史，常用"朝代循环"一词，认为中国以往缺少进步、进化观念，中国人理想中的黄金时代是上古。关于中国传统史学，西洋人多认为中国传统史学实为儒家史学，而儒家史学旨在为道德服务，故是有史而无学；没有史学观念的中国史学，只能收集与编排史料，缺少辨别真伪的能力；只知编年，而殊乏综合与解释的技艺，以至于史学意识停留在相当低的层次；对于中国的史官制度，则认为官修代表官方立场，史官为政府所雇用，必具官方的意识形态与偏见，甚至往往有违真实，无从具有个人独立的观点与立场。对于这些错误理解，杨联陞在《从历史看中国的世界秩序》一文中开篇即指出："对整个中国历史加以观察，即可发现这个多面的中国中心之世界秩序，是在不同的时间，从许多程度不一甚至有时几近于零的事实上建立起来的一个神话。"他在该文中通过考订蕃、番与藩三字在中国国际体系上的认识差异，认为"中国的内服、外服是一个值得注意的重要观念"，但"内、外只是比较而言"，"由于军事、文化扩张的结果，一些外服可以被并入内服，所有诸藩都有变成外藩的可能，或者更通俗地说，所有生蕃都可能变成熟蕃"。更重要的是，"内外相对的用法，并不意味着中国和邻邦或藩属之间没有疆界"。最后，杨联陞特别指出："讨论中国的世界秩序，尽可能分清神话与事实，当属重要，两者都可彼此影响。一个人可以说神话是一个文化的或心理的事实，但是无论如何要和政治事实分别清楚。"在《国史诸朝兴衰刍论》和《朝代间的比赛》两文中，杨联陞则针对西方学界所流行的"朝代循环论"进行批驳。他在《朝代间的比赛》中指出，中国虽有崇古思想，但并不是说事事今不如古，"宋朝以来，更常常有人列举若干条'本朝事胜前代'之事"。为此，他在该文中搜罗了大量有关朝代间比赛的记录或后人的评论,并加以分析。在他看来,"只有在做完所有必要的检查之后,我们才可以对不同的形态加以得体的比较与解释。也只有如此,我们才可能断定,就那一层意义而言,中国历史上各朝各代间是重复着同样的循环,还是展开着不同的循环。"……杨联陞认为,"研究历史,除掉兴亡之外,还要看全部的盛衰得失,从各方面分看,再合拢起来看,这样画成若干条或再简化为一条起伏线,代表一朝的大势,才好作精细的比较"。有关西方对中国传统史学的错误解读,他曾向西方学界这样评述中国官方史学:"白乐日曾经一针见血地指出,大多数中国史书,都是'官僚所写,写给官僚看的'。不过,这并不就是说中国的历史记载因此就一点用处也没有。即使在提供有用的历史参考,或说'资治之鉴'的有限目标里,中国史家也信守保存信而有征之记载的信条,而且在记注之时,对成败得失全加报道,无所偏颇。他们为近代史家留下一笔丰富的材料。用经济史的术语来说,这不仅让历史学家们能够重建一个相当清楚的公共财政图像,而且也能重建一些民众生活史的外貌与细节。"与此同时,他在《帝制中国的作息时间表》中,对中国帝制时代二十一个世纪中的作息时间表进行考察,所要揭示的是"帝制时代中国的各个团体觉得遵行规律的作息时间表是很自然的,古代传统所强调的美德是勤",并借此驳斥了现代西方人时常批评中国人在日常事务上缺乏时间观念。由此,他告诉人们:"在机器时代以前,中国是一个农业国家,没有特殊的需要去注意一分一秒的时间。传统对勤劳的强调及遵守作息时间表的习惯,大概有助于中国这一个长久的帝国的维持,而这些因素无疑地将会证明有助于中国的工业化和现代化。"

再以刘子健的宋史研究为例,以往的研究多基于作者所处时代的政治环境来看待王安石,以致绝大多数都将王视为一个现代的社会主义者或自由主义者。刘子健则与之不同,他将王同 11 世纪中国的政治环境、问题和思维模式联系起来进行考察。如此,他为我们描绘了富有变化的思想运动、官府机构及官僚的力量及薄弱之处以及这些是如何影响王安石的个性及其信念。过去谈及官僚的类别与士风时,多喜欢以道德区分,如君子与小人、循吏与酷吏,俨然壁垒分明。刘子健则从理念及行为入手,指出他们的异同。刘子健运用这种动态的研究方法,注意客观环境与主体人格的相互作用,借此检讨君主权力的运用范围及其困难、北宋君主的特性,从中归纳其演变轨迹:从创业型变为守成型,当守成出了问题以后,唯有变法型和倦勤型这两种可能。受日本汉学家内藤湖南和宫崎市定的"唐宋变革说"的影响,费正清在其与赖肖尔合编的《东亚:传统与变迁》一书中,认为晚唐至宋初时中国通过"文艺复兴"已步入"近代初期",他们在书中从政治、商业革命、思想文化等多方面进行非常精彩的描述,给西方世界的学生制造了一种强烈的印象,中国从这时起一直到 17 世纪或 18 世纪一直领先于欧洲。在刘子健看来,所有这些听起来的确相当"摩登",但这种观点却不无漏洞:宋代中国之后,既没有持续的近代化进程接踵而至,以后也没有出现近代化的发展。近代化的外表之下,却自相矛盾地生长出顽固的传统。针对唐宋变革说,他创造性的提出在北宋晚期至南宋时中国出现的大分际,此时中国出现了一个融合有旧传统及新成分的新传统,宋代以后的中国或可称为新传统主义的,因为它重新发展了中国文化,在旧的基础之上萌生新的变化,新的变化又融合为悠久传统的一部分。正是两宋之际中国所出现的这种转向,导致中国趋向于停滞,一直无法开启近代化之路。

刘子健的晚清史研究,则修正并丰富"刺激—反应说""儒家文化障碍论""晚清督抚专政"等美国中国研究界所流行的错误观点。比如,他以晚清航运业为例,指出中国的资本主义企业是受到西方贸易刺激而主动出击的结果;在西方的冲击之下,清政府和中国商人是愿意为那些与外国公司有效竞争的企业投入资金和人才,也愿意充分利用中国买办的丰富商务经验,并引进西方的营业方式,以此回应并打击外国竞争者。简而言之,当刘广京开始接受费正清的"冲击与回应"这一范式时,如陈永发所说他保留有中国民族主义的视角和观点。对于儒家文化与洋务运动之间的关系,刘广京强调19 世纪早期经世思想的遗产及其对曾国藩、李鸿章等人的影响,尤其是魏源经世思想中有丰富的思想源泉可为中国的改革思想家所汲取。比如,儒家传统中诸如忠义这类儒家价值,在为中国知识分子向西方学习打开方便之门的同时,亦为一系列值得高度评价的改革提供了推动力。刘广京通过其研究向美国学者展示中国历史遗产与中国现代化之间的复杂关系,提醒美国学者不应用二极对立的思维方式去看待中国历史遗产,应注意历史的多面性。在美国研究晚清政治史者,多半有一基本假定,即咸丰同治两朝,因太平天国起事后平乱措施之结果,各省督抚权力扩张,造成"外重内轻"的局面。关于清末督抚权力之探讨,他认为实可归结为两层问题:其一是咸同之际督抚究竟如何权重,其权重在何处?其二,咸同之后清廷对各督抚是否失去控制权,而听其"专权"或"自治"。咸同之后清廷之所以能有效控制督抚,乃基于晚清政治这两个最根本之事实:其一为传统儒家之忠君观念之根深蒂固;其二为朝廷对督抚之任免有绝对之权柄。忠君这一儒家传统虽容许实用的革新和改良,却使清廷委任地方官员的权威从未受到过质疑。韦伯在《中国的宗教》一书中,把儒教称为"正教",而把道教和佛教视为"异端"。韦伯学派把中国帝制时代的儒教和正统观念归结为阻碍了社会经济进程的礼仪和传统主义。新韦伯学派看来,构成中国文化核心的是一些规范做法,是礼仪的奉行,而不是信仰体系的接受。刘广京认为韦伯是把欧洲的正教观念运用于中国,牵强于儒教。他提出,在中国的帝制时代,正教的关键是礼教,即"礼和伦理的教义",这种"以制度和礼仪为基础的伦理",是以"三纲——父子、夫妇、君臣之道为中心,以祭祖、婚礼和复杂的朝仪仪式化地表现出来"。正教确实包括了孝、忠等儒家思想的因素,但另一方面也包容了命运、天和其他迷信观念。尽管正教的关键点在礼仪和伦理方面,但中国帝制时代的儒教是根植于以阴阳二无观念和对命运及先祖灵魂的信仰为中心的世界观。主张历史学家在分析中国文化和宗教时应使用"宗教多元论和道德正统观"这样的概念。

其四,开拓美国汉学研究新领域。自 20 世纪 40 年代以来美国汉学界对于近现代中国的研究,往往侧重探讨西方入侵如何左右中国历史,所关注的主要是鸦片战争、太平军起义、中外贸易、通商港口的生活与制度、义和团、孙中山、外交关系、传教事业、日本侵略等西方自身最关切的问题。不少史家迫于在美国学术界立足之所需,将自己的研究方向转至近代中国历史:

萧公权由中国政治思想史领域转向从事近代中国研究;邓嗣禹由原来的中国文化和制度改以中国近代史为主,不仅其在哈佛大学的博士论文是以《张喜与南京条约》为题,而且此后亦潜心太平天国和秘密会社研究;瞿同祖则由两汉社会研究转向致力探研清代地方政府的组织,出版《清代地方政府》一书;从事五朝史研究的王伊同,以《中日间的官方关系:1368—1549》为题获得哈佛大学博士论文;刘广京移美后,致力于晚清经世、传教和自强运动等方面的研究。

这一时期在美华裔汉学者虽身处美国学术环境,但其研究与美国本土学者有着显著不同。他们注重采用"局内人"的视角或者说"内部的取向"研究明清时期中国社会状况及其内在变迁,力求透过历史的表象洞察历史内幕,描绘出充满变化与差异的社会图景,再现传统中国社会历史的实际面相。瞿同祖的《清代地方政府》、萧公权的《中国乡村》、张仲礼的《中国绅士》和《中国绅士的收入》、何炳棣的《明清社会史论》即是其中最为典型的代表。瞿同祖、萧公权、何炳棣、张仲礼这些出生于中国本土的学者,与西人相比对传统中国社会的理解有着天然优势,加之他们移美前已通中国传统学问,故他们能就传统中国的制度及实际运行作出深入而富有价值的研究。卫德明即曾直言道,自19世纪以来,西方已有大量关于帝制时代中国政府及其行政管理方面的论著,但它们代表的是"局外人"的观点,"他们无法洞彻帝制时代中国政府尤其是地方政府的真正运作"。崔瑞德在评述瞿、萧、张三人的著述时所说:"有关维系帝制中国的制度及其运行的探讨,实由这些在美国从事研究的中国学者所开创,这些作者已掌握了处理史籍的传统技能,他们对于直到其童年时代几乎都没有变化的社会体系有着近乎天生的本能理解,同时他们兼通现代西方的研究方法。"莫里斯·弗里德曼(Maurice Freedman)则认为他们的研究为美国中国研究学界打开了一扇窗:"最近几年来,美国大学出版社陆续出版了一些有关近代中国社会的具有革命性的著作。如果集中阅读萧公权的《中国乡村》与何炳棣的中国人口研究著作以及瞿同祖最近出版的关于中国地方政府的研究著作,我们必定会对近代中国社会这一课题有一种非常全新的见解。"

三、民国史家对美国汉学影响的思考与启示

在客居美国的民国史家对美国汉学影响这一个案中,值得关注与思考的是,在书写美国汉学发展史时,我们必须重视审视知识移民在美国汉学发展过程中的作用与影响。在一定程度上,美国中国研究能够从荒村发展成为今天国际汉学界的"罗马",与知识移民是分不开的。纵观美国汉学发展史,我们无一不见外来知识移民的身影。20世纪初,劳费尔、佛尔克、卡鲁斯、夏德等欧洲汉学家相继移居美国,他们将欧洲汉学的学术传统带入美国;希特勒的反犹太政策使许多德籍犹太学者辗转来美,艾伯华、卫德明、梅谷等人,他们为美国汉学研究注入活力。20世纪50、60年代,日本汉学界提出的东洋/中国之变、中国国家特色理论及内藤唐宋转型理论所涉及的中国"近代的起点"等问题被引入美国汉学界,并融入美国汉学研究之中,成为讨论聚焦之处。自1879年浙江宁波人戈鲲化受聘到哈佛大学以来,不断有中国学人留居美国,知名者如赵元任、李方桂、萧公权、洪业、杨联陞、邓嗣禹、刘子健、陈受颐、何炳棣、袁同礼、钱存训等。

另外一个值得关注和思考的是,身处域外的中国学人之汉学研究如何定位?著名学者余英时在为刘正所著《海外汉学研究》一书撰写的序言中提出:"中国以外的汉学和中国学人在同一领域中所发表的汉文论著究竟是属于同类的,还是异质的?"他说:"自20世纪初,特别是五四的整理国故运动以来,中国原有的经、史、子、集四部系统已全面崩解,代之而起的正是西方的学科分类系统。从此,中国的国学和域外的汉学在实质上更难分疆划界,惟一可实指的差异只剩下发表论著时所使用的语文了。"伴随着全球化的发展,汉学研究的民族或国族特质是否完全被消解?域外的汉学研究,不可否认代表着一种他者视角。正如学者孟华所说:汉学研究的成果代表了一种他者的视角,是他者基于自身的各种条件,包括社会历史语境、文化传统、知识结构、理论基础等而对中华文化作出的独特诠释。事实上,以视角言之,留居海外的中国学人所从事的中国研究兼有他者视角和自我视角,是一种

混合体，其研究具有独特性。由此而言，百年来客居域外的华裔学者所从事的中国研究是值得我们高度关注的研究课题。它不仅关于中国学人在国际汉学界的话语权问题，亦关涉身处两种不同文化碰撞之下文化迁移与融合问题。

"二重证据法"如何"拿证据来"

主讲者:王刚,江西师范大学历史文化与旅游学院副教授

讲座时间:2021 年 6 月 11 日

整理者:王思雨,复旦大学历史学系研究生

2021 年 6 月 11 日,复旦大学中国近代史青年学者读书班 2021 年第 1 期在线上进行。活动由复旦大学历史学系戴海斌教授召集主持,江西师范大学历史文化与旅游学院王刚副教授受邀主讲,讲座题目为"'二重证据法'如何'拿证据来'——近代中国的史料危机与王国维的学术因应"。评议人分别为四川大学历史文化学院、古籍整理研究所教授彭华,复旦大学图书馆古籍部副研究员、王国维曾孙王亮。

一、小引:从一段史学史评论说起

我先解释一下题目中"因应"二字。大致说来,王国维的"因"是以胡适为代表的"拿证据来"的取向,"应"是指他以深厚的学术研究实践进行回应,并借此回应近代中国面临的史料危机。

乔治忠所著《中国史学史》有如下观点:"他(王国维)所列出的'地下新材料',只是甲骨文和金文,实际都是文字资料。以新发现的文字资料结合已有的文献研究历史,中国自古如此,何须标榜'二重证据法'? 这其实是为了反对顾颉刚发动的'古史辨'运动,给信古派提供一件舆论武器。……这种具有严重逻辑错误的'二重证据法',后更被滥用,形成一种将考古学的发现装入古籍记载框架的错误倾向,对历史学起到很大的负面作用。其一是

王刚与《古文献与学术史论稿》

充当了阻断'古史辨'史学革命途径的主要理念，其二是成为中国先秦史研究中许多谬误观点形成的枢纽。"该主张并被后续研究所继承。

揆诸史实，陈寅恪、郭沫若、顾颉刚等人治学路数虽与王国维不同，但对王国维其人其学均有肯定和推崇的一面。由此可反证乔文对王国维及"二重证据法"的全盘否定并不恰当。需要进一步追问的是：抛开政治因素和门户之见，回到历史语境下从材料出发讨论"二重证据法"，它的真实内涵为何？我想，解决此问题的关键一点，即是当时的"史料危机"及胡适由"整理国故"牵引出的"拿证据来"的主张。

由顾颉刚开启的古史辨运动，其学术取向偏重于史料整理。在此过程中，近代中国的史料危机也开始突显。顾氏本人背后的理论源头，则与胡适"整理国故"和"拿证据来"密切相关。了解此背景后，再从学术发生学的角度解析"二重证据法"，可提出以下问题：从动机而言，它是疑古（"革命"）与信古（"反革命"）的对立吗？就基本属性来看，它是学术方法还是政治运动？从时代面貌出发，二重证据法是"自古如此"吗？它不是近现代学术（新史学）的产物吗？

二、史料危机与"拿证据来"

关于近代中国史料危机发生的原因,就我个人看来主要有两点:一是史学的近代转型问题,即从史学危机到史料危机。一方面,它表现在,从梁启超到胡适为代表的知识人不满于传统史学,在史观上有了新的突破并逐渐认识到了史料的重要性,这是当时历史学走向近代转型的必然趋势。另一方面,从进化论、察变到依托于史料的科学研究,成为学理与方法重构的必然路径。二是在转型过程中先后出现了对传统的疏离与"回归"现象。后者主要体现在对乾嘉学派的史料处理方法、以章学诚史学理论为代表的内在资源的发现与继承。由以上两点来看,史料危机的发生是中国近代史学转型绕不开的一个环节。

在"回归"传统的过程中,胡适是格外值得注意的人物。他在"整理国故"时使用的方法即是乾嘉之法和西方科学方法的结合。在从史料到证据的过程中,他创造性地提出了"拿证据来"的说法。此观点一般认为出自胡适在 1927 年 12 月的讲演《几个反理学的思想家》,实际在 1921 年、1922 年时已初露端倪,并最早可追溯到《中国哲学史大纲》一书。胡适在导言中写道:"凡审查史料的真伪,须要有证据,方能使人心服。"他又在 1919 年出版该书时对史料审查问题作了重申和阐发。此观点对于中国近代史学具有革命意义的影响,此问题的提出,是史学研究范式由传统向现代转型过程中的必经之初阶。与这一思路相一致,胡适逐渐引导出了顾颉刚的系统疑古思想,并构成了他本人所主导的"整理国故"运动的核心组成部分。

在古史辨运动中,以顾颉刚为代表的疑古派主张"东周以上无信史",与胡适在《中国哲学史大纲》导言中提出的"对于东周以前的中国古史,只可存一个怀疑的态度"实际一脉相承。该主张在表面上仅是"将上古信史击成碎片",但由此带来且贯穿于始终的,其实是整个上古文献的全面坍塌。传统史料的合法性与证据问题的凸显,既是史料危机的直观表现,更为研究古史带来了新的学术挑战。

三、接受与改变:从"二重证明法"到"二重证据法"

1913 年,由哲学转入经史之学的王国维在《明堂庙寝通考》初稿中提出"二重证明法",虽然主要是针对古器物和古文字,但在某种程度上可视为他此后根据证据意识重新调整的"二重证据法"的雏形。但值得重视的是,该段论述在收入《观堂集林》时被删去。直至 1925 年,王国维正式将该提法改为"二重证据法"。从"二重证明法"到"二重证据法",是王国维"学术三变"时代的一次重大调整。这不禁让人发问:"二重证明法"是如何发展为"二重证据法"的? 其学术动因何在? 后来为何被删去?

从为学之道和学术倾向来看,王国维为学有着强烈的时代感,在学术研究中时刻关注并顺应时势的发展。同时他在学术上是趋新的,对学术之变亦不排拒。仔细梳理中国近代学术史的发展脉络,至"整理国故"后,最大的时势乃是如何应对史料危机的挑战,如何处理史料审查与证据问题,这是"二重证据法"提出时的学术思想背景。其次,王国维对学术的追求,涵盖西学路径、中西融合与"较乾嘉诸老更上一层"等内容,在这一点上他与陈寅恪、胡适有着高度一致性,也反映了诸人在近代学术转型之后的共同追求。此外,王国维强烈的证据意识和丰富的研究实践是不可忽视的重要部分,二者并构成了相辅相成的关系。如在 1917 年作甲骨证史研究的过程中,他致函罗振玉写道:"古今真实见解未有不得其证者",便表达了得确证以成铁案的观点。同年接连发表的《殷卜辞中所见先公先王考》《殷卜辞中所见先公先王续考》《殷周制度论》三文亦是证据意识和研究实践成功结合的产物。

值得注意的是,研究实践不等于提出了自觉的方法,"二重证据法"的实际运用早于方法的提出。理论自觉的出现,也与史料危机及胡适的刺激有关。可以发现,无论是"拿证据来",还是"二重证据法",均涵盖了证据(证据与科学性)、材料(什么样的材料可以成为证据)、方法(使用证据的方法)三个基本面向,这表明二者实际共享着相通的思路和资源。但细究之,二者又有不同。据张京华的说法，"就学术流变和建构而言，王氏的'二重证据法'是多年学术积累，以及时势和材料相结合的产物，有着各种因素在其间起着作用。但不可忽视的重要一面在于，它的学术针对面就是当时的疑古思潮，这是它应运而出的学术'燃点'。"末尾一句即点出了王国维对胡适一派理路因应的一面。

在面对史料危机时，胡适和顾颉刚虽然提出并实践了"拿证据来"的路数，但是在上古史领域并不成功。因为他们只是在审查而非寻找可资证明的证据，在排除（伪）证据时也过于武断。理论先行和长期经验的缺乏则导致了实践的不成熟。与此相反，王国维选择由经验而方法，通过长期的研究实践，尤其是借助新材料作出了经验性的方法总结，构建起"古史新证"系统科学的方法论。从特定视角来说，在史料审查及"拿证据来"的层面，胡适只是提出了初步的思考和问题，但完善和解决问题，还有待王国维及其"二重证据法"的出现。

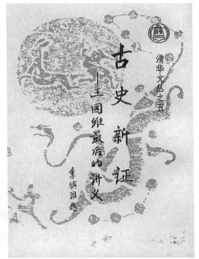

王国维与《古史新证》

1925年，王国维在为清华国学研究院开设的《古史新证》课程中，正式提出了著名的"二重证据法"，其核心观点如下：

　　研究中国古史为最纠纷之问题。上古之事,传说与史实混而不分,史实之中不免有所缘饰,与传说无异;而传说之中亦往往有史实为之素地,二者不易区别。……而疑古之过,乃并尧舜禹之人物而亦疑之。其于怀疑之态度及批评之精神,不无可取。然惜于古史材料未尝为充分之处理也。吾辈生于今日,幸于纸上材料外,更得地下之新材料;由此种材料,我辈固得据以补正纸上之材料,亦得证明古书某部分全为实录,即百家不雅驯之言,亦不无表示一面之事实。此二重证据法,惟在今日始得为之。虽古书之未得证明者,不能加以否定;而其已得证明者,不能不加以肯定,可断言也。

　　仔细分析上述文字,可注意到几点:首先,王国维提到了三次"证明",表明他对此概念十分重视。其次,"地下之新材料"一句,其实是将考古挖掘成果和史料联系起来。再次,"惟在今日始得为之"点出了"二重证据法"在方法论意义上的唯一性、时代性和开创性。最后,文中谈及疑古之过及对尧舜禹人物的怀疑,无疑将矛头指向了古史辨派的颠覆性主张。

　　与"二重证据法"只是"策略性地披上了'新'学的外衣""乘着新兴考古学之风而扩大影响,也得到守旧学者的首肯"的看法不同,我们以为,由"证明"到"证据"的语词演变,不是王国维随意为之,而是他应对史料建设的明智抉择。

　　在"二重证明法"提出的时期,疑古意识尚未风行,此处"证明"的指向是"肯定性的"。二十年代以后,即王国维提出"二重证据法"时,胡适正在大力鼓吹所谓的"拿证据来"。"证据"在学界成为合法性的代名词并与"科学"紧密相连。换言之,"疑古"派们之所以敢于断言东周以上的文献都是"伪书",一个重要的着眼点在于,符合科学标准的证据力的缺乏。面对古史材料开始受到高度怀疑,肯定性的论证已无法得到信从的情况,王国维以"中性"且在当时极具"科学性"的"证据"来建立自己的根基与说服力,就成为一种学术选择。

　　因此,王国维在《古史新证》开篇讨论的就是"传说与史实混而不分"的状况。对于"最纠纷"古史材料,他认为不应全盘抛弃,而应去寻求史实的"素地"与"一面之事实",这既针对又修正了胡适对神话史料性全面否定的观点。于是,通过"证据"进行科学审查以确立史料、建立信史,便成为新的方向。

从"证明"到"证据"的调整,不是要取消"证明",而恰是为了更好地"证明",所以在前引《古史新证》中,频繁地出现了"证明"一词。在王国维看来,建立"证据"的基础,成为先于"证明"之前的一步。史料不再是天然而然的,它必须经过审查才有成为史料的资格。这种新史料,在学术及学科依托上,不再是过去所注重的"古文字及古器款识",而是"地下之新材料"。前者是金石学性质的;后者则在近代考古学范畴内。所以他特意指出"惟在今日始得为之",即是对"二重证据法"为近现代学术转型之后的果实的肯定。

四、"古史"如何"新证"? ——从"整理"到"充分之处理"

当王国维提出"惜于古史材料未尝为充分之处理也"时,言外之意即是认为"疑古"派在史料问题上有着简单粗暴之处,态度与方式也不成熟。有意思的是,在"整理国故"运动中,"整理"是非常火热的词,王国维不用"整理"而用"处理",并且是"充分之处理",应该是话外有音,暗含他与"疑古"派在史料方法上抗衡的想法。同时,能实现"充分之处理"的方法,无疑就是王国维主张的"二重证据法",它为"古史新证"提供了有力的保证。那么,作为一种新的证据方法,它新在何处? 如何新呢? 又是如何"拿证据来"呢? 我们需要对这些问题一一作出回答。

(一)证据基础的扩展:"地下之新材料"的意义

此前,能作为证据的史料是非常狭隘的,地下新材料的出现使得证据基础的拓展成为可能。此拓展首先表现在量的扩张上,大量地下文物被发掘出来。王国维在 1925 年的《最近二三十年中国新发见之学问》写道:"古来新学问起,大都由于新发见。有孔子壁中书出,而后有汉以来古文家之学;有赵宋古器出,而后有宋以来古器物、古文字之学。……然则中国纸上之学问赖于地下之学问者,固不自今日始矣。……此等发现物,合世界学者之全力研究之,其所阐发尚未及其半,况后此之发见亦正自无穷,此不能不有待少年之努力也。"表明了材料扩张之于证据、方法的重要性。在某种程度上,材料的扩张也影响到了史语所傅斯年一系所谓"凡一种学问能扩张他所研究的材料便进步,不能的便退步"的观点。

其次体现在质的优势上,它包含直接材料、历史根据与确定性、与考古学的联结三个方面。其中,直接性是"地下之新材料"的基本属性。确定性是指地下材料的发掘为纸上文献确立了时间点,提供了历史依据。又因其性质所在,地下材料与考古学有着天然的联系。正如李济所说:"安阳的发现,一方面把地上和地下的材料联系起来,一方面把历史和史前史联系了起来。这是非常重要的事件;没有这个联系,一切材料都只是时间和空间不能确定的材料。"在考古学的介入下,以近现代学科及科学方法为依托,"二重证据法"便不是简单的纸上与地下的互证,也与古代金石学的方法及视野拉开了差距。"此二重证据法,惟在今日始得为之"的总结即水到渠成。

相较之下,胡适在《中国哲学史大纲》一书中从文字材料出发,虽然提出了原料、副料等说法,但单方面始终无法确定材料的时间点,因此后来被人称作"故纸堆""内循环"。直至 1928 年,胡适《治学的方法与材料》一文写道:

> 从梅鷟的《古文尚书考异》到顾颉刚的《古史辨》,从陈第的《毛诗古音考》到章炳麟的《文始》,方法虽是科学的,材料却始终是文字的。科学的方法居然能使故纸堆里大放光明,然而故纸的材料终究限死了科学的方法,故这三百年的学术也只不过文字的学术,三百年的光明也只不过故纸堆的火焰而已!

此处对故纸材料的重新审视,背后无疑有王国维的影子和"二重证据法"的刺激。此文一出,也无异于宣告"整理国故"走向了"死路"。

（二）从"五种证据"到"二重证据"：事实的分层与材料的分类

对证据自身作出审视，并进一步作逻辑判定和归类，是"拿证据来"时需要解决的首要问题。应该落实和细化的问题主要有：证据指向于何处？证据如何定性？等等。胡适曾在《中国哲学史大纲》导言中针对审定史料的真伪问题，提出史事、文字、文体、思想、旁证五种证据法，并在文中大谈作伪问题，即由某事、某文之"伪"来论定"伪篇""伪书"等。以上说法有其贡献所在，但也引发出了新的问题：证据指向事实毫无疑义，但某事、某文之"伪"，就可以推定某书或某文献全部作伪？"事实"全部伪造？换言之，"无论如何，没有史料的价值"一句应当还有商榷的余地。

再来看王国维的说法和实践。首先是如何找到并确认事实。王国维指出，"幸于纸上材料外，更得地下之新材料；由此种材料，我辈固得据以补正纸上之材料，亦得证明古书某部分全为实录，即百家不雅驯之言，亦不无表示一面之事实。"在此，王国维既对史实及其不同侧面有所区分，又注意到了不同层面史实的联结：1.一面之事实；2.系统的事实，且"一面"能向"系统"推

《观堂集林》卷一《再与林博士论〈洛诰〉书》

进。如此严谨的思考和判断无疑得益于他此前的哲学基础和训练。

其次是通过已知的（主要是新史料）确定事实来研判确认新的事实。王国维在《再与林博士论〈洛诰〉书》指出："吾侪当以事实决事实，而不当以后世之理论决事实，此又今日为学者之所当然也。"并于1922年8月写给罗振玉的信中评价他人时说道："亦能用功，然其风气颇与日本之文学士略同。"此处"日本之文学士"指东京学派创始人白鸟库吉，因其主张"尧舜禹抹杀论"受到王国维的批评。两处记载表明，从事实到理论，是王国维区别于胡适一派的重要之处。

再次是传世材料。无论是其史事、文字，还是文体、思想，在流传过程中均有出现"缘饰"的可能。这意味着，历史的书写不等同于史实本身。王国维写道："研究中国古史为最纠纷之问题。上古之事，传说与史实混而不分，史实之中不免有所缘饰，与传说无异；而传说之中亦往往有史实为之素地，二者不易区别。此世界各国之所同也，在中国古代已注意此事。"即承认了此点。同时他也指出了"素地"的存在，并认为神话、传说等作为人类历史的产物，背后也有事实的依据。因此，最好的做法不是对其全盘抛弃，而是要通过材料处理（不是简单的整理）来证明其事实的一面。

那么从事实出发，在提取证据时，如何判定材料的属性？与胡适细化五种证据不同，王国维在强调不同史源的地上、地下"二重证据"时，将事实主要落实在两个方面：一是人物；二是史事（事迹），并主张分层次进行，先人物后史事。

如他对"疑古之过，乃并尧舜禹之人物而亦疑之"的批评，即是认为尧舜禹的史事固然有很多"缘饰"或"层累"的部分可以怀疑，但不能因此全盘否定人物本身的存在。又如他在《古史新证》中讨论王亥事迹前，先通过卜辞上其名的考订，确定其人的真实性，然后指出，"其人则确非虚构，可知古代传说存于周秦之间非绝无根据也。"从《两考》到对尧舜禹人物的初步肯定，然后再由人物向史事（传说及事迹）的谨慎推进，王国维采用的均是由直接材料出发，定点（时间）而定性（材料）的方法。

此外，中国上古典籍具有多样性，并非全为实录或虚构，因此严谨与不雅驯的百家言要加以区分。在两重证据的互证之下，王国维还考察了包含"缘饰"与"素地"并存的古代典籍，从实录与考信的文本生成机制出发，对其作出了以下分类：1.实录，如史记所据《世本》；2.谬悠缘饰之书，如《山海经》《楚辞》《天问》；3.成于后世之书，如《晏子春秋》《墨子》《吕氏春秋》；4.晚出之书，如《竹书纪年》等。

（三）证据不足时怎么办？——"阙疑"与"以博返约，由疑而得信"

中国自古便有"阙疑"传统的存在，这也影响到了王国维。他在《古史新证》中说道："孔子曰：'信而好古。'又曰：'君子于其不知，盖阙如也。'故于夏殷之礼，曰吾能言之，杞、宋不足征也，文献不足故也。孟子于古事之可存疑者，则曰：'于传有之。'于不足信者，曰：'好事者为之。'太史公作《五帝本纪》，取孔子所传《五帝德》及《帝系姓》，而斥不雅驯之百家言；于《三代世表》取《世本》，而斥黄帝以来皆有年数之牒记，其术至为谨慎。……虽古书未得证明者，不能加以否定；而其已得证明者，不能不加以肯定，可断言也。"可以看出，在证据不足时，王国维认为阙如和存疑均是可取的办法。阙如，是暂缺而不是否决，是谨慎对待而非轻易作出判断。存疑之所以"存"，是因为还有"信"的可能一面。质言之，是疑中有信而非不足信。

胡适在论及"阙疑"时，与王国维在逻辑起点上颇有一致性。他也谈"悬而不断"并强调"不可武断"。但问题在于，"存疑"的"存"，存的本是在信与不足信之间的过渡地带。胡适将"疑"等同于不可信，便走向了起点的反面。"阙"的重要性也被其忽视或淡化。因此，胡、顾等人在研究实践中主张"东周之上无信史"、刘歆造伪、层累造伪，便使得"疑古"在实质上变成了"否古"，失去了任何肯定性的可能。加之诸人往往在大胆假设时却不能小心求证，不仅导致假设成为"事实"，也未能为今后留出进一步解释的空间。

回到"阙疑"上，"阙疑"之后怎么办？王国维认为解决之道"在以博返约，由疑而得信，务在不悖不惑，当于理而至"。继承和阐发了孔子所谓"多闻阙疑"的传统观点。因为只有在掌握丰富材料的基础上尽力呈现多面的事实，才可能找到新的证据。否则"虽字之绝不可释者，亦必附会穿凿以释之，甚失古人阙疑之旨"。"阙疑"并非终点，而是一种起点和过渡的方法，它

1923 年,顾颉刚在《读书杂志》第 9 期发表
《与钱玄同先生论古史书》,提出"层累地造成的中国古史"的观点

的最终目的是"由疑而得信"。这与王国维秉持学术研究需要建设的态度若合符节。

(四)"拿证据来"与研究能力

从上述分析中可以发现,将"二重证据法"视为"考古学的发现装入古籍记载框架"的观点,不仅极为简单肤浅,也不是王国维心目中的"二重证据法"。否则,秉持"二重证据法"的王国维,既不能进入深层的事实中做钩沉索隐的实证工作,又无法寻绎出"一面之事实"进而确定"某部分全为实录",更不用说达到"不悖不惑,当于理而至"的境界。

作为一种学问范式,"二重证据法"得以实现并真正提取出科学有力、符合逻辑的证据,背后依托的是深厚的新、旧学问及专深的研究能力。王国维曾对今文学诸子面对新材料和古文字时有突破意识却无突破能力进行批评,"谓鬼魅之易画,遂乃肆其私臆,无所忌惮,至庄葆琛、龚定庵、陈颂南之徒,而古文之厄极矣"。而蒋汝藻在为《观堂集林》作序时说道:"新得之多,未有如君书者也。君新得之多,固由于近日所出新史料之多,然非君之学识,则亦无以理董之。"对王国维本人的学问和能力作了高度肯定。一反一正的例子凸显的是,个人研究能力的重要性。

在研究上古史时,首先要求的是对语言文字释读的能力,传统小学(语言文字训诂)、古文字、古器物学(从金石学到新材料)等知识既是门槛又是根基。

第二是传统经史文献的会通实证能力。此能力既包含对作为根柢之学的基础——经学的掌握,又需涉猎不同的材料与器物,还需尽力实现经与史、汉学与宋学的会通,并辅以不断积累的实证经验。王国维曾借罗振玉之口说到自身学问接续自程瑶田、吴大澂等人的古文字、古器物之学,注重"目验"。至日本后则"专治经史,日读注疏尽数卷,又旁治古文字声韵之学。……自来说诸经大义,未有如此之贯串者,盖君之学,实由文字声韵以考古代之制度文物,并其立制之所以然。……其于古人之学说亦然"。无疑为后人现身说法。第三是贯通之后的逻辑分类能力。罗振玉写道:"乾嘉以来,多分类究,故较密于前人。予在海东,与忠悫(王国维)论今日修学宜用分类法,故忠悫撰《释币》《胡服考》《简牍检署考》皆用此法。"点出了二人对传统分类法的继承和利用。不过,分类研史在王国维的学术中实际有两个源头:一是继承乾嘉以来的成法,二是西学方法。与传统学者仅据经验作出判断不同,王国维自身的逻辑眼光及哲学底蕴,辅之他"贯串"式的研究眼光和视野,共同造就了其学术且新且精的辉煌。

评议与讨论

彭华:王刚兄的讲座,我认为主要讲了三个问题:对王国维其人、其时、其学的了解、理解与评析。重点谈的是王国维其学,即以"二重证据法"为中心进行考察。那么,我也大致针对上述问题作出个人的评议。

首先是对王国维其人的理解。我曾在拙著《王国维儒学论集》一书前言中谈及"三个层面的王国维"(借鉴考古学上的"地层学"概念)。第一个层面的王国维,是作为杰出学者的王国维。在哲学、美学、教育学、文学、小学、经学、史学等诸多领域,王国维都取得了非凡的、丰硕的、优秀的成果,故他是优秀专家,是杰出学者。第二个层面的王国维,是作为学术大家的王国维。王国维不仅在学术研究上开拓新领域,还在治学方法上作出了示范。其辉煌典范,即今天王刚兄所谈的"二重证据法"。同时,方法论上的创获与光辉的实践相辅相成。王国维以"二重证据"互证治史,最典型的也是最成功的例子,无疑是作于1917年、被傅斯年推为样板的《殷卜辞中所见先公先王考》及同年所作的《续考》《殷周制度论》。因此陈寅恪在《王静安先生遗书序》总结道:"故其著作可以转移一时之风气,而示来者以轨则也。"第三个层面的王国维,是作为文化大师的王国维。在学术理念、治学理念、文化理念上,王国维都有其深远的终极关怀,在此不过多展开。

其次是对王国维其时的理解。副标题"近代中国的史料危机与王国维的学术因应"指向的是王国维对近代中国的学术、学派、学人,有其关注、对话、评判、批判。讲座中既分析了王国维的"对手方"顾颉刚、胡适,又谈到了梁启超、陈寅恪等人。主题中隐含的命题为,与同时代人相比,王国维的看法究竟如何,王国维的看法对不对? 今日回溯这段历史,后来者应该如何做呢?

再次是对王国维其学的理解。梁启超曾说王国维治学,从大处着眼,小处着手。就当下个人治学来看,实际需要"一头一尾"的功夫。一头为先秦、秦汉史;一尾为近现代学术史。没有"一头一尾"的修养,对王国维学术、其人的理解只能是隔靴搔痒、人云亦云。王国维的"二重证据法"以及对史料和证据的看法,是基本的理念,牵涉到的是出发点和方向问题。王刚兄今天讲的这个问题,所作的即是对学界"空谈之风"釜底抽薪的工作。

最后是为什么要学习王国维。王国维曾言,"今日之时代,可谓之发见时代","古来新学问起,大都由于新发见"。陈寅恪也谈道:"一时代之学术,必有其新材料与新问题。取用此材料,以研求问题,则为此时代学术之新潮流。治学之士,得预于此潮流者,谓之预流(借用佛教初果之名)。其未得预者,谓之未入流。"表明了二人对新发见、新材料的高度重视。当下更是"大发现的时代",考古发掘成果和出土资料层出不穷。一方面,这使得古文字研究、出土文献研究成为时下的显学,固然可喜可贺。另一方面,在风风火火、热热闹闹的表象下,其实有诸多不容乐观的地方。许冠三在《新史学九十年》中说道:"世人多知(王)国维是专家,或视之为古文字学家、古器物学家或古史考释家,但不知他是以通人之资成就专家之业。"王刚兄在讲座结尾部分谈到王国维治学的修养与能力问题,在与许冠三的评价遥相呼应的同时,无疑也是对学界风气的一种补偏和纠谬。

王亮:我个人对上古史并没有什么研究,主要关注的还是学术史方面。对学术界关于王国维的研究,一直也比较关心。王刚兄今天关于"二重证据法"内涵、时代背景的解释,非常清晰且有见的。在此,我有一些零星的想法,提出来供大家讨论。

首先,"二重证据法"主要是王国维自己归纳总结出来的,在不同时代有不同的表述并逐步深入下去。同时,该说法又可以分为两种情况,一方面是对王国维个人学术的一种表述;另一方面是对罗、王之学特质的归纳,这主要体现在《最近二三十年中国新发见之学问》诸文中。实际上,罗振玉在学术实践上将文本与实物对照的方法贯彻得非常好。但他个人并没有使用"二重证据法"的概念。这是否表明,"二重证据法"作为一种学术表述,并不是从中国传统学术理念中衍生出来的。或许还可以推测的是,罗振玉虽然很认同"二重证据法"的研究实质,但他对这个表述并不是特别满意。

其次,"二重证据法"在文字解释之外,还包含了一些隐含的判断。其中一种内涵与以科学(不限于科学,可能还包括以人类全部的知识)来证传统的经史有关。1914年前后,王国维刚刚开始从事国学和甲骨文研究,他在《国学丛刊》序中提道:"今之君子,非一切蔑古,即一切尚古。蔑古者,出于科学上之见地,而不知有史学。尚古者,出于史学上之见地,而不知有科学。"这里的蔑古对应的其实是疑古,尚古其实就是信古。无论是一切蔑古,还是一切尚古,都是不好的倾向。因此在后续论述中他也列举了一些比较好的研究实例。如运用现代科学的方法推算日食实际发生的情况,并与《竹书纪年》一类古书中对日月食的记录进行对照,从而考察《竹书纪年》记载的可靠性。再如以玄奘《大唐西域记》勘订释迦牟尼支墓的位置等。相同的例子还体现在他对自己文集的编订上。《观堂学林》第一篇《生霸死霸考》,就是运用月相的知识来考证经文中的名词。王国维把这篇文章放在文集的篇首,无疑具有深意。就学术内在理路来看,他其实非常重视科学和传统经史的结合。

如几位老师所说,因为时代的限制,主要是当时地下材料的出土,往往来自盗掘或偶然的发现,还未形成系统正规的考古规模,也不可能有相关的考古报告,王国维大概也没有机会亲自到现场勘探,这导致他在学术研究中对考古学中如地层、器皿的知识的了解和运用明显不足。不过,王国维从自身的学术理念出发,也注意到了一些相关的考察。如他针对一些器物出土的地点,便利用器物、文本的内容作了一些反推和考证,这在他所写的诸多题、跋中均有体现,也呼应了王刚兄注意到的王国维对时空要素十分敏感和重视的现象。

另外,"二重证据法"提出的时代背景的问题也值得进一步分析。王刚兄刚才提到它主要是对胡适一派学说的因应,这是非常有趣的一点。不过还需要从时间序列上拿出更多的"举证"。就我个人看来,罗、王二人在通信里讨论的问题非常多,胡适进入他们的视野则比较晚。那么,有没有可能在1913年或者1925年前后,即王国维提出"二重证明法"或"二重证据法"名词的时候,背后其实是对日本新派学者如白鸟库吉的因应。因为在罗、王书信中,二人对他是有直接评论的。罗振玉在1916年还提到过"东人之学,所谓研究学术者,直刍狗粪土耳",这种非常严厉的批评,很可能就是针对白鸟库吉这一派。

还有一点是,"二重证据法"研究除实物研究外,还对当时上古文献进行了重新审视和判断。如讲座中提到的王国维对诸多文献的区分和归纳,并将《山海经》《天问》等一般不作为史学材料的文献也作为史学考证的对象,且确实发现了重要的材料,这是他非常了不起的地方。

总的说来,王国维在完成个人研究成果外,也非常注重学术方法的归纳和总结。因在哲学、文学、史学方面所受到的训练，系统的观念、方法的自觉在他身上是非常突出的。这对我们今天治学有非常现实的参考价值。"二重证据法"大的哲学背景其实就是王国维所说的"夫天下之事物，非由全不足以知曲，非致曲不足以知全"。"贯通"与"精深"的理念，在任何时候应该都是不过时的。

重读《仁学》:谭嗣同其人其学新研

主讲者:张玉亮,中华书局副编审、《中国出版史研究》编辑部副主任;

张维欣,机械工业出版社编辑,著有《谭嗣同年谱长编》

讲座时间:2021 年 6 月 18 日

整理者:吴雨箫,复旦大学历史学系研究生

如何破解思想经典"杂糅"迷雾下的真义,如何通过谭嗣同了解其所在的"变局"时代,如何理解《仁学》反映的立德(思想史)、立功(政治史)与立言(文献学)之勾连与牵绊? 重新整理《仁学》,钩沉其思想脉络、版本流变、文本差异及出版过程背后的隐藏史事,为再现晚清史景象提供一块小而新的拼图。

2021 年 6 月 18 日晚 7 点,复旦大学中国近代史青年学者读书班 2021 年第二期"今天为什么读《仁学》? ——谭嗣同其人其学新研"通过腾讯会议举办。此次活动由复旦大学历史学系戴海斌教授召集主持,中华书局副编审张玉亮、长沙图书馆橘洲讲坛特邀学者张维欣受邀主讲,介绍其合作新著《〈仁学〉汇校本》(浙江古籍出版社,2021 年),湖南师范大学历史学系吴仰湘教授、大连大学历史学院王夏刚教授莅会评论。

张玉亮:非常高兴与诸位师友在这个平台相聚,分享自己研读谭嗣同及其著述,特别是整理出版《〈仁学〉汇校本》过程中的一些心得。进入正题,我想向大家汇报的心得主要有三个方面。

首先,文献学视角的引入能给近代思想经典的研究带来什么。史料学在一些研究论著乃至教材中,带有工具理性的色彩,也就是说,是一门为了

张维欣导读、张玉亮汇校:《〈仁学〉汇校本》

研究历史而发掘、研究材料的学问。而在文献学专业的内部,该领域学人则强调文献学工具价值以外的本体意义。在既有的研究中,较少以后者为中心,对谭嗣同《仁学》文本作出讨论,故其在文献学上的价值与意义,仍可作进一步探讨与辨析。

说到《仁学》的早期发表版本,有两个最大的分支,一是唐才常发表在上海《亚东时报》的版本,一是梁启超发表在日本横滨《清议报》上的版本。那么,这两个版本是什么关系,就是《仁学》研究的首要问题。在半个多世纪前,上海社科院的汤志钧先生发表在《学术月刊》上的论文首先指出,这两个版本是不同源的。这个结论至今仍无法被推翻或移易。既然不是同源,那么哪一个更接近谭嗣同的原稿面貌呢?汤公也给出了其推测——唐才常的《亚东时报》本更接近原貌,因此整理《仁学》,当以这个版本为底本。根据此后随着资料发掘可见到更多的期数,在全面掌握了《亚东时报》本文字面貌的基础上,通过通校《仁学》以及对误字的分析,可将此推论进一步作实。同时,通过对校发现,《清议报》本的缺陷,也就是汤公所言的"重复、误植与刊落",并非简单重复,而是存在内容大体重复,而文句表述有所不同的两个本子。这也间接加大了此本是根据辗转传抄的抄本付排的可能性。此外,梁启超在《清议报》发表《仁学》的时候,其客观条件不甚理想,所以才导致开篇不久就出现这样严重的编校差错。

第二,书籍史、出版史的视角,能给近代史研究带来什么。狭间直树先生率先阐释《清议报》陆续发表《仁学》背后的史事。他认为,《仁学》发表的中止是梁启超所授意,这是因为他当时思想倾向于国家主义而与《仁学》的世界主义有所疏离。根据其他材料可知,《仁学》在《清议报》的刊发、续刊乃至单行本图书的预告,都是梁启超发布《仁学》的努力的表征,而中止则系受康有为及其保皇弟子制约所致。对于单行本的《仁学》的出版,这里其实有一个问题——《清议报》是保皇派的舆论阵地,《仁学》抨击君主制度的内容在发表时屡屡受限,而为何第一个单行本却是在国民报社这个留日激进学生为主体的出版机构出版的呢?他们是如何在连载中止时拿到全本的《仁学》的呢?根据有限的文献记载,当时在日本只有梁启超有《仁学》全本,也只有他有条件将《仁学》拿给激进学生以国民报社名义出版,这是在他于《清议报》发表受挫、单行本出版搁浅后的积极努力。这一情况,对于梁启超在自立军起义失败后的个人形象特别是在当时激进学生眼中的形象,是否就如一些文献记载的,被认作与乃师为一丘之貉,是值得再探讨的。

在相当程度上,出版这个环节被有意无意地遮蔽了,这就使我们难以真实窥见历史场景,或者引起一些误判。比如,回到刚才的一个话题,到底梁启超的《清议报》本和唐才常的《亚东时报》本哪个才更接近《仁学》原本?一篇文章认为,梁本中的缺字少符,唐本的却多出不少为避免触犯时忌而加入的缺字符。而作者谭嗣同本人在书中抨击清廷尚且不遗余力,不会主动为清朝避讳,因此,避讳的缺字符多的唐本必然不是谭嗣同原本。这个逻辑看上去没问题,却忽略了一个重要情况——这两个版本是在谭嗣同身后由报刊发表的,其避讳与否,与谭嗣同本人无关,是出版环节导致的而非写作环节。《清议报》远在横滨,避讳方面的顾忌自比地处上海的《亚东时报》为少,

这不能作为判断哪个版本更符合谭嗣同本意的依据进而推论何者更接近
原稿。

国民报社本《仁学》

另外,在对《仁学》单行本的考察中发现,其题签与当时很多进步书刊的
题签如出一辙。一方面,在日本东京横滨和中国上海,在屡经嬗变、名目不
一的出版机构中,至少有一个人善于此种题签书体;另一方面,由《仁学》单
行本题签串起的这一连串的出版机构和出版物,也是考察其第一批读者的
上好线索。以往的《仁学》研究,更多从其内容出发来分析其思想高度和价
值,但价值的实现是在何时、通过怎样的方式作用于谁,却未见更多深入的
研讨。故仍可从书籍史的角度出发,探讨最早的《仁学》读者借重这一重要
思想资源的具体方式。

第三,对于思想史研究的场域的感受。华中师范大学的范军老师在《中
国出版史研究》上发表文章指出,应对出版思想史研究予以重视。古代文学
研究专家罗宗强先生提出,文学思想史研究应当重视没有文论专著存世,但

在创作中拥有蕴含丰富文学思想的文坛名家群体。上述观点对近代史出版思想史研究亦有启发。

茅海建先生在辨析康梁戊戌前"革命"思想时,结合清朝政治困境和社会灾难指出,当时许多知识分子思想处于"复合状态","几种不同的、矛盾的甚至对立的政治观念会同时存在于同一个人的头脑之中",并谓"这也是那个时代士人阶层思想游移不定、大起大落的主要原因"。除此之外,还有一个场域问题,可以引入对近代人物"前后不一"的解释。比如一篇探讨谭嗣同戊戌进京前后思想变法的文章,以谭嗣同给妻子李闰的书信中"圣恩高厚"一词,结合戊戌奉召进京,试图证明此时的谭嗣同比起撰写《仁学》时思想激进程度有所回退。其实这只是写给家人的书信,其最为激进的思想更大可能是不需也不便与家人提及,而非不再激进,圣恩高厚也是常规语境下的寻常之词,以此为思想转变的论据稍嫌隔膜。

扩而言之,以前述的文学思想、出版思想和政治思想为例,文学创作所受的场域影响相对较小,故此,将文学创作转化为文学思想研究对象的转化率相对较高。出版实践受到的场域影响更多一些,受到技术的、经济的、制度的、文化的种种限制。最终完成的出版实践活动只是出版思想的一部分,二者间互相制约影响。具体到政治实践活动,所受的场域影响就更大了。因此,对于近代人物思想研究,特别是与政治史相关度较高的思想研究,似当更加注意场域、区分层次。比如《仁学》中批判君主制度的部分;著述在发表时就已经受到场域的制约,比如《清议报》发表的《仁学》就受到保皇派康有为等的抵制,将较为激烈的第八篇、第十篇刊落。如果将受到场域制约作用大不相同的思想呈现等量齐观,则不免影响判断。这是思想史研究的困难之处,也正是其魅力所在。

回到今天的主题——今天为什么读《仁学》,这里也说三个理由。首先,本次进行导读、汇校的这本小书,订正了以往版本的文字错讹,展示了早期重要版本的差异,为读者提供一个更加权威、准确、完备的版本,让大家可以更接近《仁学》的原貌。其次,《仁学》中的价值取向,值得今人记取。再次,《仁学》还有很多问题和细节没有研究清楚。比如,《仁学》的激进程度曾令谭嗣同的湖南新政战友皮锡瑞咋舌,这就牵涉谭嗣同处理朋友圈的分层和《仁学》早期传播的情况。又如,《仁学》单行本的题签与此后出现的大批进步书刊如出一辙,那么,这些题签究竟出自谁人之手?此问题又牵涉《仁学》出版后最先被哪批读者借重,从而引起怎样的社会影响。另外,梁启超记载《仁学》有三卷,但目前仅见二卷,他又说此书别名《台湾人所著书》,到底是怎么回事……诸如此类,这些细节,有时恰恰是宏大历史图景中颇为关键的一块拼图。这也是今天重读《仁学》的必要性之一。

张维欣:

一、《仁学》到底是否"杂糅"

谭嗣同的思想主要体现在《仁学》中,它较为全面地反映了谭氏哲学、政治、科学及经济思想。一些学人在研究《仁学》时,或多或少提到过所谓"杂糅"现象。在一些表述中,谭嗣同思维活跃却"具有尖锐矛盾的两面性",在他未能完全成型的思想体系中,仅在本体论上就有代表物质性的"以太"与精神性的"心力"两种属性迥异的基本单位;又从头至尾掺杂着以华严和唯识为代表的佛教术语与声光化电等西方自然科学概念。读者因此无从判定谭嗣同的思想内核,是强调事物时刻的"日新"还是寻觅永恒不变的实体,是唯心论还是唯物论,是改良派还是革命派。

1.《仁学》的篇章结构是有设计的

《仁学》上篇集中论学,围绕格致、西方以太、佛学等方面进行论述,下篇集中讲仁,同时批判专制制度,篇章前后照应。如第八篇首揭君为臣纲之弊,第二十九篇开始集中批判君权,开启下篇,下篇由政而教而学,又回到上篇的主题,仁与学回环往复、映带照应而浑然一体。有学者认为谭嗣同《仁学》是"破",梁启超《新民说》才是"立",其实并非完全如此。可以说在一定程度上,没有《仁学》的"立",也就没有《新民说》更进一步的阐释。

2.《仁学》的思想资源之复杂,是有意识的

近代哲学在理论来源、内容构成与概念范畴、体系建构等方面,具有多变和复杂的特性,这一点在谭嗣同那里表现得尤为明显和突出。从客观原因来看,刻不容缓的救亡图存,与 33 岁的短暂的人生,致使他没有时间对自己的思想予以系统阐释。可以说,谭嗣同本人对于这一点并不讳言,且有着足够的自我认知。

可以说,梁启超和谭嗣同一样,都是追求"日新"的思想家。梁启超《清代学术概论》有言,他们这一代人的愿望是将世界学说为无限制的尽量输入,所以"输入者确为该思想之本来面目,又必具其条理本末,始能供国人切实研究之资"。近代思想史上,西方哲学家追求的是"民主",中国哲学家追求的首先是"救亡",其次是"启蒙"。综合考察谭嗣同的思想不难看出,他对救亡图存的大声疾呼从未发生变化,他所有哲学都围绕着这个宗旨展开。谭嗣同三十岁以前沉浸所谓的"旧学",提出"元气论",而救国救亡的宗旨,亦贯彻其中。从"元气论"到"以心挽劫"的仁学,是救国具体方法的改变,而非谭嗣同价值旨趣的逆转。

梁启超称谭嗣同为"晚清思想界的彗星",他生命短暂,却始终站在历史潮头,最先呼出近代启蒙的最强音"冲决网罗"。谭嗣同是一个毕生追求"日新"的思想家,在日新宗旨的背后,是他一以贯之的不变宗旨。

3. 近代士人在表述其哲学思想时,常借重西方自然科学、社会科学和宗教概念,并非特例,谭嗣同的"冲决"论即体现了这一点

谭嗣同在《仁学》自叙中,一方面高声呼喊着冲破利禄、俗学、群学、君主、伦常之网罗,一方面又将"天道""佛法"之网罗也一并冲决,并表示"冲决网罗者,即是未尝冲决网罗"。这样的论述颇令人费解,不少学人称其前后矛盾、逻辑紊乱、自身所学驳杂不精。其实并非如此,谭嗣同最开始制定下的、破解封建社会伦常秩序的方法,仅系冲决一切之前所用,待到封建网罗彻底破除之后,此法自身也应被冲破,因而不会成为束缚人性的下一道枷锁。戊戌年五月中旬,谭嗣同从湖南维新运动转而进京入中枢参与变法,并言:"民权以救国耳。若上有权能变法,岂不更胜?"可见其思想深处,对于保皇、维新、革命,实不存在明显的界限或者原则。在谭嗣同心中,救民于水火、思想启蒙、拯救国家命运才是最终目的,至于采用何种手段,则不甚重要。这就使得他的思想得以冲破维新派的"网罗""界限"。这并非是"反复无常"，而是对最终目标尝试实践、并尽力减少变革成本的探索。

说回到《仁学》上来，若想较为透彻、清晰地理解谭嗣同的思想脉络，可从把握文本的核心概念与主要思想来源入手。首先，谭氏提出了几个关键概念：以太、心力、仁、生灭、通、平等，这几个高频词是搭建《仁学》基本框架最本源的概念。我们所要做的，除了将每一个词的来源、语境、深意解释清楚之外，更重要的任务是明确它们在《仁学》五十篇中的联系与逻辑。谭嗣同利用这些核心概念，构建出全新的社会、政治、精神秩序。《仁学》研究者凭借各自对这些核心概念的理解，结合中西哲学史，推测每一种搭建的可能性。

厘清主线之后，需要辨明的是《仁学》思想的主要来源。阐述天地世间万象变化的古老辩证法哲学经典《周易》；有着"兼爱"与"任侠"思想的墨家；在《正蒙》中书写"天人合一"的宇宙观的张载；以《正蒙注》来阐扬张载思想并提出"道器之论"的王夫之均属其思想资源之一端。另外，傅兰雅所译乌特亨利的《治心免病法》，也成为《仁学》中"心力"一词最终成型并被推出的直接原因。廓清谭嗣同思想源流，就不会将这些来源与他所要证明的逻辑结论混为一谈了。

今人认为《仁学》在行文中兼用宗教与科学概念，故较难解读。回归晚清语境，可知当时今文经学、大乘佛学与其他西学思想资源并行不悖，在士大夫所撰写的思想文本中，不乏同时引述的现象。谭嗣同通过苦心与智慧，这些"工具"有力地利用起来借以说明自己的日新、平等、变易等观念。故今人欲了解谭嗣同其人其思，应首先对此三端有所了解。

今文经学。《仁学》中最核心的"仁"之思想，即由晚清学者对今文经学的实践而来。不过，与之不同，谭嗣同认为，复兴儒家的终极目标，是树立一套西方的价值系统。由此，谭嗣同向儒家价值体系公开发难，对"名教纲常"提出了最尖锐的现代批判。

大乘佛学。谭嗣同围绕"转识成智"进行认识论层面的论述，把《大学》八义"格物、致知、诚意、正心、修身、齐家、治国、平天下"与唯识宗八识"眼、耳、鼻、舌、身、意、意根、阿赖耶"对应,得出儒、佛同理的结论。又以公羊三世说衡量三教,则儒教为据乱世之君统,耶教为升平世之天统,佛教为太平世之元统。有意识地利用多种思想资源进行论述。

西学思想。《仁学》创作于此变革时期,谭嗣同引入一些科学词语阐释自己所构建的概念体系,更有利于唤起知识分子的注意和共鸣,进而使自己的思想更好地被其理解、接纳。通过"借势"与"旁征博引",谭嗣同构建出其心目中救亡图存的终极目标与行动纲领。

二、谭嗣同未能成行的"日本之行"

光绪二十四年正月十三日,张之洞致电陈宝箴,请其从湘省选派一人与湖北所派人一同赴日。此次赴日行动当属保密,未携带官方文书,使日目的在于考察日本学校,并计划派遣留学生前往日本学习。正月二十一日,谭嗣同复信刘世珩,信中言及自己迟到,父亲谭继洵不让他再去日本,所以未能成行。正月底,谭嗣同到达汉口,他会见神尾光臣、梶川重太郎、宇都宫太郎三位日本外交官,谈及中日关系以及加强中日之间联系,日使表达希望谭嗣同赴日之意愿。三月十四日,张之洞致电陈宝箴,催促其派员赴日,并言及谭嗣同有事难以分身,不能赴日,建议派黄忠浩赴日。三月十五日,陈宝箴致电张之洞,称黄忠浩难以分身,姚锡光表示可以不另派员赴日。其间,谭嗣同一直在等候赴日之令,得知消息后,他在致夫人李闰信中言及:"东行须俟姚锡光(石泉)电,大约可以不去矣。"然而根据日本防卫省国家防卫研究所所藏的陆军省大日记《外国人接待用品支办的防卫省防卫研究所》。可看出日方接待名单上已有谭嗣同及姚锡光在册。其中原因,有待进一步探究。

评 议 与 讨 论

吴仰湘:这是一次非常有意义的学术活动,感谢海斌教授的策划,让我们能够与谭嗣同研究的两位年轻学者以及诸多关心谭嗣同、湘学的听众,有一个非常好的交流。我个人对谭嗣同没作专门研究，只是读博时翻过《谭嗣同全集》，看了一下《仁学》，当时觉得内容很复杂，不容易理解。谭嗣同及其《仁学》，在历史上很有影响。梁启超把他称作"晚清思想界的彗星"，虽然生命短暂，却以耀眼的光芒划过历史的夜空。《仁学》则堪称近代史上两部奇书之一，另一部即康有为《大同书》。这两本书成稿后，一度只在师友间秘密流传，在内容上也有很多相似处，因此将二者放在一起研究，是非常有意义的。

玉亮、维欣两位花了很多心思，做了不少工作。我把《仁学》的汇校本与2018年新编《谭嗣同集》中的文本，稍微对读了一下，发现这次工作有很多继承的地方，也有一些超越的地方。简单来说，这次的《仁学》汇校，有三个方面的成绩值得注意：

第一，纠误。这次汇校，对以往通行的《仁学》不同版本的文字错误，做了一次比较全面的纠正。维欣和玉亮在2018年新编《谭嗣同集》中，已经做了部分工作，这次纠正得更为彻底。这是最大的成绩。限于时间，我就不说具体的事例。

第二，补阙。也就是对底本文字的讹、脱、衍、倒等，做了校勘、订正。这次作为底本的《亚东时报》本，一般读者是难以见到的。现在经由两位学者的工作，把《亚东时报》本原汁原味地呈现出来，为学界开展相关研究提供了很大便利。他们在上次新编《谭嗣同集》时，还没有拿到《亚东时报》版的全本，这次汇校则弥补了上次的缺憾。

第三，考异。也就是把《仁学》各版本的文字差异，都给呈现出来了。《仁学》不同版本间的文字差异，其实是值得作文章的。汇校本附录的几篇文章，已涉及这个问题。对不同版本文字异同的罗列，看起来很枯燥，但是有心人认真作对校，是能发掘出有效信息的。所以考异作为汇校本的第三个成绩，也是很值得肯定的。

当然，在以上表扬外，我觉得也有可以斟酌的地方。两位整理者看到，《亚东时报》本有可能是《仁学》原稿或初稿，所以用作底本，基本上呈现出《仁学》的初始面貌，能够反映谭嗣同思想的本来面目，从学术思想史上来说,这是非常值得肯定的。不过我个人觉得,若从历史文献的整理来说,应以最好的版本作底本,而《亚东时报》这一版本并不是最优的,作为底本是有缺憾的。因为两位整理者想更多地呈现相关历史信息,在汇校中对《亚东时报》版每一个有改动的地方,都做了校记。但我感觉到,这在整理中会有点矛盾。一方面想尽量呈现《亚东时报》本的原貌,另一方面又想在这个基础上,形成一个迄今为止最完善的文本。像有些地方明显可见《亚东时报》本是错误的,根据其他版本直接改过来了;也有一些地方,《清议报》本明显胜过《亚东时报》本,做了校记,但没有改过来。这种矛盾怎么去处理? 可以见仁见智。我觉得要实现两全其美,是不太好处理的。要是我来做的话,就把《亚东时报》本原封不动地拿出来,同时通过校记方式,把它的优劣、是非以及和其他几个早期版本的异同反映出来。

与此相关,还有一点,因为中华书局版《仁学》非常权威,流行很广,现在根据《亚东时报》本,看到中华书局版某些分篇并不合理,却没有作改动。也就是说,这次汇校在分篇上,是维护中华书局版原貌的。我个人则倾向依据《亚东时报》本,把它的分篇也原样呈现出来,做出一个新的版本,不妨和中华书局版并行。

玉亮刚才提到,皮锡瑞在日记里,记载有他初次看到《亚东时报》本《仁学》的评议。我曾经和玉亮谈过这个事情。我过去看皮锡瑞日记,是顺着他的说法去思考,怀疑《仁学》在刊行中,可能被梁启超等人作了手脚,有所窜改。为什么有这样的假定呢? 因为我看谭嗣同1898年的一些文字,和《仁学》中展现出来的思想面貌,反差很大。皮锡瑞对《仁学》的初次反应,也是根据他当年和谭嗣同交往、共事而形成的认识。这次翻读《仁学》汇校本,特别是看到《亚东时报》本和《清议报》本在文字、思想上的差别比较小,那梁启超、唐才常不约而同地把《仁学》公布于世的时候,应该不会私下商量,同时对原稿作取舍,把自己当时的思想假托到谭嗣同身上吧? 这是我看了汇校本后,对皮锡瑞当年的疑问有了一点新思考。

至于《仁学》体现出来的谭嗣同思想,与他1898年投身维新变法的行动之间,为何有那么大的差距? 我想应该放在晚清历史剧变的大背景下来理解。在历史剧变之下，一些优秀人物思想复杂，和他的行动之间没有必然关联，其实也不足为奇。谭嗣同到底主张维新改良，还是主张革命，甚至思想上有"反满"的苗头？在这个问题上，他应该是处于一种混沌的状态。我注意到维欣介绍《仁学》成书过程时，引梁启超1897年《变法通议》，说他吸收了《仁学》稿本里面的一些思想。我觉得，梁启超1897年写《变法通议》时，可能比较多地吸收《仁学》中讲变革、维新的内容，而在主编《清议报》、刊印《仁学》的时候，他比较多地重视书中宣扬激进革命、"冲决网罗"的思想主张。

总之，《仁学》汇校本推出后，虽然难免有小遗憾，但对学界重新研究《仁学》、研究谭嗣同思想，以及推动晚清政治思想研究，都是非常有意义的。

王夏刚：因为《仁学》汇校本是一个很下功夫的事情。玉亮和维欣花了大量的时间和精力来做这样的事情，特别的难能可贵。刚刚介绍的时候，没有对汇校本的文本结构作分析。我简单地说一下。

1.《〈仁学〉汇校本》内容

汇校本以《亚东时报》作为底本，通校《清议报》本、国民报社本、《清议报全编》本，详细列具文字异同，段落分歧及取舍，反映了《仁学》传播过程中的多重细节，为进一步研读《仁学》、研究谭嗣同的思想提供了好的本子。这个很下功夫，当时中华书局在校《仁学》的时候，出现了一些不一致的情况、一些缺失。汇校这个事情，是需要很多的时间和精力的。这是一个比较重要的贡献，在取舍方面，汇校本比较了文字异同，这几个本子的文字有一些不同，大部分还是相同的。

那么，为什么不同版本，会存在段落的分歧呢？有学者指出《仁学》是47篇，有的写成是50篇。汇校本特意把各版本分篇的不一致标识出来，为进一步研究奠定了基础。还有一点，《仁学》比较难读，它有哲学、佛教、西学方面的术语，有关于庄子学说、相对主义的内容。在这种情况下，对段落进行概括，有利于读者进一步理解。我当时也想做这个工作，但发现谭嗣同在写每一段落时，有的段落围绕一个中心，有的则没有，这个较难解决。我看维欣是比较好地解决了这个问题，使用关键词，概括篇章的内容大意，简明扼要,要言不烦。

汇校本附录有很多文献,比如梁启超《校刻浏阳谭氏仁学序》,还有其他日记、著作的《仁学》评论资料,列举各家评说,让读者了解到该书在思想史上的反响。附录张玉亮的三篇论文,对汇校《仁学》的前因后果进行了总结。如《亚东时报》本,应是根据唐才常所藏《仁学》底本刊行。还有《清议报》刊布《仁学》屡刊屡停的原因,玉亮提出了和狭间直树先生不一样的观点。在材料比对、文字正误等方面,运用了版本学、文献学和书法学的知识,使一些认识更加明晰。

2.《仁学》形成史

读的过程中,我也思考了一些问题。比如说谭嗣同思想为什么会有一个变化。也就是说,他在《仁学》中激烈地反对君主制度;在湖南维新的时候又是不同的状态;光绪帝让他进京,又是那样的义无反顾。这样一种矛盾心态,我想和他个人际遇有很大关系。写《仁学》时,用他自己的话说,是"家国两愁绝"。在学问上,像《北游访学记》对他心态的描述,觉得没有任何的出路。在这种情况下,就容易理解,为什么产生一些激进的主张。当时他想参与维新团体,比如强学会,但是没有人来邀请他。在这样的背景下,他写作了《仁学》。我们知道,《北游访学记》其实是《仁学》的前作,他讲的一些观念,在《仁学》好多章节都有所体现。到后来,他相当于进入了一个圈子,就不像原来那样觉得无所出路。在湖南维新时,他和师友往来;在南京时,也和上海的维新团体有所接触。也就是说,《仁学》是他在一种很困顿的时候写出的作品,在这样的情况下,容易激进。这是我的一个想法。

当然,《仁学》产生过程,也受到师友启迪。他向老师汇报自己的一些思考。他和唐才常、汪康年的书信,也对《仁学》写作提出了自己的想法。《仁学》里的一些问题,他与梁启超、夏曾佑、宋恕进行了讨论。当时也和西方人传教士有过一些交流。这可以说,以上构成他写《仁学》的一个背景和人生际遇。

关于《仁学》知识渊源,经常说杂糅。杂糅是变态,还是常态呢?我认为,杂糅更多的是在学问饥荒时代的普遍现象。《仁学》中体现了将多种学科结合在一起的一种尝试。在这方面，如何进一步研究？很多人讲晚清思想、晚清历史，现在需要"深耕"。怎样对《仁学》进行深耕呢？玉亮提出了一些观点，倒是可以做一些思考。比如说《仁学》的读者，有梁启超。梁受了《仁学》哪些方面的影响？谭嗣同本人在《仁学》里构建了一个体系，在这中间，矛盾在哪里？他的这些思想渊源又在哪里？有听众提问说，谭嗣同有没有读过严复的《天演论》。从目前的书信看，没有直接反映。书信里，他说读过一本进化论的书，叫《物类宗衍》。谭嗣同说，这本书讲的是"争自存宜遗种之说"，即物类竞争。《物类宗衍》、佛学书籍和傅兰雅、李提摩太的一些书，怎么来影响了谭嗣同思想的形成？我觉得可以做一些深入探索。

关于《仁学》版本，张玉亮提出《清议报》第 85 期有《新刻谭壮飞先生仁学全书出售》广告。《国民报》第 4 期也刊登此广告，略去末句。两个月后的 10 月，国民报社本就问世了。玉亮认为，这是第一版的《仁学》版本，我觉得还需要斟酌。这里写"明治三十四年十月"，即 1901 年的 10 月印刷，但是梁启超在《新民丛报》创刊号说："故浏阳谭嗣同遗著，横滨清议报馆印，东京国民报社再印。"而我们没有发现清议报馆印的《仁学》版本。只能说东京的国民报社本，是我们现在发现的最早版本。至少从梁启超在《新民丛报》上说的话来看，应该说还存在一个最早的清议报本。

3.《仁学》的反响

汇校本提到章太炎对《仁学》的评价问题。我认为，当然有感情方面的原因，但是更多的是学理上的考量。最关键的，《仁学》里面很多的"排荀"言论，对荀子的攻击。章太炎当时认为自己的儒学"以孙卿为宗"，尊崇荀子。这可能是他对《仁学》不满意、提出批评的重要因素。《仁学》里说荀学是"乡愿"，"大盗"也就是专制制度，利用乡愿，而"乡愿工媚大盗"（第 29 篇）。这当然和章太炎的观点是不一致的。

谭嗣同在孔学发展史上，提出一个很有意思的现象，不仅他一个人，廖平、康有为也有这样的想法，他们认为孔学是包括儒学的，儒教是包含很多学派的。谭嗣同认为，孔教早期包括最重要的两派，是孟子和庄子。但是这两派都没有传下来，反而是荀子一派传了下来。荀学传下来以后，反而丧失了孔教最根本的精华,用伦常两个字,作为孔教的真谛。我认为这是章太炎批评仁学的一个原因。

还有一个原因,就是章太炎对"不生不灭,故无生死"的批评。在《菌说》里面,虽然没有指名道姓,但其实是批评谭嗣同的。章太炎认为,看轻生死虽然可以在革命方面变得很执着,可以"振怯死之气,泯小智之私",但在学理上,他是不认同的。当然,对于"不生不灭",梁启超是有积极评价的。这是我补充的一些章太炎对于《仁学》评价的材料。

最后,维欣提到《谭嗣同年谱长编》的两则材料,戴老师让我做一下点评。一个是捐纳,应该说谭嗣同开始的时候,出身是捐的。但捐纳和保举是并行的。因为清代候补官太多,如何尽快地实授,许多官员子弟,有一些渠道,希望有人可以来保举。这样既捐纳,又保举,在官场上能够走得快一些。这些候补官,朝廷也是进行考核的。当时刘坤一在私信里讲到,大员子弟其实也是不太好安置的。第二个就当时谭嗣同去日本,他确实很急切想到日本去。但是他为什么没有成行呢? 在个人书信里,是讲父亲阻拦不让他去。实际情况的话,还是有些曲折。现在材料说明,至少湖广总督张之洞是计划派他去的,他在日本的接待名单里排第一位,是比较重要的。但是这个中间,为什么没有成行,如果能再收集一些材料的话,也可以继续探讨。

一本书与一个时代

——李大钊遗著出版背后的故事

主讲者：杨琥，北京大学校史馆副研究员

讲座时间：2021 年 10 月 20 日

整理者：董洪杉、禹霖泠，复旦大学历史学系本科生

2021 年 10 月 20 日，复旦大学历史学系史学论坛暨中国近现代史青年学者读书班 2021 年第 3 期以线上会议的形式举行。本次读书班由复旦大学历史学系戴海斌教授召集主持，主要讨论北京大学校史馆杨琥副研究员的新著《李大钊年谱》（云南教育出版社 2021 年），首先由杨琥作题为"一本书与一个时代——李大钊遗著出版背后的故事"的报告，随后分别由北京师范大学历史学院特聘教授、中国李大钊研究会副会长侯且岸，清华大学马克思主义学院教授王宪明，北京大学历史学系教授尚小明作评议。本文为主讲人发言稿，末附评议人发言整理稿。

今天我与大家分享的内容为《一本书与一个时代——李大钊遗著出版背后的故事》，讲解李大钊著作的流传与出版过程。由于拙作《李大钊年谱》的篇幅限制，加之我希望以李大钊安葬作为该书结尾，有关李大钊遗著的编辑出版等问题在《年谱》中省略了。故此次讲座将用于补充讲解《年谱》中未提及，但普遍受到关心的问题。今天的主题将围绕近百年来李大钊遗著编辑出版的三个阶段进行讲解。这三个阶段是：收集与保存、编辑与出版、校勘与注释。最后，我再讲述编撰《年谱》的若干体会和认识。

杨琥著：《李大钊年谱》(上下卷)

一、近百年来李大钊遗著的编辑出版

（一）搜集与保存

李大钊遗著的搜集保存工作早在二十世纪二十年代艰难危险的环境下就开始了。我将以两条线索进行讲解。第一条为北京的线索：据李大钊先生的儿子李葆华先生讲述和女儿李星华的丈夫贾芝先生回忆，在李大钊在世之时，亚东图书馆便提出为他编辑出版文集，如同《胡适文存》《独秀文存》一样出版，因其过于忙碌而搁置。1927年4月28日，李大钊英勇就义。在李大钊牺牲后，李大钊的族侄、清华大学学生李乐光(本名李兆瑞，当时改名李白余)立意搜编李大钊的遗文。大概从1927年底开始，他就开始在各图书馆秘密搜集，勤苦抄录。李乐光从杂志上抄录文章并进行保存是在极其恶劣的环境中完成的。他的抄录与编辑工作多在夜晚进行，最初是在清华大学的地窖里进行的；后来他搬进城里，为了躲避国民党特务的搜查，他在一位朋友家里继续进行抄录工作。以后形势紧张了，那位朋友不敢再在自己的家里藏这些文稿,就由李乐光的岳母赵老太太把文稿取回来,埋在院子里的几株向日葵下。每天晚上夜深人静的时候,赵老太太从向日葵下把一包文稿取出来,李乐光继续编选;工作完毕,老太太再去把文稿埋到向日葵下。这样持续搜集、抄录和编选,最终编成四卷。九一八事变后,北京局势更趋于紧张,1933 年,李乐光被捕。在李乐光被捕以后,赵老太太怕这些文稿被搜查出来,用了一夜的工夫在房檐前挖了一个坑,剪去书稿边页,仅留下抄有文字的部分,将文稿塞入一个瓦罐里,然后将瓦罐埋在这个坑里。一直到她见到李大钊的女儿李星华时,赵老太太才将此书稿挖出来交给星华。为了能够出版,李星华找到周作人寻求帮助,这样,文稿就又转交给周作人。周作人寄信曹聚仁以求出版,曹聚仁请鲁迅撰写序言,鲁迅为此写了《〈守常全集〉题记》。但是,送到上海的文稿只有一部分,当时并未能出版。其后几经辗转,直到 1939 年 4 月,北新书局才出版了《守常全集》,其体量仅有 20 余万字,共计 30 篇。但是出版以后便遭到上海租界的没收,存世仅几本。根据方行先生的介绍,唐弢先生和方行先生各有一本,后来均捐给了上海博物馆。第二条为上海的线索:方行先生和蔡尚思先生对李大钊遗著的搜集。根据方行先生回忆,抗日战争期间,上海环境异常恶劣,战火对文物的破坏非常大,尤其是革命者的著述,更是遭到格外的摧残。1939 年《守常全集》被没收后,他和蔡尚思先生、周建人先生对革命文献和进步书籍的焚毁感到非常痛心,但他们深信革命先烈的遗著,决不是敌人所毁灭得了的,"经过民族解放战争的烈火,将更辉煌地发出光芒万丈!"于是,他们就抱着"激愤的心情,在故纸与余烬堆中,默默地从事于收集工作",在复旦大学留在上海租界的"上海补习部"开始了这项工作。经过两年多的搜集,他们得到了五六十篇遗文。在搜集过程中,他们听说北京大学图书馆的某先生手中保存有李大钊的文稿,但姓名始终不得而知。最后,经周建人托人打听,他的一位亲友来信告知,文稿是有,但不能借沪传抄,而要派人到他家里去抄,条件是抄录者一定要大学教授,否则恕难"允命"。在当时,能找哪位大学教授愿意去抄录一位被杀头的革命者的遗著呢? 这是一个很大的难题。最后,终于找到一位进步教授——燕京大学教授、著名社会学家严景耀(雷洁琼先生的丈夫)前往这位先生家抄录李大钊的文稿,并托人传送至上海交予方行,整个过程均极为保密(直到 1949 年中华人民共和国成立后,方行等才知道搜集先烈遗著者为李乐光,而严景耀前去抄录文稿的那位北大"某先生"家就是周作人的家)。方行、蔡尚思等的工作,自 1939 年开始收录至 1946 年着手编辑,总共收集了 274 篇文稿。1948 年,这批文稿交予上海的生活书店准备出版,但又恰逢解放战争正在进行。全部稿件不得不被带到香港保管,直到解放后才被重新转送回内地。

《守常文集》

以上所介绍的,便是 1949 年以前李大钊遗著流传的情况。可见那时候,尽管不少进步人士冒着生命危险搜集、保存李大钊的遗著,但囿于时代限制,不能正常出版。今天我们看到的 1949 年上海解放后北新书局出版的《守常文集》仅收录了几十篇文稿,并非李乐光所搜集和编辑的全部文集。

（二）编辑与出版

1949 年中华人民共和国成立以后，李大钊作为革命先驱和烈士，得到了党和政府的高度重视和全社会的尊重和敬仰。李大钊的纪念宣传、学习和研究工作先后展开，其著作也得以出版。1951 年，南北同时发表了两组目录：北方是清华大学革命史教研室的主任刘弄潮教授发表在《光明日报》上的《李大钊著述目录试编》；南方仍然是蔡尚思和方行先生继续作的工作，他们在《大公报》上发表了《关于〈李大钊全集〉目录》。1957 年，是李大钊就义 30 周年，新中国成立后研究李大钊的第一个高潮出现。这一年，方行先生以文操的笔名在《学术月刊》连载《试编李大钊（守常）遗著系年目录》，张静如先生出版了《李大钊同志革命思想的发展》。1959 年，是新中国成立十周年暨五四运动 40 周年，人民出版社出版了中央马恩列斯编译局选编的《李大钊选集》，共 40 万字，合计 133 篇。同时，人民文学出版社出版了李大钊女婿贾芝先生编辑的《李大钊诗文选集》，共 30 万字。此后，李大钊遗著的出版趋于寂寥，直至 1984 年，人民出版社才又出版了北京市委党校编辑的《李大钊文集》上下册，共 100 万字，合计 438 篇。但是，这些专著均是在特殊的政治文化环境下编辑而成，在不同程度上都受到当时政治气氛与盛行的政治思想的影响。

1984 年前出版著作书影（杨琥提供）

　　李大钊遗著编纂的过程中大致存在三种情况，不论是之前选编的《选集》还是内容比较全的《文集》，都在不同程度上具备。第一种情况是"不收录"。例如在1959年前后，丁守和先生主持编撰马恩列斯编译局编的《李大钊选集》时，刘桂生先生主动给他提供了李大钊在1918年为曾琦的《国体与青年》作的序。但是，因曾琦在五四以后成为"国家主义"的领袖，创建了青年党，故相关的内容便不能收录。实际上，中共早期的领导人与曾琦的思想颇多一致之处，都主张救国爱国。赵世炎等在法国组织共产党时，还一再说要和"曾琦大哥商议"。然而随着列宁主义传入中国之后，国家主义被当作反动的学说与思想看待。因此，李大钊五四前后与曾琦的友谊也被讳言，即使在四十年之后，后人编选他的遗著时还不敢收录相关的文字。再如，这部《选集》也没有收录如今被人们津津乐道的李大钊在北大1922年校庆时发表的《本校成立第二十五年纪念感言》。在这篇短文中，李大钊大声疾呼："只有学术上的发展，值得作大学的纪念。只有学术上的建树，值得'北京大学万万岁'的欢呼！"从这句话可见，作为革命家的李大钊对学术文化也十分重视。但他的这些言论，在20世纪50年代崇尚革命和斗争的年代则十分敏感，与当时的气氛不合，因此也不收录。第二种情况是"删节"。这主要是指李大钊文章中关于赞扬吴佩孚、考茨基等的文字，在1959年版和1984年版的李大钊文集里全部删除了。例如《要自由集合的国民大会》一文在1959年版的《李大钊选集》和《李大钊诗文选集》、1984年版的《李大钊选集》里面都收录了，但是，这三部书中都删去了"吴子玉将军主张的国民大会组织法，颇含职业的民主主义的原理，把这个精神扩而充之，很可以开一个新纪元"这段内容。再如，李大钊在介绍马克思的一篇文章里面讲道："柯祖基是德国正统派社会党中的健者，是马克斯嫡派的学者。"这句话也被删去了。其他被删节的还有不少，所有这些删节，当时的考虑主要是为了维护李大钊的光辉形象，认为李大钊不应该赞扬吴佩孚、考茨基。但实际上，吴佩孚在1920年前后威望很高，共产国际将吴佩孚作为中国联合革命的合作对象，李大钊跟他的联系也非常密切；而考茨基当时被认为是马克思主义正统继承人与革命领袖，后来在列宁批判后才被认为背叛了马克思主义。故李大钊在五四时期赞言吴佩孚、考茨基并不奇怪。从严格的学术标准来看,这种对其文字内容的删节并不妥当,更不能完整准确地展现李大钊思想的全貌和探索的曲折过程。第三种情况是"改动与误解",这又细分两种情况:首先是对人名与词语的误解。如李大钊有封信里提到寄给天问的诗,《革命烈士诗选》将"天问"注为"郭厚庵",并说他和李大钊一起参加过社会党,从而证明李大钊早年思想"激进"。但实际上,后经朱成甲先生考证,"天问"为白坚武,当时在北洋军阀冯国璋的部队任职,正在参与镇压"二次革命",李大钊的政治立场此时不但不"激进",相反还拥护袁世凯。其次是直接改动。这几种文集,在编辑过程中,都将不理解的字、词直接修改成通俗易懂的字、词,实际上错改误改之处不少。

这三种情况的原因,第一是受到意识形态的影响。曾琦、考茨基、吴佩孚等在五四时期均为正面人物,后来才成为反面人物。但1959年到1984年编辑李大钊文集时都将后期的观念套用到五四时期。第二是政治宣传和学术研究工作的混同。为了宣传的需要,不尊重李大钊本人的思想发展的曲折性与复杂性,以编者的主观看法来任意处理李大钊的文字。

此外,还想补充说明的是,即使这种编者们尽力适应当时的社会需要和政治气氛而编辑出版的李大钊著作,也还遭到别有用心的人的打击、陷害和摧残,因而被限制发行。例如,《李大钊诗文选集》出版以后不久,编者贾芝专门到王府井新华书店了解销售情况,他发现这家书店竟然没有这本书,当他以为该书销售太快而吃惊时,他了解到的情况更使他大吃一惊,也使他疑惑不解。原来,该书在送到书店后,未售几天,就被出版社全部收回去了!事后很久,贾芝先生才从内部知道原委:原来,当时的中央政治局候补委员康生在观看建国十年大庆展览筹备展时,看见展览中对五四时期李大钊的介绍和宣传,竟然说:"你们这是贬低毛主席!"听到康生的言论和他对李大钊的态度后,人民文学出版社担心惹祸,因此,就派人将已送到书店销售的图书又收回去了。这是1959年的情况,后来,政治形势越来越紧,李大钊遗著的编辑和出版更无从谈起。直到1978年改革开放后,编辑、出版李大钊著作的工作才又得以正常地展开,但乍暖还寒,1984年版仍存在不少上述问题。

（三）新编:校勘与注释

中国李大钊研究会编注的李大钊著作,1999 年第一次出版时称《李大钊文集》,2006 年改名《李大钊全集》,2013 年版为最新修订版,2020 年建党 100 周年之际人民出版社再次印刷。在此专门介绍一下这个版本。基于之前提到的那些版本中存在的问题,1994 年,中国李大钊研究会决定组织研究者,编辑新的《李大钊文集》。新编版本的特点和成果,一是把没有收录的、删除的全部收录恢复。二是补充了很多内容。1984 年版文集收录了 438 篇,现在新编《李大钊全集》第三版则达到了 595 篇。三是"校勘和注释"。

中国李大钊研究会编注:《李大钊文集》

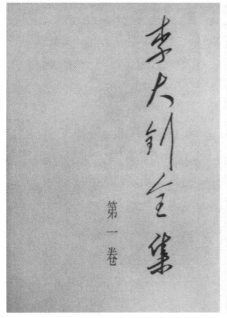

中国李大钊研究会编注:《李大钊全集》　　中国李大钊研究会编注:《李大钊全集》

先谈"校勘",校勘原则上以最初刊行的文稿为准,参校以其他较好的或通行的版本,凡通过多方查证而确认为错误的地方均被做出了修改。其中涉及三类错误:一是作者即李大钊本人书写错误。二是第一次发表时排印错误。三是通行本(1984年版本)修改或者刊印错误。在新编《李大钊文集》《李大钊全集》(修订本)采取的办法是:第一,吸收通行本的成果;第二,一律据原刊,将通行本之误加以改正,恢复文稿最初发表时的原貌;第三,在作出修改的同时,保留原文,如为印刷之误,则校改;如为作者在史实、引文方面的失误,则以注释说明。有些存疑的,大半仍其旧。此处我将举例说明:第一依据原刊改正通行版的误区,如《宪法与思想自由》中提到"东洋自古无宗教之纷争,此最足幸者"在八四年被印为"此最不足幸者",意思则完全相反。这些错误都恢复原刊。

表1　原刊正确通行版误改举例

篇目名称	原刊	通行版	新版处理
朱舜水之海天鸿爪	**大**贼管效忠	**犬**贼管效忠	恢复原刊
裁都督横议	竭其脂膏,以供养**兵**之用	竭其脂膏,以供养**民**之用	恢复原刊
宪法与思想自由	东洋自古无宗教之纷争,**此最足幸者**	东洋自古无宗教之纷争,**此最不足幸者**	恢复原刊
矛盾生活与二重负担	自戊戌以迄辛亥,其间政派,**无间**其为温和为激进……	自戊戌以迄辛亥,其间政派**无间**,其为温和为激进	恢复原刊
一致与民望	惟论者告余,吾既非**政党内阁之国**	惟论者告余,吾既非**政党之国**	恢复原刊

第二是李大钊的书写错误的问题,这个需要反复阅读才能发现。例如,李大钊所引一封朱舜水致郑成功信,我反复翻阅查找,从朱谦之编《朱舜水集》中发现这封信是朱舜水写给一个日本人安东守约的。我将原文保留以注释来说明这是写给安东守约的信。

表2　原刊史实、引文错误新版改正对照举例

篇目名称	原刊	新版处理
朱舜水之海天鸿爪	先生**寄郑成功书**	应为**寄安东守约书**,保留原文,以注释说明
朱舜水之海天鸿爪	**田鹿素行**	应为"山鹿素行",以注释说明
东瀛人士关于舜水事迹之争讼	**圣一国师**,佛光禅师,同为**宋之亡人**	圣一国师非中国人,应为**日本人**,以注释说明
民彝与政治	**老子云**:"圣人不死,大盗不止"。	**非老子语**,应为庄子语,以注释说明

第三是标点方面的错误。由于时代原因,原文无标点。如不细究,容易误点,以至改动原意。以前通行的版本中有不少误点。第一类误点,是语际关系未搞清楚所致:"改得西尔列尔",点在了一起,其实是"改得"(歌德),

"西尔列尔"(席勒);第二类误点,是未注意语境关系所致:"伯有",这是中国人的人名,被点断了;第三种误点,是由于未考虑时空观念的交融而产生的:"《甲寅》之新生命"。

表3 通行版本中误点举例

篇目	通行版	新版处理
《晨钟》之使命	萨兰德、海尔特尔、冷新、乃至**改得西尔列尔之流**,	萨兰德、海尔特尔、冷新、乃至**改得、西尔列尔之流**,
政论家与政治家	法兰西有**约翰**、**贾克**、**卢骚**、福禄特儿之徒出,……	法兰西有**约翰·贾克·卢骚**、福禄特儿之徒出,……
政论家与政治家	德意志有**康德**、**圭得别**、特文于思想界为欧洲之宫殿,	德意志有**康德**、**圭得**、**别特文**,于思想界为欧洲之宫殿,
俄国大革命之影响	其国之学士文人,如**上杉**、**慎吉**、**茅原**、**华山辈**,又从而为之鼓吹。	其国之学士文人,如**上杉慎吉**、**茅原华山辈**,又从而为之鼓吹。
省制与宪法	联邦之名,国人至今**相惊以伯**,有以为联邦之制一见实行,	联邦之名,国人至今**相惊以伯有**,以为联邦之制一见实行,
省制与宪法	**"协时、月正、日同、律度量衡"**	**"协时月、正日、同律度量衡"**
《甲寅》之新生命	《甲寅》者,……故亦不能不择其适于生存之道,以顺应厥环境,环境而之画也。《甲寅》不能自封于浑环境而之杂也,《甲寅》不能自守于一环境而日趋于流动也,《甲寅》不能自拘于固定环境而趋于频繁也,《甲寅》不能自止于简单环境而日趋于迅捷也,《甲寅》不能自胶于迟滞环境而日趋于短促也,《甲寅》不能自废于恒久。	《甲寅》者,……故亦不能不择其适于生存之道,以顺应厥环境。环境而之画也,《甲寅》不能自封于浑;环境而之杂也,《甲寅》不能自守于一;环境而日趋于流动也,《甲寅》不能自拘于固定;环境而趋于频繁也,《甲寅》不能自止于简单;环境而日趋于迅捷也,《甲寅》不能自胶于迟滞;环境而日趋于短促也,《甲寅》不能自废于恒久。

现在,再来谈注释的情况。我们要认识到,李大钊生活的清末民初,正是中外文化在学术界、文化界大规模交流之际,因此,他的文章中就包含着中文、日文、英文、法文、德文、俄文等多种语言和文字的关系,即"语际"关系。种种语际关系都掩盖在同一种文字即中文之下,从表面上是中国文字,

实际上后面隐藏着外语和汉语之间的种种复杂关系。我的师兄王宪明老师针对清末民国初文献的特殊性写过专门文章加以探讨和说明。做注释，不是简单地查字典，更要把李大钊文章里面引用的词语、引用的人物和事件彻底地查懂。我和王宪明老师多次探讨、商量，采用的方法就是按照李大钊文章中提供的线索，深入文章所涉及的外国文化、外国语言和外国语境。对于外国人名，不仅要发音匹配，而且需要与人物的时代和生平事迹及思想学说等都相符；对于外国观念和著作、学说等，力求找到其最原始的出处，从而使名称、文字和思想内容等都能相合。注释工作容易被大家轻视，但是实际上《李大钊全集》的注释工作耗费了我们极大的精力。第一类是语际相关的词语，如唐弼卿、腊利翁、姜达库等。其中艰难的部分均由王宪民老师注释。以"姜达库"为例。李大钊在《大战中之民族主义》讲到第一次世界大战中法国的爱国与民族主义，他说法国爱国主义在"姜达库时代"表现得最为充分，

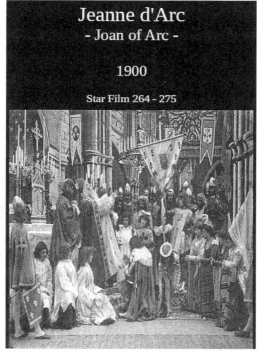

圣女贞德（Jeanne d'Arc）

"姜达库"其实就是众所周知的圣女贞德。因为贞德的拼音,日语发音就是"姜达库",李大钊沿用了这个说法。

第二类词语是属于语境关系方面的。比如"惟民主义""国家主义"等。李大钊早期的文章里面多次提到了"暴民专制"。1984 年之前,所有研究李大钊的学者都把"暴民专制"解释成李大钊抨击袁世凯的专制统治。而之后刘桂生老师及朱成甲老师分别写了文章、分别论证指出"暴民专制"并不是抨击袁世凯,而是批评革命党人的。我们注释吸收他们的成果,把这些注释出来,由此大家读到李大钊最知名的早期的文章的时候,便不会产生误解。第三类词语为特定的、具体的事件或特指的人物,因时代变迁,而现在不易解者。这类很多通过查字典能够查到,但是有些也是要做注释。比如说"南中再乱""南天动乱""南中倡义""云南义声"等。这些反映了李大钊思想的演变过程:李大钊在 1913 年及 1914 年写的文章里面,就把二次革命称为"南中再乱""南天动乱",但是后来到 1916 年的时候,他的思想、政治立场发生了根本的转变以后就改称"南中倡议"。对于护国运动,他就称"云南义声"。注释既注了词的本义,同时也展现了李大钊的思想演变的过程。

通过编注《李大钊文集》《李大钊全集》的工作,我们明确了几点认识:第一个是李大钊著述的语言文字,充分地、鲜明地反映了他所处时代的特色;也反映了近代文献的复杂性。第二是从语际、语境、时空观念出发了解李大钊,有助于充分认识和理解那个时代。第三就是不仅李大钊的著述反映了时代的特征、具体鲜明的时代性,而且,我们研究者,对李大钊著述的整理、编注及认识和研究也各具时代性,反映了时代的变化。编辑李大钊的著述也充分反映着时代的变化。我们之所以能比前人做的工作前进一步,既是我们吸收了前人的已有成果而取得的,也是由今天这个时代的整体认识水平决定的。同时,新版也有失误的地方,还要继续增补。

二、编《李大钊年谱》的体会和认识

第一,基础入手,广搜史料。史料是历史学的基础,尤其是编撰年谱的工作。我在写博士论文时期,便聚焦于中国近代报刊形成及演变等相关的问题,因而对李大钊、陈独秀等人产生了新的认识。李大钊作为报刊的参与者和实践者,实际上是近代报刊培育的人物。所以我的年谱编撰工作首先主要是在继承前人的基础上,把《晨报》《京报》《大公报》《益世报》《时事新报》这些大报上关于李大钊的报道都搜集起来,补充了前人未论及的内容。

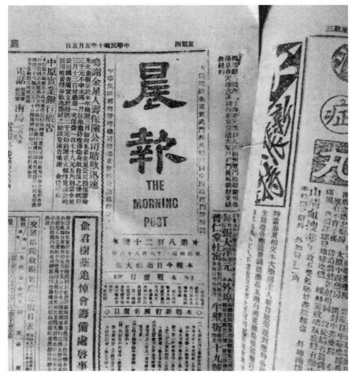

《晨报》

除此之外,我还阅读了李大钊发表过文章以及参与过创办的一些报刊,极大地丰富了关于李大钊的资料。其次,由于李大钊曾在北大工作,我从他在北大的朋友、同事、学生的书信、文集、日记中搜集相关的资料,其中包括《苏甲荣日记》《钱玄同日记》《顾颉刚日记》《周作人日记》《杨昌济日记》。2000 年 11 月,我受朋友相邀前去北大图书新馆,查看当时他们从老图书馆

《益世报》

发现的一堆东西，以前人所不知的文献。我从中找到了两本日记，其中一本日记记载了 1919 年 5 月 4 日北京大学学生上街游行的事情，还有关于李大钊的记载。我很兴奋，后来弄清楚是北大学生苏甲荣的日记。除此之外，我拜访杨天石老师阅读了《钱玄同日记》；拜访顾颉刚先生的女儿顾潮老师，阅读了《顾颉刚日记》。我较早阅读到了这些日记上记载的相关内容。再者，相关档案方面也有极大的突破。由于革命活动是秘密的，所以正面记载较为缺乏。但是反面的敌特档案中却有相关的记录。这一方面是南京第二档案馆的资料汇编，从前使用的学者比较少。另一方面是未刊的档案。比如说北洋政府的内务部档案中有很多监视李大钊的部分。北京大学档案馆、北京市档案馆、中央档案馆、台北"国史馆"所藏阎锡山档案等相关记载极大地扩充了以前我们所不知道的信息。

杨琥手抄资料

第二,多方参证、考订正误。此处我以几个例子加以说明。第一是神州学会。从前我们对神州学会的认识仅限于根据前人写的文章和一个人的回忆,推断神州学会是一个秘密团体。就我收集到的材料来看,神州学会在日本可能是秘密的,但在中国不是秘密的。李大钊当时向北洋政府写过报告请求申请成立神州学会,所以我引用了四条材料,一个报刊的报道、一个档案里面发现的李大钊申请立案的报告材料、《白坚武日记》,还有黄介民1933年的回忆《三十七年游戏梦》。这四个方面说明了神州学会的情况和性质。第二个就是鉴别真伪。其一,以前的研究都认为李大钊参加过中国社会党,引用的材料是相关人士的回忆,我对这个材料进行了细致的分析,得出结论:李大钊根本就没有参加过社会党。其二,李大钊在刑场到底有没有高呼口号?我在年谱中对高呼口号的根据来源进行了正本清源的清理,发现这是一件子虚乌有的事情。考订正误,相关的例子也有很多,比如我将李大钊入职北大时间确认为1917年12月,李大钊从苏联回国的时间为

1924 年 12 月。我还订正了一些书信的撰写时间。

第三,加强研究,拓展认识。一方面,我们需要加强对李大钊的社会交往、人际网络的考察。例如,年谱中引用了《杨昌济日记》记载的毛泽东的岳父杨昌济与李大钊的具体交往。此外我在年谱的书写中征引了《曾琦日记》与少年中国学会刊物中的相关内容,由此我们还可以分析五四时期这一批青年人同时具备怎样的思想。这方面的研究可以展现五四时期思想的丰富性与人的思想转变的复杂性。另一方面,就是要多角度的认识和理解李大钊的革命活动,这又分两个小部分。一个是共产国际的幕后指导与帮助。随着共产国际档案公布,我们知道非基督教运动、李卜克内西和卢森堡的纪念活动等背后都有共产国际的影子,或者指导或者帮助。第二个是北京大学对李大钊革命活动的掩护。李大钊被张作霖军阀逮捕、杀害前,他曾多次被北洋政府监视和通缉,但是每一次都化险为夷,为什么? 这与北京大学对李大钊的保护和对革命活动的掩护难以分开。此处举一例说明:1924 年 5 月,张国焘被捕后叛变,供出北京党组织的一大批负责人,其中便包括李大钊,北洋政府立即下达通缉令,通缉李大钊。但不久,北京大学就对这个通缉令进行抗议。在查阅北大档案过程中,我发现一张小纸条,记录了蒋梦麟给评议会的评议员写的信。其内容是说要召开一个会,讨论守常被通缉的事情,请大家一定到会,以便进行采取何种对策的商议。最后,北京大学向教育部递交呈文,驳斥了通缉令里关于李大钊进行地下革命的话语。教育部向内务部反映后,尽管拖了很长时间,但政府最终取消了通缉令。我从这个事件推断,其他的很多北洋政府的通缉令,也是被北京大学想方设法地化解了。

最后,我进行一个总结。李大钊是一个真实、丰富、立体的杰出历史人物;后来研究者也应全面、准确、立体地去理解李大钊。李大钊是革命家兼思想家;他是近代中外汇通时代的历史人物。他的自然生命已逝,但他的社会文化生命还活着,并在现实社会生活中继续发挥着作用。这样的历史人物,由于时代的差异,我们今天的人要理解他的言行、他的所作所为是很难的。因此,遗著整理和年谱编撰的所有工作都以理解他的活动和思想为中

照片中人物从左往右依次为蒋梦麟、蔡元培、胡适、李大钊

心而展开。所以我确实是毕恭毕敬、虚心诚意地去研究李大钊、理解李大钊。我最大的体会就是李大钊研究还是任重而道远。尽管研究了几十年甚至上百年,还有很多可以研究的地方,而且还有很多理解不到位的地方,我的分享到此为止。

评 论 与 讨 论

侯且岸:杨琥老师的讲座非常精彩,富有深刻的学术史内涵。我根据自己的研究,谈几点意见。

首先,李大钊的遗著是研究李大钊生平、思想的基本史料,为我们提供了史学研究的基本依据(底本)。经过几代人的共同努力,从1939年北新书局出版的《守常全集》(收文30篇、20万字),到1959年人民出版社出版的

《李大钊选集》(收文 133 篇,40 万字),再到 2013 年人民出版社出版的《李大钊全集》(修订注释本,共五卷,收文 595 篇,201.5 万字),本身就是一个复杂且充满矛盾的学术史发展过程。

其次,李大钊遗著的价值,需要我们透过深入细致的学术史的分析来加以展现。杨琥在讲座中与我们分享了一个又一个具体而有趣的案例——"遗著背后的故事",使得李大钊研究"活起来"。给我留下印象最深的是:他在"编辑出版部分"指出:新中国成立以后,编辑出版李大钊的遗著本不应存在问题,但事实证明,并非如此简单。以《李大钊选集》的编辑为例,编者为了维护李大钊的正确形象,有选择地收入文章,甚至对文章中的内容,特别是涉及中外历史人物的评价做出删节、改动,对大量的概念做出误断。这里我可以再补充两个实例,据《李大钊选集》的编者陈文斌回忆,他"发现《中国社会各阶级的分析》选入《毛泽东选集》时,按照后来的观点作了文字上的重要修改。他认为这就是'政治把关'。于是效仿这种做法,从李大钊原遗稿中删去自认为有损其形象的文字"。例如在《新纪元》中,"删去'美国威总统也主张国际大同盟'"。而在《劳动教育问题》中,则删去了"讲中国工人惰性的文字"。

我国著名的马克思主义史学家侯外庐先生在新中国成立以后最早提出系统研究李大钊的思想(参见《关于五四运动谁领导问题》,《光明日报》1950年 5 月 4 日)。他认为,"李大钊师 1918 年以来的文章",让人"感受了思想上的极大震动"。"关于马列主义在当时的宣传与思想领导,李大钊师的言论是一个集中的代表"。但是在 20 世纪 60 年代中期对他的批判中,他的见解被污蔑为"疯狂攻击伟大的毛泽东思想","妄图以此抹杀毛主席在五四运动中的光辉历史地位"。从中我们不难看出李大钊遗著被忽视的主要原因和历史背景。

再次,重视研究李大钊遗著的主要特点,真正理解李大钊、读懂李大钊。《李大钊全集》(修订注释本)的前言中指出:李大钊所处的时代的一个重要特点,"则是中外大通,中国与外国思想文化交流的范围与概率剧增,世界主要国家的语言、文化、思想通过不同渠道传入中国。与此时代相适应,李大钊的许多论著从本质上看，不能不成为一种跨文化、跨语际，甚至跨语境的文献，具有中国古典文献所不具备的特点"。因此，"为了完全读懂李大钊的文章，必须按照李大钊文章提供的线索，深入李大钊文章所涉及的外国文化、外国语言和外国语境中去探幽索隐"。我以为，这段前言不仅揭示了李大钊遗文的特点及其历史文化价值，而且也明确提出了对近代历史文献的研究方法。

作为《李大钊全集》（修订注释本）的编者之一，杨琥将这种方法灵活运用于《李大钊年谱》的撰著之中。我们看到，与一般年谱不同，杨琥在体例上大胆创新，紧密结合谱主李大钊的思想理论特点，在"谱主事略"之外专门辟出"诗文系年"部分，深入分析李大钊的思辨成果。在这部分，他不仅准确解读文本，而且增加了对文本的考辨、学术讨论，以及评析，做出了艰辛的学术探索。他的治学方法，值得我们学习、借鉴。

最后，借此机会，我要向李大钊遗著的收集者表示崇高的敬意！在上海，早期的收集者是我国著名历史学家、复旦大学历史学系原主任蔡尚思先生，上海市文化局原副局长方行先生，他们在新中国成立以前就开始搜集、研究李大钊遗著，在李大钊研究的学术史上留下了深深的足迹。

王宪明：从整体看，这部《年谱》代表了目前李大钊研究的最新进展和水平，既是对此前学术界李大钊研究成果的集大成，又为未来进一步推进李大钊研究提供了新史料、新视角、新方法，拓展出了新研究领域，通过一本书，揭示了一个时代。主要表现在：

一是体例严谨，脉络清晰，便于读者阅读、利用。这一方面，作者在《年谱》正文前所列"凡例"，已经做了明确说明。全书按"谱主事略""诗文纪年""时事纪要"三条线索，对谱主李大钊生平事迹、思想言论及其与之相关的国内外重要时事等作了系统梳理，举凡谱主家世、幼时遭遇、所受教育、赴日留学、反袁归国、参加新文化运动、高举"青春中华之复活"大旗、倡导"新中华民族主义"、入职执教北大、率先传播马克思主义、与陈独秀南北呼应创立中国共产党、积极推动国共合作、协助冯玉祥参加国民革命、联络阎锡山反奉及支持国民军北伐、联络日美等国外交官并与之谈判促使这些国家支持国民军北伐和中国的统一大业，一直到被奉系军阀逮捕并英勇就义为止的所有事迹和思想主张，都得到系统而清晰的呈现。

二是文献挖掘深广，搜罗宏富。从参考文献中可以看出，仅明确列出参考引用过的文献，就包括北大所藏北京大学教务档案、中国第二历史档案馆所藏北洋政府内务部档案、台北"国史馆"所藏阎锡山档案、台北国民党党史馆所藏吴稚晖档案等未刊档案 7 种，《共产国际、联共（布）与中国革命档案资料丛书》等已刊档案资料 38 种，《北京大学日刊》等民国时期报刊杂志 67 种，《苏甲荣日记》等与李大钊关系密切者的文集、书信、日记等 37 种，《昌黎县志》等地方志 7 种，各种纪念集、回忆录、画册等 60 种，年谱、传记、论著等 23 种。作者挖掘出了大量与李大钊生平事迹和思想言论有关系的内容，使得这部《年谱》有了极为坚实的档案文献基础，其中有相当一部分是在李大钊研究领域中第一次挖掘使用的。例如，1920 年初，李大钊护送陈独秀逃离北京，是李大钊和中共党史研究中的佳话，但究竟何时发生，如何发生，则以往研究中并不很清楚，并且间有讹误。对于前者，作者利用北洋政府警察厅的档案资料，弄清陈独秀是于当年 2 月 9 日下午一点多乘人力车离开其家，与胡适、李大钊商量后，离京赴沪，14 日抵沪后致信警察总监吴炳湘，称友人电促前来面商西南大学事，已抵沪。作者据此推断出李大钊护送陈独秀出京的时间为"1920 年 2 月上旬"。

三是别择精审，考辨精当。《年谱》对众多的回忆录、传记等，都采用了极为审慎的态度，所用材料，必加考辨，取其可信可靠部分，摒弃其中的失误失实部分。例如，1927 年 5 月 22 日，高一涵在武汉中山大学举行的追悼李大钊大会上，在介绍李大钊生平事迹时，曾说五四运动后，陈独秀在北京出狱后，"与先生同至武汉讲演"，"返京后则化装同行避入先生本籍家中"，二人"在途中计划组织中国共产党事"。"南陈北李，相约建党"之说，受此说影响颇大。但作者经过认真考辨，认为"这一回忆并不准确"，事件发生时，高一涵并不在国内，其回忆不足为据，更重要的是，高一涵的回忆"是孤证"，其他相关诸人的回忆也有很大差异。作者认为，"此时的陈独秀还不是马克思主义者，说他在离京途中与李大钊'计划组织中国共产党'，与其思想的实际善不符"。澄清了高一涵等人回忆中对"南陈北李相约建党"的讹误之后，作者通过更加具体的考察，对"南陈北李"说法的最初提出、李大钊通过书信和安排张申府、张国焘等往返京沪，与陈独秀面对面交换建党意见等，得出了更加合情合理合史实的结论。

四是视野开阔，研究理论和方法得当。李大钊是一位具有世界眼光的大学者、思想家，同时也是一位具有国际影响的政治活动家。《年谱》作者非常自觉地把谱主李大钊的生平重大活动和思想言论放在第一次世界大战前后时代思潮发展和世界格局变迁中、放在国际共产主义运动，尤其是远东国际共产主义运动和民族解放运动中进行归纳、整理、研究，使得李大钊生平活动及思想言论与时代思潮、世界局势及国际共产主义运动和民族解放运动之间的内在关联及其世界意义和地位更加彰显出来。例如，《庶民的胜利》和《布尔什维克主义的胜利》两文，以往大家一般认为是李大钊"欢呼十月革命"的代表性文章。但是，作者研析此二文，认为"所蕴含的时代内容与历史意义远不止是'欢呼十月革命'所能概括和包含的。"实际上，李大钊的文章是针对中国当时的语境、现实需要，根据一战的起因和后果，评价一战意义、结局和世界未来发展趋势的文章。又如，对于1922年春北京大学学生发起的"非基督教大同盟"运动，作者也通过梳理苏联和共产国际有关中国革命的档案资料，揭示这场运动与苏联和共产国际的密切关系。这类研究不仅是李大钊研究的重要突破，对于整个中共党史、中国革命史、中国近现代史研究来说，在研究理论和方法论上都有一定借鉴意义。

五是恪守规范，尊重前辈学者的研究成果。李大钊著作的收集、整理、出版本身，经历了一个艰难而曲折的过程，在民国时期尤其如此。由于时代原因和社会环境等方面的原因，李大钊的作品最初发表时有些未署名，有些署名与后来大家所熟悉的并不一样，用的是化名。为了收集整理出版李大钊的遗著，很多前辈前者，如刘弄潮、刘桂生（刘堃）、时光、韩一德、李玉贞等，花了大量时间和精力，陆续考证出一批李大钊的佚文及与李大钊相关的重要文献。他们的贡献，在《年谱》中都得到清楚体现，反映了作者尊重前辈学者、遵守学术规范的良好学风。

六是学术为本,求真求实,毫无功利心。作者用了 20 年的时间著成此巨著,其中不少内容本来都是可以独立撰成高水平论文发表的,但作者没有这样做,因为这无疑会分散时间和精力,影响整个研究工作的进程。把这么多的时间和精力花在基本文献的整理和研究上,甘为学术研究做铺路石,这在当今唯论文论英雄、唯论文评绩效的学术生态里,尤其难能可贵,令人敬佩。

尚小明:由中国李大钊研究会常务理事、北京大学校史馆研究员杨琥编撰的《李大钊年谱》正式出版,是今年中国学术界的一件大事。杨琥潜心钻研李大钊著述多年,又广泛搜集整理了其他各种相关史料,详细考辨,去伪存真,因此他能够成功编撰出这样一部高质量的年谱。年谱的出版可谓李大钊研究史上的里程碑,必将对今后的李大钊研究产生深远的影响。

我没有专门研究过李大钊的生平经历与思想,只因 20 多年前曾与杨琥、王宪明等老师有过一段参与编校《李大钊文集》(人民出版社 1999 年版)的经历,因此对于他接下来进行的李大钊年谱的编撰格外关注。我们都是刘桂生先生的学生,我和杨琥又都在北大工作,平时见面机会不少,或在刘先生家里,或在他的办公室,或在我的办公室,或在校园里偶遇,差不多每一次,我都会问到他年谱编撰进展,而他总是说还在进行中,并表示工作量很大。这样一种问候方式竟然持续了大约 20 年,在我,每一次都不过是一句很轻松的问候,在他,真不知熬了多少夜,吃了多少苦。

年谱编撰过程中,他曾就体例问题征求我的意见,我感觉他确定"谱主事略""诗文系年""时事纪要"这样的体例很有新意,但为何采用这样的体例,内心其实并没有十分清晰的认识。现在皇皇两巨册年谱呈现眼前,拜读之后,方认识到他所采用的体例,对编撰李大钊年谱而言的确是最合适不过的。

一般编撰年谱重在记述谱主生平行事,但对编撰李大钊年谱而言,若仅以记述其生平行事为主,是远远不够的。李大钊不仅是一位革命家,也是一位思想家,一生虽然短暂,但留下不少重要文字。年谱若以记述其生平行事为主,则其思想家的一面将不能得到充分反映;若将两者结合,则其生平行事又可能被淹没在大量反映其思想的文字当中,不能突出其革命家的一面;而且,记述李大钊的生平行事,必然要大量征引同时代其他相关人物的文字,将这些文字与反映李大钊思想的文字混在一起,整个年谱的内容就杂乱无章了。由此可知,《李大钊年谱》分为"谱主事略"与"诗文系年"是经过精心思考的。"谱主事略"记述李大钊生平行事,所引李大钊文字主要限于记述其活动方面的,同时大量征引其他相关文字,详细考索;"诗文系年"则是将最能反映其思想的文字系年呈现。需要特别指出的是,李大钊一生最主要的活动集中在1911年至1927年,他撰写文字也主要在这十多年,这个时段并不长,而年谱撰者竟用了长达130余万字的篇幅,显然也是经过精心思考的,因为只有这样的篇幅,才能够让撰者以大量征引李大钊的文字的方式全面呈现其思想演变的脉络,而这样的处理方式同时也为读者通过年谱研读李大钊思想演变提供了极大的方便。可以说,"谱主事略"与"诗文系年"这两种体例的设置,充分考虑到了李大钊这个人物的特点,而这也是这部年谱编撰能够获得成功的最根本的原因。

至于"时事纪要",主要是为读者理解李大钊的思想与活动提供背景材料,作为年谱的一部分是很有必要的,但为了避免"喧宾夺主",撰者采用了极简要的大事记的方式,也是很恰当的。

除以上所述外,在具体内容上,年谱有许多地方充分反映了迄今学术界在李大钊生平活动与思想研究方面所取得的成绩,指出了尚待解决或存疑的地方,以及撰者根据大量新发现的材料,对一些重要问题所作的新的思考与考证。这些内容与年谱内容有机结合,从而使这部年谱成为集史料与研究进展为一体的著作,从今而后,任何关于李大钊的研究,都应当以此为基础向前推进。

《大清帝国宪法》的吉光片羽

主讲者:彭剑,华中师范大学中国近代史研究所教授
讲座时间:2021 年 11 月 19 日
整理者:吴世平,复旦大学历史学系研究生

2021 年 11 月 19 日,复旦大学中国近代史青年学者读书班 2021 年第 5 期以线上会议的形式举行。本次读书班由复旦大学历史学系教授戴海斌召集主持,主要讨论华中师范大学中国近代史研究所彭剑教授的著作《钦定、协定与民定:清季制宪研究》(北京师范大学出版社,2021 年),首先由彭剑教授作题为"《大清帝国宪法》的吉光片羽"的报告,随后分别由北京大学历史学系教授尚小明、上海大学历史学系教授严泉、中山大学历史学系教授安东强作评议,大连外国语大学日本语学院副教授崔学森亦参与讨论。本文为主讲人发言整理稿,末附评议人、与谈人发言整理稿。

各位老师、各位同学、各位同仁晚上好,今天我非常荣幸来到复旦大学中国近代史青年学者读书班,与大家交流撰写这本书的一些心得。今天我想三个角度介绍这本书,先谈谈我的研究缘起与写作过程,之后向大家分享寻觅《大清帝国宪法》踪迹的一些经过,最后谈几点我研究中印象深刻的地方。

一、研究缘起与写作过程点滴

我之所以关注清季制宪,是我学习、研究中国近现代史以来反复探索、

彭剑著:《钦定、协定与民定:清季制宪研究》

思考的结果。博士阶段我主要关注辛亥革命,当时的选题是革命派和保皇派在新加坡的论战,主要围绕《中兴日报》和《南洋总汇新报》两份报刊进行研究。在撰写博士论文时,我有种很强烈的感觉,认为革命党虽然力量较弱,在国内外所获支持亦寡,却能取得推翻帝制的成果,这是为何? 我意识到,该问题仅从革命派入手是难以解决的,即便是将康有为、梁启超一系纳入研究范围,亦感觉有所欠缺。于是,我把视线投向帝国内部,在博士后研究期间,开始关注清政府所设立的宪政编查馆。

宪政编查馆的前身为考察政治馆,该机构为配合五大臣出洋考察政治而设立。五大臣考察归来后不久,清政府即宣布要预备仿行立宪。在此背景下,1907 年考察政治馆改名为宪政编查馆。由此,我开始注意到制宪问题,这个问题在宪政改革中占有重要地位。最终,有关制宪权的研究成为博士后出站报告中的一个部分。我觉得制宪权是非常重要的问题。因此,在做了一些前期探索后,我于 2012 年申报了国家社科基金项目,当时申报的题目是《清季官方起草宪法研究》,拟定了六个研究方向,分别为:(1)制宪问题与宪政改革的启动;(2)宪政编查馆与清季制宪;(3)"秘密主义"主导下的"李汪宪草";(4)绅士集团与清季制宪;(5)北鬼三郎与清季制宪;(6)非法集团与清季制宪。

《南洋总汇新报》

立项成功后,我的研究就正式启动了,但是进展很慢,从立项到出版共耗时 9 年,加上前期准备时间便长达 10 余年。这里面原因颇多。在工作期间,我需要开展教学、撰写专题论文,参与集体项目,所以留给自己做这个课题的时间并不太多。我感觉自己攻读博士学位时能更专注一些,研究时间也更充足,而工作后就需要特意找时间来做研究,不然很难做出成果来。这让我回忆起写这本书过程中的诸多往事。记得有一年的夏天我回湖南老家,住在一位亲戚家中,我每天都会在女儿起床之前写作、在餐桌上看资料。2016 年我的第二个孩子出生,曾在照顾妻儿的过程中写

《中兴日报》

作。这些点点滴滴经历串联在一起可以说明这本书的写作过程并不是从容而连贯的。2016年暑假结束时，我完成了初稿。那年9月借着去清华大学参加"第七届晚清史研究国际学术讨论会"的契机，邀请了章博、彭贺超、林哲艳三位学友一同前往沟崖、上方山访古，参观了起草《大清帝国宪法》之地——玉虚观。

　　这次实地探访对我影响很大，回来后便对李家驹和汪荣宝的"旅行制宪"部分作了修改。随后，我还在给2018级硕士生开的课程上讲了一个学期的"清季制宪"，由此激发了一些灵感。2019年我组织学生开了一个读书会，讨论这个书稿。当时学生们提了很多有趣的建议，对我帮助特别大。有一同学提示我，"清季制宪"可以用"执迷不悟、至死方休"作评价，给我启发颇多。此外，读书会上同学们还对本书的题目提了不少想法。这个书稿作为结项报告时用的题目是《清季官方制宪问题研究》，师友们觉得这个名字不太好，于是我们还讨论过"清季制宪""钦定""钦定之殇"这些题目的可能性，但都没有采纳。最终，我拟了《钦定、协定和民定：清季制宪研究》这个题目。以上是我撰写这本书的大致情况。

"上方山访古"（彭剑提供）

二、"大清帝国宪法"的一鳞半爪

对于清季制宪，研究者们多关注 1908 年颁布的《钦定宪法大纲》和 1911 年颁布的《宪法重大信条十九条》。王晓秋先生于 1980 年代末的研究揭示了清廷在"十九信条"之前已经起草了一份完整的宪法草案，自此学界才开始注意到宪法草案的问题。这份宪法草案由李家驹和汪荣宝执笔，学界将其称为"李汪宪草"。这个称呼概括得非常好，但是容易使人误解，认为这是一部私人起草的宪法草案。其实，李家驹和汪荣宝起草宪法是依托于一个钦命的制宪班子、根据制宪程序来开展的。这个制宪班子有纂拟宪法大臣溥伦和载泽，在此之下设立协同纂拟宪法大臣，分别为李家驹、汪荣宝和陈邦瑞。

汪荣宝

李家驹

陈邦瑞在清季制宪中存在感一直不强，可能与制宪班子的分工有关。在制宪分工问题上，李和汪负责起草条文、加按语，陈负责审定修改，之后由溥伦和载泽审核，并上呈给摄政王钦定。所以这个宪法草案虽然是李、汪执笔草拟的，却是以帝国的名义公布的。因而，倘若这部草案颁布，其被命名为"钦定大清帝国宪法"的概率是极大的。由此，我在书中将该草案称为"大清帝国宪法"。

为加强说服力，现将几个例证列出：首先是光绪三十二年（1906 年）的《出使各国大臣奏请宣布立宪折》，其中言及"开馆编辑大清帝国宪法，颁行天下"，次年（1907 年）两江总督端方有一个奏折提到"讯将我大清帝国宪法及皇室典范二大端提议编纂，布告天下"，而按照《清朝续文献通考》的记载，清廷接到端方的奏折后曾作出批示："命宪政编查馆编纂大清帝国宪法及皇室典范。"这些当然只是臣子们的说法，不一定有很强的说服力。但是，在一条宣统三年（1911 年）的上谕中也提到"所有大清帝国宪法，均着交资政院起草，奏请裁夺施行，用示朝廷好恶同民、大公无私之至意"。因此我觉得这部宪法应该名为"大清帝国宪法"，也可以称作"钦定大清帝国宪法"。

那么，这个"大清帝国宪法"其模样如何？这是中国宪政史研究者们都很关注的问题。在中国第一历史档案馆"资政院全宗"里，有两个宪法性材料受到学者们的探讨和关注，一份是残件，另一份是完整的宪法。有研究者声称那一份完整的宪法就是"大清帝国宪法"。但是，据尚小明等多位学者的研究，那份完整的宪法文件应该是由民间人士起草的，不可能是"大清帝国宪法"。作为研究清季制宪的专著，我很希望向读者展现"大清帝国宪法"的真容，但是非常遗憾，这个目标未能实现。我只能通过《汪荣宝日记》及其他材料提示"大清帝国宪法"的若干辨识之点。

首先，"大清帝国宪法"的基调是巩固君权。在 1910 年 11 月启动制宪事宜的时候，上谕说得很清楚，编订宪法必须遵循《钦定宪法大纲》，这个是清廷为编订宪法定下的规矩。我们知道，《钦定宪法大纲》是模仿日本宪法，以巩固君权为目标的。

值得关注的另一个重点是，宪法各章的名称是确定无疑的。根据《汪荣宝日记》，汪氏于1911年7月8日在玉虚观拟定宪法各章的名称。有学者认为，在之后宪法起草的过程中，各章的名称是有变动的。但是，当我们仔细审视《汪荣宝日记》，便可以断定宪法各章的名称并未修改。因此，我们可以断言宪法各章的名称就是《汪荣宝日记》于1911年7月8日所记的内容，共十章："第一章皇帝、第二章摄政、第三章领土、第四章臣民、第五章帝国议会、第六章政府、第七章法院、第八章法律、第九章会计、第十章附则。"倘若未来发现的宪法草案中之章节与上述结构不同，那么所发现的文件一定不是1911年起草的宪法。

第三个值得关注的点是，可能有些条文没有加按语。按照清廷制宪的规划是需要加上按语的。但是我根据《汪荣宝日记》判断，可能按语还没有加完就爆发了革命，导致制宪工作中断。

还有一个需要注意的点是"参考条文"并没有进呈。起草宪法的时候，其中每一条都列了参考条文，比如参考日本宪法、美国宪法的某些章节，这些条文最终并未被进呈。

因为现在可知的信息非常零散，我并不能坐实各章的起止信息，只能推测其中的部分内容：第一章从第一条至第十九条，第二章自第二十条开始。第三章的最后一条是第二十五条，第四章自第二十六条开始。我们只能得知这些信息。关于各条的条文信息就更是知之甚少，比如第八条是关于君主命令权的；第十九条是关于皇室大典制定的。然后，存在一条是关于既定预算问题的，立法的倾向将之认定为议会的权力（当在第五章帝国议会），还有一条是惩戒行政官吏的机构，应该称为"弹劾惩戒院"（这一条可能出现在第六章政府或第七章法院中）。

我之所以会在书中列出辨识之点，是觉得学界将来终有发现"大清帝国宪法"的一日。这种期待是有根据的。因为这个宪法起草完之后，汪荣宝曾抄写过一通，这个抄本可能有重见天日的一天，而且部分草案已经进呈给摄政王，大概有一半左右的条文已经进呈。随着档案利用率的提高，进呈条文的内容可能会被发现。一个研究清季制宪的课题却未能找到"大清帝国宪法"草案，是很遗憾的，这也让我的研究价值打了折扣。

不过，本来对我而言，即使有幸发现宪法草案，我的写作也会致力于展现制宪的过程，《大清帝国宪法》草案只是其中的一个环节而已。因此，对我而言没有找到宪法草案只是研究中缺少一个环节，影响并不是那么致命。为了呈现清季制宪的过程，我把全文分成二十一个章节，加上楔子、结语和附录。共 32 万字。这个分章是否太多，只能让读者来判断。我的初衷只是想让这本书好读一些。我一直在思考史学研究成果的呈现问题，对于清季制宪而言，这个问题更为重要，涉及典章制度的古今转换，研究该问题深入很难，浅出也不容易，因此在动笔之前我很忐忑，直到有一天我发现"制宪权争夺"这个问题贯穿全过程时，我才看到希望，可以以它作为线索。但是，即使是以事件史呈现典章制度的变革，若以大章大节的形式呈现，阅读体验恐怕不佳，所以我基于自己的阅读感受，选择用小章节的方式呈现。这种呈现方式是否合理，还需要听取专家和读者们的意见。

三、几点印象深刻之处

最后我谈几点印象深刻之处。我的小书从制宪权角度讲述清季制宪的故事，揭示了清廷为巩固君权，一直坚持钦定，却在革命冲击下被迫改为民定的情况。但是即便如此，清廷的努力也无法改变局面保住君位。

在这里我介绍一个印象特别深刻的细节。这是一道比较长的谕旨：

> 上年十月，该院奏请速开国会，当经明降谕旨，定于宣统五年召集议院，并特派溥伦等迅速纂拟宪法，候朕钦定。兹据该院奏称，宪法为君民共守之信条，宜于规定之始，诏进臣民商榷。又称协赞在纂拟之后，钦定之前，于先朝圣训钦定之义，毫无所妨各等语。着溥伦等敬遵《钦定宪法大纲》，迅将宪法条文拟齐，交资政院详慎审议，候朕钦定颁布，用示朝廷开诚布公，与民更始之至意。

这是 1911 年 10 月 30 日发布的上谕，其中所言之"该院"是资政院，资政院在前一天递交了奏折，请求协赞宪法。一般而论，资政院奏请协赞宪法，清廷便授予其参与制宪之权，似乎并无特别之处。问题在于，制宪班子在9月已经完成了条文起草，但此时还在让溥伦等纂拟宪法，很明显清廷是在说谎。这说明即便到了危急关头，清廷还在故作姿态、实行拖延战术，幻想以"宪法大纲"为蓝本制宪，巩固君权。需要注意的是，在10月27日发生了滦州兵变，军人们要求以英国模式制宪，在这样的情况下清政府颁发这样的谕旨，实在是让人吃惊。上谕颁布后，11月1日，兵谏军人又给军咨府发电报云：

> 上谕又云："着溥伦等敬遵《钦定宪法大纲》，迅将宪法条件拟齐。"窃绎宪法首标君上大权，以立法、司法、行政三者概归君上，大权作用与臣等所奏政纲适成反对。恳请收回成命，取消《宪法大纲》，由议院制定，以符臣等原奏。

兵谏军人的电报是很有威力的，他们在电报末尾还加上了"荷戈西望"的威胁语，于是清廷又颁布谕旨云："所有大清帝国宪法，均着交资政院起草，奏请裁夺施行"。可以看出清廷对君权的迷恋可谓"执迷不悟，至死方休"。

另外，我个人印象比较深的还有汪荣宝在11月2日的日记：

> 早起。诣闰生，旋往资政院，与同人商榷宪法信条。籍君忠寅持一院制说而理由颇不贯彻，予起辨难，几至决裂。午刻伦、泽两邸到院，述本日滦州军队电奏，对于初九日谕旨尚多不满，有"荷戈西望，不胜迫切待命之至"等语，并闻禁卫军亦与滦州联合，岌岌可危。又闻武昌有电到阁，请停战，惟其条件如何，尚不可知。审察情形，非将滦军要请各条立予决答，不足以救危急。余仍回起草室，同人已议定信条十九事，即付秘书厅誊写。随后，两邸亦来演说纂拟始末及今后办法。同人力陈利害，请将宣布信条之事于明日奏陈，务乞即日裁可，以安人心。两邸

应允。旋开会(爱国公债案付审查,宣统宝钞案否决)。忽议长将上谕宣布,将宪法交资政院起草,众欢呼,余未及散会,先行退出。

这段材料的大致意思是:这天早上汪荣宝去资政院,与议员们商榷宪法信条,这意味着在 11 月 2 日早上,资政院议员已经开始讨论宪法信条十九条问题了。在此过程中,他和籍忠寅发生了争执。到了中午,溥伦和载泽到资政院介绍相关的情况,汪荣宝听后回到起草室,此时他发现,同人们已经将"十九信条"起草完毕。之后,溥伦和载泽又到资政院演说纂拟宪法始末和今后办法。由此我们可以看到,一方面资政院议员们在起草"十九信条",另一方面溥伦和载泽却又在宣讲起草宪法草案。议员们对此表示不满,认为应该上奏"十九信条"。最终,溥伦和载泽应允了议员们的要求。有趣的是,以前看相关资料,印象是资政院先接到上谕授予的制宪权才起草"十九信条",但读《汪荣宝日记》却可以发现在上谕颁布前,资政院已经将信条起草完毕,这个细节是值得关注的。

另外,我在研究中比较触动的是达寿奏折中的一个用词。达寿在 1907 年曾赴日本考察宪政,递交了一道名为《考察宪政大臣达寿奏考察日本宪政情形具陈管见折》的奏折,长达一万三千字,其中有这样一段:

> 惟日本宪法由于钦定,开章明义,首于天皇,而特权大权又多外记。匪特外记已也,即其未经外记之事,亦为天皇固有之权。今试就其外记者言之……凡此大权,皆为欧洲各国宪法所罕有,而日本学者尚谓有漏未规定时启疑问之端。中国制定宪法,于君主大权无妨援外记之法,详细规定,既免将来疑问之端,亦不致开设国会时为法律所制限。

这个奏折反复提到"外记"一词,还出现"外记之法"的说法。那这个词是何意思,我猜测是达寿从日本人那边学来的一个新名词,用来与"内"对应,指的是"宪法条文以外的文字"。我们看"宪法大纲"就会发现,在大字体之外还有小字体写就的注释性文字,于是我认为小字体就是"外记"。故而,我在写博士后报告时就认为"宪法大纲"学了日本明治宪法的"外记法"，以加强君权。

后来我发现这个看法是完全错误的。在进行博士后研究时，我读的达寿奏折刊登于《政治官报》，但在研究清季制宪的时，读的是《清末筹备立宪档案史料》中的达寿奏折。细读了之后很吃惊，两个奏折版本大部分内容相同，但"外记"两个字都变成了"列记"，这是为何？据我考察，《档案史料》中的奏折录自《东方杂志》，我最后认为"外记"是错的，"列记"是对的。所以《钦定宪法大纲》并非依样画葫芦学日本，正文之下加注释的做法是中国的创造。我们可以看到，所有加注释的条文都是涉及"君上大权"的条文。这些加注释的条文都是防止臣民、议会侵夺"君上大权"。这个经历动摇了我对历史资料排序的认识。一般认为，史料可靠性以档案、官报、商业报刊的顺序依次递减。在我们找不到清宫档案的情况下，《政治官报》应该比《东方杂志》更权威，但这一次却非如此。这个经历使我认识到学无止境，追求史实的准确是没有止境的事。我写这本小书也是尽力遵循"言必有据"的原则，但仍恐有不准确之处，希望得到各位的批评指正。

评 论 与 讨 论

戴海斌：非常感谢彭老师的报告。彭老师在做这个研究之前，已经出版《清季宪政大辩论》《清季宪政编查馆研究》两种专著，从在朝和在野两个角度对预备立宪作了考察。这本著作的问题更为聚焦，主要讨论1908—1911年清季制宪的过程。从后来视角往前看，可以理解为清政府"自改革"的最后尝试。现在我们都已经知道结果，清政府并没有能够挽救政治危机，在宪法颁布之前清王朝就覆灭了。重新检讨宪法的拟定过程，对于我们检讨清末政治的得失以及制宪在将来更长时段的影响是很有意义的。当代学者发现过一些清末的宪法草案，也引发了很多争议，但是很遗憾，我们始终没有见到"大清帝国宪法"的真面目。不过，虽然宪法"真面目"很重要，围绕制宪发生的各种故事也一样精彩。这本书从争夺"制宪权"的角度讲述了清季制宪方方面面的内容,包括李家驹、汪荣宝等制宪人物很多生动的面向。借用彭教授的话来讲,这本书是"寻找'大清帝国宪法'的历程",同时"分享沿途的风景与感悟"。读彭教授的书,和听他的讲座感受类似,有文有质、文质彬彬,饶有趣味。他在学术写作和表达上,有丰富的个性,也很照顾到读者。这次讲座,我们有幸请到了在清末新政、立宪运动方面专深研究有几位专家,请他们发表高见。

尚小明:华中师范大学中国近代史研究所彭剑教授所著《钦定、协定与民定:清季制宪研究》,是新近出版的一部很有特色的论著,我拜读之后,觉得这是迄今关于清季制宪最为详细、深入的研究著作之一。就在这部著作出版之前半年,中国社会科学出版社出版了大连外国语大学日本语学院崔学森副教授所著《清廷制宪与明治日本》。作者曾留学日本,精通日文,而后又在北大历史学系获得博士学位。他的书是由博士论文修改而成的,与彭剑教授的著作一样,也是从制宪角度研究这段历史的。但是,这两本书的写法有较大不同,可以互相参阅。具体到彭剑教授这本书,主要围绕钦定、协定与民定三个关键词布局谋篇,思路相当清晰。

先说钦定。晚清政治改革,从戊戌时期起,就以日本为最主要的学习对象。到了清末筹备立宪时期,清廷强调"大权统于朝廷,庶政公诸舆论",所以在制宪方面自然更加青睐赋予天皇极大权力的《大日本帝国宪法》。通过载泽、端方等五大臣出洋考察政治,以及汪大燮、于式枚、达寿等三大臣进一步赴英、德、日本考察宪政,清廷最终决定模仿日本,确定了钦定宪法这样一个原则,并且在1908年首先公布了《钦定宪法大纲》,作为将来进一步草拟宪法全文的依据。此后,在民间立宪派呼吁、国会请愿运动推动,以及一些督抚和王公支持下,清廷于1910年冬正式下旨派溥伦、载泽为纂拟宪法大臣,又于1911年春下旨派陈邦瑞、李家驹、汪荣宝协同纂拟,最终于1911年秋武昌起义爆发前拟成一部内容完整的《大清帝国宪法草案》。尽管这部宪法草案的全文至今下落不明,但透过《汪荣宝日记》,我们对它的大体构成是了解的,同时可以确认,钦定宪法原则在草拟这部宪法草案过程中得到了切实贯彻。对于制宪过程中的各种细节问题,彭剑教授在书中花了很多的篇幅来讨论,其中有许多分析非常精彩,可以说是整本著作中写作最成功的部分。

不过,对于清末制宪过程中,是否存在彭剑教授所说协定与民定阶段,我的看法不尽相同,下面略谈一二。

关于协定宪法,彭剑教授主要的依据是,武昌起义后资政院曾于10月27日议决"将宪法交院协赞",并于10月29日上奏提出,而清廷于10月30日针对资政院的上奏,专门下了一道谕旨,令溥伦等"敬遵《钦定宪法大纲》,迅将宪法条文拟齐,交资政院详慎审议"。由此,彭剑教授认为:"长年以来,人民孜孜汲汲争取的参与制宪,终于有了结果。此前,清廷奉行真正钦定,即由君主大权独断独行制定宪法,完全不允许在一定程度上代表民权的资政院置喙。经过努力,这种钦定终于被打破。"但细读史料,资政院所要求的是"协赞"宪法,而非"协定"宪法,彭剑教授书名中的"协定"二字并未见诸相关史料,与将该词与"钦定""民定"并列使用,很易让人理解为"协商制定"。但实际上,"协定"除了可以解释为"协商制定"外,还可以解释为"协助制定",两者意思有很大的不同。资政院奏折中虽然有"宪法为君民共守之信条,宜于规定之始,诏进臣民商榷"之语,但当时的实际情况是,《大清帝国宪法草案》已经由汪荣宝等纂拟完成,资政院所要求的只是参与最后阶段的"审议",并不是要从头开始"协商制定"宪法,故其奏折中又有"协赞在纂拟之后,钦定之前"之语。换言之,"协赞"其实等同于"协定"的第二种含义,即是"协助制定",并不改变钦定原则。彭剑教授说资政院的策略是"在维护钦定的名义下打破钦定",似有过度解释之嫌。这也就是说,从制宪权角度看,当时并不存在一个对等的协商制定阶段,而清廷给资政院的回复也仍然是"候朕钦定颁布"。彭剑教授书中说清廷居然"答应将宪法交该院协赞,使人民梦寐以求的制宪权得以实现,似乎是一个了不起的成就",这个判断看起来有些过了。

至于民定宪法,彭剑教授书中指的是10月27日驻守滦州的第二十镇统制张绍曾等发动兵谏,提出政纲十二条,主张实行英国式君主立宪,并且于11月1日上奏,要求取消《钦定宪法大纲》,由议院制定宪法。资政院立刻于 11 月 2 日主要依据政纲十二条草拟了《重大宪法信条十九条》，清廷随后发布上谕，同意"所有大清帝国宪法，均着交资政院起草，奏请裁夺施行"。很快，资政院就于 11 月 3 日上奏十九信条。从制宪权角度讲，十九信条完全由资政院拟定，虽然上谕仍然有"奏请裁夺施行"之要求，不肯彻底放弃钦定，但根据十九信条第五条"宪法由资政院起草议决，由皇帝颁布之"规定，只给清帝留下宪法颁布权，因此，十九信条从制定到颁布看起来已经没有钦定色彩。然而，能否由此说十九信条就是"民定"性质的宪法文件呢？恐怕还需要深入研究。最值得注意的是，资政院并非正式国会，它的成立，按清廷的设想，是为将来正式召开国会之预备。资政院议员分钦选、民选两种，各占一半，钦选议员绝大部分是各部院衙门官员，以及一些王公贵族，他们的身份主要是"官"，而非"民"，事实上，彭剑教授也注意到，资政院只是在"一定程度上代表民权"。从这个角度讲，虽然在具体拟定十九信条过程中，民选议员陈敬第等可能是更加重要的角色，但毕竟还有汪荣宝等重要的钦选议员的参与，投票表决也有钦选议员参加，因此，把资政院拟定十九信条视为"民定"宪法之举，仍不无可议。十九信条的拟定应该说是具有民定色彩的制宪行为，但还不能说完全是民定。

真正民定宪法性质文件的产生，当属 12 月 3 日独立各省都督府代表在武昌议定的《临时政府组织大纲》，尽管它还很不完善。在此之前，湖北军政府曾于 11 月 9 日颁布由宋教仁草拟的《中华民国鄂州临时约法草案》，有人称之为中国历史上第一部具有近代意义的宪法草案，但当时湖北军政府还没有被确认为临时中央政府，因此《鄂州约法》似乎只能算该军政府的临时大法。在此之后，南京临时参议院于 1912 年 3 月 11 日颁布《中华民国临时约法》，则属更加完整的民定宪法。《临时政府组织大纲》规定实行总统制，主要仿照美国，《临时约法》规定实行责任内阁制，主要仿照法国。

总结来说，为了更加准确、深入理解清末制宪，我们不妨把视野稍稍放宽，将清末制宪与民初制宪联系起来考察。相关历史或许可以可分为三段来讲述：第一段为钦定宪法阶段，主要模仿日本式君主立宪，重点是《钦定宪法大纲》与《大清帝国宪法草案》的拟定；第二段为具有民定宪法色彩的制宪阶段,主要模仿英国式君主立宪或虚君共和,重点是《重大宪法信条十九条》的拟定及颁布;第三段是完全民定宪法阶段,主要模仿美国或法国式民主共和立宪,重点是《临时政府组织大纲》和《中华民国临时约法》。三阶段演变的背后,则是清末民初中国政治的剧烈变动,特别是国体由君主专制转变到了民主共和。

严泉:我主要研究北洋时期的制宪问题,当然也关注清末制宪,但是没有彭剑教授这样开展深入研究。彭教授的书我很认真地读了三遍,对于本书章节多是深有体会的。彭剑教授说他试图把学术问题表达地流畅一些。我觉得这个写作方式更贴近于一本读过的宋史研究著作:何冠环《宋初朋党与太平兴国三年进士》,这本书的正文很通俗,大量的考证和引用的文字都放在注释里,可读性非常强,建议彭教授可以读一读。

第二个我关心的问题是,在清末新政那几年,国内整体的宪法学研究水平如何? 我们现在评价清末的立宪、民初的立宪,都是以当下的标准看待过去。而事实并非如此,我们应该回到历史过程当中。我期待彭剑教授在研究清末制宪时关注当时日本宪法学界的学术水准。制宪中的重要人物汪荣宝在清末、民初的法学界中皆扮演了重要的角色,比如他在"天坛宪草"的起草会议中发言次数很多,法学水准也很高,所以汪荣宝的法学水平也是值得深入研究的。

从彭教授研究的意义和价值来讲,制宪是立宪最重要的环节,我们或许可以尝试通过制宪史的研究把对清末立宪的观察提升到一个新的高度,如果能够通过研究制宪,对整个清末立宪的评价有所突破的话,那么这个研究会更好。比如过去对预备立宪的关注会考证立宪的过程,关注谘议局、资政院的实践,那时候预备立宪清单执行的情况如何? 现在还缺乏一个详细的考证。从这个角度来讲,我们可否对清末立宪的总体评价能否有所推进? 我很期待这方面的研究能再上升一个高度。

第三点,在讨论对清末立宪的认识问题时,我们会注意到外来的影响,如对日本宪法的借鉴。日本自 1889 年颁布宪法起也开始了立宪的进程,我们是否可以将清末立宪与日本近代立宪的进程作一比较。我们知道,日本的大正民主阶段依然是试验阶段,最后还是流于失败。通过中日的比较研究,或许可以反观清末立宪效果究竟如何。

最后,资政院被彭教授归纳为"民定",我觉得这一论断还是基本成立的。虽然资政院有钦定议员,但即使是英国也分为上下议院,总的来说下院的作用还是比较大的。辛亥革命前后,资政院中主要活跃的是民选议员。从这个角度讲,我觉得民选议员在资政院中还是居于主导地位的,我们不能用现在的代议制视角来看当时的准民选机构。辛亥革命之后无论是各省都督联合会还是南京临时参议院,从产生过程来讲都不是直接选举或间接选举,很多都是由各省都督指定的,很大程度上是代表地方的。因为不符合选举程序,才出现了当时湖北认为南京临时参议院没有民选代表性的问题。从民选的程度来看,直到民初的第一届国会,其民选成分才明显超过资政院、南京临时参议院和北京临时参议院。所以我觉得资政院划分为"民定"还是合理的。

安东强:听了彭教授的讲座我感觉非常受益,刚才讲的几点我也是赞同的。这本书可读性确实很强,这在当下的史学读物中是罕见的,可见彭教授在这方面下了很多工夫。而且,彭教授拟定的各级标题相当用心,让我们看到他在写作时特别突出"论"的一面。当下很多考证著作的作者不愿意表露自己的想法,彭教授很清晰地表达了自己问题的产生和思考的过程,将这些内容都纳入了书的叙事,对于我们入手接触这样一个选题是很有意义的,对于年轻人来说也有别样的帮助。当然,年轻人倘若以这种方式写学位论文是不太合适的。这提醒我们反思研究成果呈现形式的问题,一本书的体例本身就是一个学术问题。

回到彭教授的主题上,我和彭教授在京都大学一起访学的时候曾同处一个工作室,有一天彭教授兴致冲冲地写了四个字"清季制宪"给我,问我是否可以作为书的题目。当时,我和他讨论了很多,交流了不少写作中的心得,可以说我是这本书成书过程中的一个早期聆听者,所以现在听来感觉很是亲切。

这本书背后隐藏的是清末中国一连串的问题:第一个问题是中国为何

要制宪？中国从上古以来便有一套政治体制的逻辑结构，为何到了近代会选择以制宪的方式来解决政治危机？这一点还没有完全讨论清楚。第二点是谁来制宪？这是彭教授在书中讨论的。第三个是如何制宪？彭教授的书引起我们进一步讨论的是这几个问题，无论是朝野还是中外各方，大多也是围绕这几个层面的问题展开讨论的。

另外，为何历史教科书和革命史书写中会强调清朝"假立宪"？"假立宪"的问题自革命党时期就开始讨论了。彼时，立宪问题成为一个值得讨论的政治问题，很多群体所形成的叙事都把他们对清廷的批评作为一种观点和事实写进教科书。实际上，是否是"假立宪"关键涉及上述三个问题，弄清楚这些问题我们才能讨论立宪是否为"假立宪"。宋教仁、孙中山讨论立宪时，总会一下子跳开了许多国内争议的问题，直接指责清廷没有立宪的资格，因为他们是要被打倒的，他们不可能懂宪法，不可能了解宪法背后的学理。刚才严泉老师提示我们关注当时的宪法知识情况。清末明确讨论宪法主要出现于庚子事变以后，但是这类讨论真正成为潮流来自日俄战争的刺激。中国知识人如何能够在几年之内获取这些知识？

实际上，当时国内各方的宪法知识都处于"半桶水"的状态，梁启超就批评中国会因"半桶之立宪党"而亡国。那时的问题在于，什么是宪法、谁有资格立宪，人们在这些问题上皆未达成共识，各方分歧非常大，资政院里也争得很厉害，在关于宪法的学理、立宪程序、立宪资格、立宪缘由等方面亦存在很大的分歧，只是我们现在的研究者没有呈现出各个层面而已。所以我觉得彭教授的著作对于清末立宪的问题作了较为深入的讨论。

此外，值得一提的是，我最近写的文章就来自与彭教授在京都讨论的结果。革命政府时期起草各种宪法性文件时，孙中山和宋教仁的观点有何区别？其分歧是否是总统制和责任内阁制的问题？这里涉及关于宪法、法律认知的问题，也是权力归属厘定的问题。我觉得这些问题未来我们还会陆续跟进，现在还未到可以下定论的时刻。以后，我们每年都可以这样讨论，或许可以把问题讨论清楚，这是一个值得未来做深做透的方向。

崔学森：我的研究和彭老师的研究比较接近，今天的收获非常大。针对刚才各位老师提到的一些小问题，我也想谈一谈自己的一点看法。

首先，关于严老师与彭老师讨论的清末中国学者的宪法学水平。保廷梁在日本出版过一本叫《大清宪法论》的书，我读过这本书，这本书是非常有创造性的。当时日本提出天皇主权说、天皇机关说等学说，而君权方面，保廷梁的书颇有理论创见，他提出了"国家主权说"（或曰"国权主权说"）的概念。可见清末留学日本的法政学生对西方和日本制宪的情况有比较好的把握。另一位值得关注的人是张伯烈，他在 1909 年前后草拟了一个宪法草案，这个草案也具有较高的水平。刚才彭老师在讲座中提到的，有一份民间的宪法草案被提交给清廷，这份草案也具有较高的水平。至于汪荣宝本人，他出生于学者之家，出国前就研究中国古代法律史，知识很渊博，在日本既学习历史，又学习法律，他对宪法、法理的理解是非常高的。清政府能找到汪荣宝来协定宪法应该说是非常合适的。

还有一个问题是，关于资政院的性质问题。我想从一个小点切入，资政院是否具备制宪权？我刚写的一篇论文就是讨论制宪权的，主要和卞修全先生在 2000 年写的关于资政院制宪活动的论文进行对话。卞先生认为清政府不断将制宪权让渡给资政院，我并不同意该观点，我的观点和彭老师很接近，认为清政府一直把持着制宪权，最后迫不得已才把这个权力转给资政院。事实上，资政院从最开始就是一个没有制宪权的机构，不仅最初制定的资政院院章中没有制宪权，即使在 1910 年修订的院章中亦无制宪权。虽然清政府有宪政编查馆，但清廷并没有让宪政编查馆、资政院来制宪，而是单独设立了一个班子来制宪。卞先生认为资政院的制宪权是清廷不断让渡的，但我觉得资政院的制宪权是他们不断争取来的。武昌起义前，资政院连上数道奏折，要求协赞，才最终获得制宪权。

还有一个是"协赞"的问题。倘若检索清末报刊，可以发现这个词出现率很高，但到民国就消失了，日本也有这样的情况，对此我曾经写过一篇论文，关注中日双方讨论"协赞"一词的问题。正如彭教授所言，"协赞"一定不等同于"协定"。毫无疑问明治宪法是一部钦定宪法，是一部"协赞而钦定"的宪法，因为天皇本人不可能拟定宪法，清朝皇帝也不可能直接参与拟定，需要委托一些人，而这些人就是"协赞"，可以理解为"协助而赞成"。所以说，制宪的灵魂人物还是皇帝。在日语中，"钦定""协定"和"民定"这些表述都有，但是在明治宪法中却未使用这些词，凡是使用与"协助"意思相关的词，都用的是"协赞"。如果看明治宪法的英文版，可以发现用的是"advice"，再加上"帮助制定"的含义，基本上就是"协定"的意思。不过，明治宪法的日文本和英文本不完全符合，这一点需要注意。

最后，我们能否从日本的角度来看清末立宪。我认为，立宪和制宪还是有很大的区别，我和彭老师的研究主要从制宪角度展开，我的博士后出站报告主要从日本政治家、法学家角度看清政府如何制宪，希望从外在角度看清末制宪的景象，明后年我的论著应该会推出，希望各位老师多多指教。

崔学森著：《清廷制宪与明治日本》

彭剑：非常感谢大家到位的评议。有些问题我也比较难回应，比如尚老师所讲的"协定"和"民定"的过程问题，只能留待后日继续思考。我是直接把"协赞"和"协定"等同看待了。关于"民定"，我和严老师意见相似，觉得资政院虽然有钦选议员在内，但主要还是民选议员发挥作用。另外，尚老师提的建议很好,把清末、民初结合在一起观察可能会有更清晰的认识。

严老师的评议提醒我关注当时知识分子的宪法学水平,这个问题安老师也很关注。从我作为历史学者的感觉来看,我觉得时人的宪法学水平还是不错的,时人也有不少对于三权分立的探讨,这可能与当时世界范围内对宪政的反思有关。孙中山提出"五权宪法"就可能和他接触到西方宪法观念有关,北鬼三郎私下给大清制定宪法,曾提出"四权分立"的体制,说明当时宪法学是个颇受关注的知识领域。总体来说,我觉得这个问题是值得进一步探讨的。

另外,制宪史是否能对清季立宪的评价有突破,我觉得这个问题是值得进一步分析的。清政府在宪政改革方面的诚意是没有问题的,确立的是三权分立的君主立宪体制。在这个过程中,我们也应当看到清政府制宪有很重的私心,甚至有点违背立宪的原意。另外,将清末立宪与日本立宪作对比,有学者做过相关研究,但我感觉自己功力还不够。

在日本的时候,我记得与安老师一起爬京都"大文字山"时在讨论书稿的相关内容。安老师提到为何制宪、谁来制宪、如何制宪的问题。我主要探讨谁来制宪,如何制宪。关于为何制宪,这是需要未来探讨的问题。回到晚清,这个问题很有意思,有人觉得没必要制宪,因为中国自古以来就有礼制,礼就是根本大法。预备立宪时期的清廷觉得立宪国都有宪法,所以还是需要成文宪法的。以上就是我想要回应的一些方面。

概念史研究的数字转向

主讲者:邱伟云,南京大学学衡研究院暨历史学院副教授

讲座时间:2021 年 11 月 26 日

2021 年 11 月 26 日,复旦大学中国近代史青年学者读书班 2021 年第 7 期在线上进行。活动由复旦大学历史学系章可副教授召集主持,南京大学学衡研究院暨历史学院邱伟云副教授受邀主讲,讲座题目为《概念史研究的数字转向》。评议人为北京师范大学文学院方维规特聘教授。本文为主讲人发言整理稿,末附评议人发言稿。

过去十年的概念史研究法的数字转向探索实践,逐步证明了概念史研究法数字转向的可能性,近年来也逐渐受到中国学界同行的肯定与关注。从全球概念史学界近年发展可见,自 2015 年开始已有海外名校同样意识到将计算机学界的自然语言处理技术引入词汇与概念研究中的可能性与发展前景。以下就从概念史研究的数字转向为题来讨论概念史研究方法数字转向的可能发展与前景所在。

一、什么是概念史(history of concepts)

由于参加我们今天这个讨论会的师友们,有些是计算机学界的朋友,因此我先大概说明一下何谓概念史(history of concepts)。根据方维规老师研究指出,德文 Begriffsgeschichte(概念史)一词最早出现于黑格尔(Georg Wilhelm Friedrich Hegel,1770—1831)的《历史哲学讲座》中,指基于普遍观念撰述历史的方式,用来指称一种史学类型,即考察艺术、法学和宗教的历史,可以纳入哲学史的范畴。而后在科塞雷克(Reinhart Koselleck,1923—2006)所主编的八卷本《历史基本概念——德国政治和社会语言历史辞典》(1972—1997)与《历史语义学与概念史》(1979)书中,完成了"概念史"学派的定型。简言之,概念史研究的目的,即希望通过考察重大概念在不同历史语境中的社会影响,推导出政治社会群体运用特定概念的典型张力,进而分析时代、社会、政治的结构变化,最后重构社会史的截面,进一步呈现出整个社会历史,提供史学研究一个新范式。在概念史研究法特征上,我们发现了能与计算机学界文本探勘技术进行协作研究的着力点所在,因为文本探勘技术正是一种可计算长时段中巨量文字语料里的词语结构及其变化的数字技术,从这角度而言,文本探勘技术即能介入概念史研究视野,辅助概

方维规著:《什么是概念史》

念史研究工作者进行复杂与长时段的概念形成、运用与嬗变研究。关于概念史研究法中丰厚且复杂的理论层次与研究视角，有兴趣的师友可参见方老师自 2019 年出版的概念史三书，分别是《概念的历史分量：近代中国思想的概念史研究》（北京：北京大学出版社，2019 年）、《什么是概念史》（北京：生活·读书·新知三联书店，2020 年）、《历史的概念向量》（北京：生活·读书·新知三联书店，2021 年），通过阅读概念史三书，当能较为全面的掌握德国概念史研究理论方法。至于概念史研究案例，可参见 2013 年开始至今，由南京大学学衡研究院院长孙江教授主编出版的《亚洲概念史研究》集刊，目前出版至第 8 卷，收录众多亚洲概念史研究的优秀成果，当然也不能错过章可老师在概念史研究领域的力作《中国"人文主义"的概念史（1901—1932）》（上海：复旦大学出版社，2015 年），章老师以一本书的分量系统且细密地揭示了"人文主义"的概念以及围绕此概念的其他相关概念，是想了解概念史研究方法与实践取径的师友们不能错过的好书。

二、什么是数字转向(Digital Turn)

上面我们通过简要的概述，帮助计算机学界师友们了解概念史研究方法的简明基础定义后，接着我们再谈谈什么是数字转向（Digital Turn），以帮助人文学界师友们理解为何要数字转向？以及如何数字转向等问题。南京大学陈静老师与香港城市大学徐力恒老师曾在《我们为什么需要数字人文》（《社会科学报》第 1572 期，2017 年 8 月 24 日，第 5 版）一文中指出，随着数字技术更新迭代、数字化内容不断增加，数字化的研究趋势得到了更广泛的应用，影响遍及各个人文学科。大约在 2000 年以后"数字转向"（digital turn）时代到来，个人计算机变得十分普遍，成为大多数学者能方便使用的设备。如今通过高速高能的计算机设备，配合国家提出的数字中国主张，各界都如火如荼地对古代乃至近代的所有历史文献进行数字化、数据化乃至智能化的工作，展开各种目前可见的大型数据库建置项目计划，运用各种前沿的数字技术，包括数据探勘、文本探勘、图像标记、网络分析、时空地理分析、声音分析技术等,对人文世界进行诸多前沿性的探索性研究工作,这就是目前人文学研究的数字转向情况。

三、概念史研究真的需要数字转向吗

也许有师友们会问,概念史研究真的需要数字转向吗?在当代语境中,我们不难想见未来乃是一切皆数据的世界。不仅过去的材料我们不断的进行数字化工作,诸如爱如生的"典海"中浩如烟海的数字化古籍;或是近现代的史料数字化工作,如香港中文大学中国近代思想史专业数据库(1830—1930)具有一亿两千万字的全文史料内容,晚清期刊全文数据库(1833—1911)收录期刊 520 余种,文章 53 万余篇,民国时期期刊数据库(1911—1949)收录期刊 25 000 余种,文章 1 000 余万篇;中国社会科学院近代史研究所"抗日战争与近代中日关系文献数据平台"于 2020 年 9 月 1 日已上线报纸 1 046 种、期刊 2 343 种、图书 71 071 册……以上数据平台若配合前沿OCR 技术,在未来将转为巨量可全文检索与计算的文字文本。概念史研究者们未来在研究概念时,会有人力难以读尽的材料。此外还须考虑到概念史研究的重点之一即做概念比较研究,目前东亚学界也不断进行历史文献材料数字化工作,如"韩国近代报刊语料库",近代中日词汇交流有关文献的数字档案化与词汇语料库,及日本皓星社建置的《杂志记事检索集成数据库(1860—1945)》(http://info.zassaku-plus.com/)等,都是未来在研究亚洲概念史时不可回避的巨量数据库。目前欧美各国也都积极推行多语种历史材料的数字化工程,如 GALE 平台即收录了跨越全球 500 年历史的 1.7 亿页珍稀原始资源文献,包含多种语言的文学、档案、法律文书、手稿等内容,其中 ECCO 十八世纪作品在线数据库更是收集了 1700—1799 年之间所有在英国出版的图书和所有在美国和英联邦出版的非英文书籍,涵盖英语、法语、德语、西班牙语、拉丁文等多个语种,包含 13 万种 15 万卷,超过 3 300 万页的内容。

因此,假如概念史研究就是要观察词语及其作为语言的运用与嬗变过程，借以推导政治社会群体运用特定概念的典型张力，分析时代、社会、政治的结构变化，那么概念史研究就天然的适合与需要进行数字转向。由于数据化将使人类认识世界的方式产生根本性转变，因此未来世界不再是一连串自然或社会现象的事件，而是由信息所构成（Viktor Mayer-Schönberger and Kenneth Cukier，2013），百年后的概念史研究者们若想要研究百年前我们现在这个社会中的概念发展，他们会有看不完的文本，包含系统性的个人专著、论文，与碎片化的朋友圈、微博、推特等文字。这样巨量的文字数据信息，若不借助数字方法，将难以进行"概念与社会"互动的概念史研究，因此现在的数字转向正是在为未来的概念史家提出方法的准备。

在上述全球历史材料数字化工程下，可以想象未来概念史研究者的焦虑，将从过去的"动手动脚找材料"向"巨量材料如何读尽"转变。在旧文本不断被数字化，新文本膨胀速度比旧资料快的语境下，未来概念史研究者必定面对材料过多无法读尽的问题，这也是概念史研究数字转向的合理性与必要性所在。

四、全球概念史研究的数字转向重要案例

正因全球历史文献材料如火如荼的数字化工作，使得全球概念史研究者们逐渐发现，若不采用新工具与新方法，将出现难以穷尽所有历史材料再进行概念研究观察与提出结论的问题，因此已有诸多著名大学研究团队开启了概念史研究的数字转向实践工作。

第一个案例是美国剑桥大学在 2014—2018 年设置的概念实验室（CCDK）。此一实验室尝试通过计算方法描述和分析由概念结构生成的结构化环境，试图揭示其中循环的概念网络（https://ccdkconceptlab.wordpress.com/）。2020 年，该团队的 Peter de Bolla，Ewan Jones，Paul Nulty，Gabriel Recchia，John Regan 共同发表了 The Idea of Liberty，1600—1800：A Distributional Concept Analysis，University of Pennsylvania Press in the Journal of the History of Ideas（Volume 81，Number 3，July

2020)一文,运用计算和统计方法对十六到十八世纪的"Liberty"概念进行分析,基于一套定制的分析概念结构的工具,帮助对"Liberty"概念的文献分析工作,并与以赛亚·伯林(Isaiah Berlin)和昆汀·斯金纳(Quentin Skinner)过去有关 Liberty 概念的研究成果相互对话。

第二个案例是英国谢菲尔德大学数字人文学院(DHI),是英国领先的数字人文中心之一,成立于 1994 年。2016 年春季开启现代西方思语言 DNA 项目(https://www.dhi.ac.uk/ldna/),通过对十五到十八世纪英语话语中发生的语义和概念变化建模,进以理解早期现代思想的演变。最近的研究成果可参见 Digital methods for studying meaning in historical English. Special Issue of Transactions of the Philological Society,119(2)、§ Susan Fitzmaurice,(2020)。

第三个案例是新近成立的芬兰赫尔辛基大学数字人文中心(HELDIG),这是一个集合赫尔辛基大学七个不同院系数字人文学科相关领域的协作中心。早在成立之初的 2015 年,他们就举办了"概念变化—数字人文案例研究座谈会",讨论应该如何使用大的数字化历史数据研究概念变化。自 2017 年起,这个中心开始连年举办"概念计算方法"专题讨论会、"历时性概念变化的计算方法"讨论会、"言语与行动:政治文本挖掘"讲习班及词汇语义变化讲习班等,密切聚焦计算概念研究的趋势方法及其转向。

五、中国概念史研究的数字转向

对词汇概念的"形成""运用"与"变化"研究视角进行量化转译与考察,很早就已经在中国学界出现。基于此对词汇概念研究进行数字转向的思考,配合计算机学界自然语言处理技术的迭代与更新,在中国概念史研究学界中产生了三种领先全球的新的量化考察视角。

第一种是结合文本探勘技术与网络分析技术对概念关系进行量化计算并发现互斥概念的研究路径。如我与郑文惠、刘昭麟、林书佑等老师合作的《概念关系的数位人文研究——以〈新青年〉中的"世界"观念为考察核心》

（收于项洁主编：《数位人文：在过去、现在和未来之间》台北：台湾大学出版中心，2016 年）一文，以数字人文技术与德国概念史理论对话，勾勒《新青年》500 万字语料中与"世界"概念共现的概念群并计算其间的概念网络。该文使用几率统计、统计学中的 LSA、PMI 等关系性计算，以及词汇相依计算法等多种可能适用于概念关联性计算的方法，发现《新青年》前后不同时段"世界"概念共现词群的分合。其中"世界"与"天下"这一对概念呈现出从不显著相关到显著负相关的变化，表示"天下"概念与世界论述互斥，此种概念关系形态是人力不能考察者，亦即是数字人文视野下独特的发现。

　　第二种是对汉语词缀复合词研究进行量化计算的工作。关于汉语词缀复合词研究工作，2001 年方维规老师即发表"Yi, Yang, Xi, Wai and Other Terms: The Transition from 'Barbarian' to 'Foreigner' in Late Imperial China"（《"夷""洋""西""外"及其相关概念：晚清译词从"夷狄"到"外国人"的转换》in: New Terms for New Ideas: Western Knowledge & Lexical Change in Late Imperial China, ed. by Michael Lackner et al., Leiden: Brill, 2001）一文，探讨由"夷""洋""西""外"等四个汉语词缀所复合出的四批复合词间的时代变化，从中提出中国近代对西方认同的转型现象；而后 2011 年章清先生发表《"界"的虚与实：略论汉语新词与晚清社会的演进》（《东アジア文化交渉研究》，别册 7，2011 年 3 月）一文，更是直接指明汉语词缀复合词研究的意义与价值，文中指出作为现代汉语中颇为特殊的"后缀复合词"（或称为"接尾词"），这样的构词法已预示其具有明显的开放性和不确定性，往往成为考察语言成长具有特殊意义的例证，而这样的构成法大大提升了语汇的制造能力，"后缀"之前添加什么，决定于中国社会所做的取舍。拙作《词汇、概念、话语：数字人文视野下中国近代"美"之观念的建构与再现》（收入周宪主编：《艺术理论与艺术史学》第 3 辑，北京：中国社会科学出版社，2019 年）即实践了汉语词缀复合词研究法的量化转译工作，通过数字人文技术，计算并归结中国近代"美"之观念的建构与再现轨迹，有一从"美善""美术"到"美育"的三阶段发展过程，并发现中国近代"美"之观念具有教化性与实用性两个特征。当我们能将此前所提到的中国从古代到近当代所有建置完成的数据库加以串连,那么我们就可望通过数字技术,勾勒出中国各种词汇概念由传统至当代的发展史,这是过去依靠人力难以完成的重大工作。

第三种是结合图像标记技术对图像概念史进行量化计算工作。如王平、钮亮、金观涛、刘青峰等发表的《五代北宋山水画的数位人文研究(二)——以"渔隐"主题为例》(收入《数位典藏与数位人文》2018年第1期)一文,即以五代北宋时期至今流传的120余幅山水画图像为研究对象,围绕舟船、渔人两类图像进行数据撷取与图像分析,以此去追溯"渔隐"主题及其概念的原形与流变。在图像概念史研究法的数字转向思考中,研究者尝试通过计算机自动发现稳定图像形式结构,使人文研究者可考察其图像概念含义,以及从稳定图像形式结构去考察其图像概念譬喻含义,或从概念寓意画考察其图像概念含义。当图像数据的收集与数字化、数据化乃至于智能化工作完成,概念史研究者们即可快速地从长时段的跨国图像中发现概念环流的踪影与历史意义。

六、中国概念史研究数字转向的未来方向

以上我们已经介绍了全球概念史研究在数字转向上的经典项目以及中国在概念史研究法数字转向上的独特贡献,下面可再从人文的概念史理论视角出发,谈谈中国概念史研究数字转向的未来方向。

第一个基于中国概念史理论可以进行数字转向的工作是中国近代概念发展转型的数字考察。孙江教授曾在《概念史研究的中国转向》(《学术月刊》2018年第10期)一文中讨论中国近代概念转型的问题,基于中国近代概念转型的特征,提出了有别于德国概念史家科塞雷克所勾勒出的德国近代鞍型期概念转型中的"四化"尺度,分别是标准化(Standardization)、大众化(Popularization)、政治化(Politicization)、衍生化(Derivatization),未来可进一步通过文本探勘的量化模型方法,转译与侦测中国近代概念转型中的概念四化发展现象。

第二是基于中国近代汉字发展的词化现象进行数字转向研究。如日本关西大学沈国威教授在《近代中日词汇交流研究：汉字新词的创制、容受与共享》（北京：中华书局，2010 年）一书中指出，词化是对概念的命名。概念可以用一句话、一个说明性或比喻性词组、一个短语来表达，而当概念用一个词来指称时，叫做概念的"词化"，或称"词汇化"。通过数字转向，可以利用词嵌入、文本探勘、时空地理、网络分析等技术进一步的量化转译东亚近代概念词汇化的进程。

沈国威著：《近代中日词汇交流研究：汉字新词的创制、容受与共享》

第三是基于近代中日韩三国之间概念环流现象进行数字转向研究。亦即可运用时空地理技术、文本探勘、网络分析方法等，结合中日韩三国对于同一概念的研究数据基础，进行跨国的概念数据比较研究，借以揭示概念的源流以及在长时段过程中三向影响交流的动态过程。

今日所谈的概念史研究的数字转向方法与趋势,正符合文理交叉的"新文科"主张,这一主张使得我们一方面能通过结合计算机与统计方法对人文研究议题进行"人文数字化"的思考与探讨,另一方面又能再基于人文关怀角度去商榷与研发带有人文性的计算统计方法而完成"数字人文化"工作。唯有建立起人文数字化与数字人文化两个角度的循环交流协作工作流程,才能真正落实新文科的文理交叉诉求,为 2035 年建成高等教育强国、实现中国教育现代化提供有力支撑。

评 议 与 讨 论

问题一:用计算机进行人文研究易缺乏人文温度:计量研究如远读认为重要的关键点在数值的高峰,但人文研究学者会认为概念的意义在走势之中,因为概念顶峰已经丧失了锐气,但人文研究者更在乎的是发展趋势中如何普及的过程,以及普及过程中报人或是百姓等不同层次行动者的理解现象,但这些研究角度在计算机视角中容易被忽略。且在数字转向之中,很多研究结果都以可视化图表方式进行呈现,但这种数据可视化的结果易将"人"推向平面化,亦即只关注高低而不关注过程,会削弱其中丰富的人文性信息。

回应:对于这一问题,数字人文学界也开始进行反思,亦即数字转向的发展,并非拿来主义式的只听从于计算方法的"人文数字化",也许在过去十年我们确实是走"人文数字化"的道路,因为那时是在探索阶段,我们得先把各种计算方法拿来探索实践,看看是否能结合? 然而在十年后的今天,数字转向应该迈向建立理论的方向,亦即我常说的转向"数字人文化"的方向,我们不能再像过去十年一样,不问计算方法的优劣以及其是否合适拿来计算人文问题,只要看到最新方法就拿来使用,只求量化视角的信校度,却不问这些新方法是否适合用于计算人文问题。如今我们应该迈向从人文角度去对各种最新的方法进行"人文性"的信度提问与反思阶段,亦即必须通过人文视野去判断与反思各种最新计算方法的人文研究配适性，甚至是更进一步，应当基于人文问题意识的需求，量身定做计算方法，如此一来，像方老师提出人文学者更应关注的是概念的爬坡发展阶段的重要性此一研究视角，就能通过量身定做，发展出一种探索概念爬坡轨迹与信息的测量方法，以符合人文研究者的需求。这样的方法才是真正结合数字与人文的思考后所产生出的真正的数字人文方法。

问题二：在概念研究中常见存在着一种概念用多种不同词汇来翻译与理解的现象，例如 Democracy 在近代就有"民主"与"共和"两种译法，那么在利用数字方法进行 Democracy 概念研究时，如果只注意到"民主"或"共和"，就是忽略了其他当时同时代表着 Democracy 概念的发展向度，基于这样的问题，数字人文方法如何解决？

回应：目前在自然语言处理技术当中，有种非监督学习的词向量研究法，可以通过词汇的上下文语义关系，侦测并辨别出长时段巨量文本中的近义词，有望处理并解决一词多义与多词一义的问题。因此对于上述问题，未来可以利用词向量方法进行探索性实验，通过数据驱动的方法找到并解决同一概念具有多种词汇能指的问题。

问题三：报告中谈到全球概念史的比较问题，在这中间有很多需要考虑的地方，例如中日概念对比时候，要注意概念先后问题；还有概念到底是在殖民地或是半殖民地发展也会有所不同，而这些细节往往并非量化方法所考虑的问题？该如何解决？而且概念在跨语境间是很难进行比较的，因为概念随着语境不同有着完全不同的变化？那么全球概念比较研究如何可能？

回应：这正是概念史研究法在数字转向过程中需要通过人文与计算机领域学者密切讨论去解决的问题。概念史学者可以提出各种在研究概念时应当关注的人文研究变项，而计算机学者就能从这些变项去思考该如何通过计算权重的调整与方法的复合重组，让计算方法能很好地回应人文学者所关注的焦点问题，因此概念史研究的数字转向，需要人文学者多多提出人文性的关怀视角，借以发展适合于概念史研究专用的数字计算方法。而章可老师提出可以考察跨语境当中的非语境成分的问题意识，即是未来在概念史研究数字转向中可以通过量化模型去尝试加以勾勒的重要人文问题。

问题四：从莫来蒂提出世界文学的研究主张中，可以发现世界文学的研究可能带有偏见，这里的偏见包括世界文学的组成多为英语文学，而其他语种则少；又或者殖民文学多，精英文学多，那么这样的研究结果可以称为世界文学吗？

回应：确实，老师提出的是目前数字转向中时常被提出来进行反思的一个问题，亦即"数据偏见"。例如斯坦福大学李飞飞教授他们曾经对大量图片进行人机互动标记工作，进而训练出一个能自动标记图片的模型，当他们将穿有白纱的女性图片给予识别时可以自动识别出是婚礼；但当他们将印度女性穿着印度传统婚纱的图片给机器识别时却识别出是戏剧，这里问题就出在训练计算机自动辨识模型时所用的图像多为西方图片，因此只能较好的识别西方图像中的事物，但对东方事物的识别就产生了问题，这就是一种"数据偏见"，亦即机器所学习的数据是有偏向的，如此所建置的计算识别模型语自然也是带有偏向的。在此案例中，李飞飞即通过调整机器学习的数据，更为多元的重新收集机器学习的图像材料，借以让机器学习的结果更为公正客观而不具有偏见。就此而言，概念史研究的数字转向前提，就是我们用以计算概念发展的语料必须尽量避免材料的倾斜，对语料结构必须十分了解，如此才能针对语料结构的倾斜而调整计算权重，进一步避免与解决数据偏见可能导致偏见结论的问题。

章可：我认为全球概念史研究还是有可能的，因为即使概念会随着语境而有很大的不同，但跨语境中还是有属于非语境成分，这个非语境成分恰恰是语义带来的，而这往往就是全球概念史的基础，因此全球概念比较研究还是有可能的。

晚清史的另一种写法

—— 《盛宣怀的晚清四十年》的未竟之思

主讲者:朱浒,中国人民大学清史研究所教授

讲座时间:2021 年 11 月 26 日

整理者:王艺朝,复旦大学历史学系研究生;

　　　　黄佳玮,复旦大学历史学系本科生

2021 年 11 月 26 日,中国人民大学清史研究所朱浒教授以"晚清史的另一种写法:《盛宣怀的晚清四十年》的未竟之思"为题在复旦大学历史学系进行线上讲座,介绍了其写作《洋务与赈务:盛宣怀的晚清四十年》背后的宏观思考。本次讲座由复旦大学历史学系戴海斌教授主持。讲座邀请到上海交通大学历史系袁为鹏教授、华东师范大学历史学系周健副教授、上海社会科学院历史研究所冯志阳助理研究员与中国社科院近代史所张海荣副研究员参与评议。本讲座是复旦大学历史学系青年学者读书班的系列活动之一。

本书最早起源在 20 年前——我在 2001 年寒假前往上海图书馆查访盛宣怀档案。那是我第一次接触盛宣怀档案,也是第一次对盛宣怀研究产生兴趣,此后上海给了我很多资源、灵感与启发。

上海对于本书来说是一个非常重要的元素。本书所述的内容,很多场景都发生在上海。另外也要特别感谢许多上海学人给我提供了本书最早的思考基础,尤其像华东师范大学陈旭麓、夏东元、易惠莉各位教授,他们关于盛宣怀的研究以及近代中国社会新陈代谢的命题,对我来说都是非常重要的思考起点。

朱浒著:《洋务与赈务:盛宣怀的晚清四十年》

我想通过此次讲座,将自己写书成文时有一些自觉不那么妥帖、不特别敢在书里表述的内容,与大家分享。书中的缺点与错误也敬请大家指正。

一、晚清史向何处去

(一) 往前与往后:晚清史的定位之惑

我写这本书时,虽然一开始是从盛宣怀其人和盛档着手,但正如今天用《晚清史的另一种写法》作标题所提示的那样,当我把盛宣怀研究真正变成自己的研究课题时,这项研究其实依托着更大的学术背景。简单讲来,就是在清史工程于 2001 年筹议启动时,碰到了清史应如何纂修与研究以及晚清史发展方向的问题。在这次启动新修清史前,大家对晚清史与民国史合称中国近现代史习以为常;但在讨论清史纂修之际,大家对晚清史的学科定位开始产生疑惑,即晚清史似乎总须在某些参照系中寻找位置,其究竟应"往

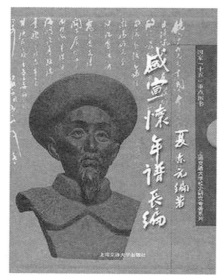

夏东元著:《盛宣怀年谱长编》;易惠莉著:《盛宣怀评传》

前"走还是"往后"走？当时印象比较深的是我的老师李文海教授和中国社科院近代史所姜涛先后发表的文章(李文海:《论晚清史研究》,《光明日报》2001年5月29日;姜涛:《晚清史研究向何处去?》《清史研究》2002年第2期)。两人都认为出于贯通清史的驱动,晚清史应该往前走。他们指出,既往的晚清史研究多将传统视为保守、落后,因此对传统关注不多;而如何在体制以及其他体现历史惯性的领域中突破传统的八大事件写法,打通晚清史与清代前中期史的隔阂,是晚清史研究可以开辟的新方向。

与之对应的另一种思路则是往后走,这是20世纪90年代末至21世纪初一些学者的观点。如王德威在《被压抑的现代性——晚清小说新论》的序言中提出了很著名的说法:"没有晚清,何来五四。"他认为五四时期出现的新文学,其源头实际上从晚清开始,正是晚清新文学所尝试的诸多可能性,才开启了文学现代性。要理解五四新文学,必须关注晚清新文学,这是文学史领域的命题。

相对而言,在历史学界,更多是基于现代化历程(或视角)来理解晚清。如虞和平主编的《中国现代化历程》中,将晚清视为中国现代化进程的前提和准备阶段。而无论是文学还是史学领域的现代化取向,都是将晚清作为现代化进程的一个早期环节来定位的,其意义和特性自然也无法脱离现代性理论的笼罩。

在我看来,无论往前走还是往后走的倡导,其实质上都是晚清史的主体性在很大程度上被消解的问题。在这种情况下,如何弘扬晚清史的研究价值,成为一个很难应对的问题。那么,若将晚清史作为一个具有主体性意义的独立时段来把握,又应如何确定它的标准? 这是我最初思考如何切入晚清史研究时所产生的一个重要疑问。

(二) 下行线与上行线:晚清史的中心线索

与上述疑问相关,我进一步涉及了关于晚清史中心线索的上行线与下行线问题。所谓的下行线,民国时期就已成型,即以革命史范式为核心的、从政治史视角出发的研究。这方面尤其以胡绳的概括比较全面,突出晚清的三次革命高潮及八大政治事件。在这种围绕着革命高潮的叙述背后,我们可以看到"下行线"是明显的主线,即晚清史的中心线索是中国社会往下沉沦的过程。中华人民共和国成立后编纂的许多中学历史教科书,都是按照这一线索而展开的。

在晚近的著作中,以张海鹏老师为代表,更加明确地阐述了晚清基本上是中国往下沉沦的过程,沉沦的谷底是八国联军侵华战争及《辛丑条约》的签订。从辛亥革命之后,才慢慢有一个上升的过程。所以在政治史视角下,可以说关于晚清史的书写是以下行线作为中心线索的。

但从经济史视角来看,以汪敬虞的探讨为代表,晚清史应该还存在着一条上行线。这条上行线就是汪先生所说的资本主义发展的一面,即这一时期产业革命的精神、新生产力在中国的立足。很明显,在晚清时期,中国社会已经开始发生根本性变动。毛泽东在《中国革命与中国共产党》(1939年)中说,中国近代社会结构的转变是从新式工业的创办开始的,有一部分投身其中的商人、买办、官僚成为早期资产阶级,还有一部分产业工人成为早期无产阶级。就此而言,从新生产力的角度来看,晚清史也应包含某种从上行线出发的视角。

那么,如何在"上行"与"下行"之间来把握晚清史的中心线索? 我想这两条线索都有重新审视的余地。这也是我在理解"晚清史向何处去"中总结"前后之争""上下之争"的一点学习体会。

二、晚清史如何"深翻"

基于这样的体会,我曾应崔志海老师的邀请,写了《晚清史研究的"深翻"》一文(《史学月刊》2017 年第 8 期)。但那篇文章属于急就章,并没有把很多问题想得非常透彻。我后来感觉到,如果要把晚清史重新作为独立的、具有特定性质的历史时段来理解,必然要对晚清史研究进行整体上的重新审视。

(一)老问题还有意义吗

1. 有助于正视晚清史的"碎片"

这种审视中出现的首要问题,便是既有的晚清史研究是否已经到了题无余义的地步。根据这一问题,我在着手盛宣怀研究的过程中,便不断思考我们究竟该以怎样的眼光审视既往研究,并且能够从中得到什么呢?

第一个问题就是老问题还有意义吗? 所谓的老问题,就是指学界以前所习惯研究的那些重大事件、精英人物,等等。这样的老问题在今天的学术氛围下,其被关注度已经明显出现了的下滑。那么,如何去看待老问题,它对我们今天的研究还有怎样的意义和价值? 在我看来,这些老问题很可能有助于我们正视晚清史研究中出现的所谓"碎片化"问题。关于碎片化问题,《近代史研究》当年专门做过笔谈(《近代史研究》2012 年第 4 期),这一观念随之深入人心。现如今很多号称有新意的研究,大家可能都会质疑其是否有"碎片化"倾向。

那么,怎么判断某个研究是否确实有"碎片化"的倾向或性质? 如果没有可靠的参照物,当然无法做出判断。毕竟,有些选题虽然倾向于做比较细节、微观的研究,但细节和微观并不等于"碎片",选题小也并不必然等于"碎片"。而如果以既有的重大问题、重要精英人物作为参照物,则比较容易看出，在那些因题目显得小而被往往容易被归入"碎片"的研究中，其中有些问题可能算是"真碎"，有些则是"假碎"——因为在这种"碎"的背后，其思维方式或思考倾向其实并非"碎片化"的。

所谓的"真碎"，是根本不管既往研究中的大问题与精英人物，只是盲目为求新而求新的赶潮流之举。例如，为了看起来可以跟新文化史、概念史、性别史等新潮做法有所关联，而特别抽出一些片段来大肆发挥的做法。这种研究在内容上或许有点新颖之处，但它的问题意识其实是从某些理论中派生出来的，对于很多人来说，读完后很难理解，或者很难找到对话、共情的状态。

至于一些我称为"假碎"的研究，虽然是把自己的研究内容放到比较狭窄的区域内，但其研究思路或问题意识其实是对既有重大问题脉络的延伸，或者是依托于精英人物的线索的继续研究。就我所熟悉的中国灾荒史领域，这类情况出现的特别多：某些得到特别关注的灾害，研究者往往强调其具有怎样重大的社会影响，以及社会对这次灾害有特别积极的应对。而受到特别关注的那些灾害，很多时候都被认为正好位于某一个重要历史时期内，由此显得它们也具有比较重要的意义。

比如在鸦片战争爆发后，黄河发生了三次大决口。李文海老师很早对此进行了研究，不过该研究其实和鸦片战争没有什么关联，只是大决口恰好发生在鸦片战争之后。所以此研究其实预设了一个问题，就是这个灾害恰好发生在鸦片战争时期，它之所以值得重视，因为鸦片战争这个重大事件对其形成了烘托。因此可以说，这种研究背后伫立的重大问题才是将之引申出来的重要条件。但是我们往往因此忽视了灾害事件本身的问题：鸦片战争时期，黄河决口跟鸦片战争之间是否产生了更为直接和深层的互动关系？就此而言，此类研究背后的思维方式或思考倾向值得进一步认识和思考。

我认为与重大事件发生在同一时期的灾害等其他社会事件，其背后很可能有一些更隐微的脉络值得进一步追寻，而由此追寻出来的问题，有可能对我们理解重大问题、重大事件或精英人物有出人意料的辅助作用。因此，这种表面上属于细枝末节的研究只能算有"碎片"的表象，而并非真正的一地鸡毛。正是在这种意义上，所谓老问题才可以成为辨识"碎片化"趋势的一个有效标准。

2. 有助于认识晚清史的"陷阱"

老问题的第二个作用，是有助于我们认识晚清史研究中的某些陷阱。第一种是范式陷阱，即我们以为自己做的一些研究可能看起来是在求新、求变、求奇，其实在研究思路上恐怕根本没有跳出以往范式的制约，如现代化范式还有所谓内部视角的范式。正是这些老问题给我们提供了一种范式化的思考取向，从而限定了我们对问题的理解。在这种视野下，研究题目看上去似乎很多，但实际上是"形与影竞走"，根本摆脱不了其背后作为影子的范式制约。

比如学界对康有为的研究。因为康是戊戌变法中的大人物，那么研究康有为在戊戌变法中的思想与政治活动是主流。延伸开来，还有人进而研究康有为的教育、社会保障思想，等等。在开展这些研究的背后，往往预设了康有为在思想史、政治史研究中那些更大的范式在起着烘托作用。因此不管研究者怎么用功，某些范式已限制了你的思考，无法跳脱既有范式所给予的定位。比如，为什么很少有人深入研究康广仁的经学及其他思想？因为既定范式已把此人的位置确定在一个较低的层级上。按照这种范式排定的秩序，自然会把人、物、事做出等级区分。这就是《洋务与赈务》开篇导论里所说的一个重点。因为等级化的先入之见，我们在开展研究之初便会把很多人和事自行遮蔽掉，这就是范式的陷阱。

第二种是资料陷阱。由于既有研究中大问题、大事件、大人物作为背景板的存在，我们在接触资料时，也很容易被老问题本身所提供的取向所限制。很多人在看资料时，往往致力于找到与自己拟论证问题相契合的材料；同一篇文献中即便有时跟自己想摘取的论据有不大契合之处，但大概率会选择性无视，很多时候都没有对资料本身作为文本的完整性有所顾忌。这显然很容易产生对资料的误读，从而落入错误把握文本的陷阱。

无疑，老问题作为辨识碎片化的标准、老问题对于发现陷阱的提示作用，就是我们今天"深翻"晚清史的前提，从而对我们的选题具有借鉴意义。

（二）旧材料还有价值吗

1. 材料冲突引发的疑云

"深翻"晚清史产生的第二个问题，是那些旧材料还有价值吗？近十年来，晚清史进入了新材料层出不穷的时代。做晚清史研究，相关材料漫无涯际。那么我们今天视作旧材料者还有多大价值，能为下一步研究提供怎样的线索呢？现在年轻的同学们在做论文选题时，都希望找到新材料、稀见资料。但我认为对晚清史来说，这种思路恐怕不见得是完全对路的。其实，通常所谓旧材料也很容易引发新问题。

比如在费维恺对盛宣怀的研究中，提到了两个文献，一个是李鸿章的《试办招商轮船折》，另一个是盛恩颐等人的《盛宣怀行述》。这两份材料都提到了轮船招商局创办的问题。在李鸿章的奏折中，从头到尾都未出现盛宣怀的名字，这是否说明盛宣怀在创办轮船招商局的过程中没有什么大的作用呢？

但在《盛宣怀行述》中，盛宣怀在招商局创办事务上简直是头号功臣。费维恺当时怀疑，作为儿子的盛恩颐等人肯定将盛宣怀的作用夸大了。但他没有进一步追问"为什么"——盛宣怀若没起到作用，为什么《试办招商轮船折》里却提到了胡光墉（即胡雪岩），胡雪岩根本没在轮船招商局效力过，更不应提及。而诸多档案材料反映出盛宣怀确实受李鸿章指派参与了轮船招商局筹建事宜。这种矛盾出现的原因何在？《洋务与赈务》第一章对此做了较为深入的剖析。

其实，我很早以前就从费维恺的这个问题中做了进一步思考，即从这种冲突材料中，我们还能看到什么？材料有冲突，并不能简单地说一方真、一方假，可能是我们对以往史事本身并没有真正能够加以重建。一般而言，李鸿章的奏折，我们认为是一手材料；盛恩颐等人写的行述则是二手材料。那么，这是否意味着前者一定比后者可靠呢？

从我实际研究的结果看，两种材料都有合理成分，但也各有不合理的说法。它们都是特定语境下出现的特定文本，所以这些材料必须要回到各自的语境下相互参照去理解。通过对这两份核心材料的比对，就会浮现一个核心问题，即盛宣怀究竟是如何走向洋务之路的，是否如传统叙事所云——是李鸿章一手安排的？以上两个文本都是旧材料，但以新视野、新思路理解这些材料，也完全能够给我们提供思考问题的新线索。我想这就是"材料冲突"所蕴含的启示。

2. 材料"乱入"带出的思考

第二点也是如何用材料的问题，如下图是陈旭麓等先生当年主编的《盛宣怀档案资料选辑》。

《盛宣怀档案资料选辑》，2016 年新版更名为《盛宣怀档案资料》

这套书是 20 世纪 70 年代开始陆续整理、出版的一部分盛宣怀档案。自面世以后，在洋务运动史、近代经济史研究中都已得到较为充分的利用，无疑也属于旧材料。还有一套资料书，是王尔敏等先生根据香港中文大学所藏盛宣怀档案选编的几种，这套书是 20 世纪 90 年代出版，重点跟盛宣怀的政务、洋务运动相关。

我原先主要关心的方向是灾害史，却从这两套盛宣怀档案选编中看到了大量相关资料。一开始我只把这些材料作为研究的补充，但后来我逐渐想到，这些资料的编者基本上以经济或政治的视角作为编纂材料的取舍标准，那么这些赈灾材料的出现，是否跟这些问题有不可分割的关系呢？基于这一思考,迫使我后来重新理解洋务运动研究,也因此对洋务与赈务的关系有了更多的思路,这也是后来我把洋务与赈务两条线并成一条线、又把一条线分割成两条线这一基本写法最初的启发。客观来说,这些赈灾材料在以上史料中出现是"乱入"现象,但我们可以由此重新检讨自己的问题意识。

三、重写晚清史:知人如何论世

在这样的启发下,当我真正开始写盛宣怀这本书时,我碰到的最大问题是——我是在写盛宣怀的个人传记还是这个时代?显然,写作的核心应是个人及其时代,换言之就是知人如何论世。但"知人"和"论世"如何结合,非常考验功力。

(一) 人世两难全

以既往研究为例,想把两者加以结合时,常常令人感到"人世两难全"。第一种情况是"人的大写"。很多做人物研究者都有同感,那就是,我们不管是把研究对象写成英雄还是恶魔,这个人都必须是当之无愧的主角,这种研究也难免成为书写个人奋斗的标识。

与之相应的另一种是"人的小写"。戴逸老师的《乾隆帝及其时代》是一个比较显著的例子,即人的所作所为,甚至包括他的个人生活情趣,实际上成为结构化、社会化的产物,人的活动就像卢梭所说"无往不在枷锁之中"。所以人在此时只是"小写的人"。在这两种情况下,人要么被"大写"、要么被"小写",我们看到的面相很难说是完整的。

(二) 人世的相合

在"人世两难全"的背景下,我们需要重新理解"人世的相合",这也是我苦苦思索的问题。在写作过程中,我对这一问题也进行了很多思考。我在此前的宣传海报中提到了马克思的研究,《洋务与赈务》的导论中也提到了马克思给我的启发。

我个人也受到清华大学应星教授研究的启发,这主要来自他对马克思《路易·波拿巴的雾月十八日》的解读(应星:《事件社会学脉络下的阶级政治与国家自主性——马克思〈路易·波拿巴的雾月十八日〉新释》，《社会学研究》2017 年第 2 期）。该文论述了在历史社会学和事件社会学背景下，马克思如何通过路易·波拿巴这一人物的分析，去审视法国在 19 世纪 50 年代的阶级政治与国家自主性的发展过程。恩格斯认为马克思对这一事件的分析鞭辟入里，其背后是唯物史观决定了他对这种历史现象有了超出常人把握的准确性。这在应星教授的论文中也有很深入的剖析。他明确指出，结构、局势与行动者三者的统一性，在马克思的这本书中得到了非常深刻的揭示。

马克思能够把唯物史观的意识贯彻到底，体现出在历史事件与人物背后，经济基础与上层建筑、国家机器、社会情境，是在怎样一种始终变动的状态下相结合的。我在思考盛宣怀及其时代时，最终想到的不仅是盛宣怀来反映时代，或只能产生于这个时代，而是盛宣怀一生所经历的事件和它所依托的社会结构的深层变动如何达到统一。在此背景下，我勉力追随马克思的思路，在写作中力图展现从盛宣怀步入洋务道路直到清末民初的过程中，历史必然性、偶然性和个人能动性的统一，即如何将个人与时势统一在同一历史进程中，我们又怎样能够通过追踪同一条线索来把握和认识这一历史进程的。

评 议 与 讨 论

戴海斌： 朱老师非常擅长理论思辨。讲座中谈到晚清史的定位、新旧史料的关系、对"碎片化"的反思以及人物研究的新取向，我觉得都能体现他在理论方面深入的思考。盛宣怀研究、包括盛宣怀相关史料的处理，都是很专门的问题，朱老师在处理问题背后还有非常宏阔的视野。

我阅读《洋务与赈务》的另一感受是，朱老师非常善于提炼。书里有很多具体问题的细致考订，包括史料考辨，又有刚才说的极为宏阔的理论思维，但每章节或全书最后他总能简洁明快地把核心意涵表述出来。看后很快就能把握朱老师想传达的史学信息。可以说，这本书对读者非常友好。

本书还有很多从"洋务"与"赈务"互动视角出发的精彩实证研究,刚才的报告中朱老师没有展开讲。我们请到了四位这方面的专家,请他们就书中具体问题做评论。

袁为鹏:

1. 朱著的特色与贡献

首先朱老师这本书是一部非常厚实的史学力作。内容宏富,涉及政治、经济、军事、社会、文化等多方面的问题,涉及人物也非常广博,除了政治、经济上的大人物外,还包括许多过去不太引人注目的人物,如谢家福、严信厚、沈敦和等。本书在资料搜集和运用方面体现了很强的功力。除了盛宣怀档案外,也大量使用了新近出版的晚清人物日记、档案,如《郑孝胥日记》《谢家福日记》、沈敦和传记等材料,对《申报》等报刊史料的运用也颇为充分。

作者对史料的利用与解读细致而深入。我印象特别深的有两点,一是对盛宣怀与轮船招商局早期筹办问题的考证,作者不囿于成说,于不疑处有疑,步步设问,通过史料呈现出历史的本来面目。二是关于张之洞、盛宣怀在甲午战后关于汉阳铁厂的接办问题。作者对于张之洞在与盛宣怀谈判中究竟有没有运用政治权力对盛宣怀相胁迫这一众说纷纭的细节,搜集了大量历史证据,得出的推断是"不太可能",我和朱老师在这点上观点虽不一样,但我很欣赏、很敬佩朱老师在史料收集和立论严谨上的学风。

本书以晚清赈灾活动为突破口,对于晚清经济史和政治史上的一系列重大问题提出了颇具新意的论述和解释,其中又有一些新的见解对于经济史的重要立论问题颇具建设性意义。比如通过办理赈务与盛宣怀的崛起,揭示出中国近代最早一批洋务企业家的产生与成长的历史过程,尤其是传统工商业人物是如何与洋务官僚联系起来的;广东商人与江浙商人之间的关联、冲突与分化的具体历史过程;深化了学界对于洋务运动的发生及中国早期资产阶级形成的研究;具体揭示出光绪初年罕见的自然灾害对于洋务运动早期顿挫的深刻影响;通过办赈活动,揭示出上海商会组织成立前后复杂政治社会生态环境及上海工商业团队及领袖人物的新陈代谢的历史进程。以上问题对于近代经济史来讲,可以说是全局性的。

在研究方法上,朱老师恪守传统的史学研究方法,以史料搜集与考据为最基本、最主要的研究方法。本书在一定程度上体现了中国传统史学研究方法的生命力。第二点是注重历史人物与事件之间的普遍联系,突破了过去政治史、经济史、社会史研究学科分异、条块分割的局限。写作方式上很有特色,既能按照时间顺序,又能以点带面,多维度透视历史人物的活动,既是深入的专题研究,又体现传统传记的特色。

2. 几点商榷与建议

本文在盛宣怀、李鸿章及经元善等人物史料的搜集与运用方面令人叹服,但在晚清一个非常重要且与盛宣怀关系密切的人物——张之洞史料的搜集和运用方面稍显不足。本世纪新刊的赵德馨等初编的《张之洞全集》与近代史所新近整理刊出有关张之洞的档案也未见引用。本书关于盛宣怀与张之洞在湖北实业方面的冲突与合作的大量内容,建议引用更早、论述也更深入、更具原创性的专题论文和著作。另外,关于盛、张之交,还有一些重要的资料值得进一步发掘利用,如张之洞核心幕僚赵凤昌藏札等史料就很有价值。

另外,近代中国的很多问题都不是单纯国内的问题,西方的影响不容忽视。例如在赈务的组织管理方面,盛宣怀有很多感悟,这对他此后办洋务企业有很大帮助,但这些究竟是传教士影响还是源于中国明清以来的传统,还需深入研究。此外,盛宣怀与日本的关系,即日本人在盛宣怀的事业中起到的作用可以深入考虑。盛宣怀的社会网络很广,如果使用网络分析等手段,似可对历史过程有更好的呈现和更清晰地描述,也可能发现一些有价值但易被忽略的节点性人物、事件或时间。

周健:从一个人物来看一个时代,是史学研究的经典写法。我对本书印象最深的是,对于盛宣怀这样一个形象与事功似乎都有定论的大人物,作者真正把赈务放入他的世界,放入洋务与政务之中,呈现其间的深度纠缠,便盘活了很多问题。这样的工作确实让人更完整地理解盛宣怀的生活世界及其逻辑,乃至于重新思考晚清社会的变动格局与新陈代谢。因此在人和时代这两点上,本书都有显而易见的重要贡献。

这里的关键问题是,我们对于赈务恐怕理解得太浅,对于它的丰富含义与实际功用体会不足。比如理解为公益、慈善,归之为社会史中的专题,一般不被视作第一等的题目。但实际上赈务对于晚清的商人、实业家,可能是一种经营方式乃至生存方式。王尔敏在整理香港中文大学藏盛氏实业函电稿后记中特别提到,需要编写一套赈灾函电稿,因为晚清的工商实业家要提升地位、扩大影响,救灾报效银两是一条有效途径。只有真正理解赈灾,才能理解工商实业家的特质。从这个角度来看,赈务便不是专门史,本书也不是盛的传记或者盛的赈务活动史。当然,能从《愚斋存稿》行述中"实业而外,唯赈灾一事",从王尔敏、易惠莉对于赈灾的重新理解出发,做出本书的工作,这种学术上的敏锐,是由于朱老师此前长期从事晚清义赈研究,也与清史所自李文海先生以来的灾荒史研究的传统有着密切的关系。

从学术脉络来看,本书特别重视本土的中国近代史、近代经济史研究的传统,前者比如"新陈代谢""沉沦与上升"等关键的学术表达,以及 20 世纪 80 年代以来的洋务运动研究,尤其是夏东元、易惠莉对于盛宣怀的研究。此外,是中国社科院经济所的近代经济史研究,尤其是汪敬虞、张国辉关于近代资产阶级的形成、资本主义的发展与不发展等问题的讨论,都是本书最重要的学术脉络。作者在充分尊重前人研究的基础上,犀利地在未尽之处做出新意。学术表达上体现出明显的唯物史观,似有一种复古的美学。

在史料运用上,本书特别重视已整理刊布的"盛档",尽管作者二十年前就拍摄了数以万计的未刊"盛档",但本书的主体史料仍是已刊"盛档"(即 20 世纪 50 年代以降邵循正、陈旭麓、汪熙、王尔敏等几代学者整理选编者)和各种文集。也就是说,本书用并不稀见的史料来讨论重要的问题,并做出新意,这是非常实在的研究风格。

本书另一个特色是对盛宣怀书写惯性与叙事路径的反思。研究一个人物,本就应当是整体。但常态却是"切蛋糕",分成政治、外交、经济、社会、教育等,互相不打通。这就造成盛宣怀的洋务、赈务、政务,这些最重要的活动都被隔断。

本书后记及讲座中对选编档案中灾荒史料"乱入"的思考很有意义。例如本书第二章讨论光绪初年办理河间赈务，指出盛宣怀由此结交了一批重要同仁，成功地把赈务关系转化为洋务资源，走出了办理湖北煤铁与轮船招商局的困途。这样便把人物的各种"务"打通，因为"务"的背后是关系网络，都有相应的人，如此能够对人物起落做出新的、有说服力的解释。

我自己读"盛档"也有这样的感触。我关注轮船招商局采办漕粮，这与采办赈米联系十分紧密，两者常可互相转换。比如书中提到的镇江电报局委员张世祁，因为采办赈米表现较好，盛宣怀便差委他采办漕粮，为招商局做事。又比如谢家福，他是电报局的重要人员，也是义赈同人重要一员，而他在光绪十年任招商局会办，管理漕运。在这些人身上，我们看到洋务与赈务、招商与电报两局之间的联通。

我想，首先是在阅读史料时不局限。"盛档"的整理刊布大多是按专题，但如果以时间为限，读同光之交以降任何一年"盛档"的全部文献，一定能更全面地理解盛与他的时代。"盛档"中数量最大的是书信，它不同于公文，一通函札常常不止谈一件事，且这些事多少都有关联。因此，读一封信必须是从头到尾完整地读，否则便是人为地割裂和局限了。

我有两个问题：第一个关于盛氏的早期经历与洋务之路。不久前新出版了香港中文大学藏"盛档"，冯金牛在前言中特别强调同治以来盛氏家族经营典当、钱庄的活动。他认为盛宣怀的管理能力和经济思想由此得到锻炼，这与他被李鸿章重用有关。这是与本书的直隶赈灾不同的另一个解释，关于盛氏在洋务中脱颖而出，您如何看待他的观点？我也发现，上图"盛档"中有大量盛康的书信，其中 400 余封写给盛宣怀，时间集中在同光之交，这些材料是否有助于我们理解盛宣怀走向洋务之路？

第二是盛宣怀代表的新兴阶层的新陈代谢问题。新兴阶层的兴起和新生产力的落实，显示出晚清社会的"上行"，是本书的重要结论。作者不同意《中国近代经济史》等先行研究，认为甲午前后新兴阶层已形成一支独立的力量。这涉及盛宣怀代表的新兴阶层与政府、官僚的关系。盛宣怀及其产业始终需要政治大员的庇护,如李鸿章、王文韶、张之洞等,否则便很难在当日获得发展。但是,也因为与官僚政治太过密切,商人阶层常不能获得独立的发展,长久维持其经济活动,每随政治的变动、王朝的兴衰而起落。这一点从明清到近代,始终是一个结构性的现象。这是我从新兴阶层是否为独立力量这一点所想到的。

冯志阳:我一直都对朱老师的研究非常感兴趣。朱老师的《地方性流动及其超越》对我影响很大,我基于博论出版的《庚子救援研究》受该书启发很多。《洋务与赈务》我看后有非常大的启发,刚刚朱老师讲到时代与人物相合的问题,我就从这个角度谈我的理解。

盛宣怀的崛起,很重要的背景是资本问题。据《洋务与赈务》,盛宣怀初入李鸿章幕府时没什么背景,而朱其昂有沙船帮背景,唐廷枢有粤东买办背景,这背后其实是资源问题。

从国家层面看,朱老师用军务、赈务、洋务对整个国家的财政状况进行了比较研究。简言之,三者同时需要大量财政支出时,清政府重点保障军务支出,赈务次之,洋务更次之。当时很多清流说:"海防则虑在久远,饥民则患在目前",洋务经费常被挪到赈务。国家财政非常窘迫是晚清的时代困局,这决定了那些民用洋务企业主要依靠吸纳社会资本来创办。主持洋务事业的李鸿章,对资金相当敏感,例如江南义赈力量在直隶赈灾的结余资金,李鸿章要求留在直隶备赈。因为他在赈务上少用一笔财政款项,就可以将其用在洋务等其他事务上。李鸿章对江南义赈领袖青眼有加,主要是由于这些义赈领袖能缓解他的资金压力。

从社会层面来看,在十九世纪六七十年代,中国缺乏较好的信用机制,仅有钱庄、票号,比较大的钱庄资本仅3万到5万两。不过这并不代表社会没有资源创办洋务企业,如旗昌洋行创办的旗昌轮船公司,怡和洋行创办的华海轮船公司的大部分资金都源于华人资本。刘广京曾统计,旗昌轮船公司当时资本额是100万两,华商和旗昌洋行成员的资本共达60到70万两,其中华商资本要大于旗昌洋行美籍成员的资本,华人实际是企业最大的业主。华海轮船公司也一样,唐廷枢的资本在华海轮船公司占比非常重。

(《英美航运势力在华的竞争(1862—1874)》)

罗安妮也提到这一时期航运业出现了很多"万国公司"。为什么称"万国公司"？因为它的投资者五花八门,除英美侨民外,大部分都是华人,华人资本以附股的形式投入到这些英美轮船公司中。这种行为让李鸿章深恶痛绝。所以他创办轮船招商局,拟借此整合华人资本。(《大船航向:近代中国的航运、主权和民族建构(1860—1937)》)

以上讨论的关键是怎么把社会资源转化为投资洋务企业的近代资本。朱老师的研究给了我很大启发,我认为他解决了这一问题。洋务企业都要通过招商股来筹办,有很强的公共性质,这些"公共企业"和公共慈善间有很大的相同点。第一是它们都要把很多小的资金收集起来;第二是两者都用于投资,只不过公共企业要获得利润,公共慈善按夫马进的说法,也是一份资本要收一份利益的——子孙繁荣、科举中功名、无嗣者可以得男孩等回报。

将社会资源转化为洋务资本,有两种文献与之相关。一种叫"征信录",征信录的出现代表了公共信用机制的建立。夫马进在关于征信录的文章中指出,公共慈善事业要有很多人参加,规模有时要超过熟人社会,进入到陌生人社会,那些人根本不认识主持慈善的人,遑论主事者人品与性格。但慈善资金需要筹集,就要有这样的信用机制,于是一种叫"征信录"的会计事业报告书就诞生并广泛传播。《地方性流动及其超越》便用了很多征信录作为史料。另外,征信录的出现体现了陌生人社会信用机制的建立过程,公共慈善要做到的就是这一点。

另一种文献是《申报》。朱老师在书里强调关于义赈最丰富的史料就是《申报》,他从 1872—1912 年的《申报》中,辑出约 400 万字的史料。这些资料非常详尽又极富连贯性,能呈现中国整个义赈活动的脉络。实际上从《申报》的史料性质也可看出信用机制在慈善领域的形成。把慈善领域的资源引入企业的关键步骤,是盛宣怀通过赈灾和义赈领袖相识并将他们引入洋务企业。义赈领袖之一是经元善,他在织布局招股时拟将明细、使用项目全部登报。尽管有人反对,但他仍坚持如此,并因此解决了招股难的困局。此后登报招股成为洋务企业筹资的重要方式。

通过义赈与洋务的结合，源源不断地把江南社会资源转化为创办洋务企业的资本。这一点对盛宣怀非常重要，因为他有了这批义赈背景的人作为他洋务事业的合伙人，背后实际上是江南社会资源的集群，即义赈同仁成了盛宣怀汲取江南资源的抓手。当然合伙人后来也经历了三次更新换代，从最初的经元善、郑观应和谢家福，到后面的严信厚、施则敬。严和施就是我做《庚子救援研究》时，和盛宣怀合作的主力。再到后面中国红十字会创立时的沈敦和。可以看出盛宣怀之前有求于义赈领袖，如经元善、郑观应；第三代的沈敦和基本是盛宣怀培养出来的，在整个过程中，盛宣怀的主导或支配作用越来越强。

以下是我的疑问。《洋务与赈务》讲到山东小清河工程和两湖灾赈时，义赈似乎完全变成了盛宣怀争取个人政绩和结交督府权贵的工具。那么从义赈研究的角度讲，在盛宣怀强大的个人影响力下，义赈的慈善性质是否有所改变？

另外是关于垄断的问题。朱老师讲到盛宣怀向铁路、汉阳铁厂扩大自己事业版图后掌握了国家的新经济命脉，其中的关键节点是张之洞因资金短缺向盛求援。此期洋务企业中电报局赢利最多，这与该局垄断地位有关；影响最大的企业是轮船招商局，其垄断地位源于李鸿章禁止了很多民营资本创办轮船企业的计划。正因如此，当他准备在获得铁路与铁厂经营权后拟办银行时，张之洞才会非常忌惮。最后导致了袁世凯与其抢夺利权的结局。那么是否可以认为盛宣怀能掌握国家新经济命脉，与这些企业本身的垄断意味有很大关系？

张海荣：个人觉得朱老师这本书，至少有四个突出优长：一是选题巧妙，立意新颖；二是注重实证方法和对一手史料的发掘；三是注意对先行研究的借鉴、总结、反思与创新；四是在写作中贯彻问题意识导向，抽丝剥茧，引人入胜。

通过将灾赈史与洋务运动史结合起来进行考察，朱老师创造性地提出，盛宣怀走向洋务事业之路"是一系列事件产生联动效应的后果"，尤其化赈务关系为洋务资源,是其早期洋务事业取得成功的关键因素。他敏锐提出,同治十年爆发的直隶水灾,在李鸿章牵头创办轮船招商局和盛宣怀脱离军旅生涯、开启洋务事业的过程中,曾经起到重要的转折、衔接作用。光绪七年,盛宣怀也是借助此前参与河间赈务之机,笼络的一批江南"义赈圈"核心人物,联手筹办新兴电报业取得成功,才实现了从囧途到坦途的境遇转换。而在深入排查相关历史进程的同时,朱老师对与盛宣怀及与早期洋务实业相关的若干大小问题,也提出了与先行研究不同的新见解。同时,朱老师还强调,晚清兴起于江南地区的新型义赈活动,也为相当一批旧式商人向新式绅商蜕变提供了发展契机。

我赞同朱老师讲的,甲午以后,盛宣怀之所以能够摆脱李鸿章失势和言官群起弹劾的政治困局,主要得益于直隶总督王文韶的大力庇护,以及因承办汉阳铁厂、卢汉铁路而与湖广总督张之洞结成新的利益同盟。不过还可注意到,户部尚书翁同龢从政治和经济上对盛宣怀的大力支持,也是一层不容忽视的重要因素。此外,赈务与洋务之所以能在盛宣怀的"事业基本盘"中形成"共生机制",恐怕根本上还是缘于晚清中国的官本位本质,以及盛宣怀"亦官亦商"的特殊身份。在许多情况下,官方因素实际上都充当了衔接赈务与洋务的黏合剂。

朱浒:谢谢四位认真地阅读和评论,我略作回应。有几位老师都提到资料问题,特别是张之洞新档案、《赵凤昌藏札》等,我接触这些史料相对稍晚,因为本书写作持续了 20 年。以前我用河北版那套《张之洞全集》更多些,对赵德馨老师所编新版《张之洞全集》、近代史所藏《张之洞档案》的利用,主要是将新档案与河北版同一时期进行对照,如果对此时期所探究问题没有造成特别大的歧义,就未做补充和追加。与赵凤昌相关的问题,我主要参考了李志茗的研究,因为志茗兄对赵凤昌的活动有很详细的勾勒。直接看全部《赵凤昌藏札》或新版《张之洞全集》,确实是过于繁重的任务。晚清的史料实为海量,真的要把相关资料一一摸清,确实是无底洞,这也是作为晚清史研究者的痛苦之处。当然如果将来有机会去修订,我也会在可能情况下,尽量细致阅读与补充这些材料。

另外,关于为鹏兄提到的如何从全球化、全球史的视角,理解盛宣怀的赈灾活动乃至近代经济史的问题,我在《地方性流动及其超越》中探讨了传教士等西方社会力量在中国赈灾事业中的作用及其与中方力量的互动,包括从早期传教士对华赈灾到华洋义赈会的出现。因此,《洋务与赈务》未在这方面太过着墨。另一方面,盛宣怀和外方在经济上的联系在既往研究中已有较多探讨,如果这些内容再写进去,范围将扩得太大,目前也很难有太多新意。所以对于盛宣怀背后依托的全球体系,我想可能不是这本书简单加上一部分内容就能解决,恐怕还需更多专门的研究才能阐明。

周健兄提到,冯金牛老师曾提到盛宣怀参与家族典当经营等活动,对他后来事业有一定影响,跟我强调赈务的看法有所不同。当年我跟冯金牛老师在上海图书馆打过很多交道,上图与港中文盛档中都有很多盛康的信函(包括和盛宣怀之间的通信,以及盛康写给别人的函札)。我认为,盛宣怀在协助盛康进行以典当为核心的家族资产经营活动当然会有经营方面的历练,但是像夏东元先生那样强调盛跟新生产力结合时,这些经营类经验在多大程度上有帮助,恐怕是另外一方面的问题。尤其是盛宣怀在刚介入轮船招商局时,他和盛康本希望以两淮商捐为资本,从盐商处得到捐助,作为盛宣怀投身招商局的重要经济资本,但是两淮商捐的体量和当时盛康能够筹到的资本,在李鸿章那里并没得到更高的重视。

另外,从盛康的信函来看,我觉得盛康跟王文韶有着长期友好的关系,这比他和李鸿章的关系更加密切。这层关系将来有机会可在其他研究中再加体现。王文韶和盛康两人关系一直很密切。所以从光绪初年开始,盛宣怀只要有机会都跟王文韶以后辈之礼觐见。可见1896年王文韶力保盛宣怀的背后,盛氏家族(盛康)确实起了很大作用。但要说家族经验(典当)跟洋务之间能否形成如赈务一般的作用,在关键环节看出某些凸显的脉络等问题,我觉得这个方面大概只能说是一条更远一点的脉络。家族资产的经营经验与洋务活动能够形成什么程度的结合,至少在我探讨的范围来看,赈务肯定算是近因,家族资产经营经验只能算更远一些的背景因素。

另外,涉及官商关系问题,周健兄谈到盛宣怀背后总有高层庇护人,这涉及早期资产阶级的独立性,海荣也提到类似问题。我并不否认官方因素重要,官本位的影响在既往研究中早已得到充分揭示。不过,我自己写到结语部分时有点犹豫,一方面觉得"官僚资产阶级"这个词太老;另一方面感觉有些线索可能跳跃性太大。现在听了两位的建议,掉头来看,官僚政治对盛宣怀洋务事业的影响确实应该再加强调一些。

洋务企业的垄断性特征(冯志阳所说)、资产阶级的独立性、官本位的影响,其实是三位一体的。盛宣怀、买办、普通商人,他们要在这个国家和社会中成为有一定声音的力量,"官僚资产阶级"恐怕是他们难以避免的宿命。

从盛宣怀开始,一直到蒋介石时代的江浙财团(包括虞洽卿),可以说这种以官本位为依托所形成的官僚性、垄断性是旧中国发展经济力量的必经之路。这一点黄兴涛老师提示我说,瞿秋白在 20 世纪 20 年代写的关于官僚资产阶级的分析,与此有非常明确的接轨。我将来也会加强对瞿秋白著作的研究,看看"官僚资产阶级"的演变之路。若能勾勒从盛宣怀到虞洽卿的历史进程,可能对这方面的问题有更好的阐发。

在上海发现"五四"与另起的"新文化运动"

主讲者:陈以爱,台湾东海大学通识教育中心教授;
　　　　　袁一丹,首都师范大学文学院副教授
讲座时间:2022 年 3 月 26 日
整理者:赵帅,复旦大学历史学系研究生

2022 年 3 月 26 日,复旦大学历史学系史学论坛暨中国近现代史青年学者读书班 2022 年第 1 期以线上会议的形式举行。本次读书班由复旦大学历史学系戴海斌教授召集主持,主要讨论台湾东海大学通识教育中心陈以爱教授的新著《动员的力量:上海学潮的起源》(民国历史文化学社,2021 年)与首都师范大学文学院袁一丹副教授的新著《另起的新文化运动》(北京:生活·读书·新知三联书店,2021 年)。首先由陈以爱、袁一丹进行报告,随后分别由四川大学历史文化学院周月峰教授、上海社会科学院历史研究所徐佳贵副研究员、复旦大学历史学系张仲民教授与赵帅博士生作评议。

陈以爱发言

今天我主要在与既有研究成果或"五四"当事人的一些说法进行对话的基础上,分享自己这本书的一些新的发现与推进。首先交代一下我为何会写这本书,如何进入这个课题。

陈以爱：《动员的力量：上海学潮的起源》，民国历史文化学社，2021年

一、走进五四运动史研究

我过去的研究是做学术史、思想史、文化史，现在写的这本书则主要聚焦于 1919 年 5 月到 7 月的社会运动、政治运动。从学术史走向政治史、社会史，源于和政治、军事、外交史三位前辈吕芳上、唐启华、刘维开 2007 年的一次谈话。他们观察当时台湾学术界研究政治、军事、外交史的状况与之前相比，觉得分外萧条。1990 年代我到台湾的时候，中国近代史研究的热点是政治史，严格来说是政党史，学术史少有人讨论。当时我的兴趣反倒是在学术史，所以根据一些资料对北大进行一些研究。不过 2000 年之后，与整

个环境氛围的转变有关,研究国民党史、政党史不再"流行"。刚刚我提到的三位先生在政治史等领域耕耘已久,感慨当前学者可以接触到不断开放的资料,正是一个最好的时机来重看、重读、重写历史,可惜的是反而门庭冷落。

我对政治史、军事史、外交史颇为隔膜,因为中国近代史的问题(同样是好处)在于材料非常多,大家都在自己的领域耕耘与努力,但我对他们的感慨也是认同的,认为政治史有很多问题其实有待重新讨论,只是这与我过去研究的累积有一定距离。但是在对话中,我们都发现过去所谓的一些研究框架,不管是现代化理论还是革命史观,都无法对一些史料进行充分说明。显然,必须要重新思考如何解读大量出现的各种各样的史料。我在研究北大时,透过一些史料发现北京与南京、上海等地学人的互动,各学校间的交流,不能以过去那种简单化的叙述说明问题,如以北大为中心进行论述,或在学术思想研究领域认为北方为新派,南方为旧派,都不尽妥当,实际上问题更为复杂。所以我提出学术文化史上的"南北"问题,想把视野从北京扩大到南京、上海,试图与几位先生进行对话,并自此开始着手汇整相关材料。

开始关注"南北"问题,是由于已经接触了一些资料,发现以"北大为中心"、北方是一切中心与思想发源地的说法受到很多史料挑战。其中有一件收录在《胡适遗稿与秘藏书信》(黄山书社,1994年)中的私函被很多学者注意到。这封信由蒋梦麟执笔,黄炎培同时署名,沈恩孚加眉批,写给北京的胡适。沈恩孚与黄炎培都是江苏教育总会(民国后改名为江苏省教育会)的成员,蒋梦麟是中华职业教育社(与江苏省教育会相关)所聘请的重要人士,有此三人一齐出面,可见信的重要性。信写于1919年5月22日,是一个重要的时间点,是时北京开始全面罢课,上海准备酝酿在26日发起总罢课。信的内容牵涉蔡元培辞职出走后北大的前途,讨论未来的布局问题:若北大受政府压力,将南迁到上海成立新的学校;一旦南迁,谁南下谁留守,新大学的资金又从何而来;如何安排已到中国的杜威,等等。这封信涵盖的复杂面向已超出了学校、教育、文化机构的范畴,而延伸到更广大的社会互动中。作为是时文化思想、社会运动的重心,北大与南方特别是以上海作为重要基地的江苏省教育会这个团体（包括教育会内与外的人士），以及一些复杂的社会、商业、外交、舆论、政治这些网络存在关联。在这封信的引导下，我将视线从北京转移到上海，关注上海的社会精英群体，关心其成员如何集结，何时开始集结，以及所牵涉的机构、网络诸多问题。

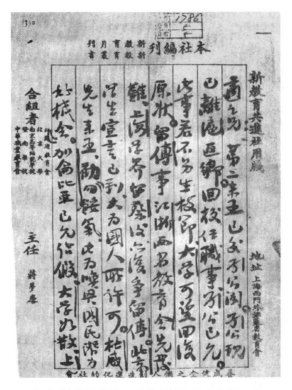

黄炎培、蒋梦麟致胡适信(1919 年 5 月 22 日)

针对"五四"这段历史，我开始收集有关上海方面的资料，同时也在重读既有研究。我们无法绕开周策纵、彭明先生的著作，尤其是陈曾焘先生的《五四运动在上海》。另外像美国学者华志坚的《二十世纪中国学潮：以上海为视角》，对上海学生运动作了长时段考察，中间牵涉"五四"前后上海的学生运动。周策纵先生的《五四运动》一书，对于上海罢课、罢市、罢工的描写篇幅不多。周先生搜罗史料勤奋，还出版了《五四运动研究资料》这部很重要的工具书,罗列诸多材料。不过他未多得一手材料(如未参考《申报》)去印证或订正史实,因此对于事实层面的描述讲得不太清楚。比如他列举了上海学生联合会三位重要人物:何葆仁、李鼎年、程天放,其中两人的职务没有说对。另外,对于五四运动中最为重要的事件上海罢市,周先生引用了杂钞报纸集成的《上海罢市实录》(后收入在 1959 年出版的《五四爱国运动资料》中),未能查究史料出处,对罢市的起源这一问题因此未能交代清楚。上海罢市从 6 月 5 日到 12 日,共计 7 天,这中间复杂的过程目前还没有被处理清楚。比如《申报》的一则报道称在 6 月 4 日罢市前夕,学生至上海县商会进行动员却不得要领,在学生与商人未谈妥之际,江苏省教育会副会长黄炎培联络县商会正副会长,要求对国事有一致表示,获得同意。报纸对这件事的表述含糊其辞,未能表明所谓"表示"的形式与内容,以及背后更具宽广意义的学商合作问题。

周策纵:《五四运动》;海上闲人编纂:《上海罢市实录》

　　这里要强调一点，我们对于当时"学"的意义与范畴缺乏敏感度，广义上的"学"是指学生、学校（包括校长与教职员）、教育会、欧美留学生、留日学生乃至有功名的举人。比如1919年秋天，唐绍仪在上海寰球中国学生会的聚会中曾提到在场的老留学生与年轻学生均是学生。老留学生包括复旦校长李登辉、钟文耀、唐露园、唐绍仪等人，这群以广东、福建为主的留学生，1905年为抵制美货在上海成立寰球中国学生会，中间有人做过国务总理等重要职务，在某一个意义上，他们参加的这一组织叫做学生会，因此在1919年上海学联成立之前，报纸上出现的学生会就是寰球中国学生会的简称，我们不能简单认为学生会、学界即指学生。

　　我特意提到寰球中国学生会，是因为1919年上海学生组织上海学联，在选择会址时有两个提议，一是上海青年会，另一个就是寰球中国学生会。

寰球中国学生会正门

会址最终定在寰球中国学生会,若按一般的解释,是因为复旦校长李登辉在该会扮演重要角色,而复旦学生是上海学生运动的核心与主力,由此李予以支持。然而如果看寰球中国学生会的组织结构、人员组成情况,会发现其中有复杂的故事,因此对于寰球中国学生会的历史与演变必须要下一番功夫。

二、看五四,从上海的角度

关注 1919 年的学生运动以及后来的罢市,上海是一个重点,却一直没有被梳理清楚。从城市抗争运动来说,上海自清末以来就是爱国运动、抵制外货运动、学潮和革命活动的温床,学生组织在 1905 年抵制美货运动中已有雏形;从(新)文化来说,上海从晚清以来就成为新教育、新观念的输入和传播中心。因此,处理上海学生运动及其牵涉的复杂的机构与网络,从地缘角度要将上海作为一个讯息交流、人员流动的舞台,其覆盖范畴甚广,同北京、广州、南洋、美国均有联系;从时间角度不能仅回看 1919 年之前的几年,而要从甲午到戊戌说起,继而延续到东南互保、立宪运动、辛亥革命,形成前后关联的历史脉络,避免我们从"后五四"的眼光去理解"五四"及"五四"前相关人事的演变。

我有意把历史脉络中牵涉的人与事重新梳理清楚,观察他们对于中国内政、外交、商业及国家具体走向诸多问题的讨论与举措,因此研究对象已不限于江苏省教育会,聚焦点也不限于上海。我以"东南集团"这一名称来命名这群以上海为主要活动舞台的社会精英,用"东南"指涉这些人,参照了他们主要领袖的籍贯,他们活动的重要空间。当然,我也在思考他们如何标识自己,比如"五四"后讨论成立"东南大学"。"东南集团"是个复杂的课题,时间跨度很长,"五四"是其中一个重要的段落。"五四"发生已过百年,我觉得应当把"东南集团"在"五四"中的作用讨论得更为清楚。

需要说明的是,五四运动的起源与我命名为"东南集团"的这些人有关,也同其他政治派系与力量有关系。不管是作为社会政治层面的五四运动,还是作为文化思想层面的新文化运动,其兴起与发展都不只有一个起源。

五四(学生)运动的起源有北京、天津、上海、广州、日本多地,新文化运动的起源除了北大《新青年》《新潮》外,还有研究系与基督教青年会。甚至老一辈的张謇也有他的"新"文化运动与教育观念。"五四"和新文化运动具有多源头、多版本,这是我想在这里提出的一个看法。

三、从北大中心到上海学生群像

上海学生运动从罢课到罢市,已不限于学界,但学生仍是运动中非常重要的部分,不应抽空学生所扮演的角色。从5月到7月,学潮在上海经历了不同的阶级,有不同的政治诉求和抗争策略。学生和外界的沟通,以及内部的讨论,是不断进行,不断协商,而不断调整的。我并不认为学生是完全被策动,而没有自己的想法。上海学生不完全跟随北京学生的主张,双方甚至有相当严重的分歧,各行其是。事实上,北京学生包括北大学生内部乃至教师群体,本身都有分歧,《国民》与《新潮》在不同阶段关于策略、手段、目标诸多问题都有不同的看法,要不断经过协商达成共识,甚至没有共识。上海的情况同样如此,复旦学生内部就有激进、温和、稳健等各种状况。所以学生并非铁板一块,我们必须尽可能找到资料,进入微观,进入细节。

比如说,若将5月7日上海学生参加国民大会视作上海学潮的开端,会发现7日当天学生至公共体育场参与集会是经校长老师带领,这与5月26日的总罢课情况不同。26日学生的总罢课表面上是由学生自主进行,但据公共租界警务处的观察,有学生以外的人士提供了很多资源的帮助。等到上海罢市期间情况更为复杂,各方势力均介入其中。我第二本书要处理上海罢市七天的过程,就需要分为前三天与后四天两阶段,且到了第五天、第六天,无论是学生还是社会领袖,都无法预计下一天会发生什么事情。所以不能只宏观掌握一个粗略状态,各方势力的各种声音都要尽可能还原。

过去的"五四"书写中,学生被一种集体性的字眼来概括,学生领袖的面貌是极其模糊的。这种对集体性的强调,使"五四"人物没有个性,唯有发表言论的人才比较引起大家注意。事实上,学生(尤其是核心人物)的个人特质、才智,与运动的成败关系紧密。1920 年 4、5 月间的上海学潮与五四运动对比,可谓大失败。经历过两次学潮的学生曾比较两次学潮的学生领袖何葆仁与程天放,认为两人领导力差距明显,致使学潮有不同结果。所以我试着为上海学联十几位学生领袖每人写一个小传,小传基本不涵盖 1920 年之后他们的人生历程,而是聚焦于他们的家世、学习经历、思想观念、社会网络。学生中如瞿宣颖、俞大纶等人世家出身,具备同外国人用英语沟通、交涉的能力,同时在学潮中负责撰写宣言,发布函电。了解这些人物的形象、特质,会帮助我们理解 1919 年的上海学潮为何呈现出和平、有秩序的状态。

俞大纶手绘李登辉像(1919)(《动员的力量》曾使用)

四、扩大观看"五四"的尺度

最后我作一个总结。其一,在当前资料如此丰富的条件下,若我们有心挖掘上海学生的历史纪录,如报纸、学校刊物、学生编辑的出版物、后来的回忆录,并加以参照、互补甚至订正,是有可能重建一个细致且丰富的上海学生、上海精英的群像。其二,对"五四"必须要扩大观看的尺度,不管是对人群、地域还是时间;在宏观的同时又微观地呈现细节,从"五四"往前追溯,以摆脱后"五四"的视角，来重现"五四"前后的世界，理解他们的语言、观念，他们运作、动员的方式，让一些被我们忽略的人物回到他本应在的位置上。

袁一丹发言

这次会议本来的设计是把陈老师的大著与我的小书放在一起讨论，我今天的报告主要借这个机会谈一下阅读陈老师书的感受与困惑，最后就一则常见史料做一个自我检讨。

袁一丹著：《另起的新文化运动》

我与陈老师这本书的渊源是在 2019 年 3 月，陈老师在浙江大学高研院曾组织一个小型工作坊，我也有幸受到邀请。在会后曾听陈老师讲述她关于"五四"研究的一些构想。因为我从硕士期间也在关注"五四"发生史，对相关材料有所涉猎，所以听她讲起自己的研究方向和思路，感觉受到较大的震动。我认为陈老师的三部曲虽然仅出版第一部,却开启了"五四"研究的一个范式转移:一方面,这本书从政治史、社会史路数对于以往思想史研究形成巨大冲击,思想史学者如何回应还有待于以后的讨论;另一方面,重新提出了近代史上的"南北"问题。

以下是我想提出几个的问题:

一、五四运动与东南集团

陈老师的研究构想从最初处理江苏省教育会这样边界清晰的实体跃升到所谓"东南集团",挑战性更大。而作为分析框架的"东南集团"这个概念,首要的问题是"集团"在中文语境中是一个译制性词汇,本为日语词。"集团"暗含着一定的目的性,而且是采取共同行动而形成的一个团体。陈老师将东南集团定性为"隐性政团",意味着它是介于政治集团与社会网络之间的一个概念,既非严格意义上的政治集团(非政党),又不是一个泛化的社会网络。政治集团和社会网络的区别在于前者有特定的政治目标,并具有排他性。问题是东南集团在不同时间阶段是否会在政治和社会这两极之间发生一定偏移,其政治目的性或政治目标是否会愈发明显?

"东南集团"这个概念的发明,明显受陈寅恪研究的影响。在中古史研究中,陈寅恪以政治集团的眼光来观察社会历史变化,这一研究范式至今仍有很强的辐射力。陈寅恪所谓政治集团,包含了政治、社会、文化三个维度的含义,讨论的不仅是政治权力的转移,还包含了社会阶层的升降以及文化区隔的形成。所以"东南集团"这个概念应从四个维度予以把握:首先,它有一定的地域范围,即以上海为枢纽而形成的东南地区;其次,它包含特定的社会阶层,主要由士绅阶层或社会名流所构成;再次,它有相对稳健的政治文化立场;最后,因它涉及学商报界,它有一定经济利益的诉求。

这本书集中讨论五四运动和东南集团之间的关系,这个议题是一个事件和结构之间的关系,即作为一种社会结构、社会网络的东南集团在五四运动的发生、发展过程中发挥了怎样的作用。我想反过来提出一个问题:五四运动是否重塑或改造了东南集团的形态和内部关系？

五四运动涉及多方力量博弈，与东南集团相对峙、相交错的力量，若用目前使用的一些概念表述，如北大派（或《新青年》集团）、国民党以及研究系。只是我们在用这些概念与指称时与研究对象之间总有一些缝隙。比如用"研究系"来指称梁启超、张东荪、蓝公武等人，问题在于他们何以构成一个研究系，他们内部的关系、组织是否有那么严密，若使用党、派、系、团体等概念来指称这一群人，是否与他们个人的思想主张与政治立场完全贴合。

二、东南集团在"五四"阐释史中的失声

东南集团在过往的"五四"阐释史中长期处于"失声"状态，不仅是研究者重北轻南所致，可能跟这个团体自身的特性有关，他们长于组织、宣传、布局，短于立论、创说、著述。根据《张彭春清华日记》1923 年 3 月 5 日条，他认为郭秉文、黄炎培这些东南集团的核心成员，论学问没有专深的研究，他们

张彭春：《张彭春清华日记》

的本领"在能利用时局,能知人,组织还巧活,工于宣传",将东南大学作为造助手的地方。张氏预言若无政潮扰乱,将来的教育人才也是他们一系的。而"他们比别人强的,有组织,能宣传,手灵巧。弱的是没有真正的见识(如用美国入口货!),太好名利"。张彭春同东南集团在教育领域处于竞争关系,作为敌对方,他看到了东南集团核心成员之所长所短。

五四运动既是干出来的,也是说出来的。换言之,"五四"有名与实两个层面。东南集团所擅长的组织动员即实的层面,更宜于从政治史、社会史的角度去分析。而北大派与研究系不仅在运动过程中推波助澜,还积极投身于"五四"的命名权与阐释权之争,因而他们的声音更容易得到思想史研究的注意。东南集团之所以没有建立起自己的一套"五四"论述,可以从《晨报》组织的"五四"纪念中黄炎培的发言一窥究竟。1920 年 5 月 4 日《晨报》举办首次"五四"纪念,参与者基本代表五四运动的领袖人物,像梁启超、蔡元培、黄炎培、胡适、蒋梦麟,还有学生辈罗家伦等。与胡适和蒋梦麟的文章相比,黄炎培的"五四"论述并没有给研究者留下一些可以深入阐发的思想命题。

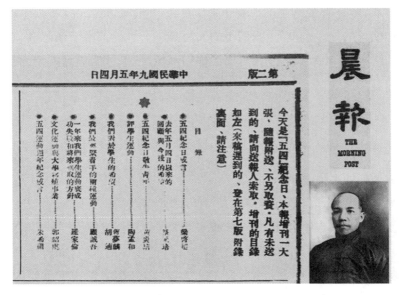

黄炎培:《五四纪念日敬告青年》,《晨报》1920 年 5 月 4 日(袁一丹提供)

陈著中有一句话，我特别认同："在宏大的历史叙事中，角色走马灯似的出场，只留下模糊身影及僵化声调，旁白多，而独角戏少，场面话多，而内心话鲜。"像黄炎培、蒋梦麟这些东南集团的核心成员，在五四运动中发挥重要的作用，尽管留下了一些材料，但黄炎培等人的形象和在"五四"中的行事逻辑与动机仍是模糊且难把握的。如果说五四运动有名与实两面，那么我们不能只看到台前的名角，在街头活动的学生，还要撩起帘幕来看这些幕后推手。问题是如何去研究这些站在幕后商讨布局的人？

黄炎培与我之前研究的汤尔和有类似之处。胡适曾借阅汤尔和的日记，谈到在"五四"风潮、六三运动，蒋梦麟代理北大等事件背后都有汤尔和的作用，胡适称汤"是当日操纵北大学潮的主要人物，他自命能运筹帷幄，故处处作策士，而自以为乐事"。如陈老师所言，对于"五四"这样的一个大事件，"知者不言，言者不知"，真正知晓内幕的人可能不会留下太多痕迹与内心独白，而在纪念文章中大谈特谈"五四"的人可能并不知道运动的真正内情。汤尔和曾经谈到他对于政治的理解，认为"谈政治，第一要知道事实，事实就是内幕"。而"政治这样东西，拿衣裳来比喻，他决不是一件单衣，乃是有表有里"，"你如光看表面，直等于痴人说梦"。他对胡适说："你们说的是一个世界，我们走的又另是一个世界。"由于汤尔和、黄炎培行事的隐秘性，导致我们今天若要给他们画像，结果可能仍是一个面目模糊的画像。

三、五四运动的两支笔杆子

陈老师的书描绘了"五四"的两个重要版图，一个是以北大为中心，以蔡元培为象征符号，以《新青年》和《新潮》为舆论阵地、思想阵地的版图；另外一个就是以复旦为中心，以李登辉校长为核心人物，包括《复旦年刊》《复旦杂志》等刊物的版图。两个版图之间，有一些链接性的人物，如蒋梦麟、罗家伦。罗家伦是复旦毕业的，而后去了北大，在"五四"中发挥了重要的作用。他起草了《五四运动宣言》这份白话传单，是运动中重要的一支笔杆子。另一支笔杆子就是书中用了很多笔墨谈到的瞿宣颖（后名瞿兑之）。我想以这两支笔杆子作一对比，来讨论是什么原因造成北大与东南集团在五四运动及五四运动史中的一显一隐。

瞿宣颖（袁一丹提供）

罗家伦与"五四"的联系明确，他不仅是五四运动的亲历者，还是五四精神的初始定义者。五四运动发生不久，罗家伦就在《每周评论》发表《"五四运动"的精神》一文，将五四事件提炼为五四精神。罗家伦虽是复旦公学毕业，但今天我们是把他作为北大学生运动的骨干来认识。相较之下，由于以往我们对于以复旦为中心的上海学生运动不够重视，很少将瞿宣颖与"五四"相联系，我们对他曾经在"五四"时期撰写许多宣言，扮演发言人的作用知之甚少。若拉长时间的尺度，观察"五四"后瞿宣颖与新文化运动的关系，一个重要的拐点是他于 1920 年赴北京政府任职。1925 年，瞿宣颖第一次被北方的新文化界所注意，却是站在新文化的对立面。他在章士钊创办的《甲寅》发表了两篇引起争议的文章，其中一篇就是《科举议》。他在这个时间点主张恢复科举制度，罗列科举的四点好处，如科举是"正途出身，独成气类，杂流自知敛迹，物望遂归士林，经术得殊荣，清议得风力"。这在当时北京的舆论界引起了轩然大波。魏建功就在《京报副刊》反对瞿说，认为"我们太乐观了，以为新文化运动成功了"，没想到"现在连张之洞以至梁启超们觉悟到应该废除的'科举'都还有人提倡"，在魏看来，瞿宣颖是一个"遗老"。另一篇引起巨大争议的是瞿宣颖的《文体说》，涉及文白之争，而北大派的新文化运动最重要的内容就是主张白话。瞿宣颖却认为"一时代有一时代之文学"，"是欲求文体之活泼，乃莫善于用文言"，文言"既适于时代之变迁，尤便于个性之驱遣"，且"世间难状之物"，"胥赖此柔韧繁复之文言"。因此关于文白之争，科举与学校的问题，他都"不合时宜"地站在新文化主流的对立面，成了章士钊旁边的靶子。对照瞿宣颖在上海学生运动中活跃的身姿，我们应该如何解释"五四"以后他的人生轨迹和思想转向？

我最开始注意瞿宣颖是因抗战时期他在沦陷区相当活跃，曾任伪北大总监督、伪华北政务委员会秘书厅长等职，创办《中和》月刊，提倡掌故之学。他在沦陷时期的这种组织活动能力或许与他在五四学生运动中得到的锻炼不无关系。陈著前言借用瞿兑之论"掌故学"的说法，来谈处理东南集团的方法，这对我们处理政治史问题很有启示，比如要注意社会制度的实际运用情状，要分析集团中人物渊源师友亲族的关系，对于许多重复参错的琐屑材料要具有综核的能力。而瞿宣颖恰是在沦陷时期打出"掌故学"的旗号，他曾作一札记《修斋记学·知人论世》，谈及知人论世"不能尽以年代论"，如陆游"虽南宋人，实与南宋人不类而类北宋。盖家世有关，且生于宣政之见，所见所闻犹有北宋之遗"。

最后回到我的那本小书。之前海斌老师提议与陈老师的书放到一起讨论，是想展开文史之间的对话。我觉得文学出身的学者与历史学者在对待具体材料时，眼光与追问的层次不太一样。以我书中的一条核心材料为例，这条材料来自周作人的《北平的事情》。周作人认为"五四从头至尾,是一个政治运动,而前头的一段文学革命,后头的一段新文化运动,乃是焊接上去的"。我抓住"焊接"这个词,想要追问"五四"与在它之前的文学革命,在它之后的"新文化运动"是如何焊接在一起的。

以思想史的做法,很容易提取这段话作为周作人的观点,但若观察"焊接"说提出的时间点与具体语境,会发现十分特殊。《北平的事情》一文作于1949年1月份,恰是北平解放前夕,周作人之前已沦为文化汉奸。他以化名发表此文,且文章是以主客对谈体的方式展开。在"焊接"说之前,周作人援引了胡适的说法,称"五四的老祖宗之一"胡适"力说五四的精神是文学革命,不幸转化而成为政治运动"。我在书中对这条材料并没有做深入辨析,应当追问的是为何沦为文化汉奸的周作人在1949年要重谈"五四",而且是以胡适作为对照来谈。

在此之前,还有主人的一问:"吃五四饭的有哪几位?"由此引出主客两人关于"五四"的讨论。而周作人在1948年写的《红楼内外》谈到"北伐成功以来,所谓吃五四饭的飞黄腾达起来,都做了新官僚",也出现了"吃五

周作人《知堂乙酉文编》
〈红楼内外·黄晦闻与孟心史之死〉
北伐成功以来,所谓吃五四饭的飞黄腾达起来,都做了新官僚

胡适批注《知堂乙酉文编》(袁一丹提供)

四饭"这一带有轻蔑意味的说法。我碰巧在台北胡适纪念馆的胡适藏书中发现胡适所藏的《知堂乙酉文编》,里面收有《红楼内外》一文。胡适读到周作人这句话时,在"所谓吃五四饭"的"五四"处打了一个叉,改为"革命"一词。这处忍不住的批改,说明胡适并不认同周作人所谓"吃五四饭"的这一说法。

胡适所谓"五四的精神是文学革命,不幸转化而成为政治运动"这个说法,常为一些近代史的学者引用,但大家都含糊其辞,没有去考证这条材料是胡适在何时何地提出的。我也是最近才发现,在1948年的"五四"纪念时,胡适曾接受多家报纸采访,声称"五四转变得太早",意为"当年提倡'五四'时,主要的目标为倡导新思潮和新文化,而非政治。却不料此一非政治性运动转变太快,尚未建立起稳固的基础,即已染上浓厚之政治色彩"(汉口《大刚报》1948年5月5日)。而上述周作人的"焊接"说,正是针对胡适的转化说,只是胡适并未写成文章,所以很难在胡适的文集中找到这一说法。这个说法在当时有广泛的报道,比如1948年5月5日的《益世报》称胡适认为"五四演变成政治运动,而对新思潮新文化的运动,是一大损失"。胡适之所以在1948年这次"五四"纪念中提出这种说法,或许跟胡适当时的仕途起伏有关。《胡适之先生年谱长编初稿》记载,1948年3月,蒋介石对王世杰提出想请胡适出任总统候选人,这个邀请对胡适来说是一个巨大的挑战和考验。《益世报》5月5日曾报道,胡适在上海检查身体,"前传胡氏出任政治要职之说已成过去,据胡适说决无意作官"。我推测胡适对于"五四"政治性的表态,和他成为总统候选人这件事情有关系。

以这条材料为例,我认为思想史研究者在援引任何一个观点时,不能剥离历史语境、抹去时空坐标泛泛而谈。作为文学研究者,我会格外留心思想观点提出的时间点、表达方式、修辞策略及背后的动机。陈著为我们展示了从政治史、社会史的视角重审"五四"研究的巨大潜力,但在传统思想史研究中,面对一条常见材料,我们需要追问与深思的问题还有很多。所以"五四"研究虽是一个老题目,但仍然大有可为。

评议与讨论

周月峰：以爱老师和一丹老师的书与报告体现出一些共识，可能是现在重新研究新文化运动、五四运动，甚至重新研究近代历史的一些共通的思考。

两位学者的书都有几个特色。第一，她们都在学科内外游走、跨越乃至打通。以爱老师从早期做学术史而转到政治史，她研究学术史的重要特色就是"不厌其详"地把一个整体过程中的细节之处展示出来，如今她以同样的方式把五四运动，尤其是上海学生运动中所牵涉的派系、不同人物梳理清楚。一丹老师一直在北大中文系接受学术训练，文学史是她的专长，不过无论是硕士论文对新文化运动的研究，还是博士论文对沦陷区学人陈垣和周作人的研究，她都较多地借鉴了历史学的一些观察。不过，在《另起的新文化运动》这本书与刚刚的报告中，在心态上又都有一个学科的回归与坚守，回归文学的"文本"，然而，文本内外也是思想史研究所注重的问题。所以，回归与坚守在一丹老师自身可能是一个重要问题，但对读者也许是一个无内无外的问题。

第二，两本书在关注点层面有相似之处，用一丹老师的提法即关注"聚光灯外"。以爱老师关注上海的五四运动，是在北京之外重新注意到"东南"，从学生之外重新注意到商、教问题。一丹老师是在北大《新青年》外注意到了其他一些事例，包括我一直研究的研究系；在北大《新青年》内部，她也注意到了聚光灯外的人和事，比如刘半农在北大之外的生平轨迹。如果以前的近代史研究更习惯于一个国家（中心）一个历史一种叙述，她的研究是一个非国家（中心）或远离国家（中心）的叙述，从地方、边缘、配角的视角重看这一故事。

第三，即"正"与"反"的问题。学界近年来也在探讨，如果北大《新青年》的五四运动、新文化运动是一个比较中心的表述，我们是不是要用非北大的、非北京的地方性材料和叙述来"反"这个中心述，其意义和价值又是什么。这当然是"正"和"反"之间的对话。正如一丹老师所言,"另起"并不是为了推翻以前的论述,而是形成一个多起源、多版本的故事。两位老师提出了一个"第三者"的思考——历史是否只有一个线索、一个版本,这个版本是多线型还是单线型,是否能用一种更复杂、更加原生态、更接近历史本相的叙述方式来重新思考历史的问题。这仍是一个有难度却可努力的方向。

以爱老师书中提到学生和政治势力的问题,一丹老师报告中也提到历史中有"里子"与"面子",分台前与幕后。尽管学生与政治势力的关系一直为学者关注,只是之前我们一方面把学生整体化处理,认为五四运动就是由学生发起,不太关注学生中有派系之分,有主张上课者、复课者及一定程度复课者;一方面把学生真空化处理,只是描述学生做出某一决定,如上街抗议,进行新文化运动等,不太关注其背后势力。最近有研究比较重视学生背后的势力问题,指出学生运动是由研究系、国民党等政治势力鼓动起来,比以往研究有了极大推动。不过,这种看法会不会在另一层面又把学生当成一个更为被动的对象。以爱老师在报告中特别提出,我们要重视学生背后的势力所起到的实际作用,但学生远远不只是被动接受一些势力的策动与鼓动。华南学派常说"上有政策,下有对策","五四"后对于学生来说"上有政策"不只是源自一方,来自政府或反政府的各方势力在主义上、金钱上都对学生发挥影响。学生与各种势力之间的亲疏关系不完全由势力造成,学生的主动性到底起何作用,多群体多派系的学生经各势力鼓动后的状态又是如何逐步形成,解决这些问题就需要以爱老师的研究方式,既注意细节,又关注过程。

还有一个近些年我们都在讨论的问题,即五四运动和新文化运动是否为"焊接"而成。有一个比喻说研究历史就像剥笋,要把一层层遮掩我们寻找历史本相的东西慢慢剥去,若是剥比较嫩的笋,剥到最后可能一无所有。五四运动跟新文化运动是否能完全剥离,要剥离到何种程度,值得思考。

最后一个问题就是关键材料的重要性。一丹老师提到鲁迅《热风·题记》与《写在〈坟〉后面》中的两段材料对她影响非常大,构成了她这本书的起点。这两段材料在罗志田老师的文章中也提到过,他特别提醒那是刘桂生先生曾经指示过的材料,由此可以发现有些材料跟其他材料不太一样,其特殊性不完全在于它揭示了一个真相(鲁迅认为新文化运动是由其他势力"反套"到《新青年》上的,对此我有质疑),而是能成为一个研究的起点,并点活其他材料。以爱老师提到的那封黄炎培、蒋梦麟致胡适的信,同样有这种作用。这些细节与具体材料,也许可以撬动(不完全是颠覆)整个五四运动的叙述。

> 鲁 迅 全 集 · 热　　风
>
> 功,于是主张革新的也就蓬蓬勃勃,而且有许多还就是在先讥笑,嘲骂《新青年》的人们,但他们却是另起了一个冠冕堂皇的名目:新文化运动。这也就是后来又将这名目反套在《新青年》身上,而又加以嘲骂讥笑的,正如笑骂白话文的人,往往自称最得风气之先,早经主张过白话文一样。
>
> 鲁迅:《热风·题记》,《鲁迅全集》第 1 卷

以下提两个关乎细节的疑问。其一,以爱老师在书中谈到 1918 年的《申报》和《时报》每月的销量是 32 000 份,"五四"风潮之后销量升高到 35 000 份,销量胜于研究系的《时事新报》和中华革命党的《民国日报》,因此判断前两份报纸的影响力超过后两者。这是一个较有代表性的问题,即一份报纸或杂志的影响力与其销量有何关系,销量多是否意味着影响力大,影响又是对谁而言,即对哪个阶层、群体、区域而言。其二,一丹老师判断"新文化运动"这个"另起"的名目,源自学衡派攻击《新青年》,将其套在了《新青年》身上。但是否要到学衡派出来之后,"新文化运动"才被套到《新青年》身上,"新文化运动"是否即被"反套"而非《新青年》人士(不完全是陈独秀、胡适、鲁迅、周作人)主动地接受?一丹老师在书中曾引用一则 1919 年底的交换广告,内容是宣传《北京大学学生周刊》,其中一句广告语说"中国文化运动的中心

点在哪里，你要知道吗？不可不看《北京大学学生周刊》"，可见在当时已有观点将北大作为"文化运动"的中心。有学者已指出是东南集团的运动造就了"新文化运动"这个词的流行，那背后是否存在一个更为复杂的背景，抑或我们可以清晰地得出一个具体结论。以上是我在阅读过程中有所思考的两个问题。

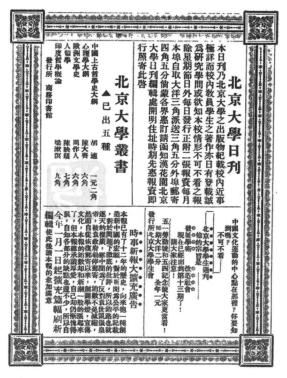

《新潮》第 2 卷第 3 号交换广告（《另起的新文化运动》曾使用）

徐佳贵：因之前有幸承蒙袁一丹老师邀约，参加过一次对袁老师书的研讨，分享过一些学习心得，因此我主要讲一下对陈以爱老师这部著作的学习感受。

我近年主要着手江浙地区的五四新文化运动研究，偏重文化运动，对陈老师这部大著期待已久。我非常赞同诸位老师的一个提示，要尽可能彻底地反思"北大或《新青年》这一'中心',像太阳一样辐射四方,其他地方只能沐浴阳光,对光源构成响应"的一个图式,东南地域(上海或江苏)的角色绝不是响应方这样简单。直到今天,我们还得奉周策纵先生等人的著作为难以逾越的经典,但周著根本上没有突破自五四运动后不久就开始形成的以北大为中心的叙述框架,在史事考订上周著也有不少问题。我们应该更多地把五四运动看成一个"生成"过程,这个过程是经多方互动实现的,不能预设哪一方从一开始必定是主角,必定享受大部分的聚光灯。

陈老师这本书对相关史事、组织、人物的社会网络的梳理非常细致,有点像茅海建先生对于戊戌变法的研究,事件的来龙去脉几乎可以用天、用时辰来计算。我一直觉得尽可能用细密的史料与精细的考证夯实基础,是必需的工作,毕竟"五四"相关研究有太多造在沙子上的高楼伟厦。陈老师也谈到我们通常讲五四学生运动,学生经常作为一个没有清晰五官的复数,像何葆仁、程天放、瞿宣颖等具体的学生名字被默认为不重要。之后陈老师会重新检视上海三罢的来龙去脉,还会揭示东南"商教联盟"的情况,期待继续学习陈老师相关的研究。

几点启发:

一、教育界老师辈的重要角色。"五四"当时讲的"学界"不一定是专指学生界。比如"五四"时南京和江苏其他一些地方,最早成立的是"学界"联合会,而非"学生"联合会。而东南这些师长辈很多时候是行胜于言的角色,可能如袁老师所说的,这些人往往没有太鲜明的思想论点,因而在以往的论述中容易被忽视。

二、基督教青年会系统的重要作用。张仲民老师曾有过相关的文章,只是思路相对偏重文化运动。陈老师在书中有一些启发性的论断,如谈到青年会倡导的组织与动员方式,构成有意于中国青年运动的其他势力组织既模仿又竞争的对象;1920年代的非基督教运动"本质上是反基督教青年会运动";青年会的会员是上海学联的"内在核心"。另外讲到教会学校与反日爱国运动、抵货运动的关系,其实不只在江苏,其他省份的教会学校也往往是该地第一批起来运动的学校。青年会和教会学校的角色问题不只是上海或东南区域的问题,而是一个全国性问题。

三、复旦大学的重要作用。尽管相关材料早有披露,受限于种种既有的五四运动叙述模式,复旦的角色及与复旦相关的社会组织和网络长期被忽视。上海学联的兴起应该说是对北京学联的模仿,但又不只是模仿,它对学联这种组织形式在全国的推广发挥了较大作用,本书把这个问题揭示出来了。

四、反思五四运动中工人的能动性问题。五四运动时常可见资本家对工人动员和对运动"指导"的事例,五四运动代表工人"已经"觉醒、觉悟的既有说法,都需要进一步反思。

几点商榷意见:

这本书是否必须揭出"东南集团"这个名目?章开沅先生做辛亥革命前后的研究时,较多使用"张謇集团",也用过"东南集团"。但在"五四"前后这种提法是否还合适?对于"集团"这种用语,是仅指向活跃在某一地域、具体名单可以大范围浮动的人群,还是有一个大致可辨识的人群边界以及可以被概括的内部关系形式?陈老师这本书中的"集团"似乎是指后者,即有一些明确可辨识的要点,其中有精神领袖,有组织分工,像一个巨型公司。对此我有质疑。像北大和《新青年》这样的"一校一刊",是可以划出比较清晰的人群边界,但上海与东南这群人的社会网络结构与边界在研究中如何把握,会有方法论的问题。如所谓"北洋集团",是可以用一些关键的军政岗位去卯定一定时空范围内相关人物的位置和关系,"东南集团"的中心和边界相比之下还要模糊得多。具体来说,有以下几个问题:

一、个人在集团中的定位问题。吕芳上先生在序中用"代际"标签去定位"东南集团",将唐文治算第一代,沈恩孚、袁希涛算第二代,但沈比唐还大一岁,袁只比唐小一岁。个人认为代际划分只能是非常粗疏地讲一下的问题。书中根据亲密度与参与度将东南集团分为内外两圈,黄炎培、余日章被分到内圈,沈恩孚、贾丰臻被分到外圈,不知依据何在?

二、其他超越东南集团范围的强社会关系,又应该怎么处理?将某某定位为东南集团中人,会不会诱导读者忽视或低估其他强社会关系网的相对自主性？如在出版舆论方面，将史量才、张东荪划入"东南集团"。但张东荪很多时候又被算入研究系或梁启超一方，而研究系的网络绝不附属于东南集团。书中谈到《申报》是江苏省教育会的"喉舌"，其实黄炎培在《申报》《新闻报》《时报》都没办法有求必应，正如他在商务印书馆，在张元济等人那里也是如此。《申报》、商务印书馆自身的社会网络也不是附属在东南集团的主要关系网络下面。相应地，书中绘制出上海公团的关系图，是以江苏省教育会、中华职业教育社为中心画大圆，但如果以《申报》、商务印书馆为中心，展现出来的上海公团关系图是否会有明显不同？

　　另外，像蒋梦麟、余日章等人和沈恩孚、黄炎培、袁希涛的区别也要予以充分重视，因为蒋、余背后有一个全国性的留学生关系网，不完全附属于东南集团。袁希涛在北京担任多年教育次长，但其江苏教育会的背景十分明显。而蒋梦麟到北大后，或 1922 年解除江苏教育会交际部干事职务以后，他是否仍从属于教育会，有待思考。

蒋梦麟

黄炎培

三、是否必须说明以张謇为领袖或精神领袖？黄炎培、沈恩孚等人在新文化、新教育事业上和北方学界合作，以及在高、中、初等学校全面推进学生自治、男女同校等举措，张謇很可能不会同意。

总之，这本书在某些地方倾向于将没有充分证据证明是"蓄意配合、统一行动"的诸种行动"编织"成一个"统一体"，包括书中一些说法如"深层政府"，"各组织仿佛巨型公司的分部支会"。我觉得不应将上海公团及其头脑之间的关系比喻成公司企业的架构，如此会放大一些组织关系形式（比如科层制）在这些组织内与外的存在感，还会忽视一些组织间的斗争龃龉。如黄炎培、蒋梦麟在江苏省教育会的关系，江苏省教育会与江苏各县教育会之间的关系均很难理解为上下级关系。而像商会和教育会、上海各个公团互不买账的情况实际都是存在的。

我认为当时上海是一种"群龙无首"的状况，"群龙无首"并非一片混乱，而很大程度上是"群龙不必有首"，实际不存在一个大家公认的超越所有业缘、乡缘界别的领袖，也不存在单个的、公认的作为运动中心的组织，而是诸多关系网和组织叠压、互动，有时弥合一些龃龉，以实现共同行动。重要的是呈现东南地域这种网络勾连网络、组织和组织存在交集的关系形态，而非去找一个具象化为"个人"或单个"组织"的"中心"，借以建构一个结构（过于）清晰的"集团"。

最后三个细节问题：其一，《民国上海县志》版本的江苏省教育会正副会长表有误。其二，书中有"寰球中国学生会是全国学运中心"之说，未分清"组织"所在"地址"和"组织"本身为两回事。如江苏省教育会在清末民初屡次澄清，借他们场所开会的其他组织的意见，不能直接代表教育会的意见。其三，报纸销量问题的解释力。报纸给一千个普通市民看，和用来点醒十个潜在的激进分子，引发的后果是不同的。我们讲报刊的影响，不宜只关注从报刊的编读者到报刊的直接读者这一个环节。更大的问题在于，评估报刊影响力的指标体系具体应该如何修正？

张仲民：近些年关于五四新文化运动的研究，无论从宏观还是微观角度都有推进，刚刚发言的四位老师都做出了很大的贡献。两位老师的著作从丰富的资料出发,回到原初的历史语境,有助于纠正既往研究中本质主义化、化约主义化的看法。

袁老师作为中文系出身的学者,材料解读非常细致,研究的问题多是历史学者不太关注的。比如她提出了报刊与记者对于五四运动的影响这一重要问题。过去研究多强调《新青年》、北大、研究系以及江苏省教育会的作用,其实他们能够发挥巨大作用是通过报刊媒介与记者。比如当时梁启超"卖国贼"形象的出现是经媒体舆论发酵,而梁也透过他所掌控的一些北京、上海报纸去发布当时谈判的情况,激起学生读者的反响。另外,袁老师以《何典》为例,解决了吴稚晖文风的影响力问题;又对胡适与《学衡》的关系做了详细的分析;通过分析交换广告,谈及新式杂志报刊相互呼应,以扩大影响力;通过考察作为社交工具的白话诗,揭示作为诗人的康白情的一些活动。这些都给我很大的启发,让我尝试讨论吴虞如何利用他的古体诗作为社交工具,与上海及各地名人建立关系,拓展人脉的问题。

有几处看法与袁老师不完全相同。其一是交换广告问题。袁老师讲到很多广告"不可不读",这实际是晚清以来书籍广告或类似商业广告惯用的一种炒作手法,进行夸张宣传,时人对这种商业文化是比较清楚的。其二是关于北大对《时事新报》报道"实社"事件颇为不满一事。当时所谓"机关报"与现在意义上的机关报不同,《时事新报》当时批评许多类似事件,属报刊的常规操作,批评北大亦是正常之举。该报早前也常批评胡适、钱玄同,批评《新青年》的一些做法,北大诸人除对较激烈的言论进行回应外,多不予以理会,且北大内部并非一本质化、统一化存在,笼统称之为北大同人不满有些化约论了。其三是"好人政府"排斥梁启超一事。《胡适日记》等材料显示,胡适等人为打压研究系、打压梁启超,拉拢丁文江等人,指责研究系名声不佳只是借口,实质上是特意排斥梁启超的手段。

陈老师的书体大思精,从发生学角度讨论晚清与"五四"的延续问题,对上海学生运动的起源做了一个新的解释,有利于破除既有以北大派或者北京为主线的叙述模式。她从政治、人脉、地域等因素来讨论学生运动,并围绕着一些学生中坚分子,谈论学生之间、学生与政治势力之间的关系,分析十分透彻，给我们很多提示。

陈老师制定了一个宏大的研究计划，然东南集团涉及人物很多，内部尤为复杂。该集团并非严格意义的政党，较为松散，内部有江浙人，也有福建、广东人。而且很多人参与政治活动是基于特殊的利益和目的。比如福建人（也是华侨）曾少卿，他积极抵制美货，但他又是商人，开办很多公司，其中很有名的一家叫做振武戒烟社，经常在报纸上发振武社禁烟丸的宣传，同时他还搞赈灾。当时报纸批评他借卖禁烟丸赚黑钱，并以赈灾名义私吞捐款。黄炎培、张謇也有类似情况，他们是多栖角色，在商界、学界和政界势力均比较大。因此很多人（政治失势的唐绍仪、卖假药的黄楚九、南洋兄弟烟草公司）积极参与五四运动，很大程度上或许是因抵制日货有利可图，或是因为可以"刷存在感"沽名钓誉。我们要看到爱国或民族主义论述背后的利益因素，以及时人借助民族主义符号的这一面。

另外，在早期复旦创办过程中，张謇、袁希涛、曾少卿都发挥了重要作用。张謇等人在清末政治领域比较失势，转而去办实业，但传统士大夫有意进入官场的情结一直存在。新式教育是清末新政的重要内容，也是地方督抚的政绩所在，为地方官员所重视。张謇等人通过参与创办复旦，与先后两任两江总督的周馥、端方都有关系，而张謇后来在端方幕府中扮演重要角色，与同属端幕的郑孝胥、夏敬观、陈庆年、高梦旦等人关系密切。这一期间，张謇的商业网络与政治势力扩张具有同步性。立宪请愿运动兴起后，张謇与清廷渐行渐远，辛亥革命后他马上支持革命，曾被严复讥讽为"南方学者，果不值一钱也"。借助同袁世凯的关系，张謇参与南北和谈，又先后在临时政府和袁政府中担任高官。可以说，以张謇为首的东南集团或江苏省教育会，其势力于江督端方时代与民初袁世凯时代扩张最快。袁世凯倒台后，以张一麐等人为核心的苏系势力渐弱，也影响了张謇的政治能量。

关于世家子参与学生运动的问题。根据后来一些富家子弟参与中共的材料看，很多人之所以参加激进的运动，可能是自发参与，不一定会得到家庭的支持。像瞿宣颖刚参加上海学生运动时，其父已经去世；又如王国维当时在上海亦非常关注上海的学生运动和随后的罢工罢市运动，他就坚决反对自己受到影响的儿子参与平民教育的活动。在这里补充一些史料,供陈老师参考:2009 年我在研究舒新城的时候也关注到了复旦的五四运动,发现复旦档案馆是有一些参与"五四"者的资料。另外,上海社科院图书馆藏有复旦校史的一些资料,比如同学录、当时办的杂志以及复旦校庆纪念物。上海社科院历史所图书馆收藏的《环球》杂志比较齐全。复旦历史系资料室藏有复旦学生在"五四"时期创办的《平民》杂志;等等。

关于报纸销量与影响力问题。我觉得当时上海报刊销量最大的一直是《新闻报》,但其影响力限于商界,而《申报》在史量才主持时期销量一般次于《新闻报》,主要对市民影响比较大。对知识分子而言,影响较大的是《时事新报》和《时报》。《时报》自清末以来便是知识分子优先选择的一个读物。而《时事新报》的"学灯"副刊,在 20 世纪上半叶刊登了大量知识分子的文章,因此可以估量其影响力。我们不能以销量来估算影响力,可从对某些重要人物或群体的影响来判断报纸的影响力。

陈老师的研究计划很重要,补偏救弊,为我们重新认识五四运动在上海起到了重要作用,可谓是近年来有关该领域的一本非常重要的著作。但由此会不会出现一个问题,即这里构建的"东南集团"叙述,会不会在效果上有"另起山头"的意义?出现矫枉过正的情况?毕竟,张謇、黄炎培等人乃至寰球中国学生会、青年会主事者基于自身利益与位置介入历史,事后并未形成相关论述或关键回忆,导致后世研究不太注意他们发挥的作用。我们现在以后设视角去重建他们的系谱,是否会把历史中无意的介入当作有意地发动,或把断裂的片段建构成一个连续的系谱,夸大研究对象的作用?另外关于青年会的作用,我自己也曾关注过。青年会乃至基督教会的影响确实很大,值得更细致的讨论。

赵帅:这两本书对于五四新文化运动研究均有实质性的推进,同时提出了许多具有延伸性的问题。因两本书涉及内容十分丰富,且方法论各有不同,我简单谈一下自己较为片面的读后感,且多关注一些细节部分。

陈老师著作的贡献毋庸赘述,从宏观与微观均有突破,深化了我们对于"五四"的认知,为我们还原上海社会的结构形态,帮助我们对于清末民初一直到北伐前东南社会的形态有所理解。这本书运用的框架式结构，对各种组织、人物的详细介绍，应当是为之后的研究预热。

"学生运动"从字面理解，就是要把学生及其运动方式、机制讲清楚。陈老师在书中花费了极大的功夫将学生运动中"学生"与"运动"的部分予以还原。对于学生，挖掘他们的生平与人际网络，恢复他们模糊的面孔，由此他们不再是以一个人名出现，而是具有不同人生轨迹的人物。对于运动机制，则不能把学潮按照事件发生史的方式进行叙述，而是要处理学商政几方复杂的关系。

陈老师的著作还善于对既往研究著作、史料进行检讨。通过对史料的检讨，可以不断还原整个运动的过程与细节。"五四"研究的大宗材料是报刊及与当事人相关的论述。对报纸的利用，需要将多份报纸进行对读，方能清楚学生如何传递消息，分辨哪些消息是学生所撰以进行外宣，哪些是由通信社或报纸记者基于现实目的所撰，了解不同报纸对消息流通起到什么作用。在还原运动过程的同时，学生发挥的作用也能凸显，让我们知道哪些学生是在街上跑的，哪些是运筹帷幄的，哪些人又因为个人因素在报纸上须隐没姓名，实则居于幕后发挥作用的。

陈老师的著作也提示我们，需要关注学生的家庭背景与人际网络，从而评估他们所扮演的角色。陈老师在为上海学联学生领袖撰写"点将录"部分，列举的多为世家子。世家子具有两面性，一方面能够早先知晓部分信息，调动更多资源；一方面对公开表态有所顾忌，如瞿宣颖某段时期在报道中消失。对比来看，世家子在上海学生运动中扮演重要角色，这点和北京的状况有所不同。

书中还关注到了学生运动中沟通京沪的学生，如何世桢和罗家伦。负责串联活动的学生代表与串联目的地多有渊源，何世桢是北大毕业生，后入东吴法科，因此"五四"成为上海学生的驻京代表；罗家伦是复旦公学毕业，后入北大，与上海各界极有渊源，因此"五四"后多次到上海活动。书中有一小节通过罗家伦秘密南下以说明上海学联的章程未受北京影响，这点确实无须怀疑。不过在1919年5、6月间罗家伦是否到上海，限于材料我仍持存疑态度。至于北京学联的章程如何至沪,有几个途径,一是秘密发电传送;一是5月10日北京报纸登载学联章程,沪上报纸予以转载;一是由方豪等人组成的京津学生代表团带来,而这种可能性极大。

陈老师对追忆性质材料有着细致的辨析与梳理,这是颇有难度的挑战。如陈老师所言,研究者要警惕于喋喋不休者的论述(如朱承洵、许德珩),而要留心注意只留下一鳞半爪者。关注失踪人物以及边缘"失声"者当然是历史学者的责任所在。学界近期比较关注对"五四"进行追述、阐释这些问题,当然如何阐释很值得捉摸。比如反复发声的朱承洵、许德珩,他们形成的"回忆"是"学习"的结果,对于他们的叙述,我们要抱有警惕,同时也应该还原出他们叙述所参照的文本。另外,"五四"时参与学潮,但日后转而成为学潮问题的应对者,这些人的"五四"表述值得注意,其中以傅斯年、罗家伦这些谈五四新文化(学)源流者为主,以及书中提到的后来担任复旦校长的章益。他们有选择性的叙述或非刻意编造歪曲历史,而是为了应对现实。陈老师的著作启发我们要关注那些在学潮中曾一展身手,但之后因为各种原因籍籍无名的人,继而能够对他们的贡献予以客观的评价。最后期待陈老师另两本书能早日出版,为我们在更为细致的具体事件与过程中展现五四运动。

袁老师的著作总体来看是利用个案,对新文化运动、现代文学史的大叙事予以反思。各篇文章虽涉及个案、个人,却在回应一个大议题,构思非常巧妙。如以《何典》为例,反思的是谐趣游戏文字在严肃的文学史写作中的位置;利用黄侃对于句读的认知以及标点本《水浒传》的出版来看语体变革在生理接受层面的影响;以康白情与少年中国同人为例讨论新诗的功能与性质问题。书的前两章是与新文化运动有关的分量很重的文章,牵涉内容十分广,延伸出很多目前学界较为关注的问题,涵盖了对于五四运动性质的讨论,由纪念"五四"引发的关于"五四"后运动走势的讨论,文化运动与政治运动的关系,研究系与北大的关系,地方文化运动的实际情况等。

袁老师在报告中谈到新文化运动"名"(历史叙述)与"实"(历史过程)的区分,除此之外,"言"与"行"的问题值得关注。具体来说,北京的"五四"学生领袖在运动后多标榜"文化运动",但真正落实者少之又少,更多的人又被政治运动所裹挟。而为纪念"五四"所撰写的文章基本在因应各自的时代问题,因此他们的言说因时因地不同,甚至前后不一致。如胡适 1920、1921 年的态度就有不同,1920 年纪念"五四"的发言是为了收束是时的学潮,因此他重在反思"五四"学生运动暴露出的问题;1921 年胡适却搬出黄宗羲,鼓励学生干政(当然干政并非以罢课形式进行),则是为了应对政府欠薪等诸多问题。这就需要关注袁老师提及的文本的历史语境问题。

袁老师的著作给历史研究者提供了诸多视角和线索,所涉及的个案、个人又是历史研究者所忽略,而为文学研究者所关注的。比如刘半农、康白情这些新文学的人物,同样是学生运动中的重要人物,了解他们在学生运动中的行事,对于判断参与学生运动者是否支持新思潮、新文学,继而思考五四与新文化(学)运动的关系这些问题较为重要。另外书中提示的胡适与《新中国》杂志,双方究竟有何关系,值得我们继续追踪。

陈以爱:这是非常丰富、有深度的讨论,收获非常大。我简单就大家谈得最多的问题稍作回应。首先是"东南集团"的界定及其成员问题。我的写作计划是东南集团与五四运动要写三本,待第四本再考察东南集团的渊源与各阶段的变化。书写"五四"这样富有细节的历史,目前只能把所涉及的具体问题稍微点到,无法对每一个都进行细部的回应与论证。当然,在阅读大量资料后归纳形成的一些基本判断,如寰球中国学生会、青年会、江苏省教育会这些机构的影响不限于上海,我无法在书中一一举例论证。我们自可引用一些既有研究,但面对近代史牵涉的诸多具体事情与人物,都必须从头再来。各位老师对于史料的订正、相关史事的判断会是我重要的参考,特别感谢徐佳贵老师的提示,不过你谈的一些问题主要参照"后五四"的情况,"五四"前的人物关系及主张分歧要在具体的时间、事件中进行考察。

另一个问题是关于五四运动跟新文化运动的关系。这个问题非常复杂,我计划是在写完上海三罢之后,来谈五四运动从政治运动到社会运动的转向。我在报告时说过,东南集团并非介入、领导、影响上海学生运动的唯一力量,但我们若只强调国民党、研究系的影响,而不考虑江苏省教育会及其相关系统的影响,那对于上海五四运动、五四运动转向新文化运动的理解肯定是不全面的。新文化运动相比五四运动内容更复杂,产生的分歧更多,各地(包括北京、天津、上海、美国)积极参与五四政治运动的人士在新文化运动中表现各异。如《国民》杂志的这群人是反对《新青年》《新潮》的新文化运动,在美国参与五四运动的吴宓、梅光迪不赞成白话文运动。如果我们认为五四运动、新文化运动是多源头、多版本的,那么相关研究就不是一个人、一个系列能够完成,而是一个充分利用材料,进行精耕细作,理清诸多史实的群体工作。我觉得我们是能把"五四"这一段历史梳理清楚的。

袁一丹:谢谢各位老师同学的意见。拙著前两章是以我的硕士论文为基础,思路相对完整。后面一些个案研究尽管切入的角度和背后的思考有一定的连贯性,不过还是在文学和历史两端摆动,整体上这本书并非一个系统性专著,但希望根据我的一些新发现对原有的历史图景有所修正。

我简单回应两个问题,一个是周月峰老师提出的问题。这本书的起点确实是鲁迅《热风·题记》中的那一段话,鲁迅提到两个关键词,一个是我用在标题中的"另起",另一个是"反套"。按照鲁迅的这一说法,"新文化运动"并不是由《新青年》提出,而是嘲讽《新青年》的人发明的,那这个名目如何被反套在《新青年》上? 在硕士论文阶段,我给出一个假设性回答,认为以吴宓、梅光迪为首的学衡派在其中起到了关键作用,但我并不认为学衡派即唯一力量。所以在修改成单篇论文正式发表时,我并没有把学衡派的这部分放进去。这次结集成书,为了结构的完整性,又把学衡派一节放了进去。我认同月峰老师的问题,即"反套"是否单指向学衡派,《新青年》集团中是否有人在更早的时间主动认领"新文化运动"这个名词,是否有其他力量促使"新文化运动"这个概念和《新青年》集团捆绑在一起,我觉得从假设到论证中间还有许多功夫要做。

另一个想要回应的是张仲民老师对书中很多章节,包括一些材料解读方面提出了很好的纠正意见,特别是您提到了交换广告这个部分。这一部分是我当时翻《新潮》和《新青年》的时候注意到,希望探索如何利用交换广告这样的"扁平材料",目前所做的是一个较为粗疏的分析。诚如您提示的,应该将此类广告放到晚清以来的历史脉络中,参照您曾深耕细作的书籍史和阅读史,特别是跟出版文化相结合的这一部分来看。"五四"时期新文化阵营的出版营销策略确实不是自己的创见和发明,而是借鉴利用了晚清民初出版市场的一些常例。另外,您提到的《时事新报》和北大派的关系,胡适和研究系之间的关系,对于相关材料的解读确实需要分寸,且要从当时报刊整体的样态来理解报刊之间的批评言论,继而还原他们的人际关系。

"日记百年万口传"

——李慈铭的交游和阅读

主讲者:张桂丽,复旦大学古籍整理研究所研究馆员

讲座时间:2022 年 4 月 8 日

整理者:王思雨,复旦大学历史学系研究生

1917 年,李文釟在《读越缦叔〈杏花香雪斋诗稿〉感赋》中云:"天未丧斯文,或不成秘箓。"复旦大学中国近代史青年学者读书班 2022 年第 2 期,即围绕越缦堂主——李慈铭展开。

4 月 8 日 19 点,读书班通过线上方式正式举行,由复旦大学历史学系戴海斌教授主持,复旦大学古籍整理研究所张桂丽研究员受邀主讲,题目为"'日记百年万口传':李慈铭的交游和阅读"。评议人分别为中国社会科学院近代史研究所马忠文研究员,国家图书馆古籍馆谢冬荣副馆长,复旦大学古籍整理研究所石祥研究员,中国社会科学院文学研究所潘静如助理研究员。

我是中国古典文献学出身,在辑录李慈铭《越缦堂读书记》的过程中,略有一些感悟。今天就围绕着他的日记、交游、读书活动,与大家分享他作为学者的日常。

一、李慈铭日记的传播与影响

今天讲座的题目"日记百年万口传",出自曾朴《孽海花》。这部历史小

李慈铭著、张桂丽辑校:《越缦堂读书记全编》

说以实际人物为原型,塑造了一批晚清人物群像,前六回由金松岑撰写,对李治民的描述为:"赋诗填词,文章尔雅,会稽李治民纯客是一时之杰。"第七回后,均由曾朴撰写。曾氏在最终回写道:"现代的诗,除了李纯老的《白华绛跗阁》,由温、李而上溯杜陵,不愧为一代词宗。"首尾呼应,完满支撑了金松岑对李治民的人物形象设计。

曾朴因父亲、自己与李慈铭的交谊,写李氏有深刻的生活基础,也异常出彩。小说第二十回通过大笔墨描写李治民的生日宴会,地点在满族官员盛昱的"云卧园"。当时盛昱遍请京师名流,讨论学问,抽签联句:

云卧园中开琼筵(薲云),群仙来寿声极仙(怡云)。华山碑石垂千年(李文田),《周官》精椠北宋镌(汪鸣銮)。经幢千亿求之虔(叶昌炽),耕烟百幅飞云烟(张垿征)。《然脂》残稿留金荃(王懿荣),马湘画兰凤骨妍(江标)。汉碑秦石罗我前(端方),绿毛龟伏玛瑙泉(缪荃孙)。日记百年万口传(李慈铭),续南北史艺文篇(文廷式)。陈茂古碑我宝旃(沈曾植),影梅庵主来翩翩(盛昱)。黑头宰相命宫填(林旭),长图万里瓯脱坚(洪钧)。共祝我公寿乔佺(素云)。

这首即兴之作,即是要求诸人"炫宝"。琳琅满目,任何一件都价值不菲。李治民因贫病交加,只好吟一句写实的"日记百年万口传",却也赢得了满堂喝彩。我想,这句话当源于曾朴对李慈铭及日记流传情况的一种理解。

《越缦堂日记》位列"晚清四大日记"之首,积四十年之力而成。李慈铭在二十四岁写作时就规定了日记的主要内容,包括国之大事、读书笔记、友朋交往、个人诗文作品等。民国间日记影印出版后,风靡一时,几乎成为与《孽海花》一样的畅销书。不过,日记并非获得一致好评。鲁迅先生对这位乡贤的日记颇不以为然,他说:

> 《越缦堂日记》近来已经风行了。我看了却总觉得他每次要留给我一点很不舒服的东西,为什么呢? 一是钞上谕,大概是受了何焯的故事的影响的,他提防有一天要蒙"御览"。二是许多墨涂。写了尚且涂去,该有许多不写的罢? 三是早给人家看、钞,自以为一部著作了。我觉得从中看不见李慈铭的心,却时时看到一些做作,仿佛受了欺骗。

"自以为一部著作",正点出了李慈铭以日记为著述的特征。因为李慈铭打破了日记的私密性,写作时字斟句酌,难免有矫情做作之嫌。

郁达夫、周作人喜欢读日记中闲适、性灵的文字,胡适则认为这部书内容纪实,读书札记、时事价值很高,并为之题诗九首,其中二句云:"四十年前好人,后人切莫笑话",颇可以反映部分学人对李慈铭的态度。因李慈铭日记中会写如与歌郎厮混,与妓女假戏真做的内容,并暗戳朋友的隐私,骂不称职的官员,秉笔直书,毫无畏惧。

李慈铭小像与《越缦堂日记》书影

同时,有些读者认为日记有涂抹或隐匿的部分,难以称作信史。或称李慈铭与歌郎厮混,不注重学者形象。或批评他脾气大、爱骂人,对同时人出言刻薄,可谓毒舌。如果过度关注这些负面形象,自然对李慈铭日记及学问便不是那么的肯定。如钱钟书说道:"李书矜心好诋,妄人俗学,横被先贤"。张舜徽亦言:"盖李氏一生好轻诋人,吹毛所瘢,睥睨当世,加以年逾五十,而犹困于场屋,以愤懑发为言谈,无往而非讥斥矣。"言辞过激,近乎攻击,已经不属于学术范畴内的讨论了。

现在距离日记出版,已经过去了一百年。李慈铭生前自诩的"日记百年万口传",倒也真的实现了。然而这位百年前的名家、大家本人,并未得到后人充分的理解。读其日记之人,不乏猎奇隐私者,或仅摘抄史料者。能持一份同情之理解,带点温情与敬意者,并不多见。台湾学者蔡长林在《长日将尽,典型夙昔——李慈铭学术批评中所见的乾嘉情怀及其意义》一文中,以充满同情与敬意的态度,深入探析了李慈铭的学术情怀与精神寄托,我认为很中肯、到位。

马忠文老师说过,阅读日记是培养历史感最好的方法。作为非历史专业的人,我对晚清历史的略微了解,也正是通过十多年来阅读、点校李慈铭日记积累起来的。

二、与张星鉴、桂文灿的交往、切磋

在乾嘉汉学极盛之时,名师名弟子一学数传及家学传承几代的繁荣景象,比比皆是。道光以后,时局多变,战争、天灾频仍,学者的生存环境受到了极大挑战。经学衰败,但经师仍不乏其人,如著有《四库全书简明目录标注》的邵懿辰在咸丰初年回乡,于杭州闭门著书。其间李慈铭曾两次至杭州省城考举人试,也曾去游玩,与这位学问、风节名于时的乡贤近在咫尺,却失之交臂。因为他彼时志不在此。

咸丰四年(1854),李慈铭和越中文学青年成立言社,沉潜于歌咏美人香草,即便是与同龄、同城而居的学者平步青、傅以礼二人,也毫无往来。面对谭献的拜访,他仅以诗歌相切磋。咸丰九年(1859),因科举考试不顺,李慈铭出资捐京官。到北京后,他继续与言社的陈寿祺、周星誉、周星诒唱和诗词。后来因和周氏兄弟决裂,他便脱离了由乡情、文学活动维系的交际圈,转而投身钻研学问。

李慈铭对各地宿儒名师了解得并不真切,但只要友人官某地,他的关注点便触及某处。他的考察方式,除了借接风、饯行之诗酒文会向以科考、述职等事入京的朋友们当面请教外,还与他们殷勤通信,询问当地的学林掌故、刻书编书、学术风气等讯息。

我最近辑录了李慈铭的书信集,大约八百余通,其中不少内容在长篇累牍地交流地方学风、访求宿儒著述。通信者如浙江学政瞿鸿禨、江苏学政王先谦、四川学政朱潮、湖南学政陶方琦、浙江书局校勘陈豪等等。这些书信不能简单地视作李慈铭维系社交的手段,了解学界动态,才是他意图所在。如平步青在江西任官,即将江西刻书如《明通鉴》《国朝文录》等书大批邮寄给他。因缪荃孙曾在成都张之洞幕府,关于川蜀藏书、刻书及学人情况,他也能随时咨询。又因门人吴澂夫在上海,上海新印书籍常能送到他手中。此外,李慈铭还通过贵州学者莫友芝了解了郑珍,通过王先谦了解了湖南学人邹汉勋。

对文献渊薮江苏、浙江两地,他更时时关注其间藏书楼、著名学人、名著稿本之流传、版刻之保存等情况。当太平军占据浙江时,他从江南友人处多方打听文澜阁《四库全书》、天一阁、振绮堂、八千卷楼等藏书的现状。当得知经师陈奂病卒于乱中,他不禁感叹到"江南经术尽矣"。而听闻顾河之在兵乱中去世,他亦为顾千里绝嗣而唏嘘良久。

李慈铭对域外古籍、学人十分关注。日本学者冈千仞来游中华,曾亲自拜访他数次,并以所著各国史书相赠。日本书籍如《难经疏证》《大唐六典》《古逸丛书》《日本新出玉篇糸部》等等,李慈铭也阅读评论过。他还向沈曾植借《薲园随笔》,从许景澄处借日刻《大藏经音义》等书。光绪六年(1880),杨守敬随驻日公使何如璋赴日,曾写信给李慈铭,详细告诉他汉文古籍在日本的流通情况。外交特使傅云龙自日本回,也以所著、所刻书相赠。同时,他与朝鲜学者也有交往。同治十一年(1872),张之洞与周寿昌、董文焕、吴大澂等人宴请朝鲜使臣闵致庠、朴凤彬,李慈铭向其询问国王李氏二十八世谥号、名字,借此录成《朝鲜国王谥录》,并以《越三子集》回赠。

尽管彼时信息传达较为不便,但李慈铭凭借广阔的学术视野,强大的朋友圈,及时掌握了学林大事、学风动向。最为重要的是,他将自己所了解到的学术信息一一记录在日记里。在关注古籍的刊刻流传外,他也关注金石碑帖、器皿的收藏,学人存亡、学风动向,域外汉籍及学人。这些内容,在传统学术史的宏观叙述中被无意或有意忽略,反映的却是真实的细节,是认识、分析复杂学术场域的极有价值的史料。李慈铭与张星鉴、桂文灿的交往,也很好说明了这点。

咸丰十年(1860),李慈铭正式与张星鉴结识。张氏曾以《刘礼部集》相赠,并慨借各种书籍。二人年龄、经历、学术旨趣接近,故而能惺惺相惜。同治二年(1863),张星鉴丁父忧,李慈铭为其父写家传,张氏则赠以孔氏微波榭《国语音》《春秋穀梁传时月日书法释例》。而后张星鉴撰《国朝经学名儒记》,以顾炎武为首,收录一百三十人。李慈铭亦着手编纂《国朝儒林经籍小志》,同样以顾炎武为卷首,总计收录一百六十五人。可以推测的是,他们在编纂二书的过程中,应该有过交流。

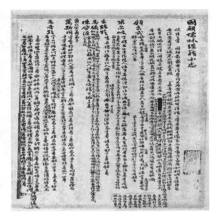

张星鉴:《国朝经学名儒记》　　李慈铭:《国朝儒林经籍小志》稿本

　　张星鉴关注过桂文灿,藏有桂氏《诗笺礼注异义考》,并与李慈铭分享阅读。在桂文灿所著《经学丛书》进呈后,潘祖荫曾将《孝经集证》《群经补正》两种转请李慈铭评阅。李慈铭对此有知音之赏,称桂文灿"禀承汉学,著述褒然。阅其书名,已为神往,不谓斯世,尚有此人。惜未值其时,恐终无当耳。"

　　当时李慈铭正坐馆于礼部尚书周祖培家。近水楼台,李慈铭对朝中风向、旨趣比较了解。同治初年,外有封疆大吏曾国藩、朝有帝师文渊阁大学士倭仁,俱称理学名臣。学界内部有方东树、姚莹之攻击汉学。此时选择汉学,意味着逆流、孤立、落寞。故他断言桂文灿不能得到赏识,其后果然验证。可见,在同治初以乾嘉汉学之法治经,并不能得到官方认可和褒扬。

　　同治二年二月,桂文灿入京应试来访。因神交已久,二人得以促膝长谈。遗憾的是,桂氏落第。回到广州后,他写信给李慈铭,寄到徐灏《通介堂经说》一书,并告诉好友《学海堂丛书》的刊刻情况。李慈铭在回信中回顾自己治学历程的同时,还表达了对桂氏、徐灏的崇敬,并请他留意乾嘉间粤中第一学者陈观楼的著述。这种广东、京师间的互动、交流,对于学者来说非常重要。

　　早在咸丰五年(1855),桂文灿便编成了《经学博采录》一书,收录乾、嘉、道、咸四朝经学名家,始于惠栋,终于顾千里、陈树华。我曾经有一个初步的想法,即从桂、张、李同时对本朝经学总结这一点切入,将《经学博采录》《国朝经学名儒记》与《国朝儒林经籍小志》合为一编,并将三人于同治年间的交往、切磋资料作为附录。此外,赵之谦也撰有《国朝汉学师承续记》,依江藩体例,专人专记。从学术史角度考虑,这四种为经师立传的书,可以视作对同治朝黜汉、尊宋经学政策的回应,对淡汉、反汉学风的反击。

三、阅读:由文士到学者

张星鉴师从陈奂。陈奂是段玉裁的高足,精通毛诗,著有《毛诗传疏》。桂文灿则师从南海陈澧(菊坡精舍山长)。陈澧主张汉宋兼采,撰有《东塾读书记》《汉儒通义》。张、桂二人,因师承经学大师,较早树立了治学目标。相比之下,李慈铭并无师承。他早年读书,以博雅广识为中心,又好词章,不仅没有钻研一经一史,在三十岁之前也没有读过《说文》《十三经注疏》,治学起步很晚。

捐官北上后,李慈铭见闻日广,常至琉璃厂阅书、访书,为浓厚的学术氛围浸染。同时,他也接触到桂文灿的经学著作,又与平步青、张星鉴、黄以周商榷经史,开始专心治学。但这个选择充满了艰辛。

首先,在汉学衰败的情况下,仍用乾嘉汉儒的方法来研究经史,意味着逆流,本身就极具挑战性。李慈铭也意识到:"汉学固不能无蔽也,而其为之甚难,其蔽亦非力学不能致也,特未深思而辨之耳。予亦非能为汉学者也,惟深知其难,而又喜其密实可贵耳"。其次,李慈铭是在个人穷途末路之时展开治学的实践。在物资匮乏之际读书治学,尤其令人敬佩。同治四年正月初二日(1865年1月28日),他专心于考索《说文》,以至于不见来拜年的各位友朋,并在日记中写道:"今日天气温煦,如江南早春时,彻炉闭门,终日营营考订经义文字,颇有所得。献岁之际,车马如云,而作此生活,拙懒迂僻,京华软红尘当无第二人矣。"

张舜徽先生曾反复阅读李慈铭日记,认为其专心、努力的程度远未达到

学者的标准,他在《清人笔记条辨》卷九云:

> 李氏少时偃蹇乡里,徒骋词华。及至京师,益徇声色,以羸弱之躯,逐歌舞之地,亲迹卷轴,为日无多,故于朴学家坚苦寂寞之功,无能为役,《清史稿》置之《文苑传》末,实为平允。

少时家居,以词章闻名,"及至京师,益徇声色,以羸弱之躯,逐歌舞之地"诸句,是符合事实的。至于放纵于酒色,不必为之讳言,但仅是一年多的时间。而"亲迹卷轴,为日无多"一句,并不符合事实。张先生对李慈铭晚年读书曾予肯定:"知其晚年学进气平,持论乃迥异于昔矣。"不过大概没有看到李慈铭最后四年的日记,那时他的学术论见更为精当。总的看来,张先生对李慈铭的评论,肯定少、批评多。戴海斌老师之前深入剖析了先生对李慈铭学术的评价,客观允当,我个人深以为然。

综观清代学术史可以发现,不少学者在青年时代热衷于作诗作词,而后才专心治学。而学者往往如此,尤其是在乾隆朝开四库馆时,要比诗人获得更高的认可、更多的机会。虽较早确立了诗人的身份,但李慈铭有着强烈的自我预设。虽热衷于宦途,但读书治学是其立世的终极目标,谓"古今无学问外之人才,天下无读书外之事业"。又因中年后转行治学,他深知由文士到学者之甘苦,故不大喜欢姚鼐,曾批评到"姬传本文士,而妄思讲学",也不喜欢文士兼学者的袁枚、翁方纲以及朋友谭献。不过,他对他们的批评,颇能深中其病。

李慈铭对向学之晚有切身之痛。实际上,对秉持"词章乃学人之游艺"的他来说,孜孜以求者在于经史,也更期望入儒林传。尽管如此,他并没有绝对的自信。如他在《六十一岁小像自赞》曰:"是儒林耶?文苑耶?听后世之我同。"

《清史稿·文苑传》共收录354人,正传105人。李慈铭位于《文苑三》,传文出缪荃孙之手。能入文苑,本已难能可贵,但总让人意难平。因在重儒轻文的时代,入儒林要高等一些。同时,"文苑"并不能准确定位他们的实际身份，大概只表明各人在文学创作上更胜一筹而已。

李慈铭曾在《说文》上下功夫，但并未成书；也致力于史学，曾与王先谦就《汉书》往复探讨，对《宋史》《明史》也有论断。但他批校的读史札记散在数百册藏书上，并未经整理，直到后来才由王重民辑录成书。按照当日入选《儒林》的严格标准，他确实是不符合的。尽管如此，李慈铭的名气不可谓不大。在民国期间，由于日记的影印出版，读书笔记、读书札记的陆续出版，他始终都在学者的研究视野内。

王重民：《书〈越缦堂文集〉目录后》

在认真、谨慎地考察李慈铭的治学过程、学术成绩后，我们可以说他实现了由文士到学者的学术追求。在评论历朝诸家学术时，他驾轻就熟，笔锋犀利，极为自信，所展示的不仅是阅读之勤、涉猎之广、识见之精，其批评天赋也超出时辈。在批评过程中，他注重版本、校勘、考证，秉承汉学家的旨趣。从他的品评持论来看，他极力维护汉学，但也能站在汉学传人的立场上，深刻检讨汉学流弊，批评汉学家好博，有别裁之短，且缺乏经世的追求。

这部《越缦堂读书记》，主要考察的是学者、专著之得失优劣及其当下意义,其内在理路是"辨章学术,考镜源流",对评论对象褒多贬少,能平情论之,肯定本朝的学术成绩。同时,李慈铭对学者文章才气的重视,反映出了他的文士本色。而能以一己之力完成对众多经史子集的评论,李慈铭实为不间出之学人。

另外,我有一个有趣的发现,即李慈铭在对学者反复批评时,其实又不自觉地在某个侧面深受其影响。如姚鼐、章学诚,都是他深刻批评的对象。但姚鼐提倡的义理、考据、词章一体的文章追求,章学诚"辨章学术,考镜源流"的批评原则,又与他的治学旨趣甚为契合。这些影响,在读书笔记中也有体现。

在辑录李慈铭读书笔记的过程中,我首先确立了编年体的体例。因为日记体的读书笔记带有印象性、即时性、原始性等特征,四部分类实在不能反映他的阅读历程。李慈铭的阅读是开放式的,随读随记。依其原始的日记体或者说编年体例,最能反映其阅读世界。同时,他的读书笔记有别于面对大量藏书而集中书写的评语,以及如馆臣那般撰写的提要。其次,经过历史的沉淀,当时不被作为学术笔记的内容,如记录的朋友们的著述,大多是稿本,或者只是单篇的诗文。虽然他们的学术成就不那么瞩目,但若被忽略,难免遗憾。再次,将札记、学林掌故、名物考证收入日记,这种日常的敏锐的积累,也是学术活动之一,甚至可以说是珍贵的历史片段。在先前出版时,由于历史原因书里删去了对镇压太平军的官员学者如曾国藩、胡林翼、左宗棠等人著作的评论。在目前环境下,自然不能重蹈覆辙。

在考察学者理性学术评论的同时,我们也应了解他的感性世界。李慈铭读书有天分,这是毋容置疑的。他虽然多病,但精力充沛,又极为自律,处世真挚,古道热肠,是个老好人。受咸、同、光三朝内忧外患的影响,跌宕于世运中的文人,因为科场、官场的不得意、朋友的背叛,逐渐变得偏执、苛刻。这也是历史上清代浙东学人的精神特质,如毛奇龄、章学诚等,都有刻薄、爱骂人的一面。因而在李慈铭读书笔记中偶尔出现的目中无人的狂傲和品评失准,属于概率较小的失误,不应将之标签化。

总的说来,李慈铭距离我们并不太远。我们对他的理解却并不那么充分，容易流于掌故、猎奇的评价与认知，容易为既有成论左右，对其著述缺乏深入精读，未能在学术视野上有所拓宽，从而难以发掘出新的历史意义。因此，处于资源共享优越环境的今日，除了在历史文献方面做进一步的调查、发掘，我们的学术视野、眼光也要与新文献、新热点匹配，努力去开展沉浸式的阅读，去捕捉更多的细节。我相信，以第一手资料作为研究对象，得出的结论将会更符合历史语境。

鉴湖边李慈铭塑像

评 议 与 讨 论

马忠文：张老师今天这个报告非常全面、深刻，这与她十多年来投入的精力和花费的功夫有直接关系。我本人收获很大，这里主要想讲两点感想。一是怎么去判断和分析李慈铭日记的史料价值；二是对新版《读书记》的编排方式谈一点看法。

首先，这本日记跟一般、别的日记不同，李慈铭不仅仅把它当做日记来写,而且把它作为一种有创意的作品来写。最关键的是,他从一开始或者在早期时候,就有意无意地把日记散布出去,让大家来传抄。这就有别于我们一般理解中日记私密性很强的印象。可以比较一下,像翁同龢、胡适这些人,可能都有将日记传世的想法,但在他们生前,大概很少把日记拿给外人特别是那些不熟悉的人看(胡适生前只是出版了《留学日记》)。李慈铭却恰好相反。

李慈铭这样做,与他个人经历和处境大有关系。他是以捐官形式进入京城的,沉浮郎曹,十分艰难。在北京不但要生活,还要积极准备参加科举考试,解决举人和进士这两道难关。所以,他比那些中了举人、进士,再到北京来做官的人负担更重、心理压力更大。我觉得这些经历对他的性格、生活都是有影响的,愤世嫉俗、狷介的性格由此形成。于是,他便借助日记中的臧否人物来表达自己的心情和看法,日记中很少对他人有"恕辞"。

这样一来我们会发现一个问题,李慈铭日记其实当时就参与和介入了现实生活。这种日记,成为研究的材料后,按照法国年鉴派史学家布洛赫的说法,可以称为"有意"史料。换句话说,李慈铭写日记,当年有很明确的目的。因此,如果我们想更完整、全面地了解李慈铭日记的史料价值,就不能把这个日记仅仅当做平面的、白纸黑字的文献,而是要把它作为一种立体的东西来看,回到当时的历史场景中,去考察日记形成的过程。我们在研究历史人物的时候,常讲知人论世。所以在关注李慈铭日记的同时,也要关注他的生活,去看他的生活对日记的撰写产生了什么影响。

此前张舜徽先生认为李慈铭读书做得不够深。对于这个问题,似乎可以用一种理解的态度来看。李慈铭并不是一个专门的学者,只是一个普通京官。和乾嘉时期那些脱离闹市、躲在书斋中做学问的学者不同,李慈铭虽然勤奋,也只是读书面非常广博而已,不宜用汉学家的要求来衡量他,何况,很大程度上李慈铭可能也有借此标榜和沽名的意思,毕竟他是一位名士。

众所周知,李慈铭骂人很厉害,大家都怕他。他在光绪十六年(1890)做御史后,也参过孙毓汶这些权贵,词锋非常犀利。这让我联想到在光绪初年,李鸿章曾邀请他担任问津书院的山长。这件事给我一种感觉,可能李鸿章也不想或不敢得罪李慈铭，邀其掌教，也有借机笼络的目的（当然具体原因可以再详考）。再比如说翁同龢在光绪二十一年（1895）五月与康有为唯一的一次见面，后来他把日记篡改了，将康有为换成了李慈铭，并写到"举世目为狂生"的评价。翁为什么不选他人而选李慈铭呢？恰恰说明在他的眼中，李慈铭狂傲是人人皆知，甚至代表了当朝显贵对李的基本评价。

说到李氏日记的史料价值，不仅要注意那些"有意"史料，也要关注当年李慈铭在不经意间写下的那些东西，因为无须加入自己的私人倾向，现在看起来就是一种非常客观的史料。比如说自己的收入、同乡京官靠印结银生活的情况，和朋友们常去饮宴、听戏的饭馆、酒楼的名称、地址等，都是研究清末京城生活史的第一手绝佳材料。李慈铭是一个超级戏迷，他日记中留下来的大量的戏曲资料，对于现在研究京剧或者昆曲一些曲目的变化、剧目人物的角色，甚至是演员之间的代际流传等问题，都是大有帮助的。

第二个问题是这次出版的《越缦堂读书记》的编排方式。我们知道最早的读书记，是由云龙先生是按类别来编辑的，他把对某一本书的所有记载汇在一起，每一条记载下面再补注读书日期，这样做不免淡化了日记的编年特点，其实是有缺憾的。日记按类分别编辑，不是从由云龙开始的。现在能够看到比较典型的是吴汝纶日记。他的刊本日记就是摘编的，没有时间，呈现出平面化的色彩，完全是资料汇编的形态。还有就是最近出版的《袁昶日记》，其中有一部分内容也是根据类型分类的。这样编排，完全丧失或者脱离了日记材料最本质的编年特性，学者引用和分析时常常带来了很多不便。张老师这一次把读书记完全恢复成编年体的编排格式，采用文末附的索引来解决阅读书目同类检索。这种方式非常好，还原了李慈铭阅读某些书籍的先后时间与语境，有助于我们从中发现一些内在联系。这也是张老师这本书最大的一个特色。

谢冬荣：关于后人对李慈铭的评价，张老师提到了多种说法，正面的、负面的等。我这段时间在关注鲁迅弟弟周作人，发现他对李慈铭的评价非常高，说在众多乡贤中最推崇的就是他。那么，对同一个人，兄弟俩的看法并不一样，这也让人觉得李慈铭确实是一个很有意思的人物，能够为我们的研究提供较大的空间。

听完讲座后，我主要有三个方面的想法。第一个是对于李慈铭日记，大家可能比较关注原本。需要注意的是，因为当时大家经常一起抄，所以会产生多个版本。那我们在研究李慈铭本人日记的时候，还需留意抄本的情况。后者对李慈铭日记的研究也非常有帮助。因为李慈铭对日记的很多内容做了不少删改，特别是早期的日记。而可能有些朋友在删改之前，对日记已经有所抄录。从这一点来看，各种抄本有助于还原李慈铭日记的原貌，或者说是修改前的面貌。

第二个是民国时期，1928年的时候，北平图书馆购入了李慈铭的藏书。在李慈铭的书上，有很多的批校，包括藏书题记等。当时王重民先生对藏书题记、批校、读史札记等内容有过整理，撰写了专书和专文。后续对此比较关注的是王利器先生，著有《越缦堂读书简端记》及《续编》，记录李慈铭在谁的书上做了哪些批校等。这些其实能够反映李慈铭在读书过程中的一些想法，但感觉关注的人不是特别多。或许我们可以把它作为下一步的关注点，留意李慈铭对某本书的评价，他对这些书的批校、看法，或者说他对此做了哪些贡献等。

第三个方面是，之前有学者从阅读史的角度研究日记，讨论这些人读过哪些书，他为什么要读，他和当时人的读书观念有什么不同。我觉得在张老师整理完读书记后，我们可以从阅读史的角度对李慈铭日记再做挖掘，关注李慈铭读过什么书，为什么读，然后评价是什么。

石祥: 首先我对日记的感觉是，它是非常重要的史料来源。跟它类似的物品有两个，一个是书札，另外一个跟版本学联系比较多，即写在古籍上的藏书题跋。

书札和题跋的情况跟日记相似。一种是作者在写的时候，不是太有兴趣，也不想示人。书信可能还有一个固定的收信人，而有时候写完的题跋，真的没有给人看的打算。另一种是有些书信和题跋，就是专门示人的。如一些作者在写完论学书札后，会马上找个刻工把它迅速弄出来，然后分发出去，这是常有的情况。至于题跋，古人有的时候喜欢晒书，或者找几个朋友来赏玩，那大家不免会看到书上的题跋，这也是一种传播形式。当然，可能其中有些内容是真话，有些是假话。我个人感触比较深的还有另一种题跋，就是请版本学专家或权威人物来执笔。背后目的很明显，或是为了增彩，或是为了营利等。在书写的时候，他们大概对此也是心照不宣的。所以在利用史料时，如何去处理这么多种不同的情况，非常关键。

我的另外一个感受是，在厘清作者的意图外，对内容本身的梳理也很困难。比如李慈铭在日记中会提到看了什么书，又记过哪些书名。但那时候写日记、题跋或者写信，不像现在做古籍编目那样，遵循卷端、正题名之类的规范。大概写信只要对方能看懂，题跋只要自己能明白就行了。至于写日记，就更不用说了。

刚才好几位老师都讲到了阅读史方面的东西。因为我个人做版本学，就会去思考可以从日记中看出书的哪些特征或者版本信息，比如这段文字讲了哪些版本上的特征，可以供我们去判断。另外，有些书未必是当时写的，可能是前人的著作，最近被重新刻出，在朋友圈中流传。这样的记载对我们去了解各个版本的情况和流传速度，都是很有利的。

实际上，日记也是一个很好的校准工具。像我们有时候做编目，要写清道光三年某某刻本，好像它就是一个固定的、不变的成书时间。那我们去看日记会发现，三年可能只是其中的一个节点而已，因为前后拖了很久，或者标注的时间跟实际的时间有偏差。我以前看缪荃孙日记也有这样的感触。所以日记能够让我们回到历史现场当中去，让我们重新看到这些鲜活的细节。

最后，在使用日记时，也要特别小心。日记不像我们现在写的标准的学术论文，有完整的框架和清晰的论述。这就需要注意日记中那些没说、略过的话或者隐晦的言辞，这些东西都是可以仔细琢磨的。所以我觉得去研究日记、书信、题跋，真的会有不断的小发现以及好玩的点。

潘静如： 我整体的一个感觉是，李慈铭日记除了可用于他本人的研究外，可能还可以用于讨论近代政治、社会、经济、文化，清代学术史以及更早的文学史等。

借着今天这个机会，我也重新阅读了日记。最大的感触是，日记当中的"公""私"方面。为什么这么说呢？我首先比较认同张舜徽先生"年逾五十，而犹困于场屋"的论断，有一定知人论世的道理，这也是从"私"的方面来讲。同时我理解的"私"，它不仅仅是个人的偏见和恩怨，还可以通向"公"的层面。就是说"私"虽然肯定有偏见，但也可以把它理解为我更关注这个点。因为一个公共事务，一个国家事务，它有无数个点。如果不处在这个位置上，你不会特意去关注。在这个意义上，我觉得日记可以为我们提供很多观察近代文学交流史的视角。

刚才张老师提到的李慈铭和赵之谦的恩怨，大概可以归结于私人是非。但有些私人事件，我认为还需放到近代史的公共层面上去讨论。以往在读某人的诗歌时，有条件的话，我们还会借助日记、书信之类的材料加以解释。那么反过来，把日记中的片言只语和诗文对照使用，或许也能达到相得益彰的目的。我今天举的例子是关于晚清清流的，主要指前清流，即光绪初到光绪十年之间的这一波清流人物。从私人交游来看，李慈铭最熟悉或者比较早熟悉的前清流是张之洞。这一时期李慈铭日记的一则记载，反映了很多信息：

> 近日北人二张一李，内外唱和，张则挟李以为重，李则饵张以为用，窥探朝旨，广结党援。八关后裔，捷径骤进，不学无术，病狂丧心，恨不得居言路以白简痛治鼠辈也。

看到这条材料，我首先想到的是之前提到的李慈铭的个人经历。而结合郭则沄《十朝诗乘》中关于清流的记载可以发现，清流对当时官场生态有潜在的威慑，这也是李慈铭身处的一个大环境。我们如果只读日记这一条，当然可以认为李慈铭有某种功利心。但了解他立论的大背景后，便能明白这不仅是他和张之洞从交好到交恶的关系变化的反映，也体现了他对这种风气的不买账。

此外，李慈铭还有许多写于光绪初年的诗，如"方今时世重年少，弄姿搔首交称工""白面少年书累上，禁幄颇闻屡称赏""常僚骤擢跻公卿，或驰虎节莅百城"等，在我看来都指向同一波人，即前清流。当然诗歌语言，还比较玄乎，不能够一一去证实。但他的文章《暨艳论》则明确指向清流群体，其中言："昧者不察，汲汲以分别邪正为己任，无论其识之未必精，事之未必公也，即尽出于精与公，而惟恐世之不我知，悬一身以为众矢之的，而其祸不可胜言矣。"联系后来历史来看，李慈铭可谓是不幸而言中。

所以，将作为旁观者的李慈铭的日记、诗歌、文章结合阅读后可以发现，他对清流的看法，有"私"的一面，也有"公"的一面，呈现出交杂的状态。这对我们重新观察近代史上的公、私观念，或者晚清士大夫群体，是大有裨益的。反之也会促进我们去通过诗、文来升华他的日记。

国际通信网是如何构建与运用的

——从近代中国与电报的相遇谈起

主讲者：薛轶群，中国社会科学院近代史研究所副研究员
讲座时间：2022 年 10 月 21 日
整理者：郑西迅，复旦大学历史学系研究生

中国近代是一个"变"的时代。西方"声光化电"之学的传入，更增添了这种"变"的激烈性与复杂性。随着研究深入与观念转变，学者愈来愈认识到物质技术在近代中国的重要程度与深层影响。可以说，物质技术史的兴起是当下中国近现代史领域的趋向之一。

2022 年 10 月 22 日，复旦大学历史学系史学论坛暨中国近现代史青年学者读书班 2022 年第 3 期以线上会议的形式举行。本次读书班为复旦大学历史学系戴海斌教授召集主持，邀请到中国社会科学院近代史研究所薛轶群副研究员分享其新著《万里关山一线通：近代中国国际通信网的建构与运用（1870—1937）》（北京：社会科学文献出版社，2022 年）。首先由薛轶群作题为"国际通信网是如何构建与运用的——从近代中国与电报的相遇谈起"的报告，随后由郑州大学新闻与传播学院教授刘宪阁、中共中央党校中共党史教研部副教授齐小林、中山大学历史学系（珠海）助理教授吉辰、四川大学历史文化学院博士后张文洋进行评议。四位评议人近期研究方向分别为近代新闻与传播、中共无线通信技术、近代中日关系、晚清电报技术，得益于专业相邻与视角的针对性，评议不仅深化了既有议题的讨论，更指出未来研究中值得留意的若干面向。

非常荣幸有机会来到复旦大学中国近代史青年学者读书班，和各位讨论拙著，分享自己的一些心得，我大概从以下几个方面讲。

薛轶群著：《万里关山一线通》

一、研 究 缘 起

关于电报的研究缘起，其实最早可以追溯到我的硕士论文。因为是写近代中国的抵制外货运动，最初关注到各地商人、学生团体，他们经常使用电报相互联络，并将自身的主张以通电的形式广为宣传。报纸也会及时报道相关动向，这样一个网络甚至可以延伸到海外。因此，像最早的1905年抵制美货运动，以及之后的历次抵制日货运动，海内外相互支援的声势都非常浩大。在其中，我认为电报传递的迅捷性，对民族主义的形成与高涨，起到了重要的推动作用。由此我就想探讨西方技术传入中国之后产生的影响。最终仍选择电报作为切入点，除了上面的因缘，主要还有以下两个考虑。

首先，电报和政治、经济、外交、军事，都有着密切关联。电报通讯网构建的原动力，是经济贸易的客观要求。随着应用日益广泛，到 19 世纪末 20 世纪初，作为"看不见的武器"，在战争中的运用亦被重视，与政治关联自然更深。这一点同样表现在电报进入近代中国的过程当中。自 1860 年代以来，列强如英、法、美、俄，其实都提出要在中国架设电线。但清政府犹疑不定，多次拒绝了这些请求。一方面是对电报会带来的商业利益估计不足；另一方面，是出于对国内信息流动控制权的担忧。直到 1874 年日本出兵台湾，1880 年曾纪泽赴俄谈判，清政府在处理边疆危机时因讯息迟缓陷入被动后，重新认识到电报在政治、军事上的作用，经李鸿章上奏请办，终于决定开办电报。当然，1870 年代中期，清政府已向海外派遣驻外公使，虽然其时尚未允准开办电报，但是驻外使臣之间以及他们与国内的联系，逐渐开始运用电报，这方面的经验同样作了一些铺垫。概括地说，电报在近代中国的接受，大致遵循着一种政治优先的逻辑。从开办后清政府的关注点也能看出这一逻辑的延续性，军国大计相关文件在发电中的优先级远超经济事务。政府之间的电报即官电，被放在第一等，一般商业或民用电报只能后排。

第二是中国与国际电信网的关系。在既往研究中，国内外关于电报其实都有很多的积累。一方面是电信通史类的研究；再是主管电信事业的重要人物如李鸿章、盛宣怀等的研究；还有就是关于国际关系、对外交涉方面的研究。近年关于电信的研究，在知网上也可以看到很多硕、博论文。相关成果其实不少，但是，涉及中国与国际通信网关系方面的研究，我个人认为还是比较薄弱，其实有很多继续深入探讨的空间。一方面因为最初中国是被动卷入，以往我们比较强调列强侵略、利权丧失的面向，这当然是无可否认的一方面，但另一方面通信网作为互联互通的基础设施，建设与运用的过程中在资金、技术、人才方面都无法完全排除外国的因素，还呈现出一种特殊的"共存"关系。当时中国政府也会利用相关企业、国家间的竞争或合作关系，从中寻求自身利益的最大化，这些构想与尝试既有成功的例子，也有失败的例子，但都体现出一定的主体性。而其中的努力与挫折，正是融入全球通信秩序艰辛历程的反映，在认识近代中国如何走向世界的意义上也具有一定的反思借鉴作用。

二、三个分析角度

全书的写作，大概基于三个角度展开。首先是通讯技术的革新与通信专利权的关系。最早进入中国的电报公司有两家，分别是丹麦的大北电报公司、英国的大东电报公司。他们凭借在有线时代，包括水线和陆线敷设的先行优势，在国际通信网上确立了垄断性地位。到19世纪末20世纪初，意大利人马可尼（Guglielmo Marconi）又发明了无线通信技术。两次通讯技术的革新深度影响世界历史进程，中国自然概莫能外，这就关联到近代中国的通信专利权问题。专利权包括很多方面，大体上有水线的敷设权、水线的登陆权、国际通信的垄断权等，围绕专利权的多重要素而制定的相关条款，也是历次对外交涉的焦点。技术的革新如何影响既有的通信秩序，中国政府对此又是如何考量与应对的，其实践的成效与局限，还需要进一步探讨。

第二个角度，是从多边框架审视中国与各方的博弈，主要包括企业与国家两方面。因为涉及交涉的对象，既有大北、大东、美国太平洋商务水线等外商电报公司，也包括日本、英国、美国政府等。无论是清末大北、大东公司的垄断体制，还是北京政府时期的无线电合同纠纷，都受到多边框架的制约。中国作为自始至终的交涉的主体，必须直面各方迥异的立场和利益诉求，因此经常可能处于被动状态。但并非对手提出要求，就一味听之任之，亦试图利用这个列强之间的制衡关系，努力达成自己的目的。与此同时，中国内部，也存在不同部门间的意见分歧，包括晚清时期主管电信事业的中国电报总局、主管电信事业的邮传部。进入民国，又演变成海军、陆军、交通部之间的纠葛。南京国民政府时期，围绕着无线电管辖权，建设委员会和交通部亦起冲突。

这些不同层级、部门间的纠纷，又关系到第三个角度，中国政府内部的决策过程。内部各主体间有何意见分歧，是否达成共识，导致了中国采取何种因应措施，这也是一个分析的重点。

下面是1903年全球水线通信网略图，可以较直观地看出国际通信网的分布情况。用圆圈圈出的就是远东地区，当时有两条主要通信线路。一条称之为北线，由大北电报公司经营，从上海连接长崎再连接海参崴，然后经过俄国的陆线，通往欧洲。还有一条从香港通往印度，再经地中海水线，与英国本土相连，由大东公司经理。在上海和香港之间的线路，由大北和大东公司共同经理。可以看到，当时的线路其实还是以欧洲大陆和美洲大陆为主体，这也是通讯的中心所在。另外，在1903年，美国的太平洋商务水线公司已经跨越太平洋，敷设了连接檀香山—中途岛—关岛—马尼拉—上海的水线，之后又自关岛敷设支线至小笠原群岛实现与日本的连接。这是基本的国际通信网概况。

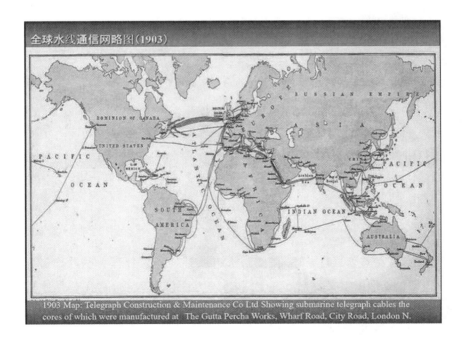

接下来是一张清末的国内电信概略图，出自《大清帝国全图》。黑线由

我标出,五角星是北京。可以看到,东北、西北等边疆地区,已有线路连接。当然,边疆地区交通不便,应该仅接到大城市,下级的信息传递,仍要依靠驿站或邮局等手段。但在东南沿海,已经是星罗棋布。我们知道在东南互保时期,北方线路基本中断的情况下,清朝是靠着东南督抚相互之间的联络,才度过这样一个危局。总体上看,在中国的主要省份,干线已经基本覆盖。

《大清帝国全图(第三版)》(商务印書館、1908年)

三、具体写作体会

具体内容书里都有详述,在此就不再展开。我想分享一些写作过程里印象较深,或是以往关注较少的地方。一方面涉及人物,有几位是中层人物。海斌兄用过"中等人物"这样一个概念,我自己的研究中也发现许多这样的人物,非常有共鸣。在对外交涉中,有些人不是那么位高权重,但具备专业知识,受到首脑的信任,在决策时起到智囊作用。这些人物的活动往往不是那么引人注目，但其实有更大的讨论空间。

张德彝（1847—1918）

　　这里列举的第一个，就是我称之为中文电码本先驱的张德彝，他在法国人威基谒（Septime Auguste Viguier）的电码本基础上改良，大概于1871年编辑完成了《电信新法》。此人履历非常有趣，同文馆出身，1866年跟随斌椿使团游历欧洲，第二年又随蒲安臣使团访问欧美。到1870年，因为天津教案的处理，他随着崇厚出使法国。在出使过程中，编成了这样一个中文电码本。他先后八次出使外国，留下了《航海述奇》八部，总字数超过200万字，在日记里，也留下了许多关于电报的记载，尤其是详细记录了《电信新法》的编辑过程。还值得一提的是，无线电发明之后，1899年马可尼进行了横跨英吉利海峡的通报实验，当时张德彝正好在驻英公使馆任参赞，所以也留下了记录，预测无线电的发展前景广阔。这也可成为我们反观清政府的一个视点。从1860到1880年代，清政府一直拒绝引进电报。但到19世纪末20世纪初，无线电报甫一出现，清政府即有所意识，袁世凯编练新军，已经开始引入无线电，同时聘请意大利的技师。到1909年，清政府还制定了管理无线电报的条例，与此同时邮传部在交通传习所开设无线电速成班，致力培养相关的专业技术人才。相较于有线电报时期，此时清政府对无线电报的应用，认识上已经有了转变。

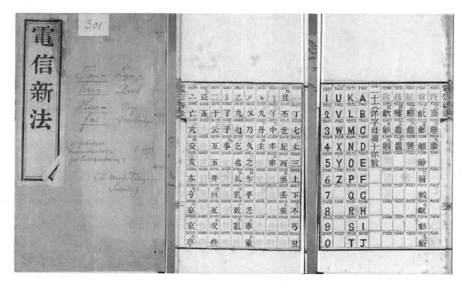

张德彝编《电信新法》，以四位数字表示汉字，奠定了以后中文电码本的基础

接下来是一位丹麦人顾问，德连陞（Frederik Michael Nicolai Dresing），他在晚清担任过中国电报总局的洋总管，1912 年在北京病逝。简单地看，他在 1884 年进入大北公司，先后被派驻到欧洲和中国，在中国起先于上海电报高等学堂担任总教习，1905 年出任中国电报总局洋总管。德连陞在技术上有很多改良提议，还多次代表清政府参与电信方面的对外交涉，出席国际电政的会议。我在日方档案中发现，虽然是作为中国代表，但他还多次发密电给日本外务省。这些密电的落款都以代号表示，通过分析密电内容，可以猜到发电者就是德连陞。除了中日关于东三省电信条约的交涉，在日俄战争时，他也将中国的政情及其他秘密报告，发给日本。留意到他身份与行为的出入，我们在分析的时候就能多深入一层。另外，既然他与日本有频繁的联系，那么他是否会将相关信息同时向原雇主大北公司报告？这还需要

从大北公司的档案中去追寻,也是以后值得关注的方面。

Jesper Jespersen Bahnson(1875—1962)

前两位是传统意义上的中层人物。第三位是大北电报公司远东地区的总经理彭生(Jesper Jespersen Bahnson),主要负责中国与日本方面的事务。彭生原来是军人,在进入大北公司后调往上海,担任远东地区的总经理近三十年,于1935年离任。他在上海的丹麦人商团当中是领袖人物,作为中国的交涉对手,以谈判时难缠的作风而广为人知。书中第六章运用大北公司档案,谈到过他的谈判策略。因为彭生还主管日本地区,日方档案馆也有很多与他交涉的史料。在丹麦国家档案馆里还有一些他的个人日记与工作记录,有待进一步解读。在丹麦的国家档案馆、皇家图书馆里,其实有许多丹麦籍技师、顾问的个人资料,因为大北公司很早就进入东亚地区,这些资料对研究中、日相关史事都有助益,值得发掘。

四、中国融入国际通信网的日本因素、密电的编译与破译

与留学日本的经历有关，书中我用了许多日方档案。在中国融入国际通信网的过程当中，日本因素是不可忽视的。首先，日本和中国同时被纳入全球通信网，上海至长崎再至海参崴的线路于 1871 年正式开通。清政府当时并未承认这一线路的合法性，但仍不免受到影响。而日本政府则直接承认了这一线路，也就是说，他们已有意识地运用电报与全球相联系。

在明治时期，日本政府同样赋予了大北公司的国际通信专利权。背景是因为日方希望与朝鲜半岛建立联系，委托大北公司敷设长崎至釜山的水线。1880 年，大北公司提出交换条件，要求获得日方二十年国际通信的垄断权，到 1900 年，延期十年。因此直到明治结束，日本才在名义上摆脱了大北的垄断。因为中国的国际通信同样被大北垄断，中日之间的通信其实长时期受到束缚。日本一方面有摆脱大北公司垄断的诉求，另一方面更有在东北亚扩张通信利权的野心。从 1880 年代到甲午战争，中日围绕在朝鲜半岛敷设电线，进行过激烈竞争。日俄战争之后，日本在东三省，主要是"南满"地区，试图扩张，清政府也有过反制。到北京政府时期，中、日、美无线电合同的纠纷，再到南京国民政府时期中、日无线电台的联络，包括 1937 年全面抗战爆发之后日本强行接收一度托管给美方的上海国际电台，这方面我在书里也有阐述。从长程来看，日本始终是一个重要的变量，我们需要把它摆到一个合适的位置予以关注。

下面这个问题与通信网的运用有关，就是密电编译与破译。密电本，包括密电的运用，其实是研究政治外交史的一把钥匙。我们现在看到的著名政治人物，比方说李鸿章、张之洞的全集里，其实就有收入数量相当多的电报，盛宣怀档案里更是如此。但我们现在看到的电报，已经是编译完的文本，最初的发电稿或者收电稿只有去查原档还有机会看到。而与编译这一行为相关的密电码、密电本，对人物关系、政治事件、中外交涉的研究，都是非常重要的线索。尤其是史料形成过程中的几个要素需要注意，如收发电

的时间、经手人。因为电报拍发会有突发情况,像当时水线不太稳定,存在故障或延迟,有可能出现先发后到或后发先到的现象,所以分析必须注意时间。同样,关涉到机密程度较高的电报,在译电时就不会假手一般电局的译报生,如《中俄密约》谈判时,与李鸿章的往来电报就只由总理衙门大臣翁同龢、张荫桓经手,采取了高度保密的措施。总之,需要以动态的视野观察电报的形成。

另一方面是密电破译。这在政治、外交的研究中深受关注,较著名的如甲午战争时的电报泄密,吉辰老师有很好的研究。我的书里也提到,早在1882年壬午兵变时,日本就已破译了中国的外交密电。换言之,日本一直非常关注中国国内电信事业的建设,包括驻日使馆和其本国之间的联络。日方很早具备这样的经验,而且解密手段很多,除了破译密电本,还有收买电局译报生等等。讨论电报保密制度,除了相关规章的变迁外,也不能忽视

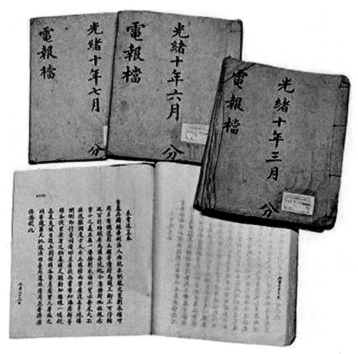

清朝《电报档》,光绪十年(1884)

贯穿其中的个人因素。

总之，我的研究大概是一个初步尝试，其实仍有很多值得探讨的空间。比如技术与政治的互动，清末到民国通电现象的出现，对政治生态有何影响？以及技术在军队通信中的应用，这方面齐小林老师有专门研究，我很期待听到他的高见。另外是通信技术与现代传媒包括报纸、广播的关系，可以立足于通信网进行研究。还有，就是电报的运用带来了对政治体系的新的统合。我个人感觉，清政府的传统奏折制度是一种皇帝与高级官员纵向的信息往来，当然各地督抚通过在京的坐探、朋友，会有一些交流中枢机密的隐性联系，但由于路途遥远往返较为费时。电报出现之后，通信效率大大提高，不仅出现"电奏""电旨"，各地督抚之间横向联络的广度与密度都比以往大为扩展。尤其面对如东南互保一类的重大决策，相互之间可以协商，以联名上奏的形式，获得一定活动空间。总体来看，可深入讨论的问题点还有很多，希望有更多的人可以投入进来，提高研究水平。

评 议 与 讨 论

齐小林：其实我很早读到薛老师这本专著。这本书出版评议的时候，刚好是我写的评议书。我细细读过，有两个明显感觉。一是本书的研究时段跨越了晚清、民国，且运用多国史料，把相关面相丰富地展现出来，从我们做研究的角度来讲，能帮助补充很多必要的背景性知识。事实上我读完之后，就顺着它的资料去吸收了一些成果，非常受益。这本书将成为该领域研究的基础性著作。

另外一点是，我感到薛老师在书里想贯彻一种新的视角。在描述国与国的交涉时，薛老师更侧重的其实是双方之间的妥协，尤其是围绕整个技术应用的合作来讲。事实上，一项新技术，尤其是通信技术，如果没有各个国家之间适度的妥协与调适，它是不可能在全世界范围内迅速推广的。这样一个角度非常有意义，我们现在讲全球化，应该去突出这样一个视角，当然，国与国之间的斗争也不容忽视。所谓的妥协与调试，必然是在激烈的斗争中完成的。

接下来我想讲一讲我自己研究当中的困惑。我在研究中遇到最棘手的问题，就是自己的专业知识不足。我特别想写一篇关于中共密码的文章，但发现自己的数学知识或者关于密码本身的知识是不够的，只能描述事件本身，如果要将其中很精巧的那部分呈现出来，还没有那样的知识储备。就是说，任何一个技术史的研究，适度具备技术背景，比单纯的历史角度，要更好一些。当然，如果只具备专业技术的知识，不具备历史学的训练，研究也难以完成，毕竟历史学者关注的问题不是纯粹的技术。

再有，就是薛老师最后说到和其他问题的研究相结合的问题，对此我也深有体会。现有的专题研究怎样同我们所关注的论题有机结合，对电报也好或者其他技术也好，是一个非常重大的挑战。比如我能够把中共电报应用的状态呈现出来，但是我没有办法将这种状态与中共的政治运行、战役战斗等结合起来。如果能够通过某一个事件也好，通过某一次战役也好，真正地把这样一种专题性的研究和军事、政治融合起来，那么这将是一个非常大的突破。我自己也想往这方面走一走，但挑战是严峻的。现在也有一些老师试图将电报、媒体、传播、政治运动结合起来研究，可经典性的、具有示范意义的研究仍没有出现。这可能是以后一个重要的研究方向。

最后，我想说的是，近代史领域也好，中共革命史领域也好，此前我们所忽略的技术的研究，已经逐渐兴起，大家开始关注到物质技术变革在近代中国起到的基础性作用。虽然目前还不能真正地把技术和社会变革的关联比较精致地呈现在读者眼前，但任何一种研究总需要去开拓。只有先把专题性的研究一点点做好，才能可能跨过这个阶段去做出更精细的东西。技术史和物质史的研究，值得大力提倡和呼吁。

吉辰：我不像小林兄与文洋兄专门研究电报，不过对电报也比较感兴趣。阅读本书有几点体会。第一是资料非常丰富，全书 249 页，不算很厚，但是参考文献目录有 20 多页，从这个比例可以看出搜集资料所下的功夫。特别是书中运用了很多稀见史料，如日本递信综合博物馆、丹麦国家档案馆藏资料，比较起来"国史馆"、FO 档案都不算"稀见"了。如果要说在此基础上还要拓展，我能想到的主要是中国电信上海公司档案室藏大北公司档案，但我相信轶群兄一定知道这个档案。

第二点是这本书写得非常硬核，在技术层面用力相当深，特别是第二章讲电码本和第四章讲无线电技术的部分。小林兄和文洋兄的研究，也都有同样的优点。

第三点是关于本书的主旨，应该说主要是围绕着利权展开。以往学界在电报利权方面总体观点是揭露列强对利权的侵夺和中国政府利权的丧失，不能说不对，但不够全面。本书显示出清政府和民国政府在这方面并不是软弱无能的，在列强的夹缝中间有相当的作为。这让我想到唐启华老师对北京政府外交的研究，都注意到了以往外交官在非常极端条件下做出的努力，试图重新做一种历史还原。

第四点轶群兄在刚才的报告中提到了，就是书中和电报相关的一些"中层人物"，这个用词让我想到海斌老师关注的晚清政治中的"中等人物"。我印象最深的是德连陞。这个人地位不算特别高，在电报利权交涉中很关键，还有点间谍的意味。由此我就想到另外一些中层人物，就是中国的电报局官员。之所以想到这些人，是因为前不久我在网上看到一册光绪十七年一位清朝官员致各处的年节贺信底稿，当事人应该是东三省的电报分局总办，估计也就是候补知府或候补知县这种程度，但他写信的对象从东三省的将军到知县级官员都有，这样人脉的广度有点超乎意料。我想，这些官员从事电报业务，对于他们的政治生涯会有什么样的影响？当然，我们能利用的材料可能比较有限，但也许可以作为一个思考的点。

第五点就是电报的建设初衷往往在军事，比方说东三省，刚才报告也提到了电报的军事意义。这方面的研究还是不太够，我觉得可以结合近年开放或者出版的一些资料来进行个案研究。还有就是在军事场合当中使用的密电，有待深入的地方也不少，特别值得注意的，是军事场合往往因为行动机密，会启用新的密码。比如这本书指出壬午兵变期间清政府一开始使用《电报新编》，但是后来改用比较少见的《电报简编》。另外，我在日本看到过甲午战争初期李鸿章和叶志超往来电报的抄本，里面提到叶志超驻扎山海关准备出兵的时候，收到袁世凯电报，却翻译不出，因为来电用了比较新的新法密码（新新法），山海关电报局都没有，所以请求李鸿章赶紧派人送一份。这也体现出当时清军使用密码电报的一个情况。

另外我还有一些比较题外的思考。这本书讲的主要是国际电报网，但是除了官方之外，在中国民间，对于普通人来说，电报的意义是什么？从宏观上看，我们知道民用电报的使用量比较大，但微观层面，老百姓到底怎样用电报，这方面就显得很模糊。据我了解，大概一方面是处理比较紧急的家庭事务。比方说我在张之洞档案里就看到了很多关于其家事的电报，当然这肯定不能算是真正的民用电报，因为是用官费报销的。有一个鲜活的例子是，光绪三十三年张之洞进京当大学士不久，留在湖北的儿子们打电报报告他们的母亲病危。张之洞回电传话，表示这位姨太太进门十八年，性情和顺，作风俭朴，张之洞很敬重她，现在人要过世了，觉得很歉然，叮嘱要把话带到，甚至要求儿子买留声机把遗言录下来，还几次发电报询问病情与提出用药意见。再比如小说《二十年目睹之怪现状》里有个情节是主人公接到家乡打来的电报，第一反应是吃惊，因为一般来说电报讲的都不是好事，他自己拿《电报新编》翻译出来，结果是"母病危速归"。其实是家乡的亲戚骗他，希望他能回家。这是一个反映普通人使用电报的生动例子。

家事之外，民用电报的另一功能就是传递商业信息。我今年初看到对一篇英文论文的介绍，是几位做量化研究的学者写的，主要结论是晚清电报网的建设平抑了各地粮价的差异，促进了粮食市场的整合。初看很有新意，但他们的研究方法是对比电报建设的发展与粮价的变化，似乎没有扎实的证据链和鲜活的个案。我也听到社会经济史的学者批评说商人了解粮价不需要打电报，因为粮价不像股价那样瞬息万变，电报性价比太低，写信就足够，这方面应该研究当时的民信局。不过商人肯定也是会用电报的，那么哪个行业的商人在什么场合使用电报、频率如何，确实是一个比较值得研究的问题，当然难度也比较大。

张文洋：我的博士论文其实就是以晚清电报为中心的讨论，不过我是把它分成电线、电码本和电报局三个角度展开的。薛老师的书也是很早成为我需要参考的先行研究，我在这里说一些学习体会。

首先薛老师这本书的题目非常有趣，尤其是主标题"万里关山一线通"。一开始引起了我的一些误解，仔细读完全书才有了更进一步的认识。我自己冒昧地做一点阐发。"万里关山"直观上是一个地理或者基建意义上的东西，也是电报系统的基础与结构。同时，其中又有文化的观念因素，就是我们比较熟悉的天下和世界。随着技术革新，观念也在其中转变。这些关联到书中关心和讨论的沿海水线问题，陆线接线、水线问题引出的东北亚区域问题等。从这里其实我们已经可以看到，电报在一定意义上突破了"关山"的国内、陆地的意义。水线、海线、长波无线电、短波无线电，这些在江河湖海、山峰天空中的信息技术与方式，向着一线通的终极理想完善和发展。"一线通"最初的认识大概是有形的陆路电线或海底电缆，不过在技术理想状态下反而是无线电更能达致背后点对点的直接沟通、联通的目的。不过，薛老师的书里也谈到几乎每一个以不同方式进入中国的强权国家，都想分得中国的电报利权，其实都追求在这片土地上以及与本国实现"一线通"。因此会涉及不同主体，我们可以看到背后不同国家、公司、部门的博弈。这种群体性的交错与各个主体追求的"一线"相结合，就形成近代中国错综复杂的信息技术环境。关于"通"的部分，薛老师书中不仅讨论了硬件的建设，实际上更具体到一份电报怎样去收发、解码、破译的过程，"通"的背后关联到从硬件到软件的变迁。这是我通读全书之后，整体上的理解。

全书有几个突出的贡献点。一是跨越了晚清和民国，现在的研究基本分裂成两个部分，但实际上晚清的很多材料或问题都是指向民国的，中间难以割裂。二是涉及特别重要的无线电，尤其提到从北京政府到南京政府短波电线技术的转折，这还可以深入讨论。三是不同国家、机构间交涉的具体展现，如何争执、协调与让步。

再谈一些我具体阅读的收获或是想法。

一是薛老师谈到了大东、大北公司在1880年代所签合同，有二十年的期限，而近二十年后刚好又迎来了无线技术的突破，我会去想这背后是否会有电报公司角度技术上的考量，有我们平时没有观察到的脉络存在？

威基谒(S.A.Viguer)编纂《电报新书》,同治十一年(1872)

二是其中涉及很多国家、机构间的复杂对立,把握这种对抗和共存关系的微妙,比我们片面地理解谁输谁赢可能会更有启发。

三是虽然说以电报为依托形成了"国际通信网",但不同国家的视野和视角是完全不同的,东北是一个较典型的观察点,中国与日本的东北认识就严重冲突,不能强行在全球的概念中加以理解,这其中有不同区域、地理范围意义上的层次。

四是关于电报和铁路或是电报和报纸的关系,目前的研究并不特别具有针对性,这两种媒介交错产生的能量,还没有很好地挖掘或讨论,值得延伸。

五是刚才吉辰兄谈到具体电码本在政治或军事中的变化,我自己读盛宣怀档案的时候看到过一个有趣的例子。甲午战争时期,盛宣怀发电时,电码要用旧本而非新本,因为新本有发报员不熟悉,很多地方也没有收到新本,这对于我们理解电报实际操作可以提供很好的例子。

六是我前几年在北京国家图书馆里查资料,看到好几张1930年代的电报地图,上面会具体说明电台往某地发电。所以,方向性或者线路问题在无线电中也是存在,而且也很重要。电报不是随便地发;反过来,既然有方向性,也就可以去追踪方向和位置,这是我们在无线电使用时代的政治、战争中经常看到的侦查、泄露等问题,这是值得留意的。

七是在具体技术应用中,有很多具体而深入的面向。如齐小林老师无线电研究呈现的,不同电报员甚至有自己的发报手法。我们也知道不同的电报机器都有自己的一套用法,除了密码外,无线电也涉及呼号、频率等问题。当我们去讨论具体事件时,这种情境是非常历史化的,不仅仅是面上的技术,也具体到某一个人,他也有自己的使用习惯,如何将这些因素结合起来,回到历史情境中去,是相关研究的难点。

八是人的问题,比如晚清我们知道留学学生以广东、上海、江浙为大宗,民国时期的交通部里其实有一大群人是巴黎毕业,他们其实有一个团体,也有去引进法国的一些技术。这种群体性因素会有哪些表现与影响,也很有意思。除了官僚技术人员,我们还可以看到工会、商人群体隐约的影响,这些群体的活动与影响会给我们更多的思考线索。

刘宪阁:最初关注电报是因为上课。比如新闻传播史课程,会讲到作为中国电信历史重要象征的北京电报大楼在2017年夏天停业;后来上思想史课程,也涉及马克思对电报这种闪电式传播方式的看法,特别是和铁路、轮船等基础设施一样,作为新式媒介带来的"以时间换空间"等传播效应。这些都让我认识到电报是一个很重要的东西。

刚才文洋兄对这本书的标题作了很精妙的解读,我也想谈一点想法。海斌兄提到新闻传播界孙藜老师的著作《晚清电报及其传播观念(1860—1911)》,其实他原来的博士论文的主标题也是很文艺的,叫作"飞线苦驰万里天"。相对而言,"万里关山一线通"偏轻松,甚至带有某种技术进步主义的乐观期许;而"飞线苦驰万里天"则如题名之"苦",透露出更加多元、复杂甚至情感的维度。为何会有这种倾向的差别?这是饶有意思的问题。

另外，讨论中大家注意到电报除了有线，还有无线的部分。后者让人想起那部很有名的革命电影《永不消逝的电波》。我感兴趣的是：电波显然是无形的，那么为什么我们都会去讲有形的"线"？周永明《中国网络政治的历史考察：电报与清末时政》谈到电报时，也是放在 online 即在线背景下（这甚至令人想到有名的美国在线 American online）。换言之，明明知道电波有无线甚至无形的状况，那为什么去强调线/line 这样的物质性表现或意象？我感觉这其实涉及怎么去理解它。与之类似，包括电报、电话的电（电子），和我们说的电灯、电车的电（电力），显然不是一个意义上的"电"。再联想古代中国的电（闪电）含义，为什么近代中国人翻译的时候，会以"电报"来对译？这里面可能有一连串的问题。

书的副标题为"近代中国国际通信网的建构与运用"。整体读下来，关于如何通过外交努力实现国际通信网的建构讲得相对较多。而运用的部分，包括军事、政治、商业乃至新闻传播等领域的运用，则表现得不是特别多。通读全书，印象比较深的还有一点就是薛老师的表述相当克制。特别是在这么长的时段中，谈到若干具体事件时，在没有确切史料的情况下，用了一些如"可能""或许"之类的用语，让人感受到史学的严谨和分寸感。

薛老师介绍研究缘起时说是因为抵制外货运动等逐步关联到电报及民族主义。这里面就有两个很有意思的问题。第一是书中经常用到"利权"概念，我很想知道这个"利权"究竟指什么？当然书中引了周永明的一段话做了宏观说明，后面阐述具体交涉过程中也谈到双方在电报费用上的分配问题，那么对当事人来说，"利"是指经济上的利益，还是也可以指其他的东西？与此相关，"权"是什么？我们看到书里引了不少材料，但是时人到底如何认识"权"的观念，是国权、主权还是别的概念？从书中论述的国民党时期的情况看，这种"权"可能也包括了"国际宣传"，特别是考虑到 1920 年代以后有关外国通讯社对华"新闻侵略"等诸种论述，事实上电报话题已经涉及电信主权甚至信息主权。我个人感觉，从清末到 1930 年代前后，"权"的意味可能已经有所变化、调整和拓展。不知道薛老师在阅读史料和写作过程中怎样去看这个问题。

　　第二是电报与民族国家之间的关联。我想到一本书，安德森（Benedict Anderson）《想象的共同体》，里面有个非常重要的判断。他讲印刷机或者说印刷资本主义出现之后，印出了不同民族语言的圣经、小说甚至报刊等出版物，因而在阅读同样语言的出版品时，产生了我们都是德国人、我们都是法国人这样一种想象的共同体的感觉。如果说印刷媒介跟民族想象确有关联，那么今天的电视、网络等媒介，跟民族主义是否也可以产生某种相关的逻辑？乃至现在讨论的电报，是否也可以挪用类似的观察角度和论述逻辑。刚才小林兄谈到物的、技术的研究，其实当下传播学也在关注物质性，包括铁路、互联网等类似于基础设施意义上的媒介。因而，如果我们从近代中国与世界，特别是民族国家形成的角度去考虑电报媒介与民族想象，再把一些带有思想史意味的东西放进来，那延续本书的话题，我想后面还有很大的讨论空间。

　　与此相关，就是如何去理解传播、沟通亦即英文副标题里的 communication。薛老师书里多次提到晚清民国的邮政、邮传、交通部，今天还有交通银行。这里的交通，包括《中西交通史》等名作里的交通，更多可能指跨文化的或者不同民族国家之间的传播性交流，而非今天意义上的铁路运输之类。类似于这样的一些现代理解/表达与晚清时人接触的西式观念之间，呈现出怎样的关联？不知道薛老师是否注意过相关史料。

　　各位老师都讨论到电报的使用，从媒介使用或者社会史角度来看也很有意思。比如书中提到电奏。传统时代大臣写奏折，可能很严肃，甚至沐浴更衣，想象着面对皇帝写作，态度很恭谨。但在通过电报发送奏折的时代，进行沟通的双方之外，还会有一批发电、收电、译电等中介技术人员，他们负责将文字翻译成电码、再从电码解读成文，那么这些人还会以写信或是写奏折那样的态度对待吗？

　　具体到新闻传播领域的电报使用，也有些饶有趣味的话题。比如 19 世纪上半叶欧洲、美国那些报纸的信息传播周期，与轮船航班相关。受此启发，有学者专门研究过上海近代报纸和轮船业之间的关联。如果说早期新闻的生产依托于另一种时间和空间，那么电报产生之后，这种时间—空间感也变了。书中多次谈到地理意义上中国内部很近,但在信息沟通上没采用电报之前反而媒介距离可能远不如中国与日本甚至欧洲那般近。电报出现后改变了这种时空,也带动了新闻生产等变化。因而下一步去探讨电报跟新闻传播的关联,这都是比较可行的角度。

还可注意的是这种新的媒介使用,带来的人们思想观念上的变化。参照收听广播改变了近代国人演戏和看戏的行为习惯,我们可以设想:相对于此前基于血缘、地缘的传统交往方式,电报出现之后,国人的社会交往方式特别是与世界的沟通到底在何种程度上有了新的变化?

上海电信博物馆

评议结束,有部分听众也加入讨论。复旦大学历史学系博士生王艺朝认为,电报作为研究对象,其实涉及其本身建设、中外交涉、相关人物研究等多种取向,论题分散,薛老师这本书提供了一种可参照的论述框架,既能统合起各个论题,又突出重点;之前评议人谈到群体性因素,其实从中国电报局的人员构成来看,这一点同样存在,留美幼童在电报局中占据重要地位,由于他们本身技术的不可替代性,因此在电报业中有极强的稳定性,将技术因素考虑在内,可能有利于从群体角度把握他们的作用。王艺朝还补充介绍了上海电信档案馆藏大北公司档案的情况,这批档案目前已全部扫描成图片格式,附有摘要,可在该馆数据库中检索,值得研究者挖掘。

上海社科院历史所副研究员徐佳贵向主讲人提问,他留意到有史料显示,五四前夕上海到烟台的水线、陆线同时断联,有学者怀疑或是中国政府所为,这种可能性有多大? 薛轶群老师回答说,从上海到烟台中转再一直联结到大沽的水线,其实由大北、大东公司经营,并不在中国政府管辖权之内。水线断联,可能是因为线路故障,故障经常会有。陆线通讯,如果说是中国政府有意阻断,技术上存在这种可能性,比如控制电报局的发电。

戊戌变法的"社会"面

主讲者：八百谷晃义，慈济大学东方语文学系副教授

讲座时间：2022 年 11 月 25 日

整理者：陈文睿，复旦大学历史学系研究生

学术界以往在研究维新变法时，主要把关注点放在康有为、梁启超等人的思想和行动上，而随着研究路径的转移，维新运动史也出现了新的研究方向，越来越多的学者开始讨论维新运动对士绅社会造成的影响。慈济大学东方语文学系副教授八百谷晃义通过介绍戊戌时期的学会、报刊和宣传册子等，从社会角度对戊戌变法进行重新审视，详尽考察了戊戌变法的"社会"面。

2022 年 11 月 25 日，复旦大学历史学系史学论坛暨中国近现代史青年学者读书班 2022 年第 4 期邀请到慈济大学东方语文学系副教授八百谷晃义作题为"戊戌变法的'社会'面"的报告。本次读书班以线上会议的形式举行，由复旦大学历史学系戴海斌教授召集，张仲民教授主持，随后由北京大学人文社会科学研究院客座教授潘光哲、湖南师范大学历史文化学院特聘教授吴仰湘、上海大学历史系副教授杨雄威进行评议。

我最近十年一直从事戊戌变法史的研究，相关的论文大概十篇左右。最近想把这些过去的成果结集成书，今天拿来其中的一些内容和大家分享。

一、过去戊戌变法史的研究

过去的观点认为，维新运动是资产阶级改良主义运动，目标是君主立

八百谷晃义

宪。而黄彰健的研究是重要转折点,他发现康有为对《戊戌奏稿》进行了篡改,《戊戌奏稿》无法准确代表维新运动时期康有为的构想。他的研究也推动了维新运动史的研究,尤其推进了资料的挖掘和整理工作。最近二十年,在史料的开拓和历史过程的复原方面,也有大的推进,其中最重要的当属茅海建、马忠文等学者的研究成果。

另外一个趋势是研究的多样化,很多专家开始关注康梁以外的趋新人士的想法,甚至有人专门讨论保守派的政治思想。目前,相关史料的挖掘、整理工作,算是告一段落。在研究过程中,康有为、梁启超"振臂一呼,应者云集"式的"神话"受到诸多质疑,最近贾小叶也专门讨论了康梁和其他趋新派人士的关系。另外,佐佐木扬、茅海建、李文杰的著作,都很明确地否定维新运动是君主立宪改革。如果戊戌变法不是立宪改革,也不是康梁所建构的那个样子,政府官员又努力进行自己的改革,那它究竟是什么呢?这是现在学术界面临的问题。

我做研究时,受到了潘光哲、章清相关研究的启发,他们讨论了当时的西学书籍、报刊给读书界造成的影响。我的研究路径和重点,没有放在政治过程或者维新派改革过程本身的讨论上,而是注重学会、新媒介和报刊、宣传册子,这种当时流行的新事物和它对中国近代史进程造成的影响。即维新派在用什么样的方式传播政见,他们的行动,他们传播政见的方式与之前时代相比,有哪些变化,或者除了康梁以外,还有哪些独特的尝试。

二、维新运动时期学会的政治性

(一) 学会的意义

在学会的意义方面,有三位老师的研究非常重要。张灏认为,学会是推广西学的重要媒介。汤志钧认为,学会"合群以开风气,而挽世变","兴绅权,以通上下之气"。李文海则认为,开风气、联人才、伸民权是学会重要的作用。其中汤志钧、李文海的看法,和我的研究密切相关。后来学者讨论学会意义的研究其实不多,三石善吉或龚郭清的研究,基本上也在前者框架范

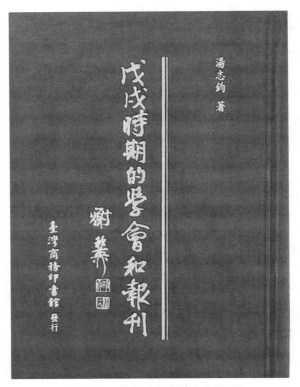

汤志钧著:《戊戌时期的学会和报刊》

围之内。三石善吉认为,学会是一种压力团体,龚郭清则认为,学会补政府之不足,他们都提到了当时学会在舆论上的意义。下一步,我觉得应讨论如何理解当时的舆论,这些舆论的内涵是什么,学会的运作方式有什么样的特征。如果学会对戊戌变法的进程造成直接影响的话,那么通过什么样的渠道呢?过去的研究很少谈及这个问题。我在以下的报告中经常提到"政治性"这个词,我对"政治性"的定义是试图通过新的运动方式获取政治权利的志向。

(二)强学会的夭折

强学会是光绪二十一年末成立的著名学会。梁启超后来在 1911 年时说,"强学会之性质,实兼学校与政党而一之焉"。虽然如此,但是强学会在成立时,其作为政党的性质,即学会的政治性是很模糊的。如强学会成立时,康有为说:"中国风气向来散漫,士夫戒于明世社会之禁,不敢相聚讲求,故转移极难。"同样的发言还有宋恕、夏曾佑等。我阅读强学会的纲领性文章,感受是他们虽然在这些文章中提出了自强、保卫中国之类富有政治性的目标,但只强调"联人心、讲学术"的启蒙工作(即梁启超所谓"学校"性质),未明确地说出自强与最后政治目标之间的关联。在他们公开的文献中,学会的活动与政治目标之间的关系,甚为模糊。孙诒让阅读强学会《章程》后的感受,可以为我的解读提供佐证。孙诒让说阅读之后,它基本上提到的都是译书、博闻的事,没有提出更远大的目标和计划。这种感受可以说明,强学会的章程中存在问题。

(三)《时务报》的宣传与启蒙

后来,梁启超等维新派通过《时务报》积极宣传,想说明学会的意义。这些文章有梁启超的《变法通议》、古城贞吉翻译的《政党论》、章太炎的《论学会有益于黄人亟宜保护》等。其中,梁启超称,"国群曰议院,商群曰公司,士群曰学会。而议院、公司,其识论、业艺,罔不由学,故学会者,又二者之母也。"在他的文章中,学会的政治性更加清楚,章太炎也在文章中说这些学会可以补政府不足。这些事例说明,关于学会的政治性功能的认识,已不仅仅为康有为门下部分人士所独有,而是成为以《时务报》馆为中心的范围更广的人士之间的共识。

（四）学会运动的新方式

第一是使用新媒介。之前也有通过书信往来，发表政见的现象，但是书信往来是私密的，是一对一的双向交流，报刊媒介的宣传却是公开的，单方向的，以不特定多数为对象。维新运动时期报刊的新鲜之处在于，有一定名声的中国人，在官方政治架构外的报刊发表政治主张，并在中国国内产生了广泛的影响力。而且《时务报》等办得比较成功的报刊，在全国各地开设派报处，开始具备了超越地域限制的影响力。可以说，报刊的影响力逐渐克服了地域和官绅较为封闭的人际关系的制约。而他们除了报刊之外，还积极使用宣传册子。

第二点是公开性。中国有君子不党的观念，当时的士绅不太敢把自己组成团体的事情向社会公开，但是《时务报》馆对外公开了广泛存在的支持者的姓名，试图显示其显著的影响力，不过他的公开性还是过渡性的，因为《时务报》的《公启》，有《列名公启》和《不列名公启》两种。但到光绪二十三年，上海不缠足会、农学会、蒙学公会等上海地区学会的公开性已经摆脱了过渡性状态，发展到非常成熟的程度。它们把自己的会员的名单，都在自己的刊物上公开。可以说，不缠足会中的积极分子已经认识到公开的组织形态对开民智和扩大影响力的有效性，开始对自己的运动方式产生自信。

第三点是横向性网络。比如缠足并非限于一个地方的问题，而是全国各地均存在的问题。除了上海有不缠足会外，各地也存在不少类似的组织。其中如湖南不缠足会等，与上海不缠足会明确有渊源关系。此乃说明，官绅们开始跨越地方，在统一的问题意识下形成了团体力量。除了不缠足运动以外，还有陕西刘光蕡等地方绅士，响应上海等沿海先进地区趋新人士的号召，试图在地方透过学堂、学会等工具进行启蒙与改革。这种人物的广泛存在，显示着趋新人士逐渐形成跨越地方的横向结合，建立了超越地缘或官界派系等传统人际关系的官绅舆论空间。

（五）新运动方式的局限

这种新的运动方式也有局限，信息的地方性差距还是很大，如北京的毛慈望,即使在北京,也很难买到西学书。《时务报》流通的地域性差距也还是存在,如刘光蕡在陕西购书的方式不是去书店采购,而是派自己的学生去上海采购,说明当时若无书院等机构或积极分子推广,此地人士能接受的信息就会大大减少。可以说,《时务报》等报刊和西学书籍在地方的推广,在很大程度上依靠地方政府、书院与学堂等地方教育机构以及个别的积极绅士。当地若没有此等机构和人物,就得依靠他自己的人脉。如果没有可以依赖的人脉,很难获取先进地区的讯息。学会组织的推广,常依靠官绅间传统的人际关系,但这种人际关系,同时会成为阻碍学会发展的绊马索。此时,在地理上以上海等先进城市为中心,趋新人士在旧有的血缘、同乡以及科举的师生、同年等关系的基础上,逐渐形成了有别于官方人际秩序的横向结合。但此种趋新人士"社会"的局限,也很明显,当时的官绅"舆论",也只存在于此种有限的"社会"中。

(六)保国会

从政治性的角度看,光绪二十四年成立的保国会有着重要的意义。康有为在保国会的演讲上指出,士大夫应对天下兴亡负责,并呼吁他们以"忠肝热血"发动救国行动。然后在章程中保国会明确提出,保国会的目标是"保全国地、国民、国教"。为了实现此目标,保国会要"讲求经济之学,以助有司之治"。同时,保国会的章程特别提到光绪二十一年闰五月二十七日的上谕,应与清廷将康有为的上书跟上谕一起颁发有关。其意图是试图借用皇帝的权威,给保国会赋予正当性。不过保国会中的士绅如果主动要"助有司之治",则明显超越了上谕所要求的范围。报道保国会的《国闻报》称:"本朝二百五十年士大夫,不奉朝旨,毅然引国事为己任,不顾成败利钝,斩斩而决之吾之一心,而其徒从之者,又如是其盛,未之前闻也。"报道所言才是实录。而且保国会将其成员公开,并将《章程》刊刻,进行宣传。

保国会的这种政治性,招来了官绅的批评,包括浙江举人孙灏,御史潘庆澜、李盛铎、文悌、黄桂鋆、杨度等参加甲午年顺天乡试同年会的举人,湖北张之洞幕府等。其中孙灏的批评可谓一针见血,他认为,保国会如果要

"讲求经济之学,以助有司之治",就是侵害皇帝的权力。可以说,以康有为集团为中心的维新派人士,自甲午战败成立强学会开始,透过《时务报》等报刊积极进行启蒙,组织学会制造呼吁改革的官绅舆论。到保国会成立时,他们提出的并非一个地方的个别利益,而是作为全国官绅普遍追求对象的"保国",同时把士大夫定位为拥有"亡天下之责""救天下之权"的政治主体。在此之前,不在其位的士绅只能通过现有的体制向政府提出自己的改革方案,但在此时,他们开始掌握了通过士绅间的横向结合制造改革舆论的新方式。

(七) 舆论与制度

当时的士绅舆论怎样跟政府沟通呢?总理衙门章京汪大燮看到保国会之后,给汪康年写信说,康有为在保国会开会上光说亡国灭种的危险,却未提出救国的办法。汪大燮的发言非常值得注意,康有为通过其上书活动获取了光绪皇帝的支持,成功接近了最高决策权力。"百日维新"的进展,实际上是极大地依靠了光绪皇帝对康有为的支持,但这种支持,并非制度性的,而有浓厚的个人色彩。而且,康有为在向光绪皇帝提出方案时,所使用的渠道仍为现有的言路,即透过六部堂官与都察院的代奏,以及接近有上奏权的官僚,借用他们的名义上奏。可以说,为学会的政治性活动建立制度支撑,并将士绅舆论通过制度性渠道传达政府,这些都是尚未解决的课题。

维新派的人士试图建立什么样的制度呢?我分析了汪康年、康有为、梁启超的文章,结论和茅海建、李文杰一致。虽然维新派提出议院或者制度局这些可以跟皇帝直接沟通的新政治机构,但皇帝的想法和它们的想法相左时,最后的决定权仍在皇帝,如果有议员提出的意见跟皇帝的想法相左,皇帝甚至可以将他开除。可以说,这些论著都代表着士绅参与政治决策的要求。不过,维新派虽然成功制造改革舆论,并提出了参与政治决策的要求,但是他们并无将其要求传达决策阶层的制度支撑,即使在理论上,亦未能否定皇帝的绝对性,进而提出可以制衡皇权的理论,这是维新运动的局限所在。

三、什么样的人参加学会

除了康梁等重量级人物之外，什么样的人参加学会呢？以上海蒙学公会和湖南不缠足会为例，这些参与学会的人，地缘、血缘因素很明显，此种士绅传统人际关系，在推广上有一定的积极作用，但同时也会起到负面的作用。如湖南法律学会等，有些学会未对陌生人开放门户，很少有高级官员，以中下层士绅为核心力量。蒙学公会有比较清楚的数字，进士只有 11 个人，大概 9% 左右，最多的是生员。有职位的有 57 名，大概占 45%，但是其中 26 名是非实缺，候补，估计大部分是由捐纳获得的。湖南不缠足会名单未提供身份资料，但根据当时湖南地区的报刊报道，大部分为生员等中下层士绅。值得注意的是，从会员中可以看到较多的绅商人物，像蒙学公会里面有经元善、周学熙、郑观应，或者湖南有张本奎、萧仲祁、王国柱、章恭斌等实业界的人物。这或许可以说明，学会里边有一定代表新兴社会力量的人物。

四、浙江士绅的学会活动

之前的研究一直把目光放在康梁主导的学会运动上，很少注意浙江或者其他地区的社会活动。如梁启超在《戊戌政变记》中认为，学会和报刊都是中国改革的起点，出发点是强学会，强学会成立之后，很多学会报刊陆续成立。所以强学会开启了学会、学堂、报馆林立的先河，对开明智的贡献很大。而受康有为领导的湖南、广东的"先觉之士"，实为"改革之原动力"，维新运动时期在各地涌现的学会、学堂和报馆都受到了他们的影响。其实梁启超的说法并不准确，我通过研究发现，在浙江人士的学会运动很有特色，形成了有别于康梁的另外一个流派。比如汪康年、宋恕等人筹划的中国公会，最后虽然未能成立，但是他的计划似乎比强学会的计划更早。或者孙诒让构想的兴儒会，时间上跟强学会差不多，稍微晚一点，但它的政治性很强，它很明确地甚至很夸张地提出了参与政治的计划。后来章太炎、宋恕等人的兴浙会,与康有为集团划清界限的意图很明显。这些浙江学会虽然基本都没有办成,但他们在19世纪末学会运动的潮流中自成一派,是可以肯定的。

五、蒙学公会和《蒙学报》

接着谈一下浙江人士的学会,这边特别提到的是蒙学公会和它出版发行的《蒙学报》。因为叶瀚留下了较多蒙学公会成立时的资料,所以能比较清楚地知道蒙学公会的筹备过程。叶瀚本在张之洞幕府,在武昌时也想创办学校,设立学会,发行报刊,但没有成功,却对蒙学领域一直抱有关怀,后来他发现在武昌基本无法施展他的抱负,遂于光绪二十三年秋天去上海,与汪锺霖等设立蒙学公会。他特别重视跟汪康年《时务报》的合作与分工,因为汪康年已经办了政论性报刊《时务报》,所以需要走不同的路线,才有竞争力。后来他选择了蒙学这个领域,成立了蒙学公会。

蒙学公会的事业有四种,第一是开学会,第二是办报刊,第三是出书籍,第四是立学堂,最有成就的是办报刊。那办报刊有什么样的成果,它的蒙学实践有什么意义呢? 如果比较叶瀚的弟弟叶澜在《蒙学报》上发表的《〈蒙学报〉缘起》和梁启超的《变法通议》,可以发现,叶澜的讨论,就是蒙学公会的构想,基本上在梁启超所提到的大框架中。但在如何把西方教育方式落实在中国的问题上,叶澜在一篇文章中提出了"识字""文法""舆地""名物"的四点难处。如果放眼到具体的讨论上,叶澜的讨论的确比梁启超更高明。所以《蒙学报》通过办报的实践,把他们的蒙学内容发展成熟,其实践意义到达了梁启超的"纸上谈兵"无可企及的程度。

当时学会运用的新的运动方式和特点,在蒙学公会的活动上也都可以看到。比如公开性,蒙学公会公开了他们的名单,然后使用报刊宣传,使用报刊宣传筹款。蒙学公会推广事业,除了通过官绅间现成的人际关系以外,还积极使用报刊媒介的公共舆论空间。另外值得注意的是,叶瀚在湖北时为自己的事业筹款,基本透过私人关系网,但在上海,他们已经拥有了学会与报刊这种新的工具。这种新工具可以使他们通过公开的方式集款。可以说，学会、报刊等新工具，为趋新人士的事业带来了新的运作方式，提高了他们的自信心。

这些拥有新方式的士绅团体，如果面临政治危机，也容易政治化，当时的《时务报》之争，可以表现这一点。光绪二十四年六月初八日，清政府决定把《时务报》改官报，派康有为督办其事。清政府的这个决定，大大地冲击了上海地区的浙江人士。叶瀚等人为了对抗康有为集团，要联合浙江人士在上海拥有的群体力量，成立浙学会，在设立浙学会的计划中，蒙学公会有重要位置。

而在光绪二十四年七月初一日，上海地区的浙江人士的趋新事业进行了大调整，比如《时务报》改《昌言报》，《时务日报》改《中外日报》，蒙学公会的会务与《蒙学报》的报务一分为二，其中蒙学公会政变后随之云散，但部分成员积极参与庚辛前后的士绅政治运动。《蒙学报》则在汪锺霖的带领下，政变后虽有坎坷，但仍得以继续刊行。

六、《湘学报》研究

下边介绍湖南地区的《湘学报》，即湖南地区的一个地方报刊。报刊的研究，其实跟学会研究一样，之前的研究存在缺陷，大家多关注以《时务报》为代表的政论性报刊，但除了《时务报》之外，还有什么样独特的报刊？地方的其他报刊有什么样的独特的策略？学界关注的还不够。

从这个意义上讲，《湘学报》是非常有意思的报刊。它于光绪二十三年三月创刊，他的自我定位，是一个少谈政治、多研究些学术的报刊。江标在《叙言》和《例言》中明确表示，《湘学报》有与《时务报》等政论性报刊有不同的策略，即避谈政治，专门讲求实学，江标办《湘学报》的初衷，并未逾越光绪二十一年闰五月二十七日上谕所要求的范围。可以说，江标办《湘学报》是在光绪二十一年以来中央政府积极推动现代化的背景下，响应中央的方向，试图提供有助于改革的"中西有用诸学"知识和人才的行为。

　　《湘学报》的作用定位很清楚,其官方立场很明显,但在湖南维新运动激进化的背景下,《湘学报》避谈政治的初衷无法贯彻执行。尤其是江标离开湖南,徐仁铸接替湖南学政后,《湘学报》中经常能看到受康有为学术影响的文章,因为《湘学报》是旬刊的杂志,速度比较慢,所以无法满足当时湖南激进人士的要求。在湖南维新运动激进化的背景下,《湘学报》将湖南主要报刊的地位让给了政论性报刊《湘报》。

　　有意思的是,《湘学报》有很多重编本和重印本。大致有两个原因,一个是流通网络的问题。因为它是内陆地区的报刊,在发行时,流通网络存在很多缺陷,如在上海、北京的很多人想看《湘学报》,但都无法看到,湖南学政衙门只能重新印刷,但这种流通网络的空隙给当时的书商提供了一些市场,使得他们印刷盗版。到了清末新政时期,《湘学报》还继续受欢迎,尤其是清末新政时期的科学改革,给《湘学报》的内容提供了市场。若要讨论《湘学报》

石印版《湘学报》(中国国家图书馆普通古籍阅览室藏)

给读书界带来的影响，一定要注意新政时期的读者或者重编、重印本的存在。

这里介绍一下我找到的这些重编、重印本的例子。这是光绪二十三年五月二十一日石印版的《湘学报》，它是比原版晚两个月刊行的盗版石印版，说明当时《湘学报》流通网络的问题，给上海地区的书商提供了市场。

这是使用《湘学报》原木版重印的《湘学报》，而且它的印刷时期是光绪二十八年，已经进入新政时期。所以可以知道，除了下面介绍的石印本的重编本外，《湘学报》的木板到了 20 世纪初的时候，还保存在湖南的萃文堂书店里面，书店还用原来的木板继续刷印。

《湘学报类编》附《湘学报续编》（日本筑波大学中央图书馆藏）

下边是重新编辑的石印版《湘学报》照片，被叫做《西政丛钞》，一个是台北"中研院"的藏本，一个是中国国家图书馆普通古籍阅览室藏本，北京的藏本和台北的藏本其实是一个内容，只有封面不一样，所以可以知道它至少重印过一次。

这是《西学新政丛书》，也是重新编辑的《湘学报》，其实虽然它们的书名叫《西学新政丛书》或者《西政丛钞》，但是其实里边的内容都是改头换面的《湘学报》。

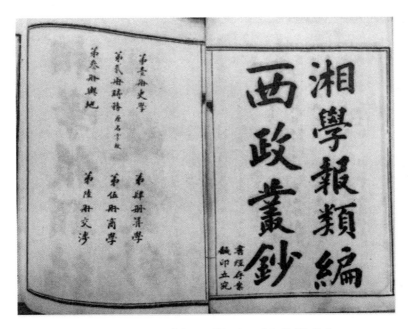

《西政丛钞》(台北"中研院"郭廷以图书馆藏)封面

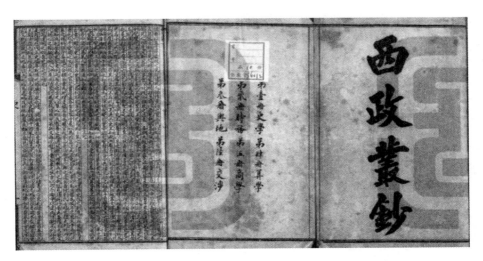

《西政丛钞》(中国国家图书馆普通古籍阅览室藏)

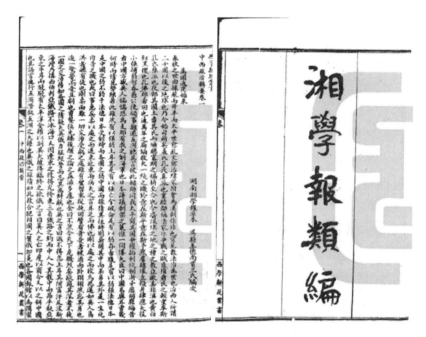

《西学新政丛书》（国家图书馆普通古籍阅览室藏）

七、维新运动时期政治宣传中的宣传册子

维新运动时期宣传和启蒙的媒介，除了报刊以外，还有宣传册子。维新派积极使用宣传册子，比较好理解，康梁等人都积极使用宣传册。但有意思的是，反对变法的人士，也积极使用宣传册子，如刚才提到的反对保国会的浙江举人孙灏，他撰写《驳保国会章程》并作成宣传册子，在北京流传很广。

如果注意到湖南地区反变法活动的行动方式，像樊锥驱逐案、《湘绅公呈》、《湘省学约》、宾凤阳揭帖案等著名的反变法活动，可以知道此时的湖南保守派已经开始团结起来，将他们的主张向社会公开，并诉求认同。吴仰湘认为，当时湖南反变法活动中非常著名的《翼教丛编》，其实不是苏舆编辑的，而是以王先谦为中心的湖南保守人士集体编辑的刊物。我非常认同吴老师的结论，而且觉得"集体"这个部分很重要，其中最积极的是叶德辉，他的反变法活动非常活跃,在他的活动中,也可以看到宣传册子,如单独刊印的《輶轩今语评》。其实《輶轩今语评》宣传册子的版式,跟后来在湖南思贤书局出版的《翼教丛编》的版式基本上一致。如果把它和后来的《翼教丛编》相比较,可以发现它是单独刊行的版本,第一是版心没有《翼教丛编》四个字,第二是单行本中的一些字体和后来的《翼教丛编》的版本字体不太一样。除湖南之外,武昌的张之洞幕府也积极做宣传活动,如梁鼎芬打算排印《驳保国会章程》或者刊刻《许尚书文侍御奏摺》,做宣传册子进行宣传等。

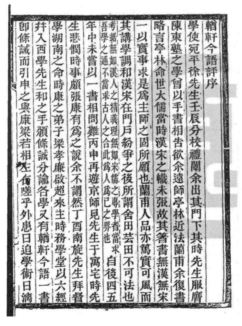

《輶轩今语评》(中国国家图书馆普通古籍阅览室藏)国图将书名误为《輶轩今语》

值得注意的是,这些反变法活动也开始跨省界的联系,如湖南的王先谦、叶德辉等士绅和湖北的张之洞幕府之间发生联系,交换彼此的宣传册子。光绪二十四年夏天,反变法活动也呈现跨省界的扩大。下面介绍的是《许尚书文侍御奏摺》,它是包含许应骙、文悌攻击康有为文章的宣传册子,可以确定刊行时间是戊戌政变之前,我觉得应该是梁鼎芬刊行的。

《许尚书文御史奏摺》(个人藏)中国国家图书馆普通古籍阅览室藏有同一版本

最后谈一下反变法活动的意义。张之洞幕府的陈庆年,在光绪二十四年五月十二日的日记中说,反对康有为的人士也感知到了他们也需要团结起来,要开展政治宣传,唤起天下的正论。可以说,反对维新运动,反对康有为的士绅,也采取了跟趋新人士一样的宣传方式。当时的保守派尤其是湖南王先谦、叶德辉等人的目标,是维护皇权,他们对舆论空间的扩大有高度的警惕,但是保守派开展的宣传活动违背了他们当初的意图,最终导致了士绅社会舆论空间的扩大。

八、结　论

我在今天报告中经常提到士绅对政治权力的要求,虽然维新派不完全是"资产阶级",也不是要实现"君主立宪制",但士绅对获得政治权利和建构新统治模式的要求还是存在。这种新的运动方式凝聚了趋新士绅的团体力量,提高了他们的自信心。这些维新运动为什么有那么大的号召力? 有两个理由,一个是亡国灭种的危机感,此外还有一种不可阻挡的"势"。19世纪末时,通过报刊媒介的普及,西学知识逐渐开始地方化。这种报刊的内容对"政治自觉"不高的士绅也有吸引力,如有关科举改革的报道。很多人开始阅读这些报刊,接受西学知识,这些趋新人士已不是分散的个体,而是一种社会的群体,他们是维新运动扩大影响力的条件,有这样的前提条件,维新运动才可以有号召力。

我们也应该看到维新运动的多样性,比如今天介绍的蒙学公会,或者官方认同较强的《湘学报》。茅海建认为,在维新运动时期由康梁提出的改革构想多有"粗略的、不完备的"内容,"戊戌变法若能继续走下去,康有为、梁启超等人很可能只是过场性人物,很可能会出现新的领袖和主导人,历经磨难,找到能够达到目标的途径"。如果这样说的话,在实践层面,蒙学公会等非康梁人士主导的改革,让康梁的过程继续走下去,虽然在继续走下去的过程中,也有调整或者矛盾等因素,但通过合作分工,甚至对抗,趋新人士的行动共同组成了维新运动的整体。

最后有个问题,戊戌变法得以延续吗? 当然朝廷里边的改革在戊戌政变后被中断,但是如果注意到戊戌变法的社会面,戊戌变法部分得以延续。如他们的运动方式,戊戌时期的政治运动和庚辛前后的政治运动,不仅在运动方式上,还是在人脉上,都可以看到连续性。舆论空间方面,戊戌政变也无法完全遏制舆论空间的扩大。政变后,张之洞与刘坤一等地方大官参与了跟康梁的舆论战,试图通过报刊媒介,证明政变的合法性。部分现代化事业还得以延续,如《蒙学报》在政变之后还可以继续刊印。这一方式在戊戌变法时期被生产的新知识还继续有市场,如《湘学报》《蒙学报》等,在政变之后还得以延续,继续有影响力。

评 议 与 讨 论

潘光哲:从八百谷老师的研究中,我们可以看到日本式的研究风格,即一种"精耕农业"的做法。通过他对《湘学报》各种版本的展现，可以看得很清楚。他今天也帮我们重新反思，在维新运动中，并不是没有反制者，而且大家都进行所谓的舆论或社会动员，这对于我们理解戊戌前后的社会气氛非常有帮助。

八百谷老师的研究，最重要的还是注意到讯息的载体，他在《湘学报》《蒙学报》，以及维新动员小册子的制作以及生产等方面，做了精细研究。但八百谷老师可以在受众的方面，再多下点功夫。我自己的阅读史就比较强调读者回应的部分，八百谷老师似乎可以利用大量出土的各种日记，对亲历维新变法的士人如何回应，做出一些讨论与思考。

而日记史料的开发，也可以成为八百谷老师未来持续奋力以为的部分。举例来讲，这些日记对我们了解当时重要报刊读者群体的不同回应，非常有用。如在刘绍宽日记中，可以看到刘绍宽读《时务报》时，怎样统合《时务报》上的意见，整理并提出他自己的心得。他在看到《时务报》上刊登的赵而霖的《开议院论》时，就会进行整理，但实际上当他看到这篇文章时，《时务报》早已停刊。这表明西学知识能够持续不断地产生影响，让读书人从中开卷有益。同时，我们在刘绍宽的日记中可以看到，他不仅靠读书掌握戊戌维新的资讯，还通过朋友之间的信函往来，从报纸上面，得到了很多有用的资讯。从这个角度讲，日记能够帮助我们了解受众的回应方式，并看到这些维新小册子文本的作用。

在此我比较好奇，八百谷老师为何没对张之洞《劝学篇》的回应做出特别的讨论。张之洞在《劝学篇》中提出的"中学为体，西学为用"的中体西用论，实际是当时读书人彼此之间的共识，不是张之洞的个人意见。如周星诒、许宝蘅、林骏等地方型的读书人，在不同的场域当中都能够读到张之洞的《劝学篇》，而且在日记中都有正面回应。在中央，张荫桓这样一位大官，也在日记中留下记录，称赞《劝学篇》。在当时的环境之下，张之洞"中体西用"的意见，实际上形成了思想气候，为大家所共同接受。从这个角度上讲，我们可以看到戊戌时期的思想潮流，借由这些宣传品、小册子得以传播。

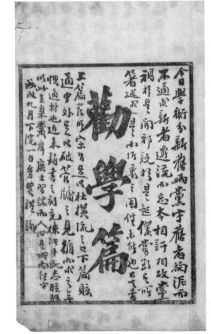

张之洞《劝学篇》的不同版本

在当时的环境下,这些小册子当然各有立场,但并不是说它们彼此之间没有可以同论共享的思想资源。举个例子,在江标的时代,薛福成的《出使英法义比四国日记》被认为是学生要读的书,在考课中也有写《四国日记》读后感的命题。可如果从别的面向上看,王仁俊作为一个跟叶德辉一样的读书人,也会引用《四国日记》中对西方风俗的记载,来证明中国的风俗、教化是何等的正当,何必要引西入中。从这点来讲,我们通过王仁俊的《格致古微》可以看到,不管是支持变法维新的人,还是反对变法的人,他们的知识基础,其实是一样的,只不过他们尝试提出的论述方向却是南辕北辙。我们借由这样的考察,或许能对变法维新小册子的实质内容进行分析讨论,理解这些宣传品的作用。

但话讲回来,八百谷老师讨论这些宣传品的意义,是站在今天一个大的、宏观的,事后之明的角度。我们作为一个历史学者,怎样看待这些小册子所带动的中国社会变迁的样态? 在这里容许我引用西方一个研究传播史的学者韦伯斯特所提出的 Information society(资讯社会)的概念。即在当年的环境下,中国是否可能和西方一样,慢慢借由各种舆论动员的工具,如报纸、出版品、小册子等,让人们能够各自发表政见,提出对于现实政治、社会事务改革等方面的看法。如同八百谷教授告诉我们的,《湘学报》一旦印刷版留着,最后就可改头换面,形成《西政丛钞》这样的著作,在市场上流通。从这个意义上讲,这种 Information society,即资讯社会的时代,在中国的大地上也可能开始出现,虽然它也许只是广大沙漠中几块小小的绿洲,但毕竟预示了此后中国社会的变化。不管怎样,这些概念来自西方,重点在于我们如何借助西方的思想概念,借由中国史的经验,提炼出更好解释中国社会方方面面思想的概念。当然,理论跟材料之间必须要融会贯通,这样的融会贯通,自然要看研究者自己的本事,但是我相信凭着八百谷教授的用心,以及他的努力,做出来的成绩必然会让人耳目一新。

吴仰湘:八百谷教授今天的标题是《戊戌变法的"社会"面》,他特别把"社会"突出来,其实就显示了研究特色。过去的戊戌变法研究,大体上经历了从政治到学术思想，再到社会文化三个阶段。这种变化，也标志着研究路径的转变。而随着路径的转变，研究的对象也有转移，从过去的政治层面入手，关注精英和个别官员，转向社会文化史，关注中下层的士绅和民众。而研究的材料也有明显的变化，如八百谷教授使用的那些材料，以及刚才潘光哲教授提到的日记、书信、报刊等。这些材料反映了从社会文化史入手的研究，可以带给我们新的观察，也有利于戊戌变法研究走向深化。下面我想从几个方面，讲一讲自己的看法。

第一是关于戊戌时期的学会以及报刊的评价。八百谷教授主要是从社会文化的层面入手，但他在研究中，又始终没有忘记学会、报刊以及宣传册子的政治性功能。我感觉没有必要去强调它们的政治性功能。学界也有类似的情况，讲社会史、文化史问题时，总要回到政治的层面上作出评价，好像不从政治功能上对它加以说明，就会降低它的历史意义。之所以如此，我想有两个原因，一是研究者所使用的材料，往往受制于当事人的回忆。像康梁留下的回忆文章非常多，会有意无意地突出戊戌时期的学会、报刊等政治上的功能，我们在运用时，就会受到他们的干扰。其二，我们今天注重使用的是私人性作品，像日记、书信，特别是参与变法的当事人留下来的书信，被当作所谓的第一手材料。但大家用这些材料时要注意，这种私人书信往来所谈论的，是大胆、直观的，但他们在实际运作中是有所保留的。我们在使用回忆材料和私人书信日记时，要有警惕之心，不能完全跟着它走，不要过多地强调它的政治性功能。从社会文化层面入手研究，还是先在社会文化层面论述它的历史作用，未必要往政治层面上去靠拢，启蒙宣传的作用也是非常重要的。

另外，还有一个细节，我也提出来。八百谷教授专门解读了陈庆年在戊戌年五月十二日的日记，认为这则日记表明反变法的人受到维新派的影响，也注意到要团结起来，开展政治宣传，我感觉这种解读有点偏差。

我这里找到了陈庆年六月二十三日给曹元弼写的信，在信中他也讲了这段话，和五月十二日的日记差不多。但我对此的解读是，他是强调守正之士一定要起来批驳康学，这种批驳不是在政治层面进行，而是在学术层面进行。

與曹叔彥 六月二十三日夜

- 《春秋》《孟子界說》，已否駁正，甚以為念。近十年來，若輩日撰私書，鎪板傳布，持正之君子，但為之隱口不出一言，為之捄正，任彼誘惑天下，若輩得橫行至此。譬之海西日出淫巧，以蕩我眾心，而我無工廠制貨抵銷，天下幾何不胥溺乎？士不出書，與農不出米、工不出貨何以異？此慶年所以日皇皇也。

第二则材料是第二天，陈庆年给湖南学者胡元仪写信，约他针对康有为的《古文尚书》辨伪做反驳，并强调应该要纠正这种学说。

與胡子威 戊戌六月廿四日

- 近與同志商立學會，士氣方新，尚可鼓勁。康說《古文尚書》各案，蒙允為駁正，未知已否施手，無任翹企。方今厄言日出，以蕩眾心，全恃我輩捄正，以彌縫缺憾，並無所謂毀譽，想知言之君子，必不以此為嫌也。

第三则材料是他在八月十一日写给自己老师王先谦的，特别提到自己在针对《新学伪经考》写《卫经答问》，从学术上批评康学。

上長沙王益吾師書 八月十一日

- 慶年嘗私自憤懣，作《衞經答問》，條舉其說，折以己意。近康事雖敗，而學徒流衍，孳乳已多。此後浸淫，尚未有艾。憂患著書，義主救世，本非於彼有所毀譽，故亦不以彼之成敗，為我之作輟也。昨見湖南公呈一冊，及葉君《明辨錄》《輶軒今語評》，讀之大快，幸代多索數分，廣贈學人。

年底时，他又在给王先谦的信中谈到这个问题，他的思路和五月十二日的日记一脉相承，强调士大夫要写书来批评康学。他的反驳还是从学术入手，而不是达到政治上的宣传。因此八百谷教授从政治宣传的角度论述，可能存在误读。陈庆年所谓的"造货"是写学术著作，并不是要大家团结起来做政治宣传。当时的学会、报刊，主要还是通过讲学的方式，比较隐晦、委婉地提出政治诉求。所以我们还是要多从启蒙和学术两个层面评价戊戌时期的学会、报刊宣传问题。

上王益吾師書 十二月三日

- 康書流布，始於前七八年，雖被參劾查，未與重懲。近年其徒復藉報紙之力，牽縛時務，張其邪說。湘中講學，更狂悖無復人理。跡其放恣之由，亦以漸致。士大夫始以其書巨謬，無容置喙，遂略不措意；繼患其橫，亦惟窮寐永嘆，不復誰可如何。譬之彼族以百貨朘我，聽其開埠列肆，而我無一興作之廠、制造之局，與之抵制，以少損其勢，故一惟客之所為，農不出料，工不出器，商不出資，士不出書，積弊難挽，皆一空字，三十年來異物內流，厄言日出，詎非由是歟？《翼教叢編》為功至巨，循覽再三，為之距躍。

第二，八百谷教授研究特别有新意的，是戊戌时期的宣传册子。他所说的宣传册子，指的不是那种自成体系的大部头著作，而是像章程、奏折、宣言等小分量的内容，它们一般都是单件的文字作品，篇幅很小，容易流传。但我注意到，他把叶德辉的《輶轩今语评》《明辨录》，陈庆年计划写的《卫经答问》和《卫教答问》，都纳入宣传册子的范围，感觉有点不妥当。其实八百谷教授已经明确提出《翼教丛编》这本书，是从宣传册子演变过来的，他在考察《翼教丛编》的编纂过程时，发现叶德辉在此之前已有好几种宣传册子，最后将其汇加在一起，变成《翼教丛编》。他认为《翼教丛编》不是宣传册子，我觉得很对。但我觉得像叶德辉的《明辨录》，性质跟《翼教丛编》差不多，也是汇集式的，不是单一的某个作品的发行。我们判断其是宣传册子还是著作，不是看它是否单独发行，而是看它的体量，像《明辨录》《翼教丛编》，朱一新的《论学遗札》等，不应该是宣传册子，它们已经有了转变。因为陈庆年在书信中，一再强调要写书，书的概念和宣传册子不一样。他在给王先谦的信中，特别强调是"忧患著书"，并不因戊戌政变后康梁倒台，就不写这书，如果是专门册子，已经没有再做宣传的必要，但他并未就此放弃。

再补充一下，八百谷教授强调旧派对宣传册子的重视是受到维新派的启发，我感觉未必如此。因为通过传单的方式来宣传，是早就有的。在古代，大家叫它揭帖，往往是匿名的揭帖。像湖南的周汉反洋教，就大量散布这种揭帖，也可将其称作宣传册子。因此旧派使用宣传册子不是受新派的启发，这是早就有的传统方式。

另外，八百谷教授提到，湖南编《翼教丛编》时和湖北张之洞派系合作。根据刚才陈庆年的书信，其实张之洞派系早就开始有组织地反驳康学，一个是针对梁启超的两个"界说"，请曹元弼写著作反驳。另一个是针对康有为的《新学伪经考》，请湘潭学者胡元仪反驳，以及刚才潘老师特别提到的《劝学篇》，表明湖北早就开始有计划地反驳康学。后来他们发现湖南的人也在做同样事情，所以两湖联手，促成了湖南《翼教丛编》的编纂。

最后就是关于《翼教丛编》的成书问题，八百谷教授做了很好的研究。我想补充一下，八百谷教授比较强调叶德辉在其中的作用，但是王先谦的作用也不能忽略。而关于《翼教丛编》的成书时间,一般都根据它的序,认为是戊戌八月,其实不对。根据现有的材料,《翼教丛编》应该是八月份开始编,正式成书应在九月中旬。

杨雄威:今天我的回应分两部分,第一部分针对八百谷老师的讲座报告,第二部分针对论文。

第一部分,八百谷老师从讲座开始就提到两个关键词,一个是媒体,一个是社团,这个选题非常好。我现在也关注民国史,戊戌变法后的整个近代史,媒体和社团都是政治生活的重要因素。这二者都存在于政治与舆论的关系网络中。比如在民国时期,社团的显示度非常高,冯筱才提了一个非常好的名词,叫"僭民政治","僭民"就是假借民意。在民国政治史上我们经常能看到,任何派系的政治主张都是要假借民意的。特别是当时朝野关系发生重大变化,在朝的一方相对弱势,在野的一方相对强势,而且在野者一旦在朝就成为众矢之的。在这个政治斗争机制内,"僭民政治"起到很大作用。

我经常用这么两个概念来统摄我看到的政治现象。一个是"朝野关系"。特别是庚子国变后,朝野关系发生了决定性变化,一直持续到民国。有人说国民政府是弱专制,其实就是朝野关系发生决定性变化之后,一直没有扭转过来的状况。而我这些年的研究一直侧重另一个相关概念,就是"朝政批评"。"朝政批评"的尺度,其实有时不容易感受到。像彭玉麟写奏折称病辞职,《申报》赞扬他"至性情",翁同龢则在日记中批评他"真风狂"。我们一般的读者,甚至是研究者,看到彭玉麟奏折时,也未必感受到这种特殊的尺度,所以需要借助时人的观察和批评,去感受那种氛围、风气,因为它本身很微妙。

维新变法时期,实际上是一个风气将开未开的时代。像王汎森用了威廉斯感觉结构(structure of feeling)的说法,称很多东西是模糊的,不确定的,有些概念没有我们后边想的那么清晰。八百谷老师写保中国不保大清,阐发大清跟中国到底什么关系,后边也不断地赋予它意义。一开始大清和中国到底呈现什么关系,当时恐怕也不清楚。梁启超说自己才学了性本善,便教人之初,实际上他自己也是模糊的、流动的,处于变的状态。所以相应的概念、思想都是这样，维新时期也是如此，一直讲开风气，但也处在一个将开未开的状态。

我们靠着后见之明，通过比对，已经能感受到这一时期前后风气的巨变。这种巨变，不仅可以从现代化的范式来看，还可以从传统政治史的角度来看。当时经常有人说康梁是妖言惑众，实际康梁变法在某种程度上确实是异军突起，从传统的角度来说，他们属于"新进少年"。任用新进少年，换个更严厉的说法，就是任用群小。在戊戌政变前夕，皇帝身边几乎没有明确支持他的老成持重的大臣，差不多就是一个张荫桓，资历还不够深。从传统政治史的角度来说，这意味着政治风向发生了巨大的变化，局内人也能感受到它。我读过茅海建先生《戊戌变法的另面》讲陈宝箴的部分后有个判断，他在政变前夕对康梁派的种种行为，可能就是感受到风向变化使然。当然这是一个连续的过程，就像慈禧光绪母子为何反目，茅老师没有给出确切解释，到底是伊藤博文访华还是其他，时间节点在哪里？不太好找，因为其中有虚的不易捕捉的部分。此处所谓的"虚"，也就是罗志田先生所谓的捕风捉影，往往是政治文化史的研究对象。比如翁同龢突然间因"揽权狂悖情状"被革职开缺，就可以从政治文化的层面去看待。一个素以老成持重著称的人物，怎么突然就"狂悖"了呢？在风向面前，局内人各自都要斟酌进退出处。像章太炎后来回忆说，六君子当中，其实有人已经感受到危险了，但是贪恋眼前的荣华富贵，舍不得离开，最后送命。至于张之洞对康有为学术的反对，当然可以从纯学术的角度谈，但政和学在传统中国不能完全一刀切，张之洞也可能是感受到政治的风向，才不断抛头露面去反对。总之，面对变局，大家都需要下注，我们可以逐个观察政治人物的行为取舍。

八百谷老师提到的"社会面"，是很好的尝试。从帝王将相的角度，难以展示戊戌变法的全貌。当然，从社会角度入手并不容易，因为涉及史料能否支撑的问题。而且这是在预设，社会会对政治有某种推动作用。但社会对政治的影响不易捕捉，其实社会一般视政治风向而定，比如科举改革就是如此，天下士子一定是跟着改革的结果起舞，一增加策论，大家都要跟着学作策论。那社会到底是从什么层面改变政治进而改变历史进程的呢，研究者还需要做很多细节工作才能提供更确切的答案。

第二部分,八百谷老师在写《湘学报》经营流通状况的文章中,认为《湘学报》的经营是亏损的,正文中只说它经营困难,但结语里边说它是亏损。但就文章呈现的材料,即江标的自述,我觉得不能得出这个结论。因为江标说省内的钱仅能够弥补一部分,其他的需要自掏腰包,然后等外省的钱收回来再填补。这实际上更多表明它收支是平衡的,这更多是资金周转问题,或者是销售模式问题,证明不了经营亏损。

另外一点,八百谷老师认为《湘学报》在办理过程中,有一个普遍的现象,即办报的时间是延后的。这种现象民国也有很多,延后一般无非是凑不上稿子或经费。但它的稿源和经费应该不成问题,因为有学生在供稿,经费有官方和个人支持。我看八百谷老师提到了冬月的说法,后边还提到徐仁铸替换江标后,解决了封面刊期与实际发行时间不一致的问题,然后又提到,《湘学报》的实际停刊时间应晚于 1898 年 8 月 8 日,以此证明它是普遍延期的,我有不同看法。第一个说法,我看八百谷老师解释说冬月是十二月,但冬月应是农历的十一月,所以第一个证据不成立。第二个说法,谈到江标换成徐仁铸,其实换人之后,经营、经费出现问题,中间隔两个月是可以理解的。

当然最难理解的是《湘学报》为何在 8 月 8 日停刊,我读茅海建《戊戌变法的另面》,初步得到了答案。《湘学报》不一定非得在戊戌政变后被禁,有可能提前被禁,因为陈宝箴在后边几个月里,对康梁大有不满,并于 7 月 12 日上奏折批评康有为。茅海建认为这是比较委婉的批评,但在晚清奏折中,激烈的事也会尽量用一些委婉的措辞,激烈是个例,不是常态。到了 9 月 14 日时,杨深秀上奏反击陈宝箴,称"该抚被人挟制,闻已将学堂及诸要举全行停散,仅存保卫一局,亦复无关新政"。即戊戌政变发生之前,陈宝箴已经把保卫局之外的东西都废掉了,其中很可能包括《湘学报》。陈宝箴对此也有回复,他称学堂放假 50 天,不是自己要解散,并提及筹设商务局,准备留学之事,给人感觉他不仅没有解散,而且还做了一些新的东西。但这其实有点避重就轻,筹备商务局和留学,与甲午以后实政改革风气直接相关,而学堂、学报之类，和康梁存在密切关系。他为了撇清关系，自然有理由封禁。前边我说陈感受到风向变化，也是基于同样的判断。

最后我提一下"保中国不保大清"这篇文章。这是我近年特别喜欢的做法，从一个关键词入手去关注当时的历史。但八百谷老师在文章中提到，不谈保国会是否曾说"保中国不保大清"，我建议应该谈，因为其中有一些蛛丝马迹。比如康有为后来反思，他的弟子们年轻气盛，口无遮拦。张一麐参与此事时也讲，"会中人多狂士"，狂士一定放了一些狂言。八百谷老师认为乔树枏致梁启超函中"保中国不保大清"一句是政变后篡改进去的，茅海建也这样认为，但他也没证据，只从动机上认为可能是为避祸加的。这不一定对。因为不能光从动机上看，报纸上也说这封信在京流传最广，这不是公然造假吗？该事造假是有风险的，而且乔树枏不需要避祸，那时已经有风声，保国会的人不会被追究，其他人也很难看到有寻求避祸的行为，所以这不是决定性的证据。冒广生也参与过此事，他后来回忆，李盛铎与保国会有直接关系，他是策划者，可是李盛铎当天没有去，梁启超则说他去晚了，后来就开始有"保中国不保大清"的谣传，我觉得这个说法有一定可信度。另外像刚才所说，奏折委婉是常态，文悌的奏折更可能把大事说小，把明确的事说得模糊、婉转，而不是去捏造。如果从来没有人提过区分大清和中国两层关系，他自己也捏造不出来。所以说对保国会时期或前期"大清"和"中国"相关观念的考察，是有必要的，时间稍微往前推，可以更好地理解此事。

上海社会科学院历史研究所副研究员徐佳贵认为八百谷老师的研究，其实是报刊本身的研究，而不是把报刊当成某种宏大叙事的资料库。另外，文本的版本传播和阅读，也可以纳入戊戌变法社会面的考察。这次报告讲戊戌变法的社会面，也牵涉媒介史，这些社会面、媒介史的内容也许可以和政治史的思路成果进一步整合。

河南大学历史文化学院的崔庆贺认为戊戌变法中的"保守"问题很难界定，并对戊戌变法的延续性问题提出了自己的看法，同时表示，称戊戌变法中康梁冒进，张之洞等人有政治经验的说法，其实上站在了维护专制皇权的角度。

"昙花一现"？

——抗战时期温州的"繁荣"与统制

主讲者:冯筱才,华东师范大学历史学系教授

讲座时间:2023 年 11 月 14 日

整理者:何籽成,复旦大学历史学系本科生

2023 年 11 月 14 日下午,复旦大学历史学系史学论坛暨中国近代史青年学者读书班 2023 年第 1 期在光华楼举行。华东师范大学历史学系冯筱才教授携其新著《"战时繁荣":1937—1945 年温州的经济贸易及其统制》(社会科学文献出版社,2023 年),向到场师生分享他的田野经历与研究感悟。本次读书班由复旦大学历史学系林超超副研究员主持,南方科技大学王春英副教授、上海财经大学严冬助理教授参与对谈。

感谢大家的邀请,我很荣幸参加这期读书会。我最近出版了这本有关温州"战时繁荣"的小书,今天一方面希望向大家简单介绍一下这本书的内容,另一方面希望讨论一点与"历史延续性"相关的问题。

让我们从克罗齐那句"一切历史都是当代史"讲起。克罗齐在《历史学的理论和实际》中谈道:历史学家面前必须有可以理解的"凭证",当代史不是直接从生活中"涌现"出来的,过去的事实需要与现在生活的兴趣打成一片。他的意思并不难懂,我是这样理解的:其一,每个历史书写者都身处"当代",所有观念都由时、由事而生;其二,历史书写预设的潜在"读者"通常也是当代的;其三,历史书写者能够读到或愿意读的"史料"很可能也是当代的,很多人是根据自己当下的兴趣来选择材料,更重要的是,他们对材料的

"解读"也往往与现实处境相关;最后,萦绕在他们大脑中的"问题"、关心的焦点,乃至于写作的方式(如越来越流行的通俗写作)、语言、逻辑等,都需要"当代化"来获得更广阔的受众。

下面让我们从理论回到实践。从 2010 年以后,大约十多年的时间,我们一直沉浸在浙南的田野中,完成了千余次访谈,也征集了从明清到当代的大量资料——从契约文书到账簿,再到生产队长的工作笔记和日记。跑过田野后,大家大概会有一个觉悟:即便是明代或清代的文书,藏在某个特定人的家里,背后也是一个当代的故事。所以我前些年提出要"跨过 1949"去理解整个中国的历史。历史要拉通来做,比如从晚清民国到毛泽东时代、邓小平时代的历史……如果我们的知识结构比较完善,对历史的理解会很不一样。

我们在温州听到的故事,大多都与温州人的骄傲和勤奋有关。我记得1990 年代末,从杭州坐大巴到温州,一下车就看到很多拉客的人力车夫,这种半夜两点多还在外面跑生意的激情,当时就让我感到非常震惊。当我去看历史的时候,发现在二十世纪三四十年代,温州人就已经是这个样子。后来我一直在温州跑田野,与温州人打交道,发现他们追求"钱生钱"的投资意识真的是太强大了。于是,我就想搞清楚为什么温州人是这个样子。

大家或许都听过所谓的"温州模式"——"小商品,大市场"——从费孝通到当下很多经济学家,都希望解释为什么温州人不一样。有的研究将原因追溯到"永嘉学派",这可能有些太遥远了;还有的学者用"人多地少"造就的"冒险精神"来解释,这可能又无法突出温州人专有的特点。当我们沉下心去看材料的时候,可能会想到其他更能成立的理由。历史本就是延续的,但我们要探寻的那种连续性的关联应该是切实发生且未曾中断的。我们一直在搜集整理温州近现代的资料,还做了大量访谈,积累了海量信息。在消化这些信息的时候,我们常常会沉思:我们应该写出什么样的温州历史? 前后历史的连续性在何处存在? 现在我所讲的这个故事,希望从温州"战时繁荣"讲起,一直讲到"温州模式",并勾勒出两者之间的延续性。

大家或许不太了解,抗战时期存在一条以温州为起点的"东南生命线"。

我们都知道"滇缅公路"和"驼峰航线",但我们之前不太清楚的是,货运量更大、对重庆国民政府影响和帮助更大的,也许是这条起始于温州的"生命线"。当时的报纸将浙赣铁路称为"东南大动脉",这条"大动脉"正是以温州、宁波两个口岸作为起点,并通过公路、水路将货物输送到浙赣线,宁波港口被封锁后,温州就被称为"唯一口岸"。这条线路成为内地各省与东南沿海联络的最重要的路线,人流量和货流量都非常惊人。如此多的货物集聚到温州,在我看来,便引发了所谓的"战时繁荣"景象。

当然,"战时繁荣"不仅仅发生在温州,桂林、西安、宝鸡都有类似的情况,但温州和内地的"繁荣"并不完全一样。当时报纸的报道是非常"耸人听闻"的,我们可以看到"万商云集"的说法,不仅内地许多省份许多客商都来温州进货,南方许多省份的土货也依靠温州口岸向外输出,一些本来以上海为基地的企业也跑到温州来做生意,在温州当地开设商号。就这样,温州出现了此前从未有过的"海上繁荣",公司、行号、商店拔地而起,消费非常发达。温州的贸易繁荣同样刺激了本地配套服务业的兴起。按照国民政府的要求,商品入口前,必须获得本地合法商行出具的发票,这就导致许多"发票公司"的涌现,其中大多数都是空头公司。

但是,战前的温州并不是这个样子。比较上海、宁波等口岸,温州港的吞吐量不大,且由于陆地交通不便,经济腹地仅仅局限在浙南和邻近地区。战前的温州社会以农业人口为主,虽然有一定的手工业,但基本上缺乏大型现代工厂。战时温州成为保持运作时间最长的东南口岸,进出口贸易额和关税收入都达到创纪录的高峰,本地服务业及贸易中介业也因之异常发达。更重要的是,温州成为中国政府对外输出土产最重要的出口口岸。

作为"唯一出海口",温州的转口贸易对抗战前期的帮助非常大。输往美国的桐油、输往苏联的茶叶,都从温州转口。美国在太平洋战争前并不是中国的盟国,不能直接援助中国,但是可以与中国"做生意"。"做生意"就要求中国有物资可以与美国交换,浙江、安徽等省的桐油输出基本上都从温州口岸直接以外轮装运到香港。正因为温州口岸如此重要,重庆政府和日本人都在考虑要不要将其"封"掉。蒋介石担心日本人会从温州进来,但第三战区司令长官顾祝同和浙江省政府主席黄绍竑建议暂时不封,最终"封"掉温州港的是日本人而非国民政府。日本方面在决定封锁前,也是经历了漫长的纠结和犹豫的决策过程,因为他们既需要考虑第三方中立国在华的贸易利益,也需要考虑自己的物资供应问题。

温州作为"唯一出海口",也就成为茶叶、棉布等各种商品的贸易中心,聚集了大量的利益与财富。这块巨大的蛋糕很快引起了各级政府的"觊觎"。浙江省政府主席黄绍竑就非常"眼红",考虑到重庆政府已经有"富华""复兴"两公司专门负责公办商务,浙江省政府成立了"八大公司",希望垄断重要土产出口贸易,甚至专门设计"特产运销处",并努力招商引资。政府与私商订立了一个对后者非常不利的分成方案,没有坚持到一年,计划就失败了。随后,地方县政府与省政府之间、私商与公家各个机构之间,爆发了一系列的冲突。在政府"统制"贸易的背景下,越来越多的私商开始走私。由于轮船贸易已经中断,私商以小吨位的帆船介入贸易,单帮走私也非常普遍,这导致政府监管的难度越来越大,最终形成了巨大的走私网络。

国民政府与温州私商的关系是非常复杂的。国民政府颁布了严格的管理条例并建立了缉私机构,但"缉私"同时也给"敛财"打开了方便之门。从蒋介石发给顾祝同的电报中可以看到,军官与缉私部门都"经营商业",在专利制度的保护下竞相逐利。另一个有趣的故事是,战争后期出现了由"管制"到"利用"的政商关系变化。特别是太平洋战争爆发后,重庆政府越来越难从上海等工业中心获取货物,开始以种种特别手段积极鼓励"货物抢运",并授权军统协调运用东南各地的走私网络,以为政府抢运到更多的货物。在正式文件中,这种对走私网络的运用被称为"特种运输"。国民政府不仅利用走私网络来抢运货物,还开办"直接税局"来征收"战时消费税",并办理货物保证金。后来永嘉税局直接发生一起特大弊案,大量保证金没有及时移交。孔祥熙最后被迫辞去财政部长一职,与保证金弊案有关。

我认为,前面讲述的所有故事,都可以视为货流问题导致的连锁反应。在众多连锁反应中,不能不提到"替代性工业"的兴起。温州商人原本大多从上海进货,在战时环境中,进货成本太高,他们发现不如直接引进机器,把生产线搬到温州自己生产,后来就出现了大规模的工业投资。"替代性工业"的出现,给温州战后的工业发展打下坚实基础。我们做田野调查的时候发现,从二十世纪五十年代温州的地方国营企业或公私合营企业,到六七十年代的社队企业,多与战时的"替代性工业"有些关联。

我们谈到"战时繁荣"与"温州模式"的关系,最重要的也许是温州社会风气的转变。一方面,基层的商业气氛浓厚;另一方面,能够搞到钱的人成了新的权贵阶层,即所谓"党政从商,军人经商,赢者通吃"。时人的评论中甚至发明了"温州人资本论"这个词语——"如果想要学习商科,不如去永嘉做一年学徒"。这一系列改变带来的影响无疑是十分深远的,试想,如果爷爷脑袋里面充满生意经,会跟爸爸讲,爸爸再跟你讲,这种"精神"就传承下来,进而形塑了整个地方社会的风气。

下面来做一点归纳总结:由于长江航道的封锁和商业港口的封锁,温州出现了物流和财富的集聚,引发了爆炸性的商业繁荣。政府为汲取更多利益,开始施行商业统制;同时走私现象也开始普遍出现,参与其事者从中上层人士到普通农民。由于轮运停滞,走私泛滥,政府最后放弃统制计划。在货物来源减少时,政府一方面利用走私网络抢运货物,一方面也扩大货物税收(包括保证金)。税收激增及机构的扩张,使高层监管变得困难,腐败更易滋生。从某种程度上,我们可以说,战时腐败使易劳逸(Lloyd E. Eastman)所讲的"毁灭的种子"更加扩大化,国民党政权之最后覆灭与此有密切关系。战争不仅仅是军事层面的问题,持久抗战还涉及经济战、心理战等等。战时中国到处发生的所谓"畸形繁荣",其实也是经济战的一种体现,不过这种"畸形"的背后,市场经济的逻辑仍在运转:哪里有钱赚,钱就往哪流;运货成本高就拼命办厂。市场经济的逻辑可能要比统制经济的逻辑更加强大,因为市场有时能够解决持久抗战的物资匮乏问题。无论战时还是战后,对于国民党来说,"统制经济"都是一个失败的故事。

至于"温州模式",也是战时经济的遗产之一。从战时到计划经济时代,再到改革开放,我们可以在温州看到一个连续的历史过程。大家可能听说过"浙江温州江南皮革厂倒闭了"这个段子,事实上,温州的皮革业正是在战时获得空前的发展，一些作坊演变为机械化生产的工厂。正是在这种战时工业的基础上，七八十年代甚至更早，温州就出现一批皮革加工为主要业务的社队企业，后来温州成为著名的皮革产品（如皮鞋、皮包等）生产中心，自然是在此基础上演化而成的。皮革业如此，其他许多行业也是如此。我相信，今天和大家分享的战时故事的历史延续性在温州还没有中断。"战时繁荣"不仅不是"昙花一现"，还引起了隆隆的回声！

评议与讨论

王春英：拜读冯老师的新著后，有四点感受想与诸位分享：

其一，本书有一种由环环相扣的逻辑推动所形成的自然章节感，各个部分衔接紧密、前后关照、有始有终。冯老师谋篇布局的驾驭能力，能够带给读者"读小说"的快感，在情节紧凑处常常生发出"非此不可"的感受。

其二，郑振满等学者提出区域史研究是为了更好地理解整体史，这种由"区域"到"国家"的思路其实是在追求空间上的整体性，而本书提供了另外一种区域史的研究路径，也就是追求时间上的连续，打通 1949 年前后，使整个"二十世纪"成为整体。

其三，无论讨论地方社会的"均等化"倾向，还是说明民众利用税种转换的政策漏洞来开办"空头商行"，其内在反映了本书始终关照"人"的境遇，做到了既讲"制度"，又讲"人"，真正实现了经济史与社会史的结合。

其四，这本书中还提出了一些延伸性的问题可供我们继续思考。例如，冯老师讨论到国民党对沦陷区物资抢运的规定时提及，沦陷区内的物资除毒品外全部免税，这种规定与根据地的状况差别很大。我不确定国民党的政策执行力度如何，奢侈品是否也包括在"免税物资"里面呢？由此我们是否可以对比国共两党在沦陷区和根据地的不同政策，从而加深对战时不同区域中经济与政治的理解？另外，"战时繁荣"不只是温州，然而为何只有温州发展出了"温州模式"？这是不是说温州存在某种风险缓冲机制来保障他们的投资？

严冬：我也希望和大家谈谈读书后的三点感受：

第一，这本书不仅回应了已有的民国史，尤其是贸易史、社会经济史的文献，还对抗战时期的东南地区的整体社会经济面貌做出了开拓性的整合性研究。浙南沿海地区（特别是浙赣铁路）对大后方经济和工业的重要性，我们此前似乎只有很模糊的了解，冯老师很细致全面地讨论了战争时期浙南地区的商业模式，有助于我们理解该地区战时的经贸发展、各个港口的贸易状况，包括是海关的运作。另外，冯老师对温州"民间工业化"的讨论让人印象十分深刻，书中讨论到的与温州的卷烟厂、火柴厂等企业相关的丰富细节，为我们提供了不同于北京、上海、广州这些大城市（海外汉学的主要讨论方向）民间工业化历程的另一番景象，也与林郁沁教授在《美妆帝国蝴蝶牌》一书中的叙述形成了对照。

浙赣铁路

第二，冯老师通过讨论走私以及政府通过政策变通因应猖獗的走私现象，揭示了二战末期国统区与沦陷区之间暧昧的经济联系。书中提到战时消费税颁布的时间恰恰是 1942 年 6 月，此时美国已经加入战争，宋子文基本上谈成了美国的经济外援。此时国民政府明显削弱了国统区与沦陷区之间的物资封锁，令人感到此时国民政府或已判断与日占区的贸易不再影响大局。顺便说一下,冯老师在本书中将战时经济的"畸形繁荣"这一常见判词实证化,是一件值得赞许的现象,因为这样能敦促之后学者在使用类似定性词汇时,同时解释何谓"畸形",何谓正常。

第三,冯老师的研究关注到战时出现的"走私"现象和"民间工业化"是如何影响到共和国时期的历史的,这也体现出当今学界对共和国时期经济史,包括改革开放成因的探索。浙南,尤其是温州地区在改革开放后的迅猛发展,可能如冯老师在本书中所暗示的一样,与当地人民在抗战期间对内地商贸路线,和轻工业消费类商品生产技术的掌握密切相关。

附录:复旦大学历史学系
青年读书班系列活动一览表

序号	时间	主讲人	活动主题	评议人	召集人	讨论书目	纪要出处
1	2016.5.30	陆胤	张之洞与近代思想的顿挫		戴海斌	《政教存续与文教转型——近代学术史上的张之洞学人圈》	
2	2016.10.21	潘光哲	西学东渐与阅读史		章可	《晚清士人的西学阅读史(1833—1898)》	
3	2016.11.29	林学忠	想象新世界:幕末明治初期日记万国公法的传入问题		张仲民		
4	2017.3.30	王国斌	近代早期全球史视野下的中国近代经济史		皇甫秋实		
5	2017.4.14	马忠文	史料的远近与解读的虚实:荣禄与庚子前后朝局变迁的关系	王刚	戴海斌	《荣禄与晚清政局》	
6	2017.5.4	罗志田	体相与个性:以五四为标识的新文化运动		孙青		
7	2017.5.12	黄道炫	中共革命:裂缝中的成长	陈玉聃	马建标		
8	2017.7.9		"覆水不收:科举停废百年再思"工作坊		戴海斌、张仲民		澎湃新闻·私家历史(2017年7月13日)

续表

序号	时间	主讲人	活动主题	评议人	召集人	讨论书目	纪要出处
9	2017.10.27	时殷红	战略保守主义的传统中国范例		马建标		
10	2017.11.17	李细珠	内外皆轻:权力格局与清末民初政治走向		王立诚		
11	2017.11.17	刘增合	靖边陲与纾国用:晚清后期的保疆治国经略探析		戴海斌		
12	2017.11.16		"理解媒介:民国电影与都市文化"工作坊		马建标		
13	2017.11.18		"为政如之何:多维视角下的近现代中国政治史研究"工作坊		戴海斌		
14	2018.4.6	唐启华	陆徵祥与中国外交		金光耀		
15	2018.4.7		"第一次世界大战与东亚秩序的变迁"工作坊		马建标		澎湃新闻·私家历史(2018年4月13日)
16	2018.4.11	李帆	"中国人种、文明西来说"在近代中国的传播		马建标		
17	2018.4.13	王国斌、滨下武志、倪玉平	中国19世纪贸易与对外关系研究的新视野		皇甫秋实		
18	2018.4.13	雷颐	中国近代视域下的后现代与后殖民		孙青		
19	2018.4.28	邬隽卿	堕落的僧人?——明清文学作品中的僧人形象		刘平		

续表

序号	时间	主讲人	活动主题	评议人	召集人	讨论书目	纪要出处
20	2018.5.9	崔志海	"清末新政与中美关系"漫谈		金光耀		
21	2018.5.17	汪朝光	"时光空影":20世纪上半叶中国电影的历史学考察		章清		
22	2018.6.10	何星亮	文化整合与中华民族的复兴		金光耀		
23	2018.10.12	牛军	"东亚冷战"与中国研究的几个问题		金光耀	《冷战与新中国外交的缘起(1949—1955)》	
24	2018.12.6	吴义雄	商业权势、通商制度与意识形态:鸦片战争前中英关系演变的再认识		王立诚		
25	2018.12.13	戴超武	冷战时期中国处理中印边界争端的政策选择及其战略影响		马建标		
26	2018.12.14	魏楚雄	中国近代化进程中的先锋接力:比较上海与广州的历史角色		金光耀		
27	2018.12.15		"理解美国:对美国的研究与中美关系"研讨会		马建标		澎湃新闻·私家历史(2018年12月18日)
28	2019.3.29	连玲玲	打造消费天堂:百货公司与近代上海城市文化		张仲民	《打造消费天堂:百货公司与近代上海城市文化》	
29	2019.4.1	连玲玲	从近代期刊看中国女性社会网络		陈雁	《万象小报:近代中国城市的文化、社会与政治》	

续表

序号	时间	主讲人	活动主题	评议人	召集人	讨论书目	纪要出处
30	2019.4.17	唐启华	外交史、国际关系史与跨国史		王立诚		
31	2019.4.19	张旭鹏	全球史的危机与未来:兼论历史研究中的时间政治		马建标		
32	2019.5.20	刘龙心	近代历史知识的生产与传播		孙青		
33	2019.5.20	付海晏	1940年代上海静安寺"汉奸和尚"案		马建标		
34	2019.5.24	曹寅	在北京和德里之间:20世纪初的全球技术流动与亚洲革命		章可		
35	2019.5.29	高初	战争时期的中国摄影		孙青		
36	2019.10.11	戴鞍钢	港口·城市·腹地:长江经济带和长三角一体化历史追溯		朱荫贵	《港口、城市、腹地:上海与长江流域经济关系的历史考察(1843—1937)》	澎湃新闻·私家历史(2019年11月29日)
37	2019.10.17	王宏志	翻译与近代中国:以鸦片战争有关割让香港谈判的翻译问题为个案	邹振环	高晞		澎湃新闻·私家历史(2019年12月18日)
38	2019.10.21	苏智良	拉贝的先生——饶家驹及安全区的往事(1937—1940)		马建标		
39	2019.11.5	皮国立	解读"虚弱史":近代中国的身体、疾病与荷尔蒙药品		张仲民	《虚弱史:近代华人中西医学的情欲诠释与药品文化(1912—1949)》	澎湃新闻·私家历史(2019年11月28日)

续表

序号	时间	主讲人	活动主题	评议人	召集人	讨论书目	纪要出处
40	2019.11.5	王文隆	抗战时期的中泰战争		马建标		
41	2019.11.21	赵庆云	史学史(学术史)研究中的"学"与"行"——从《创榛辟莽:近代史研究所与史学发展》一书谈起	李孝迁、叶毅均	戴海斌	《创榛辟莽:近代史研究所与史学发展》	澎湃新闻·私家历史(2020年1月3日)
42	2019.11.22	杨天宏	从数字看历史:北洋时期民意调查中的军阀形象		马建标		澎湃新闻·私家历史(2020年1月8)
43	2019.11.25	土居智典	清末中央与地方关系再思——以财政预算制度为中心	周健	戴海斌		
44	2019.12.4	坂元弘子	章太炎的佛道思想和身体、性、医学观		刘平		
45	2019.12.6	王学斌	"三不朽"的绝境:曾国藩的庚午年		马建标		澎湃新闻·私家历史(2020年1月15日)
46	2019.12.19	平田康治	战后大东北——国民政府收复东北工业政策:以鞍山钢铁公司为例(1945—1948)	菅野智博、孙毓斐	戴海斌		澎湃新闻·私家历史(2020年1月22日)
47	2019.12.13	韩琦	康熙时代的科学交流:一个全球史的视野		高晞		
48	2019.12.20	王怡	汉纳根的中国人生	姜鸣	戴海斌		

续表

序号	时间	主讲人	活动主题	评议人	召集人	讨论书目	纪要出处
49	2020.7.12	杜丽红	闯关东:国际竞争下的清末东北区域发展	丁雁南、刘德标	马建标		
50	2020.7.22	王元崇	清韩关系与近世东亚	王元周、宋念申	戴海斌	《重塑中华帝国——满鲜关系(1616—1911)》	澎湃新闻·私家历史(2020年8月6日)
51	2020.7.24	王春林	地域与使命:民国时期东北大学的创办与流亡	李在全、蒋宝麟	戴海斌	《地域与使命:民国时期东北大学的创办与流亡》	澎湃新闻·私家历史(2020年8月11日)
52	2020.9.23	孟琢	"小学""经典"与"思想":《齐物论释》的三个世界	周展安、董婧宸、欧阳清、张钰翰	戴海斌	《〈齐物论释〉疏证》	澎湃新闻·私家历史(2020年11月19日)
53	2020.9.26	屈文生	外交谈判中的"翻译":1858年中英《天津条约》交涉	王立诚、侯中军、张志云、郑彬彬	马建标		澎湃新闻·私家历史(2020年10月11日)
54	2020.10.10	叶毅均	思想史与史学史:马克思主义史家范文澜前传	赵庆云、李孝迁	张仲民	《走向马克思主义史学之路——范文澜前传》	澎湃新闻·私家历史(2021年3月24日)
55	2020.10.24	皇甫峥峥	驻英使馆与晚清外交转型	赖骏楠、张晓川、李文杰、李俊杰	戴海斌	《晚清驻英使馆照会档案》	澎湃新闻·私家历史(2020年11月18日)
56	2020.11.9	吴原元	客居美国的民国史家对美国汉学的影响	顾钧、孟庆波、成富磊	何爱国	《客居美国的民国史家与美国汉学》	澎湃新闻·私家历史(2020年11月29日)
57	2020.11.26	万仕国、郭院林、李帆	中国近代学术上的刘师培		张仲民		

续表

序号	时间	主讲人	活动主题	评议人	召集人	讨论书目	纪要出处
58	2020.12.3	张求会	陈寅恪研究最新进展——《陈寅恪家史》及其他		张仲民		
59	2021.6.11	王刚	"二重证据法"如何"拿证据来"?——近代中国的史料危机与王国维的学术因应	彭华、王亮	戴海斌	《古文献与学术史论稿》	澎湃新闻·私家历史(2021年6月29日)彭
60	2021.6.18	张玉亮、张维欣	今天为什么读《仁学》?——谭嗣同其人其学新研	吴仰湘、王夏刚	戴海斌	《仁学(汇校本)》	澎湃新闻·私家历史(2021年7月10日)
61	2021.10.20	杨琥	一本书与一个时代:李大钊遗著出版背后的故事	侯且岸、王宪明、尚小明	戴海斌	《李大钊年谱》	澎湃新闻·私家历史(2021年11月14日)
62	2021.11.5	马忠文	返回现场·还原生活——日记书信与晚清史研究	潘振平、姜鸣	章可	《晚清日记书信考释》	
63	2021.11.19	彭剑	《大清帝国宪法》的吉光片羽	尚小明、严泉、安东强	戴海斌	《钦定、协定与民定:清季制宪研究》	澎湃新闻·私家历史(2021年12月2日)
64	2021.11.20		"分裂中的统一:1910年代的中国与世界"工作坊		马建标		
65	2021.11.26	朱浒	晚清史的另一种写法	袁为鹏、周健、冯志阳、张海荣	戴海斌	《洋务与赈务:盛宣怀的晚清四十年》	澎湃新闻·私家历史(2022年1月17日)
66	2021.11.26	邱伟云	概念史研究的数字转向	方维规	章可		澎湃新闻·私家历史(2022年1月7日)

续表

序号	时间	主讲人	活动主题	评议人	召集人	讨论书目	纪要出处
67	2022.3.22	陈以爱、袁一丹	在上海发现"五四"与另起的"新文化运动"	周月峰、徐家贵、张仲民、赵帅	戴海斌	《动员的力量:上海学潮的起源》;《另起的新文化运动》	澎湃新闻·私家历史(2022年5月4日)
68	2022.4.8	张桂丽	"日记百年万口传":李慈铭的交游与阅读	马忠文、谢冬荣、石祥、潘静如	戴海斌	《越缦堂读书记全编》	澎湃新闻·私家历史(2022年5月1日)
69	2022.10.21	薛轶群	国际通信网是如何构建与运用的——从近代中国与电报的相遇谈起	齐小林、吉辰、张文洋	戴海斌	《万里关山一线通:近代中国国际通信网的构建与运用(1870—1937)》	澎湃新闻·私家历史(2022年11月20日)
70	2022.11.25	八百谷晃义	戊戌变法的"社会"面	潘光哲、吴仰湘、杨雄威	戴海斌		澎湃新闻·私家历史(2023年2月11日)
71	2023.11.14	冯筱才	"昙花一现"?——抗战时期温州的"繁荣"与统制(1937—1945)	王春英、严冬	林超超	《"战时繁荣":1937—1945年温州的经济贸易及其统制》	澎湃新闻·私家历史(2023年12月29日)

编后记

　　不久前,受本人所在复旦大学历史系中国近现代史教研室委托,我着手编辑"复旦大学中国近现代史青年学者读书班纪要"合集,为盘点一下家底,请学生帮忙整理了一份总目录,发现从 2016 年 5 月第一次正式讲座开始,截至去年底,总的活动场次竟然已经超过了七十回。一晃八年过去了。

　　还记得,在当时教研室主任高晞老师支持下,几位青年同事之间往复商量筹划、读书活动一点点起步的情形。翻看电脑中保存的工作文档,2015年底教研室内部讨论,"为了整合本教研室青年教师的研究兴趣与方向,寻找展开持续共同讨论的基础,以期形成复旦大学历史学系近现代史青年教师独特的问题意识与研究方法",经会议研究形成"一个初步的方案":"研究班以三种系列的形式展开:(1)讲论会(包括读书会);(2)讲座;(3)workshop","组织形式基本以教研室 12 位青年教师轮流召集为主",其中学术讲论会"以具体问题的讨论为主",读书会"围绕特定主题或史学研究方法阅读特定书籍或文章",并邀请合适的评议人做指导与讨论。(2015 年 10 月 29日)后来具体活动展开,虽然在形式上采取多样灵活的方针,但这个方案基本奠立了读书班的格局。相关讲座、新书分享会、学术讲评会、工作坊等活动渐次铺开,使得这一场合,不仅成为本系同仁锻炼"问题意识与研究方法"的重要平台,也成为促进中外学术交流、开展学术批评、活跃学术气氛的一个建设性空间,引起学界以及不少学院外人士的瞩目。有一位在海外工作的中国学者,一直很关注我们组织的系列活动,在一个偶然的场合,一本正经地告诉我:"贵系的读书班活动为学界同仁和学生提供了一个主旨明确、方向正确、课题积极、风气健康的学术平台,——起码我是高度认可的。"我知道他素好戏谑的说话风格,但他特别加了一句"这不是虚话",所以我也信以为真,心下很受鼓舞。

2018年后,读书班得到本系更大力度的支持,并与《澎湃新闻·私家历史》建立合作关系,系列活动由专人整理纪要,在媒体平台发表,进一步扩大了影响。古人讲"事以文叙,道以文传"。读书班活动旨在为主讲人发表学术新见提供渠道,同时更重视同仁之间切磋学问、砥砺思想,我们坚持整理完整纪要、公开及时发表,目的也是想留一份尽可能原汁原味的记录,供给学界参考的翔实资料,并为当代学坛"二三素心人商量培养"之情景作一生动速写。讲座录音、纪要整理工作一般由本系学生(本、硕、博均有)承担,按劳有所得原则分工,更重要者,也希望他们在这个过程中得以扩充视野、锻炼能力,并帮助到自身的学业和研究。

2020年至2022年,因为众所周知的原因,一切线下学术活动被按下了停止符,读书班活动不得不转战云端。不过,一个意外的后果是,借助网络的便利,读书班的组织效率、活动频次以及学术传播范围,反而呈现一种近似"大跃进"的效果。犹记腾讯会议现场动辄在线数百人的盛况,有热情听众留言"何以解忧,唯有讲座"、"如沐春风,如饮甘霖"、"感谢复旦历史系面向广大群众、打开学术大门"云云。这当然应该首先归功于活动嘉宾们强大的学术号召力。现在回头再看,这神奇而讽刺的一幕,却别有滋味,不知道该理解为吾辈学术交流的初心得其所哉,还是当时坐困线下、穷极无聊的召集人、学者、听众们为各自郁结的情绪找到了一个合宜且安全的排解出口?

时光永是流逝,学术与生活都在发生着变化。当年发起读书班时,当仁不让自居"青年",现在不只是多了"几茎白发",心情上也早早步入"中年"状态(危机?),不变的是,"做了过河卒子,只能拼命向前"。无论如何,读书班经历八载、一路坚持走到今天,都是一件值得欣慰和纪念的事情。受本系、本教研室领导信任,鄙人承乏负责纪要合集的编辑工作。编辑原则,是从现存的纪要整理文本中选择完成程度高、并较能反映学术前沿的部分,基本按活动时间排序,一部分读书班活动因各种原因,当时未及整理纪要,一些纪要内容不乏精彩,但碍于体例、篇幅等限制因素,也不得不割爱了。书名"我有嘉宾"一语,出自《诗经·小雅·鹿鸣之什》,"人之好我,示我周行"或是我辈对于读书班暗含的期许,不敢说要达到"君子是则是傚"此类俨乎其然的效应,但若在"鼓瑟鼓琴,和乐且湛"之间得到若干读书的"喜悦"与问学的"共鸣",则善哉。

在此要郑重感谢参与读书班活动的所有"嘉宾",即主讲人、与谈人、评议人予以我们充分信任与支持,同时感谢一直来关注、鼓励我们的所有学院内外的朋友。本教研室张仲民、孙青、何爱国、皇甫秋实、马建标、章可、曹南屏、林超超、周健诸同仁为读书班活动付出许多心力,没有大家在这块"自留地"里精心播种、努力耕耘,不可能有今天这样的收成。黄洋、高晞、姜义华、章清、金光耀、吴景平、朱荫贵、王立诚、戴鞍钢、唐启华、董国强、刘平、陈雁、赵兰亮等师长、同事一直来给以大力支持,本系行政工作人员提供了坚强有力的后勤支援。读书班纪要在《澎湃新闻》陆续刊发,多经彭珊珊编辑(也是系友)之手,黄晓峰、郑诗亮、钟源、于淑娟也提供很多帮助,此一并致以谢忱。本系研究生唐益丹、李娟、伊楠、王可为本书的素材整理、文字校订,付出了劳动。

奉此小书,作为祝贺复旦大学历史学系百年华诞的礼物。

戴海斌

2024 年 4 月 25 日,于复旦光华楼

图书在版编目(CIP)数据

我有嘉宾：复旦大学中国近现代史青年学者读书班
纪要 / 复旦大学历史学系编；戴海斌执行主编.
上海：上海人民出版社，2024. -- ISBN 978-7-208
-19103-7

Ⅰ. K250.7

中国国家版本馆 CIP 数据核字第 2024LH8539 号

责任编辑　邵　冲　张钰翰
封面设计　甘信宇

我有嘉宾：复旦大学中国近现代史青年学者读书班纪要
复旦大学历史学系 编
戴海斌 执行主编

出　　版	上海人民出版社
	（201101　上海市闵行区号景路 159 弄 C 座）
发　　行	上海人民出版社发行中心
印　　刷	上海商务联西印刷有限公司
开　　本	720×1000　1/16
印　　张	27.5
插　　页	6
字　　数	391,000
版　　次	2024 年 10 月第 1 版
印　　次	2024 年 10 月第 1 次印刷

ISBN 978 - 7 - 208 - 19103 - 7/K · 3407

定　　价	118.00 元